中世村落の景観と環境

山門領近江国木津荘

水野章二編

思文閣出版

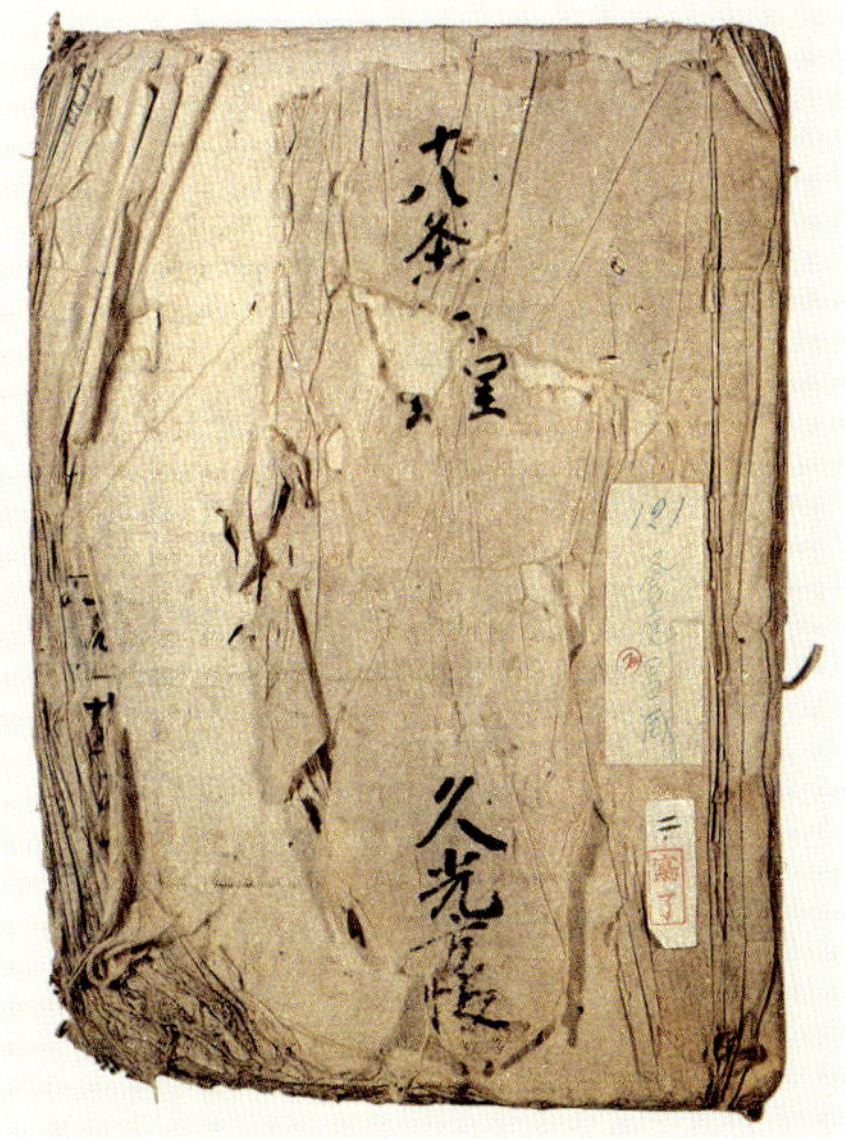

検注帳　第2帳の表紙

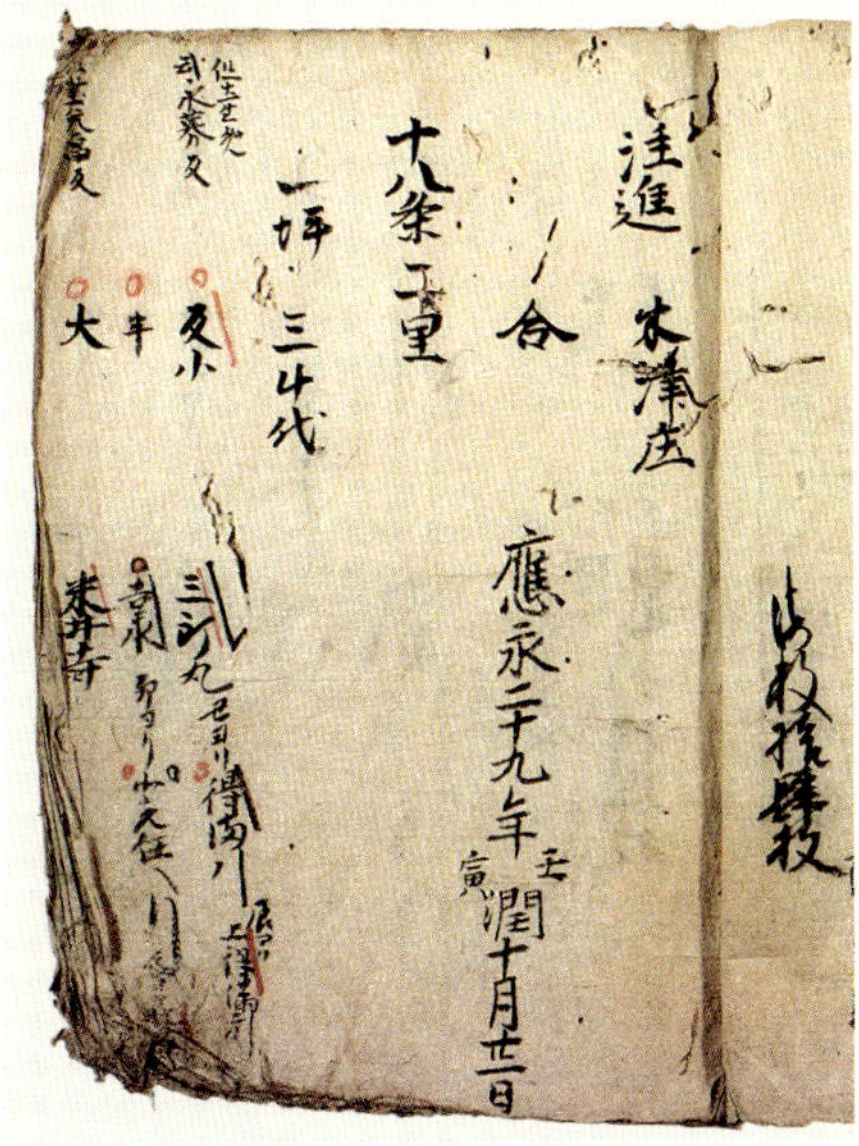

同右　第2帳の第2帖表

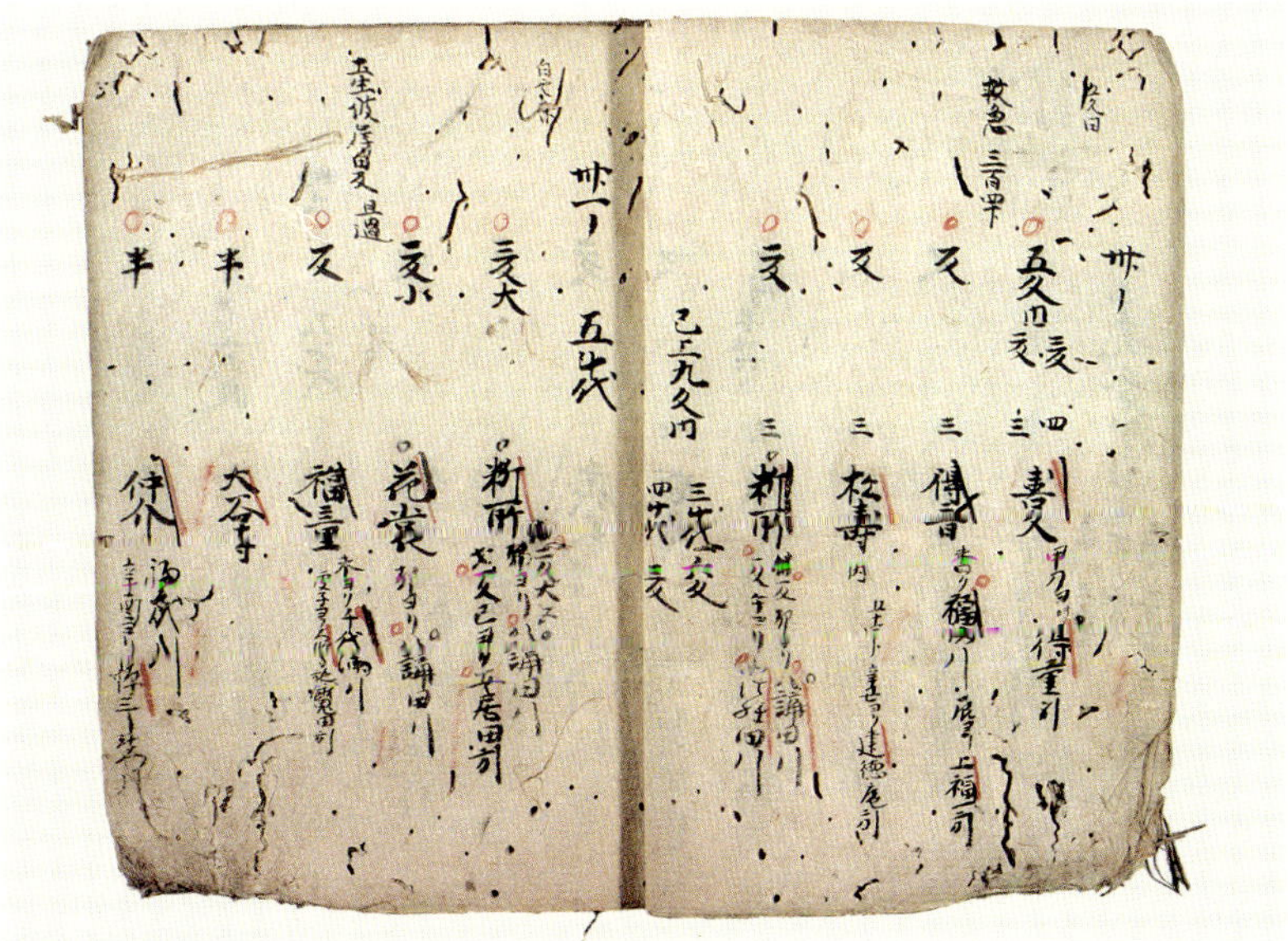

同上　第5帳の15条3里30坪の項

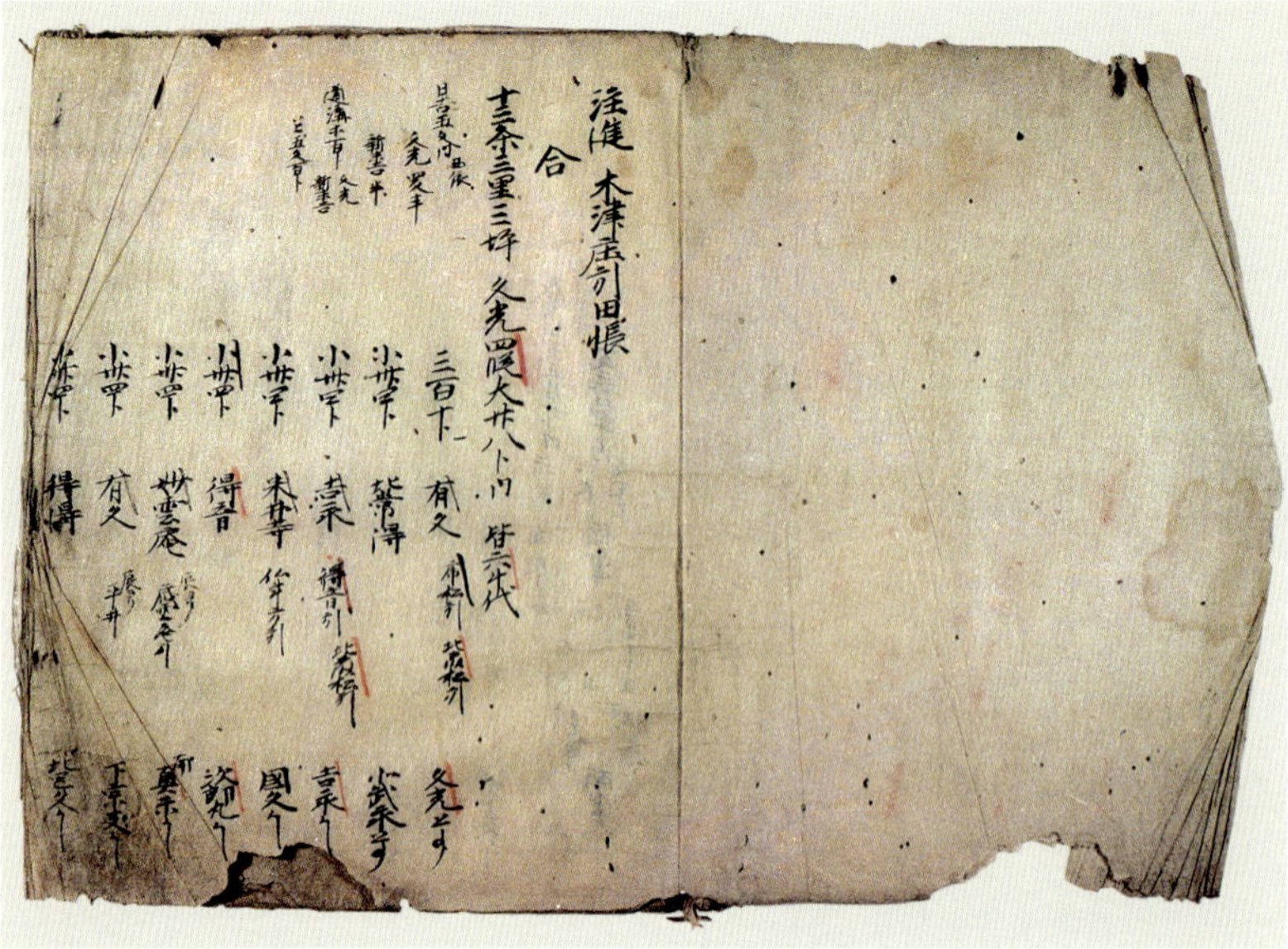

引田帳　第9帳の冒頭

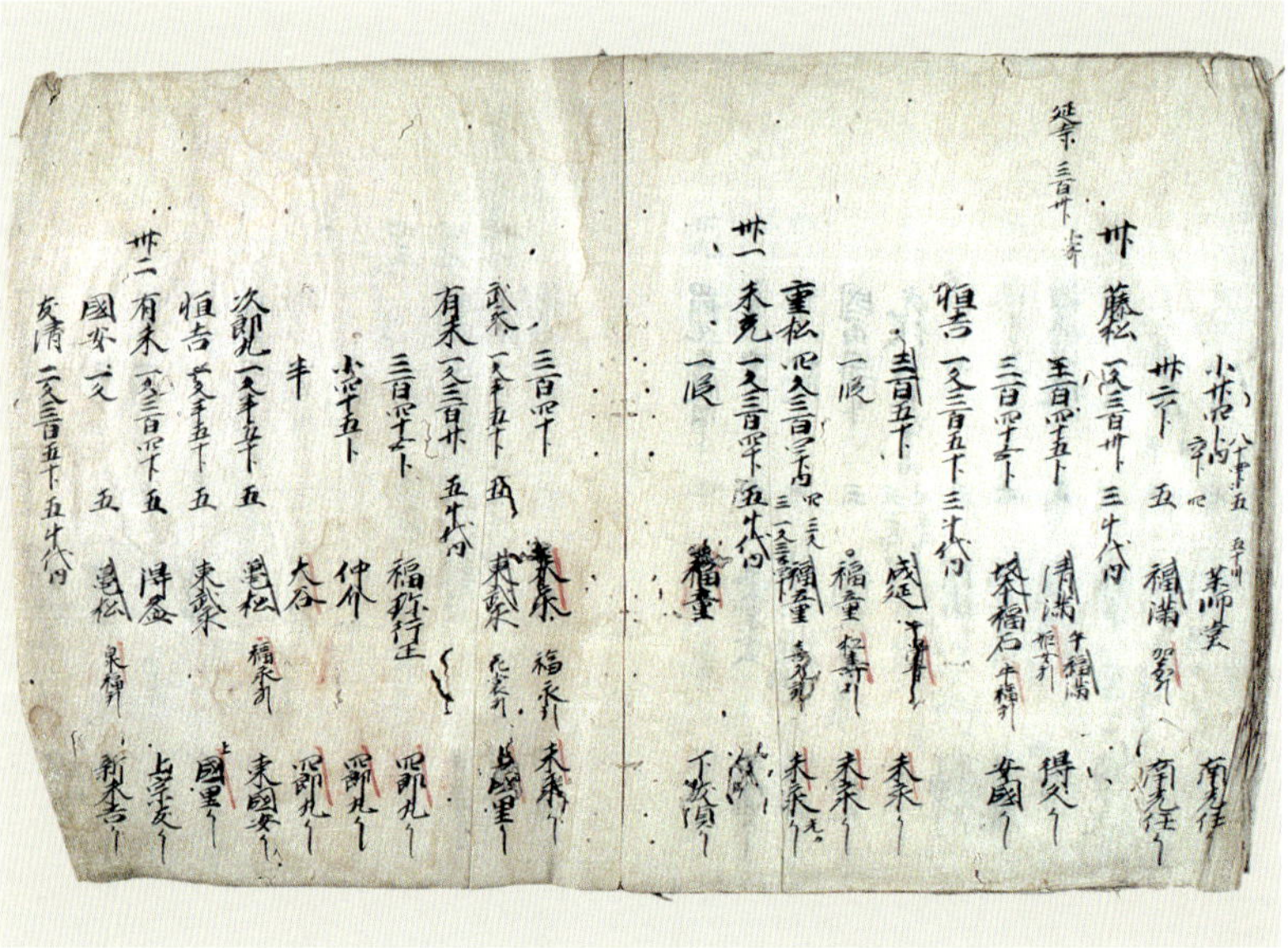

同上　第9帳の15条3里30坪の項

（検注帳・引田帳の各冊子の構成については第四章を参照）

目次

中世村落の景観と環境

序章　中世荘園・村落研究と環境史

水野章二

はじめに

近江は都の至近に位置して、北日本・東日本と畿内の接点にあたり、また南都興福寺と並んで中世寺社勢力の頂点に位置する比叡山延暦寺（山門）の本拠地でもあるため、さまざまな荘園所領が展開した。しかし延暦寺はほとんど関係文書を伝えておらず、また東寺や東大寺などの寺社領、あるいは公家領などでも、まとまった荘園史料は意外に少ない。

本書でとりあげる近江湖西高島郡の木津荘は、保延四年（一一三八）の鳥羽院の山門行幸の際に施入されて成立し、山門の寺務機構が管理・運営する天台座主直轄の重要荘園として、大きな役割を有していた。琵琶湖西岸は比良山系が急斜面で湖に迫るため、東岸のように大規模な平地は展開していないが、高島郡では安曇川・鴨川によって形成された、比較的規模の大きな沖積平野が広がっている。木津荘域は湖西最大の安曇川沖積平野の北部に位置し、東部の琵琶湖岸から、西部の饗庭野丘陵まで、現在の新旭町の木津・日爪・岡・五十川・米井・辻沢・田井・森・針江・霜降・山形の一一地区（大字）にまたがる。

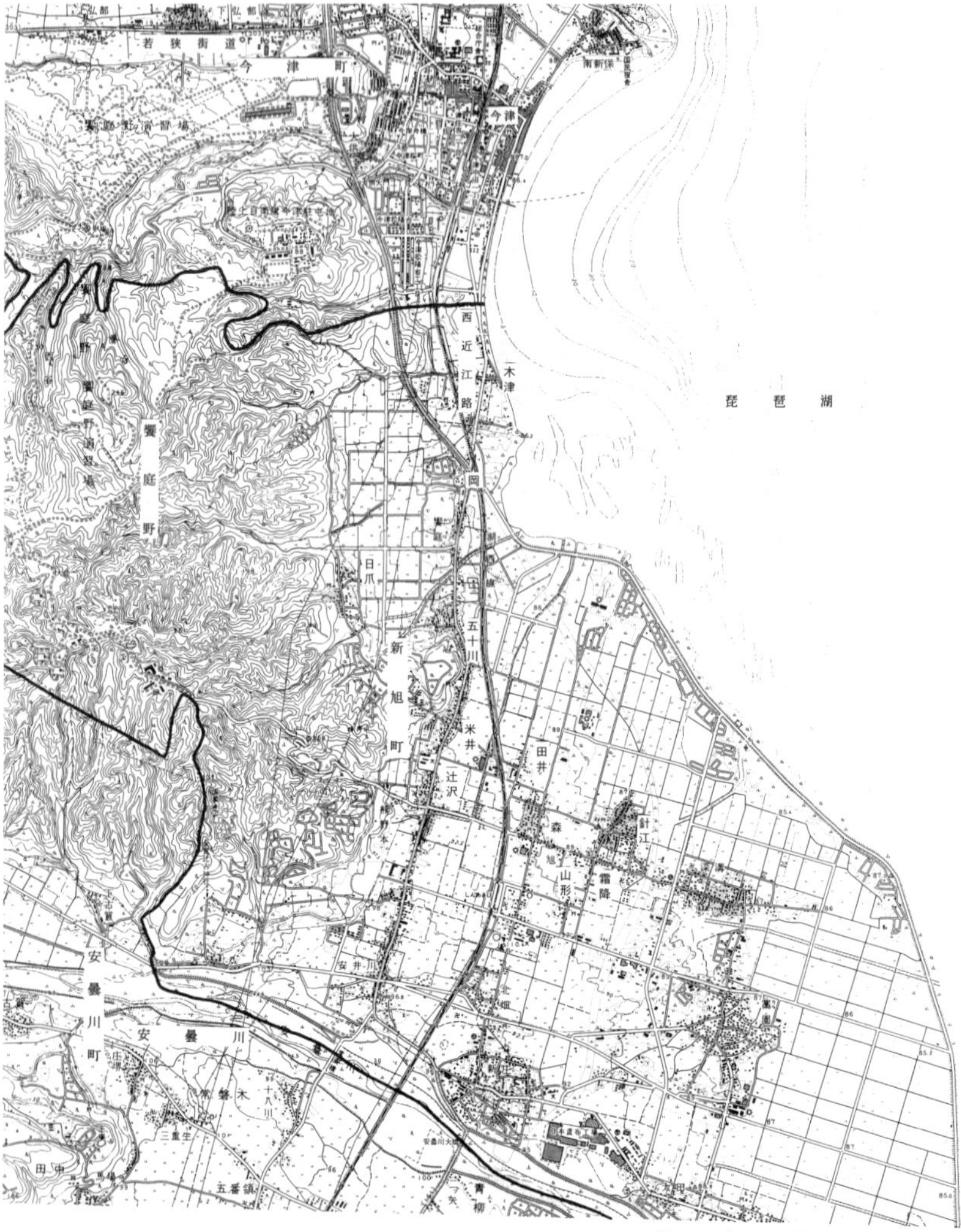

図１　現在の木津荘域(実線は新旭町界)

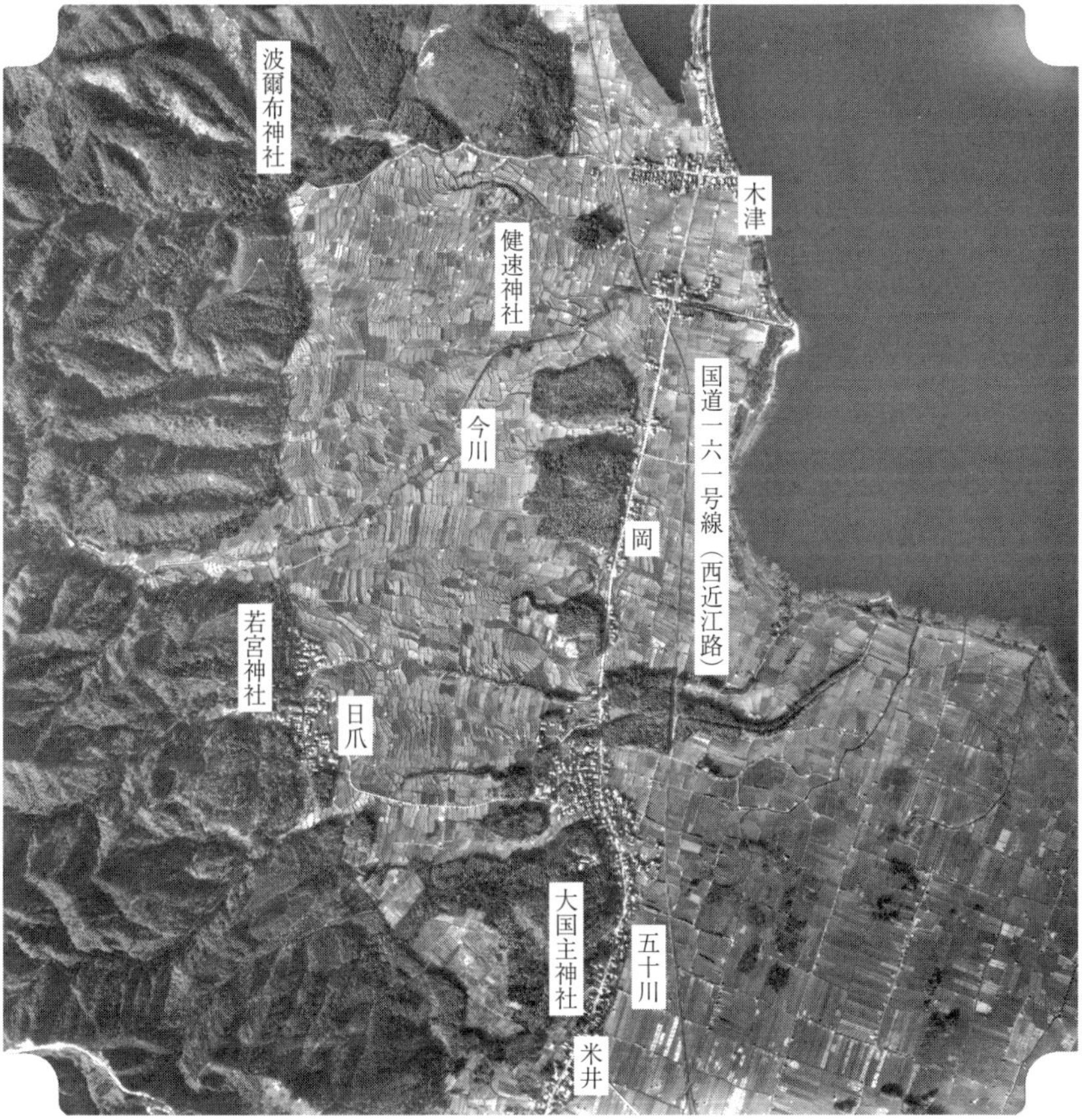

図２　木津荘中心部空中写真（１：10,000を縮小）

木津荘域の村々は戦国期には、深溝・堀川・今市・平井など、荘域南側の村々を含めて、饗庭荘と呼ばれる地域的連合体を形成するが、それは木津荘域西部の饗庭野丘陵、近世に熊野山と呼ばれた入会山を共同利用する村々と重なり、また式内社に比定される旧郷社波爾布神社（土生大明神）の氏子圏とも一致する。明治一一年（一八七八）田井・森・霜降・山形・堀川の五村が合併して旭村に、翌一二年には、木津・日爪・岡・五十川・米井の五村が合併して饗庭村に、同じく辻沢は今市・平井と合併して熊野本村となり、明治二二年（一八八九）の町村制施行の際に、饗庭・熊野本・旭・針江・深溝の各村が合併して饗庭村となった。そして昭和三〇年（一九五五）に饗庭・新儀の両村が合併して新旭町が誕生し(1)、現在に至っている。

木津荘域は棚田的景観を示す丘陵緩傾斜地に広がる村落から、琵琶湖に接した湖岸低地に立地する村落まで、地形条件に対応した多様な形態の村落を包摂している。地元には応永二九年（一四二二）の検注帳など、膨大できわめて情報量の豊かな帳簿群が遺されており、中世荘園・村落の実態を我々に知らせてくれるのである。しかも木津はかつて湖西を代表する津であった。木津は一一世紀後半に、琵琶湖交通上の要衝として姿を現し、鎌倉期以降は若狭国内諸荘園の年貢輸送中継地となる。東寺領太良荘など多くの荘園が、木津を経由して京都へ物資を輸送していたのである。中世前期においては、若狭との交通における木津の地位は絶大なものがあったが、後期には木津のやや北側に位置する今津にその地位を奪われる。現在の木津近辺の湖底遺跡からは、かつてこの地域に内湖が存在したことが明らかとなっているが、室町初期の帳簿などに記載されていた耕地の一部が、現在は湖中に沈んでいることも知られている。琵琶湖の水位変動や湖岸の沈下、あるいは津の立地変化などの問題を解くカギが、この地域に遺されているのである。

このように木津荘は、史料的制約から研究の遅れている山門領荘園の実態を考える上でも、また琵琶湖の歴史的環境を検討するためにも、最も重要な研究対象といってよい。このような歴史的特質を持つ木津荘故地も、三〇年ほど前から圃場整備が開始され、その景観は一変してしまった。明瞭に遺存していた条里地割は全く姿を消し、湖岸には幹線道路が建設されて、水界と耕地は完全に分離されたのである。しかし現在ならばまだ、圃場整備前の伝統的な村落景観を鮮明に記憶に留めている古老たちが健在であるため、木津荘域の歴史的景観・環境をできうる限り正確に記録に遺すことを目的に、近江国木津荘調査団が結成された。そして一九九九年度から三カ年をかけて、滋賀県最初の本格的な荘園現地調査が実施され、二冊の現況調査報告書が出版されたのである[2]。

現況調査は一九九九年度に五十川・米井・岡地区、二〇〇〇年度に木津・日爪・田井・森・辻沢地区、二〇〇一年度には針江・山形・霜降地区と、荘域外ではあるが密接な関係を有する深溝地区の合計一一地区で、水利や地名、民俗慣行などの聞き取り調査を実施し、対象は各地区の古老を中心に二〇〇名近くに及んだ。それと並行して検注帳などのデータベース化を進めた。

この現況調査は、一九八〇年代半ば以降、兵庫県や大分県を先進地としてスタートし、全国へ広がっていった荘園調査の系譜に連なるものであり、現在の地表に遺されている用水路や水田の形状、地名や伝承などが重要かつ普遍的な「生きた文化財」であるという認識をふまえ、文献史料だけにとどまらない、総合的な歴史像の構築をめざしたものであった[3]。しかしこれまで盛んに行われてきた歴史的景観の記録・復原にとどまらず、木津荘の一つの特色ともいえる琵琶湖をとりまく環境変化の問題をも強く意識した内容となっている。

本書は、木津荘が琵琶湖をとりまく歴史的環境の変化と人間の関わりを問う、新しい歴史研究の出発点ともなりうるフィールドであることをふまえて、調査団のメンバーに新たに地形環境や環境民俗学の研究者を加えて、木津荘の調査・研究の成果を論文集にまとめたものである。

一　中世環境史研究の現状

前述したように今回の木津荘研究は、八〇年代後半以降著しく進展した現地調査をふまえた荘園研究であると同時に、近年注目を集めつつある環境史研究をも念頭に置いたものである。現地調査にもとづく荘園・村落研究については、これまでにいくつもの研究がまとめられているため、整理はそちらに譲り[4]、ここでは中世の環境史研究の現状についてみておきたい。

周知のように、現在、環境という言葉が時代を解くキー・ワードとみなされ、地球上のさまざまな問題が環境と関わって議論されている。当初は自然科学が環境問題をリードしていたが、現在では環境経済学・環境哲学・環境社会学など、人文・社会科学の多くの分野にも環境を冠した研究対象が広がっており、環境問題の重要性は広く認識されている。歴史学に近い分野でも、環境考古学・環境民俗学などの言葉が次第に浸透しており、環境歴史学の定立をめざす動きも明確になりつつある[5]。さまざまな視点と方法によって、各時代の人々が自然と闘い、変革し、あるいは規制されてきた姿を描き出す試みが日本史研究においても開始されたのであるが、自然科学の実績を基礎とした気候・植生・地形・災害などの環境変化に関する研究は進展しているものの[6]、まだ全体としては基礎的な蓄積が不足している段階といわざるを得ない。

その中でも最も環境史の議論が進んでいると思われる中世史については、高木徳郎氏が研究状況を的確に整理している[7]。高木氏は環境史研究の流れを、災害史研究と荘園史・村落史の二つに大きく分類している。災害史研究の流れは、地震・噴火や、旱魃・風水害などの自然災害・気候変動と人間の対応に注目した研究動向であり、単純化していうならば、非日常的な環境変化を対象としたものである。従来よりの自然科学を中心とした地震・噴火などの研究に加えて、近年では気象災害や飢饉関係の史料も集積されている[8]。特に中世後期研究では、戦争とともに飢饉・飢餓という問題が関心を集めており、[9]災害の恒常化ともいうべき状況の分析が進められている。史料の関係で近世以降が中心とはなるが、地震・噴火・津波などの歴史災害の研究は、現在の防災対策とも結びついていく。

一方、荘園史・村落史研究の流れは、多様な開発の形態や村落・荘園の実態を広い視点から解明することを目的とした研究動向であり、日常的な生活環境の把握を対象としたものといってよい。現地調査や非文献史料を活用して、村落や荘園の具体的な姿が描かれつつあり、歴史地理学や考古学・民俗学などとの関係も深い。歴史的景観に対する関心が強く、景観というかたちで地域に刻印された歴史を読み取るさまざまな方法が模索されており、従来より「人と自然の関係史」[10]などと表現されてきた問題関心と重なりあう。またこれらの流れとは別に、自然をめぐる心性に着目した研究も進められている。

いずれの時代にあっても、人間はより安全で豊かな生活環境を求めて、自然と闘い、変革してきたが、わずかな環境の変化でも、集落立地や生業、生活のあり方などに重大な影響を受ける。当然中世においては、その度合いは現在よりはるかに大きく、近年の研究からは、地形環境や気候変動など、無視しがたい環境の変化が起きていたことが明らかである。災害史研究の流れにせよ、また荘園史・村落史研究の流れにせよ、学際的な性格を強く持ちながら現在の研究は進められており、自然科学の成果を抜きにしては、環境史を語ることは困難である。

しかしそのことが環境史研究の難しさとなる。まず、著しく研究水準が上がったといっても、自然科学の諸データのタイムスケール・スペーススケールや精度の問題があり、まだ時期確定など多くの点で不安が残ることがあげられよう。多くの分野では一〇年・五〇年といった単位での議論はまだ困難であり、[11]文献史料の乏しい時代での議論ならば有効性を発揮できても、中世において具体的な政治や経済の動向とリンクさせて議論するには問題が多い。また結果や方法に対する批判が困難で、相互の目的・対象の相違を十分認識した上でなければ、間違った利用になりかねないといったこともある。たとえばこれまでの中世の気候変動研究で、基礎資料として使用されてきた感のあるフェアブリッジ氏の海面変動曲線は、[12]現在の気候変動研究から比べるならば、信頼性の低いデータによるものであり、日本中世の気候を直接示すグラフとして使用するには、多くの問題点を含んでいるのである。[13]

そしてなによりも、文献史学の基本史料となる文書が、支配・権利などに関わって遺されることが多く、日記などに表れる気象記事や災害記述を除けば、日常的な環境変化に関する情報が現れにくいという史料上の制約がある。近年、史料の収集が進んではきたものの、やはりそのことが文献史学の研究者を環境史研究から遠ざけてきた一因であろう。また逆に一部では、課題意識だけが先行して、十分な史料的論証をともなっているとはいえない研究も目につくのである。

環境史研究においては、従来とはレベルを異にした歴史像の見直しが必要となる。それは環境史研究が本来有する学際的性格、とりわけ自然科学がリードする研究成果の吸収が不可欠であることが示すように、従来とは異なる分析と総合、時間と空間の設定が必要となるためである。戦後の日本史研究の流れの中で、これまでにも何度も「歴史像の再構成」が試みられてきたが、環境史研究においては、歴史学の外側からのインパクトを、歴史学の内部にどのように組み込むかが問われるのであり、単に自然科学の成果を摘むだけでは解決にはならない。歴史対象に応じた適切なフィールドと画期をとらえる時間的な射程の設定など、歴史学の視点・枠組みを大きく拡げることが必要になるとともに、文献史料の読み込み方を含めて、歴史学の方法そのものの深化が求められているのである。それはまた、新たな地域史の可能性を示すものとなろう。

いずれにせよ中世の環境史研究は、現状ではまだ個別事例の積み重ねが必要な段階にある。本書は、現地調査をふまえ、より実態的に中世荘園・村落を明らかにすることをめざした研究が、不可避的に中世の環境という問題に取り組まざるをえなくなった過程を示している。本書がこれまで述べてきた環境史研究の問題点をクリアーできたとは思ってはいないが、着実な個別事例を積み上げることはできたのではないかと考えている。

二　本書の内容

本書は序章と一一本の論文からなっている。所収論文の多くは現況調査報告書をベースにしているが、その後の研究の進展によって認識を改めた部分も多い。各論文間で一部論点の重複があり、また相互に判断が食い違っていることもあるが、あえてそれを調整し、意見統一を図ることはしなかった。なぜならば本書は木津荘研究の結論ではなく、スタートにすぎないからである。このフィールドと史料群の持つ魅力を、我々はまだ十分に引き出せないままでいる。各論考の当否は時間をかけて再吟味されればよいと考えている。

第一章「木津荘域の地形環境」は、近年著しく研究が進展している地形環境分析の視点から、木津荘域の地形発達史的検討を行ったものである。集落や耕地の立地に大きな影響を与える荘域の地形環境がどのような特質を有するかは、荘園や村落の復原研究を行う際の前提となる部分であり、とりわけ琵琶湖の湖岸環境などを検討する場合には不可欠の視点となる。

第二章「木津荘の成立と展開」は、文献史料に現れる木津・木津荘の推移をたどり、その特質を明らかにするとともに、基本史料である饗庭昌威家所蔵文書・旧饗庭村役場所蔵文書の性格を検討したもの。今回の調査結果というより、既知の文書史料分析から導き出された木津荘の基礎研究にあたるものである。

第三章「考古学からみた木津荘」は、これまで進められてきた発掘調査成果を整理し、考古学の観点から木津荘域の集落形態や地割・交通路の分析を行っている。現在の地表面に遺された条里地割についてはさまざまな評価が存在し、地域の開発史を検討する際の重要な論点となっている。木津荘域における条里地割の施工時期や集落遺跡の推移などから、文献史料では知ることのできない木津荘成立以前の状況を浮かび上がらせた。

第四章「木津荘引田帳・検注帳と高島郡条里」は、木津荘研究の中核となる室町初期の帳簿類の基本的性格を押さえるとともに、聞き取り調査によって俗称（通称）レベルまでの地名を確認したことをふまえて、これまで二説あった木津荘の条里復原案を再検討し、最終的に確定したもの。室町初期の帳簿類など、木津荘関係史料の多くは条里坪付によって土地を表示している。この研究によって木津荘の復原研究は基礎が固められ、開発の過程や集落・耕地の変化などの研究の筋道がつけられた。

第五章「引田帳・検注帳をめぐる諸問題」は、その重要性にも関わらず研究の遅れていた木津荘の帳簿類についての初の本格的な分析である。これらの帳簿類はきわめて膨大で情報量が多く、しかも他荘の帳簿とはかなりその様相を異にしているため、基礎的な研究が行われないままであった。特に引田帳という希有な形式の帳簿の性格を解明した意味は大きい。

第六章「木津荘の負田・公事・名」は、第五章の帳簿類の分析をふまえ、木津荘の収取システムを明らかにしたものである。特異な形式の帳簿しか遺されていない中で、断片的な記述などから緻密な検討を積み重ねた研究で、木津荘の支配形態を考える上で大きな成果をあげたといってよい。

第七章「木津荘の開発と村落」は、屋敷地立地などの帳簿記載の詳細な分析と、条里復原から導かれる現地比定から、中世集落の景観や耕地・用水の実態、開発の過程などを復原・整理した研究。これまでにも多くの中世村落の復原研究が進められてきたが、最も精密なものといえよう。

第八章「比叡荘・高島荘・木津荘――安曇川下流域の荘園公領――」は安曇川下流域の荘園の相互関係を確定したもの。これまで当該地域の中世荘園の配置には、「新庄」などの現在地名に影響されて、理解に大きな混乱があった。安曇川流路の変遷が、荘園のあり方などにも大きな影響を与えていたことが明らかとなった。

第九章「木津荘の宗教景観」は、同じく帳簿類の記述から、木津荘域内の寺社の実態を解明するとともに、近世以降との断絶を明らかにした。中世の木津荘域においては、驚くほど濃密に寺社が配置されていたが、信長による焼き討ち以後は天台につながる寺院はきわめて少なく、膝下ではあっても比叡山の影響は意外なほど小さい。顕密寺院の在地社会における浸透の度合いがどのようなものであったのかをあらためて考えさせる。

第一〇章「環境民俗学からみた木津荘――とくに水田をめぐる生業複合論的視点から――」は、やはり近年注目されている環境民俗学からの地域研究である。木津荘域は琵琶湖岸から里山地域まで含み、多様な生業が展開していた。今回新たに現地調査を重ね、水田における生業複合の実態に焦点をあてて、その特質を解明した。

なお終章「木津荘の景観と環境」では、中世の環境変動、支配制度としての荘・郷とその実態、中世村落の多様性や村落を成り立たせる諸装置などの側面から、木津荘とその基礎を構成した中世村落の姿を総括的に整理した。

（1）『高島郡誌』（一九二七年）・『新旭町誌』（一九八五年）。

（2）近江国木津荘調査団・新旭町教育委員会『近江国木津荘現況調査報告書Ⅰ』（二〇〇二年）・同『近江国木津荘現況調査報告書Ⅱ』（二〇〇三年）。

（3）荘園調査の現状については、水野章二「現地調査と中世史研究――景観の歴史学的分析方法をめぐって」（『日本中世の村落と荘園制』、校倉書房、二〇〇〇年）参照。

（4）近年のまとまった研究としては、服部英雄『景観にさぐる中世――変貌する村の姿と荘園史研究――』（新人物往来社、一九九五年）、原田信男『中世村落の景観と生活――関東平野東部を中心として――』（思文閣出版、一九九九年）、海老沢衷『荘園公領制と中世村落』（校倉書房、二〇〇〇年）、注（3）『日本中世の村落と荘園制』など。

（5）環境史・環境歴史学の重要性に言及した論文は増えているが、明確に定義づけようとしたものとしては、飯沼賢司「環境歴史学の登場」（網野善彦・後藤宗俊・飯沼編『ヒトと環境と文化遺産』、山川出版社、二〇〇〇年）が、「環境歴史学とは人間の営みを人間の視座だけでみていくのではなく、自然史的な視点を置き、相対的に論じていく学問」とし、同じく「環境歴史学序説」（『民衆史研究』六一、二〇〇一年）は、「環境歴史学は（中略）ヒトと自然の関係史あるいはその距離感をはかる歴史」「環境を中軸においた歴史像の再構成をはかる」とする。橋本政良「環境歴史学の可能性」（橋本編『環境歴史学の視座』、岩田書院、二〇〇二年）は、「環境歴史学は（中略）祖先が自然に働きかけて築き上げてきた歴史的環境を、健全な形で子孫に受け渡していくために、歴史学が果たすべき役割を探求していく学問」としており、歴史的環境の保全に力点を置いている。

（6）近年の研究状況をわかりやすく示したものには、松井章編『環境考古学マニュアル』（同成社、二〇〇三年）、高橋学『平野の環境考古学』（古今書院、二〇〇三年）などがある。

（7）高木徳郎「日本中世史研究と環境史」（『歴史評論』六三〇、二〇〇二年）。

（8）『日本中世後期・近世初期における飢饉と戦争の研究』（科研費報告書、二〇〇〇年）・『日本中世における民衆の戦争と平和』（科研費報告書、二〇〇三年）。

（9）藤木久志『飢餓と戦争の戦国を行く』（朝日新聞社、二〇〇一年）など。

（10）早い事例としては、水野章二「中世村落と領域構成」（『日本史研究』二七一、一九八五年、のち注3『日本中世の村落と荘園制』所収）がある。

（11）田村憲美「中世における在地社会と天候――西暦一五〇三・四年の畿内――」（『民衆史研究』五五、一九九八年、のち『在地論の射程　中世の日本・地域・在地』所収、校倉書房、二〇〇一年）。

（12）磯貝富士男「パリア海退と日本中世社会」（『東京学芸大学附属高等学校研究紀要』二八、一九九一年）・「日本中世史研究と気候変動論」（『日本史研究』三八八、一九九四年、ともにのち『中世の農業と気候――水田二毛作の展開――』所収、吉川弘文館、二〇〇二年）、峰岸純夫「自然環境と生産力からみた中世史の時代区分」（『日本史研究』四〇〇、一九九五年、のち『中世災害・戦乱の社会史』所収、吉川弘文館、二〇〇一年）など。

（13）最近の研究としては、町田洋「海面変化史」（町田他編『第四紀学』、朝倉書店、二〇〇三年）などがある。

第一章　木津荘域の地形環境

宮本真二

はじめに――研究方法――

これまで安曇川下流域を対象とした地形学的検討は、地殻変動によって形成された変動地形の検討[1]や、活断層の活動履歴の解明を目的とした研究[2]が大半で、沖積平野自体の地形発達史的検討はわずかである。そのなかで、辰巳勝氏[3]は琵琶湖の湖岸地形の形成過程を検討し、当該地域の地形分類を試みているが、現地形の形態分類のみで、地形発達史を考慮した地形学的検討は行われていない。

沖積平野は歴史的に人間活動の中心で、研究史においても沖積平野における短期間に発生した地形変化は、人の居住や生産活動に対して多大な影響を及ぼしてきたことが指摘されてきた[4]。今回対象とする木津荘域は、既存研究において水没した耕地の存在[5]などが指摘されており、歴史時代という短期間に発生した地形変化の検討は重要である。

以上の視点から、木津荘域（安曇川下流域平野左岸域）の地形分類の予察図を作成し、地形発達史に関わる若干の考察を行った。

地形分類は、「地形環境分析」[6]に準じて行った。判読に用いた空中写真は、国土地理院一九六一年撮影の一：二〇〇〇〇である。この空中写真の判読結果と、旧版地形図などの読図によって、地形分類予察図を作成した。

一　木津荘域の地形配列

安曇川下流域平野の地形は、大きく人工地形、低地、山地・丘陵部に区分された（図1）。ここでの人工地形は、初期の耕地圃場整備事業による改変で、山地・丘陵部は、おもに古琵琶湖層群を主体とした更新世までの堆積物で覆われる[7]。

木津荘が展開する低地域は、現氾濫原面および完新世段丘面、さらには山麓面に区分される。以下には山地・丘陵部分から記載する。

山地・丘陵部の境界付近には崖錐が展開し、棚田状の小区画水田として土地利用がなされ、下部にかけて傾斜が緩くなり、扇状地が展開する。部分的には、更新世の段丘堆積物（高～中位段丘堆積物）が展開し、その間は開析谷が認められる。扇状地から完新世段丘面にかけては比高数メートルの断層崖（活断層）が確認される[8]。

つづいて現氾濫原面は、支流性河川や本流性の安曇川の最下流域に確認され、畦畔を乱すような旧河道が多く認められる。後背湿地は水田として、また自然堤防・旧中州と思われる微高地は集落が展開する居住域として利用されている。

完新世段丘面も現氾濫原とおなじ微地形要素に区分される。下部のⅡ面は、本流性河川としての安曇川の北流跡の旧河道跡が顕著で、網状流に展開していたものと推定される。藁園に見るように、網状に展開していた旧河道によってもたらされた微高地（自然堤防・旧中州）上に集落が形成されている。完新世段丘Ⅰ面では、本流性河川と考えられる旧河道が少なくなり、条里型地割が明確に認められる。しかしながら、集落の立地は他の地形面と同様に、微高地上に展開する。また地点によっては、旧河道が集中するような埋没した沼沢地も認められた。この完新世段丘面、さらには現氾濫原面も含めての形成時期に関しては、臨海平野部の先行研究[9]、山城盆地[10]、奈良盆地[11]などの先行他地域研究と比較検討できるほどの年代資料や地形地質学データが得られていないため、形成時期や時期差などは現時点では議論できない。また、湖辺域には砂堆が帯状に展開し、その砂堆を囲うかたちで内湖（跡）が確認される。

二　考察――いわゆる「沈没した浜堤」について――

湖底遺跡である森浜遺跡の調査から、「沈水浜堤防」の存在が指摘された[12]。しかしながら、この浜堤の地形地質学的な根拠をもとにした検討がなされていないことや、最近の活断層調査の成果や現成の地形発達過程の検討から、この変化については否定的な見解が示されている[13]。もちろん、遺跡調査における遺構の検出は、遺跡成立時において、その地点が陸上であったことを示す有力な根拠であり、当該地域は一時的にでも陸上であったことは事実である。しかしながら、今回の地形分類図の作業過程では湖辺地域においても旧河道跡が多数検出されており、ここで指摘されているような琵琶湖の水位変動で形成された浜堤とは現段階では判断できない。たとえば、「この地区（安曇川河口から木津までの間の湖岸）の浜堤後背部には条里地割りの乱れを多くみることができ、河川の氾濫ではない湖水面の変動による乱れを指摘することができる[14]」としているが、本研究での地形分類では、明らかに旧河道で、河成営力によってもたらされた地形であり、この指摘は地形地質学的には誤りであるといえる。つまり浜堤という帯状に広域で展開する地形と把握するよりも、河川活動によってもたらされた窪地の形成と、自然堤防状の微高地が、これまで「浜堤」と表現されてきた地形である可能性が高いと考える。

また、沈下の原因については現段階で実証することは困難であるが、筆者と牧野厚史氏[15]で可能性を指摘したよ

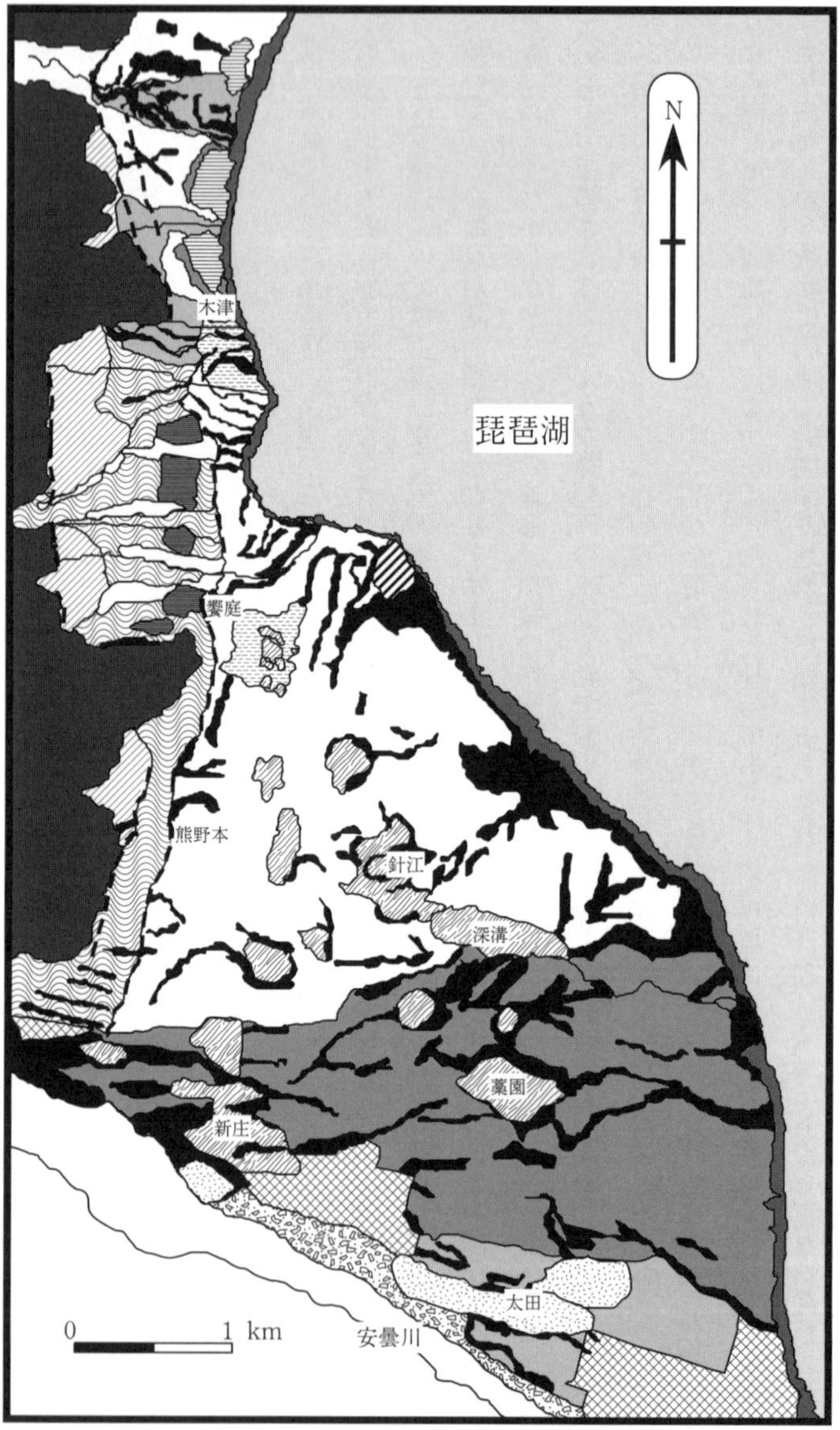

図１　木津荘域(安曇川下流域平野左岸)の地形分類予察図
(活断層の分布は注２によった)

〔図１の凡例〕

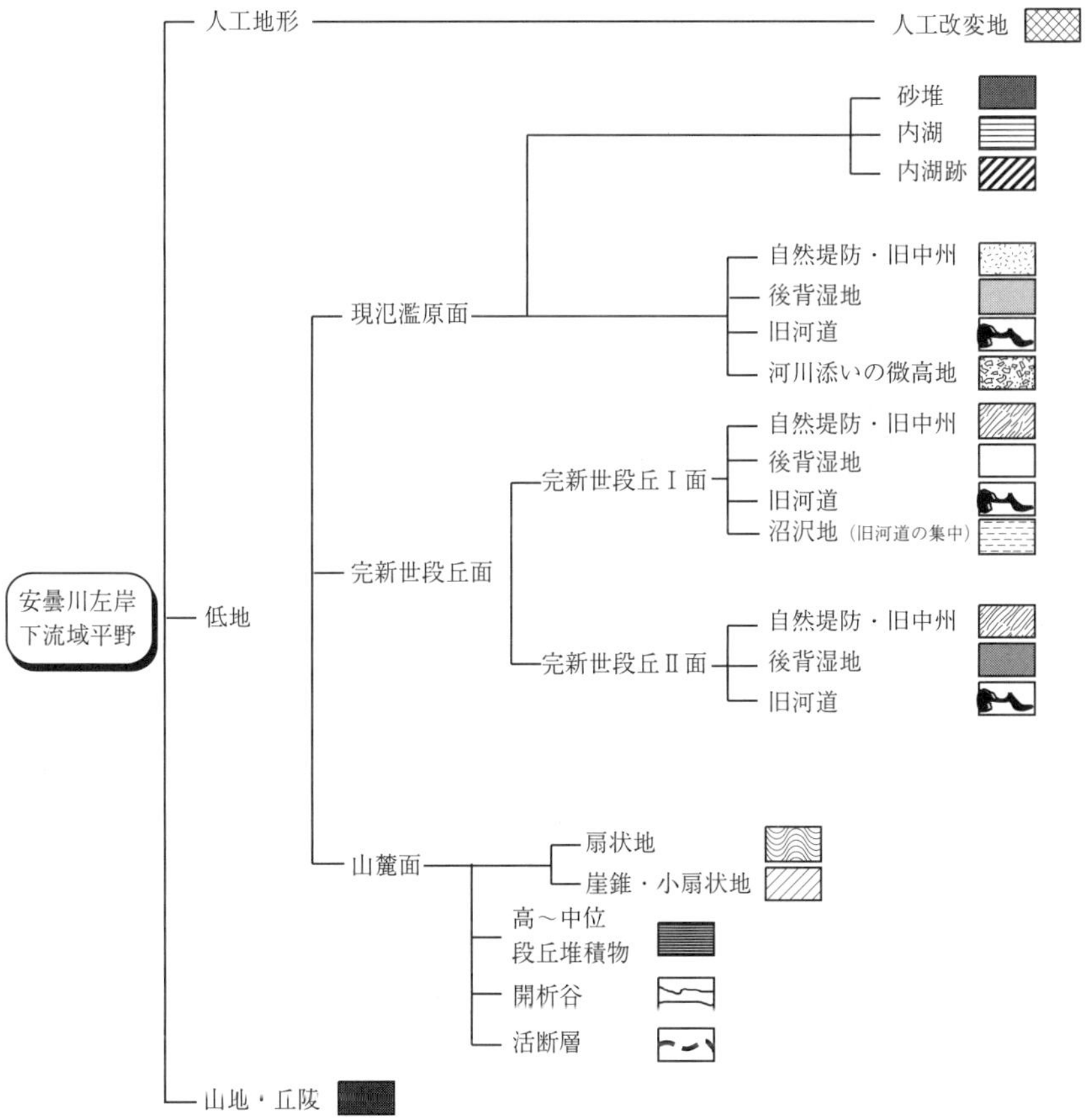
人工地形
人工改変地
砂堆
内湖
内湖跡
現氾濫原面
自然堤防・旧中州
後背湿地
旧河道
河川添いの微高地
完新世段丘Ⅰ面
自然堤防・旧中州
後背湿地
旧河道
沼沢地（旧河道の集中）
完新世段丘面
安曇川左岸
下流域平野
低地
完新世段丘Ⅱ面
自然堤防・旧中州
後背湿地
旧河道
山麓面
扇状地
崖錐・小扇状地
高～中位
段丘堆積物
開析谷
活断層
山地・丘陵

うに、局所的な地盤の沈下が当該地域においても適用できる可能性がある。

いずれにしても、これまで浜堤と把握されてきた地形は、琵琶湖の水位の変動を主要因として説明されてきたが、河成営力によってもたらされた地形と密接な関係がある。


木津荘域（安曇川下流域平野左岸域）の地形分類予察図の作成から下記のことが指摘された。
(1) 安曇川下流域平野左岸においては、異なる時期に形成されたと考えられる地形面が存在し、その地形面上には河川活動によって形成された微地形が確認できた。
(2) 既存研究における浜堤とされた地形は、琵琶湖の水位変動のみならず、河川活動の影響によってもたらされた砂堆や自然堤防の微高地である可能性が高いと考えた。
今後は遺跡発掘データや、ボーリング資料などの検討によって、この予察図の精度を高めてゆく必要がある。

（1） 池田碩・大橋健・植村善博「滋賀県・近江盆地の地形」（滋賀県自然保護財団編『滋賀県の自然誌』、一九九一年、滋賀県自然保護財団）。
大橋健「琵琶湖北西岸、饗庭野・秦山寺付近の段丘地形」（立命館大学地理学教室編『地表空間の組織』、古今書院、一九八一年）。

東郷正美「安曇川中・下流域の地形発達史」（『法政地理』九、一九六八年）。

東郷正美「饗庭野台地の変形について」（『地理学評論』四四—三、一九七一年）。
（2） 小松原琢・水野清秀・寒川旭・七山　太・木下博久・松本宏彰・新見健・吉村辰朗・井上基・居川信之・葛原秀雄・中村美重・図司高志・横井川博之「琵琶湖西岸活断層系北部・饗庭野断層の第四紀の活動」（『地質調査所月報』四九、一九九八年）。
小松原琢・水野清秀・寒川旭・七山太・木下博久・新見健・間野道子・吉村辰朗・井上基・葛原秀雄・図司高志・中

村美重・横井川博之「琵琶湖西岸活断層系北部・饗庭野断層の活動履歴」(『地震』五一、一九九九年)。
(3) 辰巳勝「琵琶湖岸地形の特質とその形成過程について」(『大阪市高等学校社会科研究会研究紀要』三、一九九八年)。
(4) 高橋学「埋没水田遺構の地形環境分析」(『第四紀研究』二七―四、一九八九年)。
(5) 近江国木津荘調査団・新旭町教育委員会『近江国木津荘現況調査報告書Ⅰ』(二〇〇二年)。
近江国木津荘調査団・新旭町教育委員会『近江国木津荘現況調査報告書Ⅱ』(二〇〇三年)。

寒川旭・佃栄吉「琵琶湖西岸の活断層と寛文二年(一六六二年)の地震による湖岸地域の水没」(『地質ニュース』三九〇、一九八七年)。

水野章二「山門領近江国木津荘に関する基礎的研究」(『琵琶湖博物館開設準備室研究調査報告』二、一九九四年)。

水野章二「人と自然の関係史素描――中世後期の環琵琶湖地域を中心に――」(『民衆史研究』六一、二〇〇一)。
(6) 注(4)高橋。
(7) 注(2)小松原ほか(一九九八年)。
(8) 注(2)小松原ほか(一九九八・一九九九年)。
(9) 高橋学「古代末以降における地形環境の変貌と土地開発」(『日本史研究』三八〇、一九九四年)。
(10) 宮本真二「山城盆地南西部、小畑川沖積低地における古墳時代前期の古環境と遺跡立地――長岡京跡左京第三〇五次調査地(芝ケ本遺跡)を例にして――」(『歴史地理学』一八〇、一九九六年)。
(11) 河角龍典「『飛鳥・藤原地域』における弥生時代中期以降の地形環境変遷と土地開発」(『人文地理』五三―五、二〇〇一年)。
(12) 横田洋三「考古資料からみた琵琶湖湖岸の地形的歴史環境」(『琵琶湖博物館開設準備室研究調査報告』二、一九九四年)。
(13) 宮本真二・牧野厚史「琵琶湖の水位・汀線変動と人間活動――過去と現在をつなぐ視点――」(『地球環境』七、二〇〇二年)。
(14) 注(12)横田。
(15) 注(13)宮本・牧野。

〔付記〕　研究経費として、琵琶湖博物館総合研究「東アジアの中の琵琶湖——コイ科魚類の展開を軸とした環境史に関する総合研究——」（研究代表者・中島経夫）、同申請専門研究「近江盆地における遺跡の立地環境の解析」（宮本真二）、および科学研究費補助金・基盤研究C１「完新世における琵琶湖の水位変動の復元」（研究代表者・小松原琢）の一部を使用した。

第二章　木津荘の成立と展開

水野章二

はじめに

近江は比叡山延暦寺の本拠地であり、当然ながら山門領荘園はきわめて大きな位置を占める。しかし山門領荘園の研究は、延暦寺にほとんど文書が遺らなかったこともあり、東寺領や東大寺領などに比べ、大きく立ち遅れていた。近年は少しずつ研究が進みつつあり、福田栄次郎氏によれば、近江国内の山門領荘園は一九六カ所に及ぶという。(1)

中世寺院には、寺院大衆の和合の精神をたてまえとする公的な機構としての寺家の組織と、私的な師弟・門流としての集団原理による門跡などの院家の組織という、二つの原理が存在していたが、そのそれぞれが独自の経済的基盤として、所領荘園を集積していた。(2)木津荘は三千院（梨本・梶井）・青蓮院・妙法院などの門跡領には属さず、『天台座主記』に「為千僧供料、施入近江国木津庄」とあるように、保延四年（一一三八）に山門の寺務機構寺家が管理・運営する千僧供料荘園として成立する。後述するように、延暦寺三千大衆全体に関わる重要な経済的基盤として、富永荘（伊香郡）・栗見荘（神崎郡）とともに、三箇荘聖供を備進する特別の役割を担うのである。

木津荘は近江を代表する山門領荘園といってよいが、地元の饗庭昌威家に伝えられた応永期の検注帳などの他は、断片的な史料しか遺されていない。そのため同荘に関する本格的な研究はあまり進んではいないが、この史料群の存在自体は早くから知られており、戦前の県史・郡史など[3]にもとりあげられている。検注帳などの帳簿類は、福田徹氏の一連の歴史地理学的研究[4]の素材となり、条里制や集落立地などの復原が進められたが[5]、近年では琵琶湖の環境史研究の史料としても注目されるようになっていた[6]。

一　平安・鎌倉期の木津

木津の地名は『和名抄』高島郡一〇郷の一つとして郷名に見え、平城宮跡の木簡にも「近江国高島木津道守□□万呂」とあるのが確認される[7]。木津が歴史的に注目されるのは、琵琶湖交通上の要衝としてである。『延喜主税式』によれば、北陸道諸国からの貨物は、各国の津から日本海航路をたどって、いったん越前の敦賀津へ送られる。敦賀からは陸路で湖北の塩津に至り、塩津からは湖上を大津へ運び、そこから再び陸路で京へ向かうことになっている。ただし若狭からの官物は湖西高島の勝野津[8]へ運ばれ、そこから船で大津に輸送される規定になっていた。しかし一一世紀後半には、これらの交通ルートに大きな変化が生じていた。越中国司の解を請けた治暦元年(一〇六五)九月一日の太政官符[9]は、国内の新立荘園の停止および北陸道諸国の調物運漕時の勘過料徴収停止という二カ条を命じたものである。

一、応停止路次国々津泊等、号勝載料、割取運上調物事

近江国　塩津　大津　木津

若狭国　気山津

越前国　敦賀津

右、得同前解状偁、謹検案内、当国者北陸道之中、是難治之境也、九月以後三月以前、陸地雪深、海路波高、僅待暖気之期、運漕調物之處、件所々刀禰等、称勘過料、拘留調物、割取公物、宛夌綱丁、徒送数日沙汰之間、空過参期、遅滞之怠、職而此由、是非只官物之減耗、兼又致進済之擁滞、望請　天恩、因准傍例、被停止件所々勘過料、将全行程之限、弥致合期之勤者、（以下略）

戸田芳実氏が指摘しているように[10]、一一世紀後半には勝野津から大津に向かう旧来の若狭ルートに代わり、気山津（現三方郡美浜町）―木津の新しいルートを加えて、官物運京ルートが複線化しているのである。港湾施設の修造や通関業務など、公共的職務にたずさわる現地管理人集団であったと考えられる刀禰らは、勝載料・勘過料と称して積み荷を止めたり、割き取ったりしたという。戸田氏は官物輸送ルート複線化の理由として、運船・駄馬の需要が高まり、敦賀・塩津・大津の津刀禰層と競合しながら発展した気山津・木津の刀禰層が、北陸道官物を自分たちの港に引き寄せたと判断する。この気山津から倉見峠を越え、熊川を経て木津に至る新ルートは、敦賀―塩津よりも距離的には約二倍となるが、標高差も少なく、冬の積雪も少ないことなど、利用価値は高かったと思われる。一二世紀後半には、小浜湾の西津が気山津に代わる若狭の公的な津となっており、平安後期には山陰道諸国と若狭との日本海を利用しての交通も、次第に利用度を高めていたと推測されるのである[11]。

東南院文書永承二年（一〇四七）一一月二五日若狭守橘某切符案[12]には、

下木津納所行友

可下米陸拾伍斛陸升捌勺事

正米五十石之中 雑賃十五石六升八勺　海路料二石五斗八升三合三勺　運寺賃十二石四斗七升七合五勺

右、東大寺当年御封内、且奉下如件、取使請文之、

永承二年十一月廿五日

若狭守橘朝臣在判

とあり、木津には若狭国の納所が置かれていた。東大寺が若狭国で与えられていた封戸の代米六五石六升八勺は、木津の納所から湖上を漕運され、次いで陸路で奈良まで運送されるが、雑賃として海路料・運寺賃を差し引いた正米五〇石が東大寺に進上されたのである。古代の北陸道はのちの西近江路とほぼ重なり、大津を経て琵琶湖の西岸を北上するが、北陸道が若狭と結びつく接点となったのが木津であり[13]、この時期、若狭との水陸の交通・輸送センターの役割を果たしていたのである。

戸田氏はまた、木津が一一世紀に古代若狭ルートの勝野津にとって代った理由として、湖西の広大な山地を占める高島郡一帯に、法成寺・平等院などに属する摂関家領の杣山が広く存在し、木津は文字通りそれら杣山の摂関家用材を中心とした、木材の集積・運送の港として発展したためとする。そして木津の津刀禰層は筏師・材木商人でもあったと推定している。

長承二年（一一三三）七月一一日明法博士中原明兼勘注所引の康平七年（一〇六四）閏五月の宇治殿政所下文[14]などには、法成寺領として比良山系北部、鴨川上流域の三尾杣や安曇川上流の久多・治（針）幡などが見え、同じく寛弘八年（一〇一一）七月一九日の寂楽寺寄文からは朽木杣がすでに成立していたことが知られる。治暦四年（一〇六八）三月二九日太政官牒写[15]によれば、今津町の石田川流域一帯は、湖岸の平地部から若狭に連なる杣山を包含する大規模荘園平等院領河上荘であったが、同荘は鎌倉期においても、四千寸の榑を摂関家に造進している。そのさらに奥、安曇川の谷から丹波・若狭国境にかけての広大な杣山は、同じく平等院領の子田上杣である[16]。当然これらの地域の山林開発においては、安曇川や石田川が利用されたはずであり、両河川の中ほどに位置する木津が、重要な役割を果たしたであろうことは十分推測できる。安曇川流域の山林開発は八世紀まで遡る可能性が

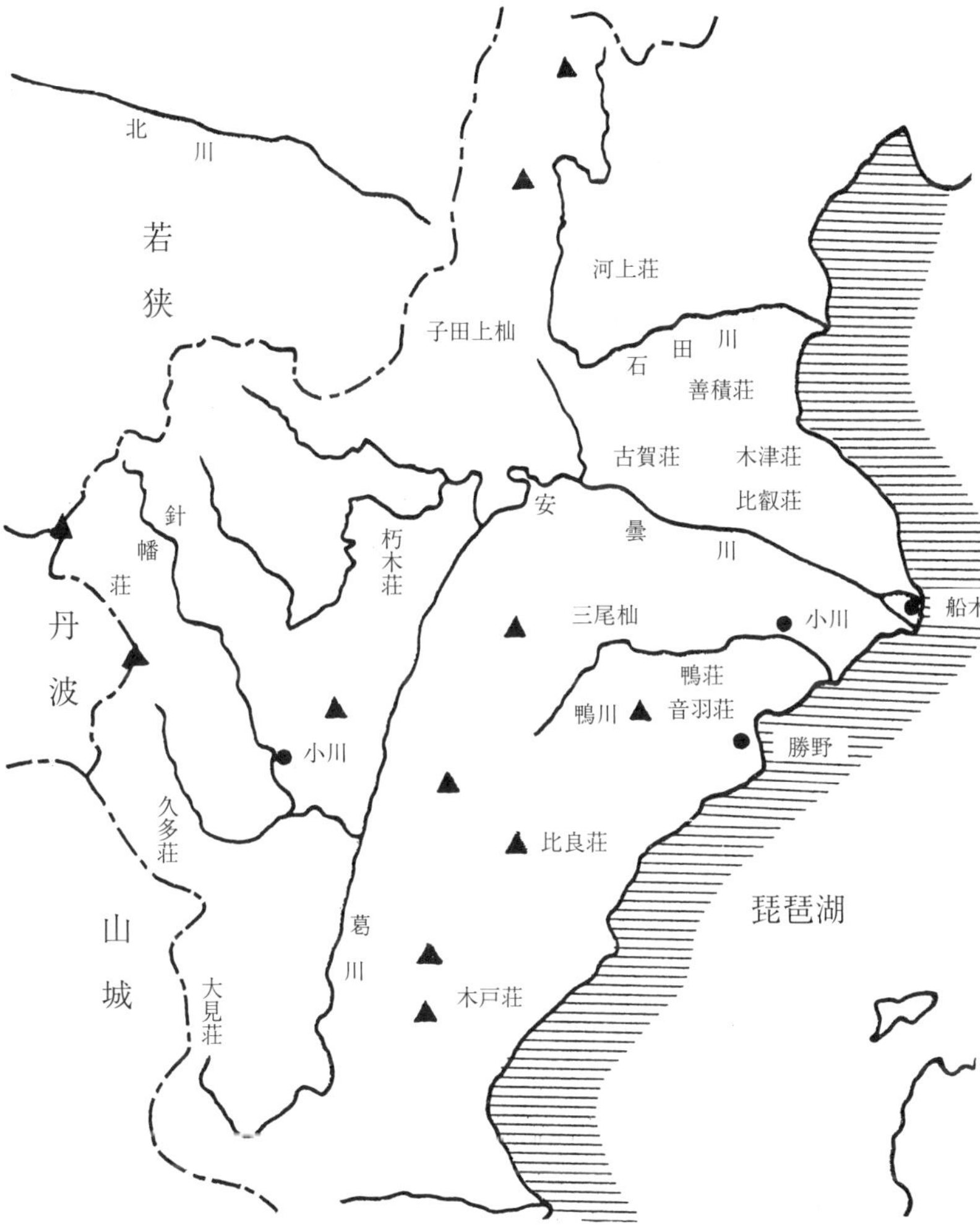

図１　木津荘周辺の荘園・杣(注16所収図を変更)

高い[17]が、少なくとも一一世紀のこれら摂関家の杣山開発と、木津の発展が無関係であったとは考えられない。

しかし安曇川上流からの材木の集積をいうのであれば、河口部に開けた船木との関係はどのようになるのであろうか。中世の安曇川はかなり乱流しており、その姿は中世末以降と推定されている安曇川町竹内家旧蔵比叡新荘之図[18]からもうかがえる。賀茂別雷神社文書中の貞永元年（一二三二）の官宣旨写[19]によれば、寛治年中（一〇八七～九四）に成立した安曇川御厨は、川尻での簗漁をめぐって青蓮院領比叡荘と紛争を起こした。比叡荘の吉直という人物が、魚漁のため安曇川の川尻を押領し、御厨の供菜人が比叡荘中の川辺に来臨したならば、忽ち喧嘩に及んだという。御厨側は、「彼河新古余流南北遠近之江海、一向停止甲乙之濫妨、皆悉被止他人希望畢、仍船木北浜供菜人等、可全漁進」、「或雖有権門勢家之御領、或雖多山門日吉之庄薗、於河漁者、更非其所之成敗、只付流水、併為御厨之成敗者也」と主張する。この相論の根本原因は、「件河建保之比、流比叡庄之条、僅十余年也」という言葉が示すように、建保年間（一二一三～一九）に安曇川の流路が変化し、少なくともその一部が比叡荘内を流れるようになったことにあった。そのため比叡荘は、荘内の河川での漁撈を当然のこととしたのに対し、御厨側はあくまで安曇川の流れを、すべて御厨の管理下に置こうとするのである。

現在の地形・地割・地名などからも、何本かの安曇川の旧流路が復原されるが、安曇川北岸の条里地割の乱れが示す旧河道[20]は注目してよい。この河道は比叡荘（中世後期には新荘と本荘に分かれる）内を貫流し、木津荘の東辺をかすめて、琵琶湖に注ぐかたちとなっている。この河道の時期を確定することはできないが、安曇川御厨と比叡荘の紛争の背景には、このような河川をめぐる状況が考えられねばならない。木津荘域は安曇川に近接しつつも、条里地割に直接影響を与えるような安曇川氾濫の影響が及びにくい条件下にあったものと考えられる。

なおこの官宣旨写には「船木北浜供菜人」が登場するが、これは一一世紀末に歌枕として、千鳥が遊ぶ船木浜が詠まれている例[21]などを除けば、安曇川河口に位置する津泊・村落として船木が現れる初見史料である。しかし

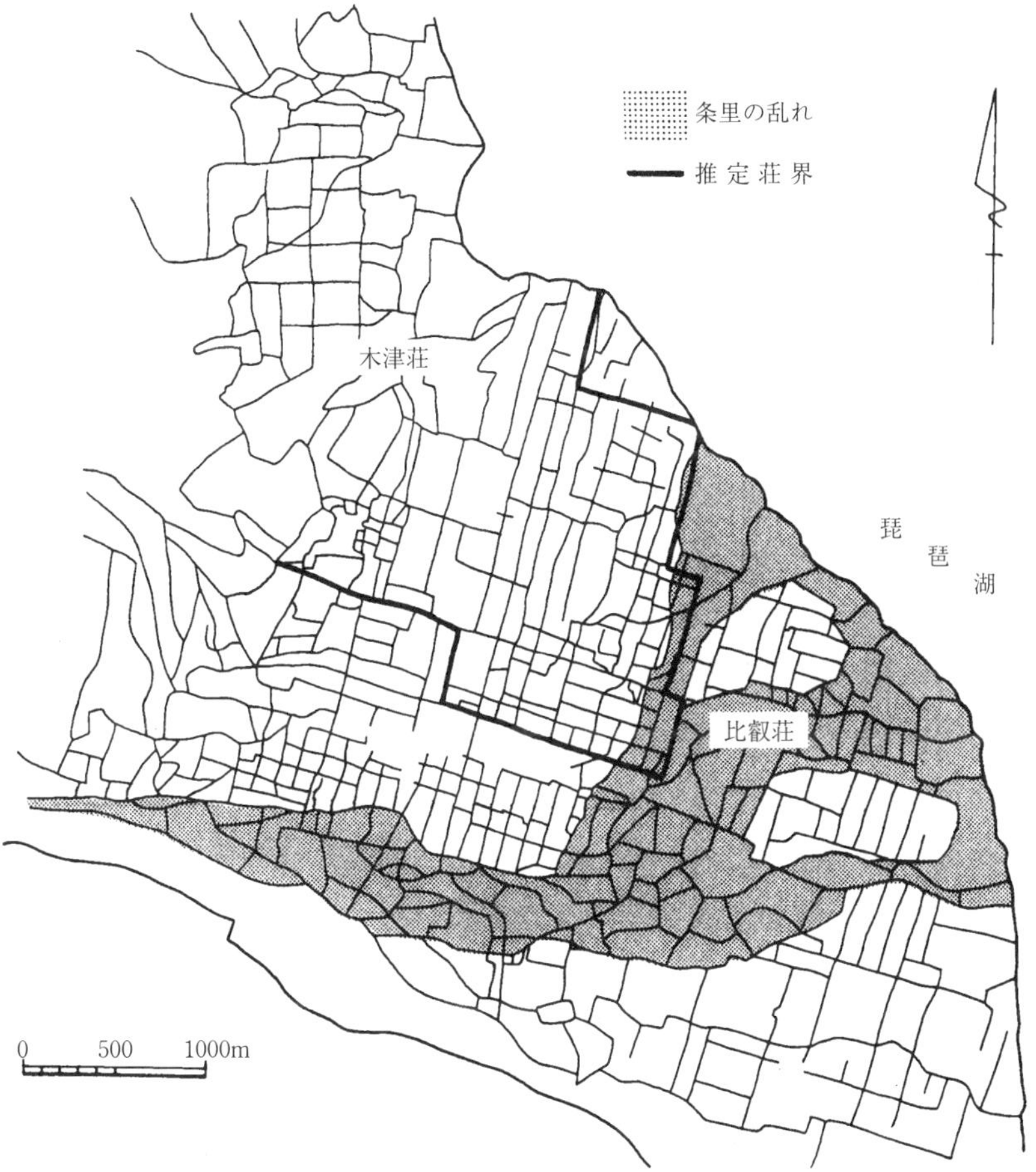

図2　安曇川北岸の旧河道(注20報告書掲載図を変更)

すでに網野善彦氏が指摘しているように[22]、現存の官宣旨写は、室町期以降に真正な文書にこの部分を書き入れて写したものと考えられる。確実な史料は、永仁四年（一二九六）九月七日六波羅下知状案[23]において、「蔵人所近江国菅浦供御人等申、当国守護使勝浄・馬太郎・藤二郎等、得大浦庄土民等語、於同国船木浦、搦取供御人等、奪取銭貨以下所持物由事」とみえる船木浦の例などである。一四世紀後半には船木に関が置かれ、山門六社造営に充てられているが、船木が発展を遂げるのは、このように鎌倉末以降を待たねばならなかった[24]。

木津と材木生産の関係は、あくまで木津という地名から類推してきたものであり、実は史料からは木津と材木との関係は明確にはできない。平安・鎌倉期の史料に即していうならば、木津はなによりも近江と若狭を結ぶ陸上および湖上交通の要衝として現れた。そしてこの地を支配していくのが比叡山延暦寺であった。山門領木津荘が成立するのは、保延四年（一一三八）である。『天台座主記』に、「九月廿六日、上皇御登山、以南陽房為御所、（中略）、十月一日、幸無動寺、於中堂供万灯会、同二日、有千僧御読経、今日被行勧賞、以阿闍梨十口、被置中堂、為千僧供料、施入近江国木津庄、令法橋顕尋叙法眼座主賞譲、同三日還幸」とあるように、鳥羽院の山門行幸の過程で木津荘は施入されたのである。保立道久氏[25]は若狭西津と木津はともに院領となっていたとして、のちに若狭街道（九里半街道）と呼ばれる若狭路沿い[26]の地域には、院権力が浸透していたとするが、山門領木津荘の成立した一二世紀前半頃には、湖西一帯は山門の膝下として、その強い影響下に置かれた。比良山系周辺の諸荘園には山門の支配が確立し[27]、木津荘に接する比叡荘・善積荘・古賀荘も山門に直接関わるか、あるいはその影響が及ぶ荘園であった。善積荘の北に位置する平等院領河上荘も、のちには延暦寺大講堂領となる[28]。湖西における荘園公領制は、山門領化という性格を強く帯びつつ展開していくのである。

鎌倉期以降、木津は若狭国内の諸荘園の年貢輸送の中継地点として、荘園文書に現れる。壬生家文書承元元年（一二〇七）一二月の関東下知状[29]には、太政官厨家領国富荘における領家と地頭の相論の中で、

一、可同令停止除佃所当運上外、京上幷木津越夫馬役事
右、京上幷木津越夫馬事、至于地頭佃所当者、百姓可勤其役、於此外者、守巡役、壱年壱度可勤仕、将又以
当庄之夫馬、於運送他所物於京都者、頗為非法歟、但可依先例也、

とある。木津越とは江若国境の山を越え、木津に出ることであった。この他、太良荘・瓜生荘・御面浦など多くの荘園が、木津を中継地として京都へ年貢などを輸送していたことが明らかである[30]。文永九年（一二七二）頃、太良荘の未進米を輸送して木（古）津に出てきた綱丁男は、病気が重くなったため引返してしまった[31]。また太良荘の年貢は木津で荘官に渡されることもあり[32]、木津の問丸をめぐって、百姓と預所のどちらが進止するのかも争われている[33]。太良荘の例からは、年貢は船に積まれて若狭街道に沿うように流れる北川を遡上し、夫・馬で国境の山を越えて、木津に至ったようであるが[34]、それは他荘も同じであっただろう。

　このように中世前期においては、若狭との交通における木津の地位は絶大なものがあったが、後期には木津のやや北側、石田川河口部に位置する今津が発展し、近世には完全に今津が優位に立つ。今津は一四世紀後半頃に成立したと考えられている『源平盛衰記』巻二八に、「西路ニハ、大津・三井寺・片田（堅田）浦・比良・高島・木津ノ宿、今津・海津ヲ打過テ、荒乳ノ中山ニ懸テ、天熊・国境・匹壇・三口行越テ、敦賀津ニ著ニケリ」として、寿永二年（一一八三）四月に木曽義仲追討のために平氏の軍が通過したと見えるのが早い例で、木津と今津は並列されている。しかし応永三四年（一四二七）二月に、湖西を通って越前に向かった飛鳥井雅縁の『宋雅道すがら之記』[35]には、堅田・比良を経て、白髭神社や打下の浜、竹生島を見ながら、「河原市とかや申所に志ばらく立寄、そのつゞきに里有、とえば今津と申す」とある。西近江路が安曇川を渡った北岸に位置する河原市が現れ、そこから今津に至り、海津に向かったのである。ここには交通上の要衝としての木津は登場しない。

　若狭国太良荘においても、文安三年（一四四六）六月に同荘で鋳造された東寺の鐘は、五〇人の人夫によって今

津まで運ばれた。「鐘のほり候はん時者、太良庄へ堅被仰付候てのほせらるへく候哉、なをさりに仰下され候は、承引申ましく候、京まて付送候へと仰られ候へ、さやうに候共いま津までならてはつけ候ましく候、舟にて大津まて付候は、安候へく候と存候[36]」、「御鐘持運賃車力之事被懸仰候、これより今津まて人夫五十人にてつけ申候[37]」とあるように、東寺は今津まではなんとか車などによって鐘を運ばせ、そこからは大津まで船で運送したのである。太良荘の物資は鎌倉期には木津へ運ばれたが、この時には今津が湖上輸送の拠点となっていた。鎌倉の後期から太良荘や御面浦などで、木津を古津とする表記が現れるが[38]、やはりこれは従来より指摘されているように、今津の発展を意識した表記であったと思われる。

中世後期には今津が若狭・近江交通路（若狭路）の起点としての地位を確立していく。木津の果たしてきた役割は、若狭との交通では今津に、安曇川水運との関係では船木に、次第に分解していったということができよう。この段階では比叡山延暦寺の力はまだ強力であったが、本書終章で述べるように、木津の優位性を支えた内湖などの地形的条件が、琵琶湖水位の上昇などによって失われてしまうなどの、湖岸環境の大きな変化が進行していたのである。

二　饗庭昌威家所蔵文書

木津荘研究の基本史料として、新旭町霜降の饗庭昌威家に伝えられた一連の文書群がある。従来は県史や郡史などで部分的にふれられたり、また主に応永二九年（一四二二）の木津荘検注帳などを素材として、条里や開発の問題が論じられるにとどまり、文書そのものについての検討はほとんど行われていない。現在、饗庭家には昭和三八年（一九六三）五月（饗庭昌威氏作成）と無年号の二つの文書目録が残されている。文書の多くには朱色の簡単なラベルが貼付されているが、それは無年号の文書目録の文書番号と対応している。まずその文書目録の番号に従って、おおよその概要を示そう。なお文書名は適宜改めている。

1 建保四年（一二一六）八月三日延暦寺政所下文写
2 応永一六年（一四〇九）八月一七日沙門宗祐・権律師快覚連署私領寄進状案（前欠）
3 応永二四年（一四一七）二月山門三綱法橋最全目安状案
4 年欠木津荘年貢注文断簡
5 文明一二年（一四八〇）八月某譲状（前欠）
6 文明一三年（一四八一）八月性暹譲状
7 明応二年（一四九三）一二月定林坊快重茶園畠売券
8 永正五年一一月（一五〇八）能登五郎左衛門尉高勝書下
9 大永三年（一五二三）一二月一三日定光坊快玄・忠兵衛尉定祐連署屋敷売券
10 年欠木津荘惣大工職日記
11 同写
12 享禄二年（一五二九）一二月饗庭又三郎秀頼公領売券
13 天文一一年（一五四二）三月二一日出雲守元隆田地売券
14 天文一三年（一五四四）有順・舜運等連署掟書
15 天文二三年（一五五四）六月年貢注文案（前欠）
16 天文一九年（一五五〇）七月五日進藤山城守貞治書状
17 天正三年（一五七五）六月定林坊定夫四郎左衛門等連署預状
18 天正一三年（一五八五）閏四月二四日豊臣秀吉知行宛行状

19　年欠饗庭定高卿由来
20　一〇月一一日進藤貞治書状
21　九月一九日二宮社領敷地坪付案
22　七月一〇日磯野員昌書状
23　高島郡内諸城城主書上断簡
24　閏一二月一三日員盛書状写
25　慶安元年（一六四八）一二月七日豪快書状
26　享保一二年（一七二七）閏一月五日饗庭荘一八ケ村覚書写
27　享保一二年（一七二七）閏一月饗庭荘一九ケ村庄屋・年寄連署申状写
28　元文六年（一七四一）饗庭荘寄進由来
29　年欠出米升納升注文
30　年欠諸事覚書
31　一一月二〇日井上定秋書状
32　二月四日小野半之助大津町中触書写

これらの文書はほとんどが一通文書であり、すべて所在が確認できる。昭和二年（一九二七）頃に影写された京都大学文学部日本史研究室所蔵の影写本饗庭文書には、四一点の文書が納められているが、それは後述する饗庭村（現新旭町、昭和三〇年に新儀村と合併）役場所蔵文書一〇点とここにあげた三二点のうち、内容的に重複する11を除いたものである。必ずしも編年順になっていない京大影写本の文書の順番とこの無年号目録の順番とは完全に一致しており、密接な関連があると考えざるをえない。一方、昭和三八年目録には、これ以外にもかなりの文書が記載されている。同目録によれば饗庭家では、現状では一括して保管されているものの、饗場昌威家所蔵文書と日吉二宮神社および霜降区の関係文書とに、文書群を三分類している。饗庭家は元来、深溝の日吉二宮社(霜降・山形・小池(針江の枝郷)・深溝の氏神)の神主の家柄であり、またかつて区長などを勤めた関係で、このように二宮社関係文書や霜降区有文書を分類・保管していたのであろう。(39)このうちの饗場昌威家所蔵文書について、現在確認できた文書をさきほどの目録に続けて記しておこう。

33　応永二九年（一四二二）閏一〇月二一日木津荘検注帳六冊

34　年欠木津荘引田帳三冊

35　天正二年（一五七四）六月饗庭荘定林坊引分並田畠帳二冊

36　年欠書札礼(前・後欠)

37　享保□年二月書状写

38　享保九年（一七二四）九月饗庭荘証文写

これらはすべて袋綴の冊子の形態をとっている。京大影写本との関連が想定される無年号目録に掲載されていなかったのも、そのような形状によるのかもしれない。(40)昭和三八年目録に記されている中世文書で現在確認できなかったものは、天文二年（一五三三）の「木津荘大工職知行に関する通達」の一点だけである。(41)しかし昭和三八年（一九六三）三月撮影の東京大学史料編纂所所蔵の写真帳には、目録と日付・内容の一致する天文二年（一五三三）一二月一六日六角義賢奉行人奉書が収録されている。昭和三八年三月の饗庭家での文書採訪・撮影と五月の目録作成には何らかの関係があると推測できるが、この奉書はその段階で新しく所在が確かめられるとともに、再び不明となったのであろう。(42)逆に目録にはなくとも所在が確認できたものが37・38である。この二冊は、後述するように同家の文書を近世に書写したものである。(43)

昭和三八年目録で日吉二宮神社に分類されていた文書で、所在の確認できたのは次の一点である。

39　宝徳三年（一四五一）一一月二六日比叡本荘二宮神田帳案

日吉二宮神社関係では、目録上では他に幕末の文書二通があったことになっている。東大史料編纂所写真帳には、この1から39までの文書のうち19と37・38を除くすべてが収録されている。これ以外にも、霜降区と分類された慶長七年（一六〇二）九月の高島郡霜降村検地帳以下の近世から明治初年に至る、帳簿類を中心とした一三点あまりの文書や絵図類などが存在する。しかし必ずしもこの分類は厳密なものではなく、饗庭家の文書なのか、霜降村の文書なのか、曖昧さを残すものも見受けられる。以下便宜上、文書の引用に当たっては、この文書番号にもとづいて、饗1のように引用することにする。

饗1は立券文ではなく、木津荘の西と北に位置する古賀・善積荘との境相論に関する文書であるが、四至が明示されていることもあり、近世に至るまで木津荘の根本公験としての役割を果たした。そのため後述するように、天正・慶長・寛永・享保と続く近世の熊野山（饗庭野丘陵）相論において、共同して戦った饗庭荘（戦国末期以降は木津荘を含む一帯は饗庭荘と呼ばれている）の各村々では、この文書を含む中世以来の一連の相論文書の写が作成・保管されている。

政所下文案　木津荘進之　順徳院御代

延暦寺政所（下脱カ）

可早停止古賀善積自由濫妨、任旧例令打定牓示事

右、当庄者、鳥羽院御時保延年中之比、被寄附山門領刻、為後代被定置四至畢、南十三条、西追分、北十八条、多年之間敢無違乱之処、近来自南古賀北善積庄、後山雖令押領、自然送年月之間、彼両庄住人等、件四至内不入当庄民、奪取鎌斧之上、剰令蹂躙云々、所行之旨、甚以不当也、且以庄民解状、触廻三塔之処、早

任旧跡、可令打定牓示之由、大衆議已畢、凡一天下甲乙之輩等、恐伊王山王威、於末寺庄薗、敢不令忌（カ）點之処、近年立妨庄民、触事現奇恠条、不知其子細歟、早任旧例、且先規、可令打定牓示之状如件、解以下、

建保四年八月三日　　小寺主法師応俊

修理別当法橋上人位奉之（在判カ）　　寺主大法師在判

上座法橋上人位奉之（在判カ）　　都維那法師

元和四戊午九月写之

この文書は末尾に明記されているように、元和四年（一六一八）の写であり、おそらくは慶長年間に行われた山境相論をふまえて、あらためて写をとったものであろう。この文書を始めとする饗庭昌威家所蔵文書の性格を考える上で、旧饗庭村役場所蔵の中世・近世初の文書は見過ごすことのできない内容を持っている[44]。その概要を京大影写本の番号に従って示そう。以下、引用の際は村1のように表記する。

1　建保四年（一二一六）八月三日延暦寺政所下文写
2　応永一三年（一四〇六）四月二日室町幕府御教書
3　永正四年（一五〇七）九月山門西塔院執行代祐憲書下案
4　天正三年（一五七五）八月赤尾新七郎・杉立町介連署書状案
5　天正三年（一五七五）九月二日磯野員昌裁許状
6　慶長二年（一五九七）九月二五日前田玄以裁許状
7　慶長四年（一五九九）一一月一五日伊勢半左裁許状
8　永正一二年（一五一五）三月善積荘南浜太郎左衛門・北浜四郎右衛門等連署礼状案
9　寛永一九年（一六四二）五月二六日饗庭荘百姓申状

10　寛永一八年（一六四一）七月二〇日饗庭荘一八ケ村惣百姓申状

一見して明らかなように、この一〇点の文書と饗庭昌威家所蔵文書とは、内容上密接な関係がある。それにもかかわらず、両者で共通するのは饗1と村1の建保の政所下文写だけであり、他は全く重ならない。この二つの文書群はどのような関係にあるのであろうか。

村1と饗1は当然同文であるが、前述したように饗1の末尾には元和の写であることが明記されているのに対し、村1にはそのような記載は全く見られない。このことは饗1が村1を写したものである可能性を示している。饗37は享保年間に饗庭氏が一三通の書状などをまとめて書写したものであるが、その中には饗1・3・4・8・14・15・20・21・22・24が含まれており、それまでに饗庭家に保管されていた書状などを整理したものであることが明らかである。また饗38は享保九年（一七二四）に饗庭荘関係の証文五通を書写したものであり、享保年間に行われた山境相論に関わって作成されたものと考えられるが、その中味は実は村2・3・4・5・6なのである。すなわち饗38は、享保頃までは饗庭家が所蔵していた村2～6が書写され、その後に元の文書が饗庭家の手を離れたか、あるいはすでに現在のようなかたちで別の所で保管されていた文書を饗庭家が写したのか、どちらかの経緯で残されたと考える他はあるまい。

村2は山門領木津荘と尊勝院（青蓮院門跡の院家）領北古賀荘の境相論に対して、尊勝院の競望を止め、山門雑掌の所務を認めた応永一三年（一四〇六）の室町幕府御教書であり、村3は木津荘の四至を明示し、隣郷の侵犯を禁止した永正四年（一五〇七）の山門西塔院執行代の書下案である。これらの文書はやはり饗3の応永二四年（一四一七）の山門三綱法橋最全目安案や、饗33の応永二九年（一四二二）の木津荘検注帳などと一体のものと考えるべきであろうし、同時期に家蔵文書を整理し写をとった饗37の例を考慮するならば、饗38に写を残す村2～6は本来饗庭家に所蔵されていたと判断するしかないであろう。饗38で村1が除外されているのは、当然すでに村1

を写した饗1が存在していたからに他ならない。

村1・2・3はすべて木津荘の領域に関わっており、村4・5は天正三年（一五七五）に木津荘と善積荘の山境相論を磯野丹波守員昌が裁許したもの、村8も木津荘と善積荘の境に関わる。村6と7は慶長年間の饗庭荘と善積・北古賀の山境相論の判決、村9・10もやはり寛永年間の山境相論に関する文書である。天止の相論で「如先規、以山門之書物之筋目、無相違被仰下候」（村4）、「従山門之書物出、令披見候」（村5）とある「山門之書物」が村1〜3を指していることは間違いない。また慶長の相論で「従饗庭、山門之書物磯丹波折帋明鏡」（村6）として、饗庭荘勝訴の原動力となったのが村1〜5であることも確実といってよく、寛永の相論の際、饗庭荘側が提出したという「証文」（村9・10）は、村1〜8であったはずである。

このように旧饗庭村役場に所蔵されていた文書はすべて、木津荘（近世では饗庭荘）の境界に関する文書として相論に実際に使用され、大きな効力を発揮したものである。饗38による限り、このうちの慶長までの文書は饗庭家に所蔵されていたものと判断できる。旧饗庭村内の木津区有文書の中には、村1〜7までの写と、それらをまとめて一冊とした「熊野山証文之写」が収められている。同じく針江区有文書中にも、一冊にまとめられた建保四年以降の証文の写（村1〜9）が保存されているのである。旧饗庭村役場所蔵の一〇通の文書は、熊野山相論を勝ち抜くために、中世以来の木津荘関係文書を所蔵していた饗庭家などから、必要な文書をピック・アップしてまとめられたものと考えられる。そして他の饗庭荘内の各村々も訴訟当事者として、その写を作成していたのであろう。最終的に饗庭家からこれらの文書が分離されたのは、饗38が書写された享保年間と判断されよう[45]。この意味において旧饗庭村役場所蔵文書は、近世における饗庭荘内各村々の共有文書的な性格を有していたとみることができる。そのため個人や各区の文書ではなく、村役場の所蔵文書として現在に伝えられたのであろう[46]。

話を饗庭昌威家所蔵文書に戻そう。同文書および本来一体であったと思われる旧饗庭村役場所蔵文書のうち、前述した村1・2・3や饗1、木津荘預所職補任に関する饗3、木津荘年貢注文断簡の饗4、あるいは木津荘の検注帳・引田帳である饗33・34などの室町期までの文書の多くは、木津荘の荘官（後述するように公文久光が関わっていた文書と思われる）が伝えたものと考えてよいであろう。それに対し、饗7の定林坊快重茶園畠売券や饗8能登五郎左衛門尉高勝書下以下の戦国期の文書の大多数は、定林坊を宛所とするなど、明らかに定林坊に関わって遺されたものである。その意味では在地土豪定林坊関係文書と特徴づけることができよう。

後述するように、木津荘は山門三千大衆の聖供に宛てられる荘園として、座主に直結し、預所も山門寺務機関寺家の責任者である執当や三綱が兼務する例が多いなど、数多い山門領荘園の中でも特別の役割を与えられていた荘園である。山門領荘園としての生命は戦国末期まで続くが、戦国期には土豪定林坊が在地支配の核の一つとなっていた。饗35天正二年（一五七四）の二冊の定林坊引分並田畠帳には、定林坊引分一五四石二斗六合をはじめ、定林坊の支配下に入っていた寺庵などに関するものなど、膨大な田畠・屋敷（後掲の享保の明細帳の数値によるならば合計六三町余）が書き上げられている。この時期、定林坊は木津荘周辺地域において圧倒的な経済力を有していたのである。

しかし文書が断片的に伝える定林坊の姿からは、伝統的な在地荘官の系譜を引くというよりも、むしろ中世後期に荘外より入り込み、急速に勢力を拡張していったという印象を強く受ける。享禄二年（一五二九）一二月の饗庭又三郎秀頼公領売券（饗12）には、

永代売渡申比叡新庄内公領之事
合五名一円者　　条リ坪付作人帳在之、
但御公用三貫文ノ外諸公事無之、
右、件公領者、為地頭被成御書、雖為饗庭又三郎秀頼先祖相伝之雖為永領、御公用年に借米分米木津庄内升

定拾捌石在之、然間返弁可申無余力候間、地頭之御書幷所務帳相副、限永代、霜降定林坊播磨殿江売渡申処、実正明白也、（以下略）

とある。霜降村に本拠を置く定林坊播磨は、借財に苦しむ饗庭秀頼から、比叡新荘内の五名とそれにともなう所務帳などを買得したのである。また宝徳三年（一四五一）一一月二六日比叡本荘二宮神田帳案（饗39）の冒頭部分には、次のようにある。

比叡之本庄二宮神田帳

右神田帳幷目録証文悉定林坊へ被召之候、然間其後村人致談合、如此作置候也、

この帳簿には、二宮神社の神田の条里坪付と面積・用途・寄進者名、同じく新開田の条里坪付・寄進者名などや二宮供米の寄進者とその供米高、および神主給・御子（巫）給や八荘官給などといった神社の必要経費である引米が書き上げられている。いわば神社運営のための基本台帳であるが、これらの帳簿や目録・証文を定林坊が召し上げたのである。神社の管理権をめぐる対立が原因であろうが、村人らは談合して、この神田帳を作り直した。しかし二宮の運営をめぐる村人らの抵抗は失敗に終わったらしく、結局この文書も定林坊の手に帰し、他の定林坊関係の文書とともに、饗庭家に伝えられたのである。

饗33応永二九年（一四二二）の検注帳などには、多くの寺庵が記載されているにもかかわらず、定林坊の名は見えてはいなかった。この神田帳の二宮供米の項目の中に「拾壱石　定林坊之寄進」とあるのが、饗庭昌威家所蔵文書における定林坊の初見であるが、この帳簿の段階では、定林坊は他の在地諸寺庵と大差はない。宝徳三年（一四五一）という年紀は、元になった神田帳の作成年と思われ、定林坊に抵抗して村人らが作り直した年代は、もうしばらく後のことと考えられる。

定林坊はこのように様々なかたちで土地と文書の集積を行っていく。饗庭家に所蔵され、霜降区に分類されて

いる帳簿類中の享保九年（一七二四）の霜降村正伝寺明細帳の末尾には、末寺とともに日吉二宮社の明細帳も付されている。一部を記そう。

由緒書

一、A 当饗庭庄拾九ケ村山内共ニ、鳥羽院御時保延年中、山門為三千聖供領御寄附地、寺社山門之通ニ被為移御勧請被遊候、其時乍恐私先祖饗庭定林坊播磨と申者、数代御奉行職仕、知行五百石拝領仕候所々、元亀年中山門領落申候、其後太閤様江被召出、五百石御朱印拝領仕、（以下略）

一、B 往昔饗庭命鶴丸と申者、大平記之時分、私家ゟ出申と申伝候、其後饗庭与市と申者、小田原陣へ出申由申伝候、

一、C 右二宮私先祖氏神ニ而御座候、其後代々相続神主仕候、

家ニ伝リ候書物

一、① 饗庭庄拾九ケ村之検地帳（応永廿九年）　六冊
一、② 饗庭之庄拾九ケ村引物帳（応永年中）　三冊
一、③ 江南六角殿ゟ二宮敷地就反銭御書　壱通
一、④ 同進藤山城殿ゟ人質状　壱通
一、⑤ 磯丹波守殿陣所ゟ寄物礼状　弐通
一、⑥ 多胡宗右衛門殿陣所ゟ知せ状　壱通
一、⑦ 能登五郎左衛門殿知行境証文　壱通
一、⑧ 山門ゟ四至傍示ノ証文　壱通
一、⑨ 二宮神田社領帳（宝徳年中）　壱冊

一、⑩山門領ノ時大工職場所書　壱通
　其外山門領之時書物色々御座候、
一、⑪天正十三年 大閤様御朱印　壱通
一、⑫天正二年 寺社庵物帳　二冊
　先祖一家
饗庭定林坊　地方三十三町余
同　鶴場坊　同　廿町余
同　又三郎　同　拾町余

Cに見えるように、定林坊は近世には二宮神主家として続く。定林坊が在地において勢力を拡大していく時期は、Aで先祖の饗庭定林坊播磨が奉行として五〇〇石を拝領したと特筆され、饗12でその活動が確認できたように、やはり戦国期であろう。その過程で定林坊はBに見えるように、饗庭命鶴丸との系譜を作り上げていく。[47] 饗庭命鶴丸は観応擾乱の際、足利尊氏の側近として活躍した人物で、その姿は『太平記』巻二九・三〇や『園太暦』などの日記にも登場する。

なお今津の北に位置する琵琶湖北部の要港海津には、室町幕府政所執事伊勢氏の被官であった饗庭氏の存在が知られる。饗庭氏は寛正～文明期（一四六〇～八七）に伊勢氏の被官となり、その関係で海津荘は幕府御料所となったと推定されている。[48] 永正九年（一五一二）の若狭路追分に立てられた新関をめぐる衝突の時には、饗庭大炊助が口入して新関を破棄させ、[49] 大永二年（一五二二）に若狭路保坂関の関務一方公文分が押妨された際には、伊勢氏の被官であった海津衆の田屋・新保氏や、高島七頭と呼ばれる幕府外様衆の佐々木一族とともに、幕府より小林国家への合力を命じられている。[50] 一六世紀に木津荘内で大きく勢力を伸ばした定林坊は、この海津饗庭氏の一族であった可能性が高いのである。[51]

定林坊は前述したように次第に勢力を拡大していったが、その過程で在地に遺されていた木津荘関係文書をも吸収したと思われる。当然、定林坊も山門とつながる存在であったろうが、現有文書による限り、山門における位置などは不明で、木津荘の荘官との関係も全く見えてこない。[52] 饗2の寄進状案は、条里坪付から判断して木津荘には関係なく、その南側に広く散在する田地に関するものであり、饗5の譲状も、田地の多くは比叡本荘など、木津荘域を越えて展開していた。日吉二宮社にしても木津荘ではなく、本来比叡本荘の神社なのである。定林坊はおそらく特定の荘園との関わりではなく、荘域を越えた経済活動の中から成長した存在だったのであろう。木津荘域の村々は戦国期には、深溝・堀川・今市・平井など、他荘の一部を含めて、のちに饗庭荘と呼ばれる地域的な連合体を形成していた。近世饗庭荘一九カ村の範囲は、後述する木津荘域西部の饗庭野丘陵、近世には熊野山と呼ばれた入会山を共同利用する村々と重なり、また式内社に比定される旧郷社波爾布神社（土生大明神）の氏子圏とも一致する。[53] 定林坊はこのような新しい地域的結合の中から登場してきたのである。

なおこの享保の明細帳に見える文書はすべて饗庭昌威家所蔵文書として伝えられた。①と②は饗33・34、③から⑧は一部対応する一通文書があるが、すべて饗37に収録されており、⑨・⑪・⑫は饗39・18・35、⑩は東大写真版にある六角義賢奉行人奉書に相当すると思われる。前述した饗37の享保の書状写は、この明細帳作成のため作られた可能性が高い。

三　山門領木津荘

一二世紀には、湖西一帯に多くの山門領荘園が成立する。木津荘は、保延四年（一一三八）に千僧供料として山門に寄進されたが、その時に荘園の四至も定められたはずである。建保四年（一二一六）の饗1・村1には、「当庄者、鳥羽院御時保延年中之比、被寄附山門領刻、為後代被定置四至畢、南十三条、西追分、北十八条」と記されており、南は高島郡条里の一三条、西は若狭路の分岐点追分、北は一八条であった。東の記述がないのは、おそらくは荘域が琵琶湖岸までで明示する必要がないと意識されたからであろう。

この時「年来自南古賀北善積庄、後山雖令押領、自然送年月之間、彼両庄住人等、件四至内不入当庄民、奪取鎌斧之上、剰令蹂躪」とあるように、「後山」[54]をめぐる紛争が古賀・善積荘との間で起きていた。「後山」とは具体的には、木津荘域西部の饗庭野丘陵（近世の熊野山）を指しており、木津荘住人等の日常的な共同利用の下に置かれていた山野であったが、開発の進行の中で、周辺諸荘との境界の確定をめぐる争いが惹起されたのである。なおかなり時期の下がった永正四年（一五〇七）の村３には、四至が細部にわたって明示されている。

江州高嶋郡木津庄為三千聖供料所、保延年中山門御寄附以来当知行四至傍示領知堺事
一、東者限比叡新庄打改事
一、南者限十三条南堺西佐々尾南小坂事
一、西者限若狭路追分事
一、北者限十八条北堺坂倉山南字小野事
右、建保四年四至傍示被定置、于今当知行堺一書注之、若隣郷輩令違犯者、可被処罪科之状、如件、
永正四年丁卯九月日　山門西塔院執行代　祐憲在判

応永一三年（一四〇六）の木津荘と尊勝院領北古賀荘との境相論の際、問題となった境界が『十三条」（村２）という表現であったことを考えるならば、立荘当初の四至はやはり饗１・村１のようにシンプルな表記だったと思われる。耕作域の境界は明瞭であろうが、山間部では開発の進行と境相論の連鎖が繰り返されるなかで、村３のような細かな表現に確定されていったのである。[55]

木津荘の性格については史料的制約が多く、全体像の把握は困難であるが、特筆すべきは、延暦寺三千大衆のための聖供料を負担する荘園として、各門跡などには属さず、延暦寺の寺務機構である寺家が直轄する荘園であったことである。(56)『日吉社室町殿御社参記』(57)によれば、南北朝内乱を最終的に終結させた足利義満は、その二年後の応永元年（一三九四）九月に日吉社に参詣する。延暦寺・日吉社は総力をあげて準備にとりかかり、そのための様々な集会が開かれた。同年八月七日の日吉社聖女彼岸所集会では、屏風の手配などのほか、経費の問題も話し合われた。

一、去五月初、坂本中土倉夫役、本倉卅箇所、各五十貫文、新倉九箇所、各三十貫文宛、雖懸之、今不足之間、
　六箇条三津浜間別百文宛、在家可懸之事

一、富有之輩可借用料足事至冬以三箇庄聖供可返之事

（中略）

一、山門領之銭二百廿文地主半分、百姓半分、為上進物懸之事

延暦寺といえども費用負担には苦労したらしく、山門領や坂本の土倉への賦課だけでは不足し、坂本の六箇条・三津浜の在家への賦課や「富有之輩」からの借用で急場をしのごうとした。「富有之輩」から借用した料足は、「三箇庄聖供」によって返すというのである。「三箇庄聖供」というのは、近江国内の木津・栗見・富永三荘園の年貢のことである。同日の社頭三塔集会では、「山門領領銭」を給主の責任で山門領荘園の百姓沙汰人に支払わせることを決議し、木津・栗見・富永の三荘では、預所の下知で寺官を差し下すことを決定する。また八月一〇日の社頭三塔集会では、次のことが合意された。

　借請公用々途事

合

右用途者、就御所御儲可令借用之也、仍毎月貫別仁加漆拾文宛之利分、来十一月中、以山門領領銭可令返弁者歟、若令遅々者、三箇庄聖供到来之時、最前可返之也、為厳重之公用料足之間、更々不可有无沙汰、若此定或違乱、或令不足者、可入立他公物、然間、三箇庄預所中司寺家四至内調連署、使節中加判形之上者、曽不可有子細、万一当年之聖供令不足者、以後年之聖供、遂行結解、本利悉可有立用状、借書如件

応永元年八月十日

富永中司[58] 四至内春全
木津中司 寛盛
木津預所 寺家
栗見預所 弘兼
富永預所 英兼
座禅院 直全
円明房 兼慶
杉生房 遅春　已上使節三人

坂本中有力合期之輩宛之、千弐百貫文借、此料足課役用途悉渡四至内、
納所　善勝、善阿弥、両処置之、

坂本の有力者から借りた一二〇〇貫文は、山門領に賦課した反銭によって返弁するものの、遅れた場合には木津・栗見・富永三荘の聖供を宛てるという借用状に、三荘の預所・中司および三人の山門使節が署判したのである。

三荘のこのような性格は鎌倉期まで確実に遡る。『天台座主記』嘉禎二年（一二三六）六月九日条によれば、前年の神輿入洛をめぐる衆徒張本の宥免を幕府に求めるため、所司相尊らが関東に進発した。関東への派遣旅費は、

「旅具等為末寺荘園之役、又募木津栗見富永庄千僧供米三升引、為旅糧、皆大衆僉議寺家施行之」とあるように、末寺荘園役とともに、木津・栗見・富永三荘の千僧供（聖供）米から充当されたのである。また文永元年（一二六四）一一月八日条によれば、新造された戒壇院で秋季の授戒が行われた。「件戒壇院造営事、今度回禄之後、為山上衆議、寄木津庄当年千僧供一斗、仰預所源春法印、被遂造営」とみえるように、造営に当たっては山上衆議により、木津荘の千僧供米が宛てられたのである。応永二八年（一四二一）の天台座主准三后義円（後の足利義教）の登山拝堂の際、御拝堂召人夫が宛催されたのは、富永荘五二人・木津荘三五人・栗見荘二一人・愛智上下荘各二一人であり、応永三二年（一四二五）の拝堂では、人数はそれぞれ減少しているものの、やはり同じ荘園に賦課されている[59]。

木津荘の支配に寺家が深く関わっていたことは間違いない。大衆勢力の成長や荘園所領群の形成という背景の中で、寺家の支配機構が一二世紀前半を画期に拡大・整備されていくが、寺家は天台座主の直接の管轄下にあって、一山全体にわたる寺務を担当した。①執当（修理別当）・三綱（上座・寺主・都維那）、②所司（勾当・行事）、③四至内・公人などによって寺家は構成されていたが、①を中心とする政所の下に、②以下が属する実務機関としての公文所が存在していた。寺家の最高責任者である執当の職務は、⑴堂塔の修造に関する奉行、⑵山上・坂本での検断権の行使、⑶三塔全体の経済的得分源である千僧供料荘園の知行、⑷公家・武家との対外的連絡、⑸所司以下の寺官および公人の補任、⑹延暦寺の公的な仏事・儀式への参加、⑺座主よりの命令の寺内および末寺などへの施行、⑻大衆の集会をもってする決議事項の施行があげられる。執当職は三綱の経験者が勤めることになっていたが、三綱は鎌倉後期以降は梶井門跡の被官である坂本の堀池と京都の猪熊両家に独占されつつあり、三綱の輪番としての執当職も両家に世襲されるようになっていった。千僧供料荘園の管理については、執当以下の寺家構成員が預所として現地支配を行い、預所得分を取得する一方、大衆は臈次その他にしたがって、供料の給付を受けたのである(60)。

木津・栗見・富永の三荘園は、寺家において大きな経済的役割を有していたが、とりわけ木津荘では執当・三綱あるいはそれに近い人物が、預所に補任されている。『天台座主記』仁治元年（一二四〇）閏　〇月六日条によれば、木津荘の預所承弁は所当の増加をめぐって西塔・横川の訴訟を受け、結局同月一〇日に預所を改易されてしまう。承弁は三綱を歴任した存在で、嘉禎四年（一二三八）には上座の地位にあったが(61)、建長元年（一二四九）には執当となっている(62)。

勧修寺経雄家所蔵文書中には、「山座主令旨　江州木津庄之事」と注記された、康応元年（一三八九）から宝徳元年（一四四九）に至る、一七通（一通は前欠）の歴代天台座主による木津荘預所職補任状案が収められている(63)。それによれば、この頃木津荘預所は、座主の交替ごとに新座主から補任を受けており、また座主任期中に預所が交替した場合も、あらためて座主より「同御代継目」として、補任状が出されている。一部で数年遅延しているケースはあるものの、多くの場合、座主就任後、数日から一カ月ほどで預所職の補任を受けている(64)。前掲応永元年（一三九四）『日吉社室町殿御社参記』所収の借用状には、木津荘預所は「寺家」とだけ記されていたが、明徳四年（一三九三）一月に新座主浄土寺慈弁から預所に補任されていたのは「宰相法眼」と呼ばれる人物であった。応永二年（一三九五）一二月には、次の座主青蓮院尊道より「執当法印」が預所職の補任を受けているが、『天台座主記』によれば、この時の執当は尊能である。

応永二四年（一四一七）の饗3は、三綱の法橋最全が預所職の安堵を求めたものである(65)。

目安　山門三綱法橋最全謹言上

欲近江国木津庄預所職任当□□（知行）安堵□□（之御）判［　　　　］

□（副）進上証文一巻

右、当庄者、保延年中被寄附山門三千聖供領以来、於預所者、代々相続知行仕者也、随而最全去年得先師玄全法印之譲、当知行之地也、仍令頂戴安堵之御判、備来際之亀鏡、弥為抽御運長久御祈禱、目安祖謹言上、如件、
（未脱カ）（粗）

応永廿四年二月　日

世襲の進んだ寺官組織内における所職の相伝といった色彩が濃厚であるが、三綱であった最全に預所を譲った先師の玄全法印は、『天台座主記』によれば応永一六～一八年（一四〇九～一一）頃に執当に就任している。文明三年（一四七一）四月一九日に准三后尊応は天台座主に補任されると、同月二七・二八日に社家や西塔院主職・感神院別当職・赤山禅院別当職・長命寺別当職など、立て続けに人事関係の令旨を発給している。その中には次の補任状もある。(66)

千僧供領近江国木津庄預所職事
如元可被知行者、依
座主准后御気色、執達如件、
文明三年四月廿七日　法印判
侍従法橋御房（執当真全也）

正確には真全は翌日執当に任命されたのであるが、この一連の補任手続きの中で考えるならば、木津荘預所の地位の重要さはよく理解されよう。

『華頂要略門主伝』一二の文明一六年（一四八四）一二月二六日の尊敦親王青蓮院入室次第には、儀式の手順や参加者の名が詳細に記されているが、「御太刀進上衆」の中に、円明坊兼豪や杉生坊暹恩・月輪院堯覚・南岸隆舜ら山門使節クラスの有力青蓮院門徒とともに、執当法眼真全・富永預所真増・栗見預所兼円の名が見られる。一

部を記そう。

次山徒衆御太刀進上之、従南向縁膝行而於布縁畳進上之、先安忠進上御太刀、

円明三位律師　南岸

殿上人被取御太刀、又准后御太刀重進上候、坊官凡僧取御太刀、

執当法眼　富永預所　栗見預所

准后御太刀同前

先執当可御礼申之処、円明事者、為御門徒頭之間、前後相論之殊多、預所以後不可参之由申之、又両預所者、執当同輩間、可為一具之由申之、仍各別而御礼申了、

この儀式次第の中にも複雑な寺院組織の一端がうかがえるが、執当は富永・栗見荘預所とともに、明確な役割を果たしている[67]。木津荘預所の名が見えないのは、執当真全が兼務しているからと考えられる[68]。

木津荘の在地支配については、実のところほとんど不明という他はない。『天台座主記』などの記録類では、座主などとの関係で荘園の一側面が現れるだけで、在地支配についてはほとんど手がかりを与えてくれない。在地に遺された饗庭昌威家所蔵文書についても、けっしてまとまった木津荘関係文書とは言い難く、その本質は在地土豪定林坊関係文書とでも呼ぶべきものであった。その中に木津荘関係文書が混入していたのであり、明らかに木津荘支配に関わると思われるのは、前掲の饗1村1延暦寺政所下文写・村2室町幕府御教書・饗3山門三綱法橋最全目安案・村3山門西塔院執行代祐憲書下案と饗4年欠木津荘年貢注文断簡、および饗33・34の検注帳・引田帳だけといってよいであろう。

饗4の年貢注文断簡は、以下のようなものである。

已上八十二石三斗七升一合

初納引物

七石五斗　十五聖供　廿石　奉行料堂供養
一石二斗　講堂仏供　一石五斗　紙料
五石　書取　三石　社頭修正猿楽録
一石　船祭　一斗　帛立
三石　定使給　四石五斗　出納給
一斗　宿直　一斗五升　土生上分
廿六石　船賃　三石　出納食
三石　欠失米
已上七十九石五升延升定　縮テ五十二石七斗
都合除米百卅五石七升一合
久光方
応永廿九年里検時目録同卅一年帳目録サタマリ畢

これだけでは木津荘の注文であるか否かはっきりしないが、末尾に記された「応永廿九年里検時」というのは、同年の木津荘検注のことであり、「帳」というのが饗33の六冊の検注帳を指しているのは間違いない。注文断簡に名を見せる久光は、応永の検注帳・引田帳に多くの田地を有し、一四条四里九坪に居住して、同条五里一八坪には公文給を所持するなど、木津荘の公文と目される人物である。(69)一八条二・三里に関する検注帳の表紙には、「久光方帳」と記されていた。これは公文久光が検注帳などの在地の文書類を管理していたことを示しているのである。

この注文断簡に記された「初納引物」のうち、二六石の「船賃」は坂本までの年貢輸送経費であろうし、一斗五升の「土生上分」は、木津荘域を氏子圏に含む土生大明神社（旧郷社波爾布神社）に関わるものであろう。土生社は、検注帳・引田帳に「土生免」「土生彼岸田」「土生如法経田」など、多くの記載が現れる在地の有力神社であり、その「上分」（初穂料）として支出されたと考えられる。検注帳などからは、木津荘の荘官として他に下司や図師がいたことが知られるが、この注文断簡の「定使」「出納」は木津荘にも関与していたであろう。(70)

応永頃は木津荘を含む山門領において、相対的に荘園制支配の安定していた時期であった。幕府の実権が執事細川頼之から義満の手に移った康暦元年（一三七九）には、強力な山徒の力を幕府権力下に組み込む山徒政策として、山門使節の制度が創出された。(71)前述したように、義満は応永元年（一三九四）に日吉社に参詣しており、同三年にはその援助によって再建された延暦寺大講堂の落成供養が、義満を迎えて行われた。青蓮院・梶井・妙法院の山門各門跡には義満の子弟が多く入室し、義円（足利義教）はのちに座主にも就任する。この時期、山門は義満政権と密接な協調関係を作り上げていたのである。検注帳が作成された応永二九年（一四二二）は、義満が死去してから一〇数年しかたっていない。木津荘においては、南北朝内乱を経て、武家政権との安定的な関係の構築されたこの時期に、新しい検注帳が作り直され、荘園支配体制の再編が図られたのであろう。(72)

井原今朝男氏は、建武四年（一三三七）から応安元年（一三六八）にかけての室町幕府による荘園政策立法を検討し、すべての荘園所領群が武家領、禁裏御料・院領・殿下渡領・寺社一円仏神領・本所一円知行地、諸国本所領などに区分され、寺社本所領保護政策に段階差を設けるとともに、軍事上必要不可欠な武家被官輩への知行安堵策を協調的に施行したとする。このようにして室町期の再版荘園制が生み出され、応永年間を中心に、安定性をもって社会的に機能したと評価するのである。(73)井原説については全国的視点から検証されねばならないが、少なくとも近江においては、応永期が公武権力による一種の安定期であったことは間違いない。

六冊の検注帳は「応永二十九年壬寅潤(閏)十月廿一日」の日付を持ち、一三から一八条までの各条ごとに、二〜四カ里ずつ一冊にまとめられている。各里の坪付の順に、坪内の年貢賦課対象田地一筆ごとに、斗代・面積・耕作権所有者（年貢負担者）名などを書き上げ、各坪の地名や屋敷・畠・給免田の種類・面積なども注記した、膨大かつきわめて情報量の多い帳簿である。しかも長期にわたって実際に使用されており、権利が移動した際には、その年の干支や人名などが何度も加筆されるとともに、朱や墨による合点が付されて、確認作業が行われている。各里の末尾には、里内耕地面積の合計と斗代ごとの耕地面積も記されるなど、整理・集計作業も含めた内容となっている。[74]

一方、引田帳には年紀はないが、検注帳との人名比較などから、二〇〜三〇年ほど遡ると考えられる。[75]記述の形式は少々特異であり、各里坪付順に坪単位で、以前の土地所有関係や年貢賦課対象田地面積・斗代・耕作権所有者名・公事負担者名などが記され、また欄外には各坪の屋敷・畠・給免田の種類・面積や道・溝・川なども注記されている。[76]

同時期の富永荘においては、「所詮野取帳ニ付て候ハヽ、栄泉庵の名へ入て候事、無不審候」、「喜見房作地検之野取面を喜見房へ申候処、如野取者、下地不作候由、堅被申候、（中略）誠ニ喜見房不被作候下地を、名之内へ御入候ハヽ、其ハ為名不便候」[77]とあるように、やはり近い時期に検注が行われ、野取帳が作成されていたらしい。その野取帳には個々の下地の権利状況が記されており、その上で名を通じて徴税されていたようである。そのため名への帰属などをめぐってトラブルが起こると、野取帳の記載が問題となったのである。木津荘における名については不明な点が多い[78]が、少なくとも検注帳の段階では山門の膝下ではあっても、均等化などの領主側からの強力な編成は行われてはいない。

一五世紀前半には安定した状況を示していた木津荘であるが、応仁の乱の影響は、山門領荘園にも確実に及んだ。文明一四年（一四八二）に、長年山門と対立を続けてきた六角氏が高島郡に進入し、長享元年（一四八七）には木津荘の北、河上荘内に城郭を構えている[79]。長享二年（一四八八）、木津荘に関して次のような室町幕府奉行人奉書が発給された[80]。

山門西塔院雑掌申江州高島郡木津庄事、去文明十五年御成敗処、名主沙汰人等、猶以任雅意年貢難渋云々、言語道断次第也、所詮於彼名主等（交名注文在別紙）緩怠之輩者、可加退治之上者、合力山門、可被致忠節由被仰出候也、仍執達如件、

長享弐
八月十五日　　　兼連（花押）
　　　　　　　　清房（花押）

佐々木朽木殿

この頃、木津荘を管理していたのは山門西塔院（西塔）であった。村3の永正四年（一五〇七）の木津荘四至に関する命令も、山門西塔院執行代祐憲によるものである。一五世紀の終わり頃には、西塔院が事実上木津荘の支配に当たっていたのであり、かつて三千大衆の聖供料を負担する荘園として、寺家の預所を通じて支配されていた木津荘は、寛正五年（一四六四）の梶井門跡と寺家との契約のように[81]、様々な利害が錯綜する中で権利が分割され、西塔院の支配下に組み込まれていったのであろう。しかも長享の奉行人奉書に名主沙汰人らが年貢を緩怠したとあるように、従来よりの山門の荘園支配体制そのものが機能しなくなりつつあった。一五世紀末以降、山門の高島郡内の荘園支配にとって、朽木氏の軍事力は不可欠なものとなっていたのである。

享禄四年（一五三一）、江北の戦国大名浅井氏は高島郡への進入を開始する。高島郡の制圧を終えつつあった永禄九年（一五六六）、浅井長政は千手坊を通じて、西林坊・定林坊・宝光坊の三坊を帰属させた[82]。長政は「山門江運上分之儀者、可為如前々候」として、木津荘の山門運上分はこれまで通りとする一方、それ以外は三坊の管理

に委ねたらしい[83]。三坊は同時に善積八坂名なども与えられており、木津荘内に限定されない活動範囲を有していた。この中の定林坊が遺した文書こそ、饗庭昌威家所蔵文書であった。元亀元年（一五七〇）、長政は同盟関係にあった織田信長に反抗する。翌二年、信長は山門を焼き討ちにし、天正元年（一五七三）には浅井氏を滅ぼす。しかし定林坊はその影響をくぐり抜け、生き延びていく。同二年には集積した膨大な田畠に関する二冊の定林坊引分幷田畠帳（饗35）を作成しているが、これは信長の安堵を受けるためとも考えられる。信長の下で高島郡の支配に当たったのが、木津荘（饗庭荘）の境相論の裁定（村4・5）を行った磯野員昌であった。

（1）福田栄次郎「近江国」（網野善彦他編『講座日本荘園史六北陸地方の荘園・近畿地方の荘園I』、吉川弘文館、一九九三年）。
（2）黒田俊雄「中世寺社勢力論」（『岩波講座日本歴史六中世二』、岩波書店、一九七五年、のち『黒田俊雄著作集第三巻顕密仏教と寺社勢力』所収、法蔵館、一九九五年）・『寺社勢力』（岩波書店、一九八〇年）など。
（3）『滋賀県史』第二巻（一九二七年）・『高島郡誌』（一九二七年）。
（4）福田徹「安曇川下流域における条里制の復原」（『人文地理』二六―三、一九七四年、のち『近世新田とその源流』所収、古今書院、一九八六年）、「中世後期における村落景観――山門領木津庄を中心として――」（藤岡謙二郎先生退官記念事業会『歴史地理研究と都市研究』上、大明堂、一九七八年、のち「湖西、安曇川下流域における村落景観」と改題の上、同書所収）、「中世後期における村落景観の復原――近江国『注進木津庄引田帳』を中心として」（『龍谷史壇』七三・七四、一九七八年、のち「『注進木津庄引田帳』に基づく村落景観の復原」と改題の上、同書所収）。
（5）それ以後の木津荘についてのまとまった記述としては、『新旭町誌』（一九八五年）、高橋昌明「木津から今津へ」（『湖の国の中世史』、平凡社、一九八七年）、清水尚「近江・木津庄にみる古代末荘園の建物群をめぐって」（『滋賀考古学論叢』二、一九八五年）・「平安時代建物群の変遷と条里――近江高島郡針江遺跡群の調査成果を辿って――」（『条里制研究』七、一九九一年）などがあげられる。
（6）金田章裕「近江国高島郡木津荘域の条里プラン――旧湖岸・土地利用復原の一前提――」・横田洋三「考古資料から見

た琵琶湖湖岸の地形的歴史環境」・水野章二「山門領木津荘に関する基礎的研究」（琵琶湖歴史環境研究会編『琵琶湖博物館開設準備室研究調査報告２琵琶湖の歴史環境――その変動と生活――』、一九九四年）。本章は『山門領木津荘に関する基礎的研究』を大幅に改稿したものである。

（7）奈良国立文化財研究所『平城宮木簡』一（一九六九年）。

（8）勝野津は、現在は乙女ケ池と呼ばれる内湖をともなう高島町勝野にその名を遺している。『続日本紀』天平宝字八年（七六四）九月一七日条には、越前に脱出を図って失敗した藤原仲麻呂（恵美押勝）は、「諸将水陸両道攻之、押勝阻勝野鬼江、尽鋭拒戦、官軍攻撃之、押勝衆潰、独与妻子三四人乗船浮江、石楯獲而斬之、及其妻子従党卅四人、皆斬之於江頭」とあるように、妻子ともども勝野鬼江で斬殺されたが、「鬼江」とは内湖が展開する独特な地形を指すと思われる。近世初頭にはこの地形が利用され、織田信澄によって大溝城が築かれた。『高島町史』（一九八三年）参照。

（9）壬生家文書（『平安遺文』補遺二七三号文書、以下、「平」補二七三のように略記する）。なおこの一カ条は、『勘仲記』弘安一〇年（一二八七）七月一三日条所引の同年七月三日越中国司源仲経申状（『鎌倉遺文』一六二九〇号文書、以下、「鎌」一六二九〇のように略記する）にも見えているが、特に勘過料徴収の問題については、文章表現もきわめて類似している。

（10）「東西交通」（戸田芳実編『日本史二中世一』、有斐閣、一九七八年、のち『歴史と古道』所収、人文書院、一九九二年）。

（11）『福井県史』通史編一（一九九三年）。

（12）「平」六五〇。同文書同日若狭国雑掌秦安成解案（「平」六四九）も関連する。

（13）木津周辺の古道については、滋賀県教育委員会・財団法人滋賀県文化財保護協会『美園遺跡発掘調査報告』（一九七五年）・小林博「今津と饗庭野――地図にみる近江の変容(一)――」（『湖国』、啓文社、一九九一年）など参照。近年の古代北陸道・若狭交通路研究については、『今津町史』第一巻（一九九七年）が詳しい。

（14）近衛家本知信記天承二年巻裏文書「平」二二八一。

（15）布留宮清信氏所蔵文書「平」補一七〇。

（16）湖西の摂関家領の杣山に関しては、戸田芳実「摂関家領の杣山について」（井上薫教授退官記念会編『日本古代の国家と宗教』下、吉川弘文館、一九八〇年、のち『初期中世社会史の研究』所収、東京大学出版会、一九九一年）参照。

(17) 八世紀には、高島郡に石山寺や法華寺などの造営に関わる高島山作所が置かれ、材木は小（少）川津より宇治津・泉津へ漕運されたが、小川津は現在の朽木村小川に比定される。安曇川上流の朽木周辺の山林資源は古代においてすでに一定の開発が進められており、朽木杣などは高島山作所に系譜を引くものと判断される。なお小川津を安曇川町の上小川・下小川に比定する見解もある。水野章二「結界と領域支配――近江国葛川の村落――」（岸俊男教授退官記念会編『日本政治社会史研究』下、塙書房、一九八五年、のち『日本中世の村落と荘園制』所収、校倉書房、二〇〇〇年）参照。

(18) 『安曇川町史』（一九八四年）・橋本鉄男『輪ノ内の昔』上（北船木史稿刊行会、一九八九年）などに図が掲載され、分析が行われている。

(19) 「鎌」四三三七。比叡荘については、本書第八章参照。

(20) 滋賀県教育委員会・財団法人滋賀県文化財保護協会『一般国道一六一号（高島バイパス）建設に伴う新旭町内遺跡発掘調査報告書Ⅲ針江中遺跡・針江南遺跡』（一九九一年）。『高島郡誌』（注3）は「安曇川は饗庭村大字深溝の東六ツ矢崎に流れたりしが、後に川口南に変じ、今の北船木の北を流れ、之を新荘川と称せり。其後今の流域となりて南北船木の中央を流るるなり」とする口碑を伝えている。なお安曇川左岸下流域平野の地形環境については、本書第一章参照。

(21) 『高島郡誌』（注3）・『安曇川町史』（注18）などによれば、船木が登場するのは、寛治元年（一〇八七）の堀河天皇即位の大嘗会節会の屏風に記された大江匡房の歌が最初である。

(22) 「日本中世都市をめぐる若干の問題――近江国高島郡船木北浜を中心に――」（『年報中世史研究』七、一九八二年、のち『日本中世都市の世界』所収、筑摩書房、一九九六年）。

(23) 菅浦文書「鎌」一九一三六。なお同文書正応四年（一二九一）九月四日西園寺実兼御教書案（「鎌」一七六七六）・永仁五年（一二九七）二月宗源陳状案（「鎌」一九二九四）・同年三月二日近江守護佐々木頼綱請文（「鎌」一九二九七）なども関連する。

(24) 近世の記録によれば、応安六年（一三七三）五月一一日の大洪水ののち、安曇川は下流で、旧本流＝南川と新たな北川との二筋に大きく分れて湖に注ぐようになったといわれる。この伝承に従うならば、中洲の輪中に集住する現在の居住形態が、このころから生まれたことになる。網野善彦「日本中世都市をめぐる若干の問題」（注22）および橋本鉄男『輪ノ内の昔』上（注18）など参照。

(25) 保立道久「荘園制支配と都市・農村関係」（『歴史学研究一九七八年大会別冊』）。

(26) 中世後期では若狭路（道）と呼ばれている。後掲旧饗庭村役場所蔵文書永正四年（一五〇七）九月山門西塔院執行代祐憲書下案・永正一二年（一五一五）三月善積荘南浜太郎左衛門・北浜四郎右衛門等連署礼状案など。
(27) 吉井敏幸「比良山系における中世寺社の近世的展開」（元興寺文化財研究所『比良山系における山岳宗教の調査報告』、一九七九年）。
(28) 河上荘や善積荘については、岡田晃司「中世後期の近江国河上荘と朽木氏」（『史翰』一六、一九八〇年）、『今津町史』第一巻（注13）など参照。
(29) 「鎌」一七〇九。なお壬生家文書建保四年（一二一六）八月一七日将軍源実朝家政所下文（「鎌」二二五八）も関連する。
(30) 東寺百合文書京函建治三年（一二七七）七月若狭国太良荘末武名名主中原氏申状（「鎌」一二七九〇）・同や函弘安二年（一二七九）一一月一一日若狭国太良荘預所定宴書状（「鎌」一三七六七）・大音文書正和三年（一三一四）一一月二六日源某下知状（「鎌」二五三〇四）・同文書文保二年（一三一八）九月一〇日源某下知状（「鎌」一六七七五）など。
(31) 東寺百合文書ヱ函年欠一二月二六日若狭国太良荘預所定宴書状（「鎌」一一一六八）。
(32) 東寺百合文書な函正安四年（一三〇二）四月二三日若狭国太良荘百姓等申状（「鎌」二一〇五〇）。
(33) 教王護国寺文書応長元年（一三一一）一一月二八日東寺供僧方評定事書（「鎌」二四一二〇・二四四七三）。
(34) 『小浜市史』通史編上（一九九二年）。
(35) 『続々群書類従』九。『太平記』『義経記』にも木津は現れず、今津のみが登場する。
(36) 東寺百合文書ヌ函年欠正覚院宝栄書状。
(37) 東寺百合文書ツ函年欠一一月日若狭国太良荘百姓等申状。
(38) 一二月二六日若狭国太良荘預所定宴書状（注31）および建治三年（一二七七）七月若狭国太良荘末武名名主中原氏申状・正和三年（一三一四）一一月二六日源某下知状・文保二年（一三一八）九月一〇日源某下知状（注30）など。
(39) 饗庭昌威氏自身、町長・教育長などを歴任した地元の名士で、郷土史家でもあった。
(40) 饗33の木津荘検注帳は昭和一三年（一九三八）に謄写され、饗庭庄検地帳三冊として、京都大学文学部に架蔵されている。
(41) 近世文書では、天明二年（一七八二）一一月の「針江村方よりの書付」および文久三年（一八六三）正月の「石津徳兵衛よりの書付」が確認できなかった。

(42) 東大写真帳には饗21と22の間に、二つの目録には記載されておらず、また現在は所在の確認されていない、一一月五日磯野員昌書状が収録されている。なおこの文書は、饗37享保□年二月書状写の中に収められている。

(43) 滋賀県史編纂史料として採訪された滋賀県立図書館所蔵県有影写文書の中には、『饗庭文書』『饗庭庄記録』『木津庄引田帳』『応永木津庄検注帳』『天正饗庭定林坊田畠帳』の名称で、大正一二年(一九二三)三月から五月にかけて謄写された饗庭昌威家所蔵文書の多くが収録されている。『饗庭庄記録』には、饗26・27・31・39・36・37・38・29・23が全文写されており、『饗庭文書』には原稿用紙に饗2から24までの大多数が、全文あるいは表題・端裏書のみ謄写されている。なお記載順は無年号目録とは全く異なっており、目録の存在を前提に謄写作業がなされたのではない。

(44) 当然ながら役場には他の文書も所蔵されているが、本稿では主題に直接関わる、京大影写本に収められた中世・近世初の文書に限って言及する。

(45) 享保一九年(一七三四)年成立の近江一国の地誌『近江輿地志略』には、村1・2・3・5・6が掲載されている。同書での引用史料は、六国史や『延喜式』『吾妻鏡』などの編纂物が中心であり、ナマの古文書が引用されている例は多くない。高島郡の場合、在地の史料といえそうなのは酒波寺の寺記ぐらいである。それにもかかわらずこれらの文書が掲載されたこと自体、この史料群がきわめてポピュラーな存在であったことを示している。『近江輿地志略』の編纂時には、現在のような形態が整えられていたのであろう。

(46) 饗庭村は明治一二年(一八七九)に木津・日爪・岡・五十川(明治七年に上野村と合併)・米井の五カ村が合併して成立するが、明治二二年(一八八九)の町村制施行により、饗庭・熊野本・旭・針江・深溝村が合併して饗庭村となる。合併以前にこれらの文書群がどのようなかたちで保管されていたかについては、確認できていない。

(47) 饗19の饗庭定高卿由来によれば、命鶴丸が高島に土着して重高と改名、その長男定高はのちに妻子を失ってしまい、「重代相続ノ氏系図・名字・稼督、無遺三坊ニ相伝而饗三坊卜号ス」という。これ以降、饗庭三坊は荘内に多くの寺院を建立したり、様々な神事の整備や二宮権現の勧請にも関わったという。なお滋賀県立図書館所蔵県有影写文書明治五年(一八七二)日吉二宮由緒書参照。定林坊は饗庭三坊に連なるものとされるが、これらの伝承による限り、山門を権威の源泉とみなす志向は希薄である。

(48) 西島太郎「近江国湖西の在地領主と室町幕府」(『年報中世史研究』二八、二〇〇三年)。

(49) 今堀日吉神社文書六月七日南北五ケ出銭条々書案（仲村研編『今堀日吉神社文書集成』二二八、雄山閣、一九八一年）。
(50) 大永二年（一五二二）五月二八日付の一連の室町幕府奉行人連署奉書（『内閣文庫影印叢刊朽木家古文書』九一・一六四〜一七一）。
(51) 西島論文（注48）によれば、饗36の書札礼は書き込まれた室町幕府奉行人の名から文明一〇〜一二年（一四七八〜八〇）頃の状況を示しており、伊勢氏より入手したと考えられる。これを伝えた定林坊は海津饗庭氏の一族と思われる。
(52) 『高島郡誌』は、検注帳などに記された田数の多さなどから、荘官と推測される「吉武」の子孫が定林坊を名乗ったとする伝承を伝えているが、全く確証はない。
(53) 『高島郡誌』（注3）・『新旭町誌』（注5）。
(54) 村落領域において、近隣山と概念化される部分に当たる。水野章二「中世村落と領域構成」（『日本史研究』二七一、一九八五年、のち注17『日本中世の村落と荘園制』所収）・「原『里山』の光景——中世成立期の近江から——」（足利健亮先生追悼論文集編纂委員会編『地図と歴史空間——足利健亮先生追悼論文集——』、大明堂、二〇〇〇年）参照。
(55) 四至の比定については、福田徹「安曇川下流域における条里制の復原」（注4）が詳しい。
(56) 『牒状類聚』所収の元徳三年（一三三一）七月延暦寺衆徒申状（「鎌」三一四八三）には、「爰以保延則被附木津庄、訪餐霞臥雲之寂寥、寿永復被寄富永庄、資石門巌扉之幽適、世斯称三千之聖供、人斯謂両宗之学糧」とある。
(57) 『続群書類従』五四。
(58) 福田栄次郎「山門領近江国富永荘の研究——中世後期における荘園の支配とその様相——」（『駿台史学』三六、一九七五年）の指摘により、読みを「富永」と改めた。
(59) 井口日吉神社文書応永二八年（一四二一）二月二八日公文所召人夫支配状案・応永三二年（一四二五）公文所召人夫支配状案（福田栄次郎「山門領近江国富永荘史料——『近江井口日吉神社文書』について——」、『駿台史学』五八、一九八三年）。
(60) 延暦寺の寺家については、辻博之「中世における近江坂本の発展と都市景観」（『ヒストリア』八八、一九八〇年）、下坂守「中世大寺院における『寺家』の構造——延暦寺の『寺家』を素材として——」（『京都市歴史資料館紀要』一〇、一九九二年、のち『中世寺院社会の研究』所収、思文閣出版、二〇〇一年）参照。
(61) 『門葉記』巻一七三。寛喜元年（一二二九）には権寺主であった。

（62）『天台座主記』。
（63）東京大学史料編纂所影写本。一七通の令旨案は、寺家が寛正五年（一四六四）に「富永庄斗付米」について梶井門跡と契約を交わした際、担保として梶井門跡に引き渡された「木津庄預所証文」の案文である。寺家は文正元年（一四六六）は五石、応仁元年（一四六七）は五石、同二年（一四六八）は一五石、文明元年（一四六九）には六石の未進を続けた。
（64）応永五年（一三九八）の座主青蓮院尊道令旨案以降は、「木津庄半分」の補任状となっており、預所職が分割された可能性がある。
（65）山座主令旨案には一部に、座主が交代した場合でも、預所職補任状が収められていないケースがある。応永二四年（一四一七）頃もその例に該当するが、山門内部に何らかの混乱があり、座主による預所職補任手続が行われていなかったのであろうか。
（66）『天台座主記』および『華頂要略門主伝』二二。
（67）『華頂要略門主伝』二二の別の箇所では、「或記曰、十二月廿六日就皇子入室、御門徒西城杉生月輪南岸蓮養各御太刀百疋准后江進上、執当両預所樽一荷御肴二種宛進上」と記されている。なお下坂守「中世門跡寺院の組織と運営」（『公家と武家――その比較文明史的考察』、思文閣出版、一九九五年、のち注60『中世寺院社会の研究』所収）は、執当・三綱が青蓮院の私的な「御門徒」となっていたとしている。
（68）執当真全は、『山科家礼記』文明三年（一四七一）一二月一五日条に、「執当坊（中略）江州木津庄預所職・両政所代替補任料難渋之間、以召文堅申付度之由候間、飯尾賀州ニ申執進也」とみえ、同記によれば翌年九月二二日から二六日まで、木津荘に下向していたことが知られる。下坂守「延暦寺千僧供領の研究――室町時代における近江国富永庄の支配機構――」（『賀茂文化研究』二、一九九三年、のち注60『中世寺院社会の研究』所収）。
（69）福田徹『「注進木津庄引田帳」に基づく村落景観の復原」（注4）。
（70）年貢注文断簡には、「社頭修正猿楽録」や「船祭」などが見えるが、これも山門全体に関わるものか、木津荘現地に関するものなのかは即断できない。検注帳・引田帳には、「土生神楽田」や「今宮行田」などの記載があり、土生社での神楽や今宮（現大国主神社）でのオコナイ（修正会）が催されていたことが確認できる。
（71）下坂守「山門使節制度の成立と展開――室町幕府の山門政策をめぐって――」（『史林』五八―一、一九七五年、のち

注60『中世寺院社会の研究』所収）。義満の山門政策については、『新修大津市史』第二巻（一九七九年）や今谷明『室町の王権』（中央公論社、一九九〇年）などもふれている。

(72) 応永八年（一四〇一）四月一七日の足利義満御判御教書（秋本興朝氏所蔵文書）では、木津荘名田と比叡本荘所職が、座主一品親王令旨に任せて安堵されており、『伺事記録』延徳二年（一四九〇）閏八月二七日条でも、木津・善積両荘内の散在名田畠が、幕府によって山門横川飯室谷の蓮生・快運に安堵されているように、木津荘に対する幕府の関与も無視できない。この頃の幕府と木津荘の関係については、本書第六章がふれている。なお高橋昌明「木津から今津へ」（注5『湖の国の中世史』）は、検注帳に見える二〇町余の「料所」を幕府料所と推定しているが、これらは「如法経田」「神楽田」「八講田」「安居田」などの仏神事の用途に宛てられており、延暦寺に関わるものである可能性が高い。

(73) 井原今朝男「室町期東国本所領荘園の成立過程　室町期再版荘園制論の提起」（『国立歴史民俗博物館研究報告』一〇四、二〇〇三年）。

(74) 前掲年貢注文断簡の末尾には、「応永廿九年里検時目録同卅一年帳目録サタマリ畢」とあり、木津荘でも検注帳作成の二年後に目録固めの作業がなされたことが確認できる。注文断簡はその目録に関連する書き上げの一部かもしれない。

(75) 引田帳の方が検注帳より先行することについては、本書終章参照。

(76) 検注帳・引田帳の性格については、本書第四・五章が分析を加えている。

(77) 井口日吉神社文書第三二丁・第一五丁紙背文書（福田栄次郎「続山門領近江国富永荘史料――『近江井口日吉神社文書』紙背文書について――」、『駿台史学』六一、一九八四年）。

(78) 木津荘の名については本書第六章参照。

(79) 文明一四年（一四八二）閏七月二八日室町幕府奉行人連署奉書案（『内閣文庫影印叢刊朽木家古文書』六六一）・同日室町幕府奉行人連署奉書案（同六六二）・長享元年（一四八七）九月一一日室町幕府奉行人連署奉書案（同六六三）。

(80) 『内閣文庫影印叢刊朽木家古文書』七七。八月二〇日寂秀書状（同一九七）も関連する。

(81) 注(63)。

(82) 日爪村の西林坊、五十川村の宝光坊、霜降村の定林坊が饗庭三坊と呼ばれる、中世末期の木津荘・饗庭荘の有力土豪であった（本書第七章参照）。

(83) 来迎寺文書永禄九年（一五六六）四月一八日浅井長政宛行状など（『東浅井郡志』第四巻、一九二七年）。『東浅井郡

志』第二巻（一九二七年）参照。なお天文一九年（一五五〇）の饗16や饗20など、定林坊に書状を送っている進藤貞治は六角の家臣である。

第三章　考古学からみた木津荘

宮崎雅充

はじめに

現在の農村景観を形成している要素に、古来からの条里による地割が大きく影響していると考える。その地割、区画も近年の開発や都市化、圃場整備等により大きく急速に改変、消滅しつつあるのが現状である。

これら古来から継続される地割や景観を復元する調査や作業は、近年盛んに行われつつある(1)。その調査では条里地割の復元において古地図、古文書、旧地形、現景観や聞き取りなど、地理学・文献史学に代表される様々な方法で行われてきた。その一方で、考古学の成果として発掘調査で埋没した水田や条里などの検出が相次いでいる。これらによりこれまでの地理学・文献史学を中心とした検討だけではなく新たに考古学の成果、視点に基づく調査、検討する分野が開拓され、新たな知見が判明しつつある。

特に考古学の成果は、これまでの資料中心に行われてきた平面的な調査方法から視覚、客観的に確認できる研究方法として評価できる。しかしその一方で、発掘調査において確認することに対する認識不足やその成果等が必ずしも条里制研究に反映されていない実情も存在する。このことから、条里制研究に対して考古学に与えられた課題は、発掘調査において条里遺構を実証的に認識、報告し、地域の景観変遷や地表に展開する地割がいつ頃から形成されたのかを明らかにすることと考える。

発掘において条里遺構の調査が行われた事例として一九六〇年代の長野県更埴市の更埴条里水田遺構調査があげられ、これまで認識されていなかった条里遺構に対して新たな視点と調査方法を提供したことが評価されている(2)。

本章では、滋賀県高島郡新旭町北部に分布する比叡山延暦寺直轄荘園木津荘の条里復元の先行研究についてまとめ、荘域内で検出された建物方向と畦畔跡等を考古学の成果とし、条里の復元と木津荘の全体像とその施工時期について検討を行う。

一　木津荘域における条里復元の研究史

木津荘域における条理プランの研究はこれまで比較的盛んに行われてきた。高島郡の条里について最も早いものに、昭和二年に刊行された『高島郡誌』があげられる(3)。『高島郡誌』では高島平野の広狭等の地形的な制約により、各条同里にて構成されるものが、ここでは同里にはならない復元をしている(図1参照)。復元では一三〜一八条は饗庭野丘陵上に位置し、一〇〜一二条は長尾村の山中に位置する。このことから地形に制約され、里の位置は南北には並ばないとしている。旧饗庭村(新旭町北部)南の各大字内の字名区画では、東西南北と正方形に近い形態が形成され、道路の多くは南北直線的になることが認められる。また、高島郡旧新儀村(新旭町南部)の境界、水尾村(安曇川町南部)、大溝町(高島町東部)の境界では南北の直線的な道路と直角になる地割が認められ、これらを条里の痕跡としている。これら道路や境界線等から高島平野における条里は正南北ではなく、東に約13度ほど傾斜した区画で構成されると復元している。高島平野における条里プラン復元の先行研究として評価される。

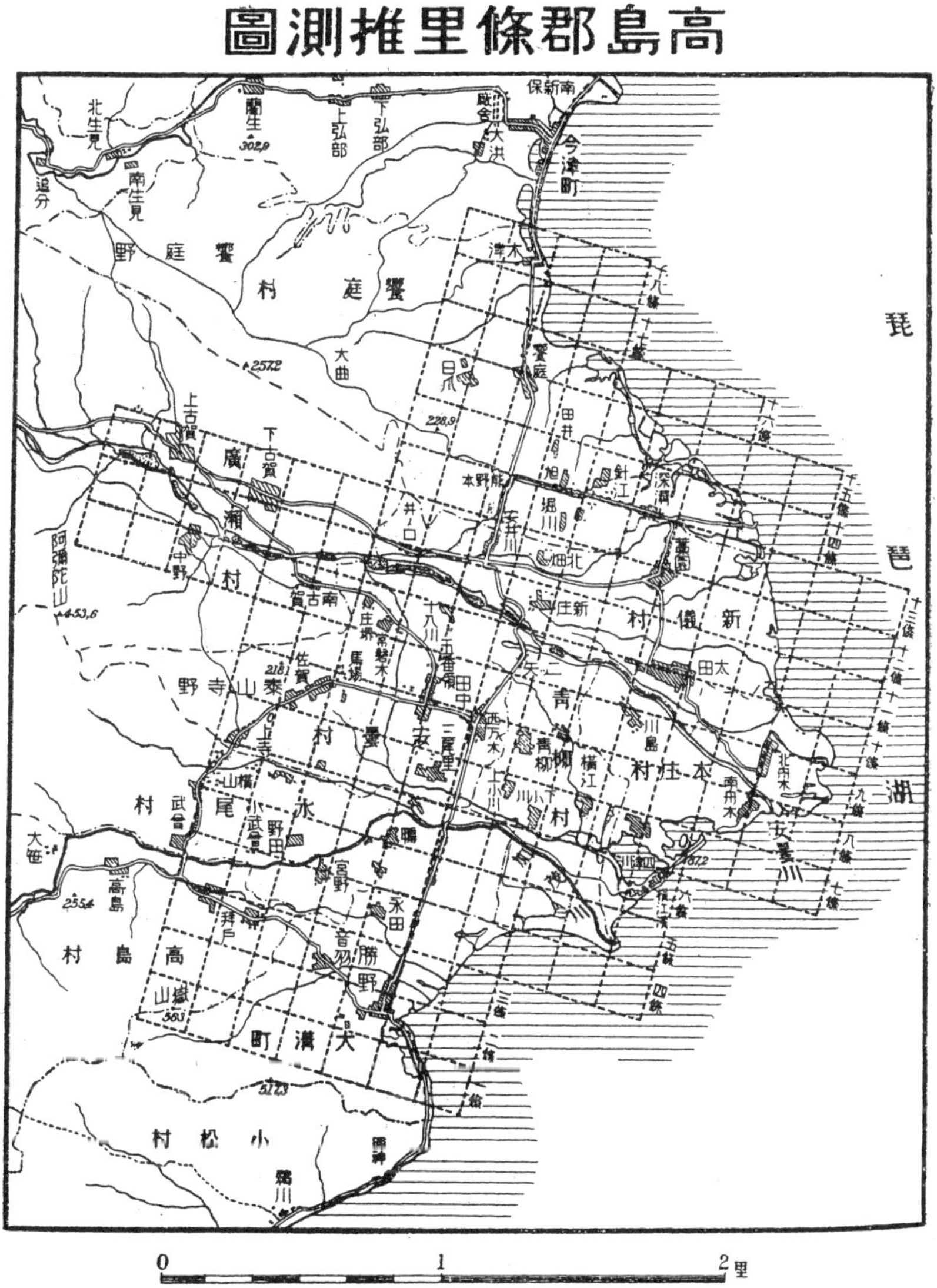

図１　『高島郡誌』条里復元プラン

『高島郡誌』につづく研究として、福田徹氏の研究があげられる[4]。福田氏は検注帳と引田帳をはじめとする文献史料の検討を行った。それらの記載と現存する小字や地名、社寺、集落の立地を対照する作業を行い、安曇川下流域における条里プランを復元した（図2参照）。この復元では、沖積平野部に展開する南北線N16度E方向の地域と安曇川右岸沿いの川島・南舟木地区にかけて認められるN17～18度E方向の地域、平野北部の日爪・木津地区を中心とするN6度E方向を示す地域の三つに分けている。この内、安曇川左岸のN16度Eと安曇川右岸のN17～18度Eの差は僅かに認められる程度で、土地割りの方位と相互の距離等から統一の基準に基づくものとしている。このことから、条里の地割はN16度EとN6度Eと異なる方位をもつ二つの方向が存在するとしている。

福田氏の木津荘復元では、一三条は平井区の山地部を一里とし、そこから東側へ里を数え、現況では七里付近で琵琶湖に達している。一三条についでは一二条以南の里界線がほぼ連続する。一四条については辻沢・米井区の西側山麓部を一里とし、そこから東側へ里を数え進む。現況で七・八里付近で琵琶湖に達する。一四条では里の基線が一三条と比べると西側へ七里移行している。つまり、一三条より南の里界線は一四条へは継続せず西側へ一町分ずらして設定されている。また、一五条は日爪・五十川地区の山地部を一里とし、そこから東に里を数え進み、現況では七里付近で琵琶湖に達する。三里では饗庭野台地のN6～7度Eの方位をとる地域と沖積平野部のN16度Eの方位をとる地域にあたる。この箇所は、N16度EとN6度Eの接合地域のため変形した地割が想定されている。また、一五条の里の基線は一四条に比べると西側へ二町移行している。一六条は日爪の今川源流に近い山谷部を一里とし、そこから東側へ里を数え進み、現況で四・五・六町付近で琵琶湖に達する。三里より西は饗庭野台地のN6～7度Eの方位をとる地域に含まれるが、四里では沖積平野部のN16度Eの方位をとる地域との接合部分にあたる。この箇所でも変形した地割が想定されている。五里より東側は沖積平野部に相当し一五条の里界線をそのまま継続している。一七条は日爪区の北東部と木津区の南西の山麓部一帯を一里としている。

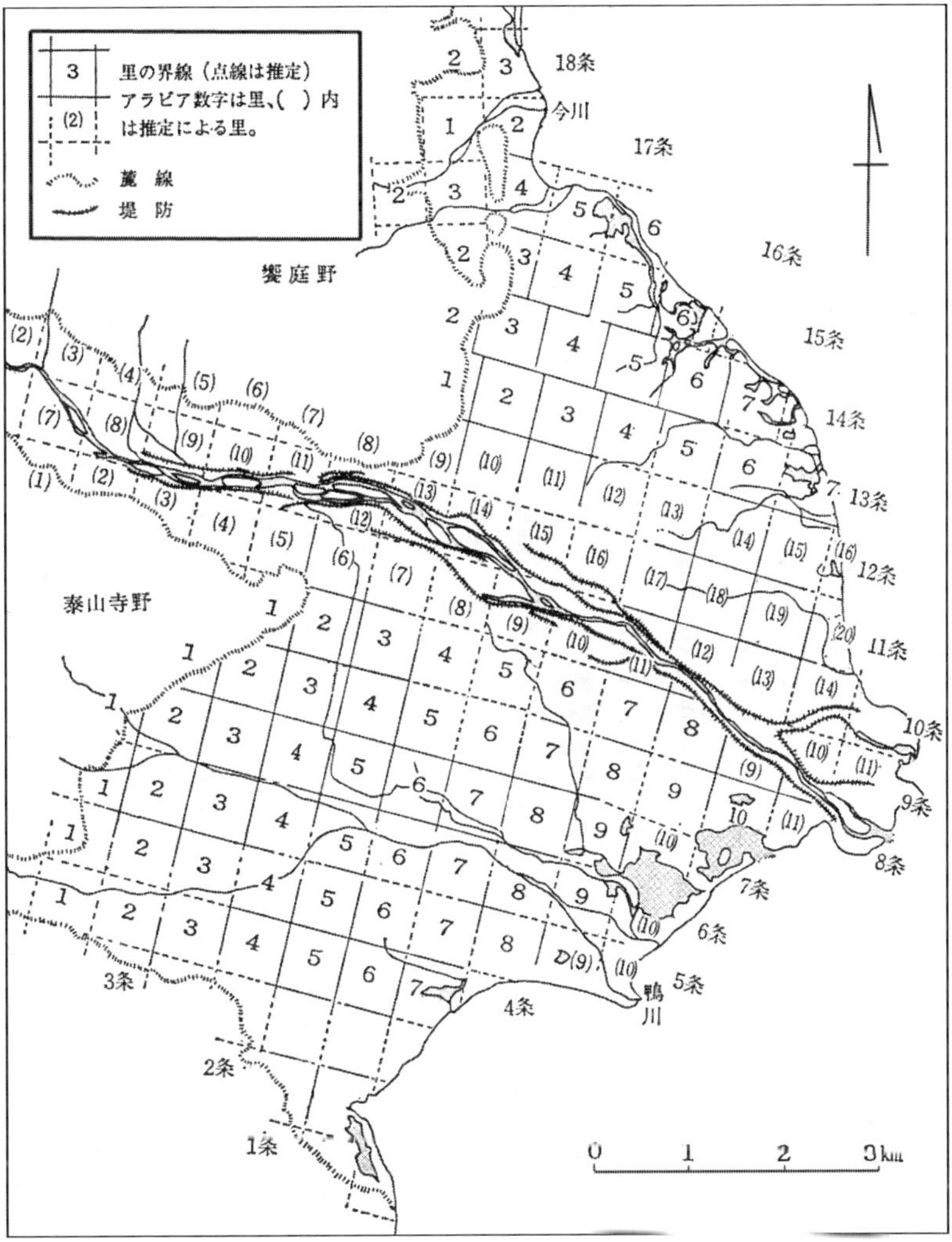

図2　福田徹氏条里復元プラン

N6~7度Eの方位を取りながら現況で東側の二里で琵琶湖に達する。一八条では木津区の波布谷川源流の山谷部を一里とし、以下N6~7度Eの方位を取りながら東側へ里を数え進み、現況で三里付近で琵琶湖に達する。以上のように、福田氏は一三条と一四条の境と一五条三里以北のN16度EとN6度Eの方位の違いが存在するやや変形した地割復元をしている。

この後、木津荘の条里制においては金田章裕氏の復元が行われる。[5] 金田氏は福田案の一~一三条の条里プランは、『高島郡誌』の復元図より二カ坪分東へ里界線を移しており、小字名からも妥当としている。しかし、同一郡内に属する条里プランが福田案のように里界線においてズレをもつ事例は近江では認められないとし例外的な存在になるとも指摘している。このことから一四条より北の条里プランに対し再検討を行っている。金田氏の復元では一四~一六条は、一三条以南と合致する里界線が継続されていたと復元している(図3参照)。検討は金田氏は福田案が根拠とした「一ノ坪」等の坪並遺称や検注帳にみえる坪地名を近世江戸後期の絵図や明治初頭に作成された地券取調総絵図などの小字名と対照し、それらが比定の根拠になるかについて検討している。この結果、小字名は位置や範囲、地名そのもの等は、時代による変化が著しく、検注帳の坪地名の部分も後世に加筆されたものであるとし、福田氏の復元案にはやや不確実な面が残るとしている。続いて、金田氏は田地は相対的に平坦な部分しか立地せず山の部分とは重複しないので、山は河道や汀道と異なり、時代による地形変化が少ないとしている。このことから検注帳に記載される田地が実際の地形上に立地するか否かを検討することによって、両案の是非を検証することが可能であるとし、一四~一六条について検討を行っている。結果、福田案には地理的解釈に問題が多いとしている。

しかし、金田氏の行った地形との対象作業については疑問点が多く、さらに金田案では実際の地形と合致しない場合も多く見受けられると熊谷隆之氏はしている。[6] 熊谷氏は一四~一六条の条里プランについて、金田氏が福

図３　金田章裕氏条里復元プラン

田案について地形的に問題とした部分については全く認められないとしている。そして、金田案では、引田帳・検注帳に記載される負田面積が地形と合致しない場合や、両史料に認められる「山」「岡」「谷川」が湖岸近くの低地部分に立地する場合が生じることを確認している。このことから、福田案はそもそも引田帳や検注帳などの文献史料の記載内容と、現存する小字、通称地名、集落の立地とを丹念に対照する作業を通じて復元された案であるとしている。また、福田案には金田氏が指摘するような地形的な問題は認められないとし、逆に金田案には問題が多く、総合的に見て福田案の方が妥当としている。また、一四～一八条の里界線のズレについては、その起点がN6～7度Eの方位を有する地域における里界線の整合性を考慮しながら、それぞれの地形状況に応じて一里分、つまり六坪単位のズレをもたせて設定されたとしている。そして、この条の起点設定は高島郡内条里の一～一三条の条里と同一かつ一連のものとして理解できるとしている。そして、一四条以北についてはN6～7度Eの方位を有する起点側における里界線の整合性を優先したために、末端側のN16度Eの方位を有する沖積平野部において一～一三条との里界線のズレを設定せざるをえなくなったものと考えている。このことにより一四条以北の沖積平野部における里界線のズレが生じることに説明ができるとしている。そして、高島郡における一～一三条と一四条以北における条里プランを各条の起点を基軸に設定された一連のものと解釈している。

このような地理学・文献史学を扱った復元の他にも、考古学の発掘調査の成果から検討も行われている。

古川与志継氏は高島郡全体の条里復元を行っている。(7) このなかで高島郡の条里復元をほぼ南北に近い方位を指すI区とそれより10数度東へ偏しているII区とに分けている(図4参照)。大きく二地区に分けられることから、その地割の方位がほぼ統一しているので任意による各地での開発ではないとし、大規模な耕地区画の計画と実施が行われたと考えられるとしている。その条件として条里制の施行を想定し、地割の方位は地形に左右されるものとしている。この条件下で木津荘の条里復元を試みている。条里復元に際し現状での土地における一町方格の

図４　古川与志継氏条里復元プラン

条里状の地割の広がりや小字等の地名に残る条里呼称、検注帳・引田帳に記載される屋敷、社寺の敷地、給地・道溝・畑の注記や小字名称等とそれに類似するような記載を検討し、さらに近辺の他文書との検討も行い、検注帳・引田帳に見る田や分布状況と現状の地形との比較した条里復元を行っている。この復元で木津荘については多数の小字名に条里呼称が残存し、復元が可能としている。それとともに木津荘以外の範囲は、郡誌の復元によらざるを得ないともしている。復元に関しては北仰《きとげ》遺跡、堀川・下花貝遺跡の事例も扱い考古学的な視点からの検討を行っている。

北仰遺跡は今津町の北仰集落の東方四〇〇メートルに位置する。調査から東西に走る坪界跡が二カ所で確認されている。遺構は低湿地と若干比高を増す傾斜変換点付近に位置する。確認された坪界の南北間隔は約一〇七メートルである。第Ⅰ地点では、坪界（畦畔跡）の北半部、幅約一・二メートルの溝及び水田の一部が確認された。溝の両側には杭が護岸の目的で打ち込まれている。畦畔上の杭列は丸杭、角杭の違いがあり、使用された時期の差が考えられている。また、水田跡内には幅四五メートル前後、深さ一〇センチの浅溝も検出されている。第Ⅱ地点でも坪界（畦畔跡）及び溝跡が確認されている。第Ⅰ地点では溝の改修が認められるが、畦畔の付け替えは確認されない。最も古い溝跡は幅一・一メートル、深さ二〇センチをはかり、その両側に杭が打たれ護岸されていたと考えられる。そして、この畦畔跡は二条の杭列にはさまれ、幅五〇センチ、高さ二〇センチ前後の規模をもつ。丸杭と角杭の違いがあり、角杭が古い遺構に使用されていたとされている。また、第Ⅲ地点では一条の石垣が検出されている。その性格や時期については不明である。これらの条里遺構の時期は第Ⅰ地点の溝内から須恵器が出土しており、平安時代前半より以前のものと考えられる。

堀川・下花貝遺跡では明確な条里遺構は確認されていない。検出された建物の方向から条里の地割の方位を復元している。この内、平安時代前期に比定される建物はN22度Eの方位をとることから、条里との方位の差は南

図５　清水尚氏条里復元プラン

北25分、東西2度35分であるとしている。条里地割は3度近く歪んでいることから、この差はあまり問題ないとしている。これらの事例から、条里の施工時期は平安時代前期の九世紀前後としている。

清水尚氏も発掘調査で確認された建物の方位から検討を行っている[8]。圃場整備事業施工前の地図においてN16度E前後の方格の地割が良好に確認できることから、建物方位から条里プランの復元を行った（図5参照）。復元では安曇川左岸の条里を四つに大別している。Ⅰ区を北部条里とし木津周辺のN5度E前後の方向、Ⅱ区を中央北条里とし一四条より北側のN20度E前後の方向としている。Ⅲ区は中央南条里とし一四条より南側のN20度E前後の方向、Ⅳ区は南部条里として太田周辺のN22度E前後の方向と分類している。そして、これらの条里施工の時期について、北部条里は美園遺跡の九世紀代の方向がN5～10度E前後を示し、北部条里の方向と一致することから美園遺跡の建物群は九世紀代の条里施工によってその建物方位が規制されたとしている。つまり北部の条里施工は九世紀代の早い段階としている。また、中央条里についても堀川遺跡の九世紀後半の建物がN22度Eとほぼ条里規制をうけていることから九世紀中葉には施行があったとしている。しかし、針江北遺跡群の建物ではN26度Eと条里の規制を受けているかは判断できなく、大きな時期差はないものの中央北と中央南の境に位置するとしている。そして、一四条を境に施行時期に差が生じる可能性を想定している。南部条里については調査例がなく施行時期は不明としている。中央条里とは整合しないが方位はほぼ同一なので、同時期、もしくは後出するものとしている。

以上のような様々な方法による条里プランの復元が行われてきた。いずれの復元でも大きく分けると沖積平野部のN16度Eと北側のN6度Eの方向が存在することがうかがえる。以下、考古学の視点からその地割の区画と施工時期とその背景について検討を行う。

二　建物跡からの検討

　ここでは発掘調査で確認された建物遺構の方向と条里の復元ついて検討する。現在、木津荘域において掘立柱建物跡が確認されているのは、美園遺跡(9)、針江北遺跡(10)、堀川遺跡(11)、正伝寺南遺跡(12)、針江南遺跡(13)がある（図6参照）。

美園遺跡　新旭町大字木津に所在し、国道一六一号線バイパス関係で調査された。調査の結果、飛鳥～平安時代にかけての建物跡が三〇棟検出されている。特に飛鳥時代後半～奈良時代前半にかけて造られた建物跡は、建物の棟方向が揃い、硯や墨書土器が出土している。このことから公的な機関として古代の地方官衙の性格が考えられている。その役割として、この地域は日本海地域、若狭から近江に抜ける古代の交通路に位置することから、高島郡北半部の物資や日本海からの物資集積や船積やその管理を行った高島郡衙の出先機関としての性格が推定されている。

針江北遺跡　新旭町大字針江に所在する集落遺跡である。調査は国道一六一号線バイパス関係で一九八〇年代前半に実施された。調査では弥生時代後期～古墳時代初頭と平安時代前期の遺構が確認されている。その結果、平安時代の遺構ついては、調査区の最も北で確認され、掘立柱建物跡が四棟検出されている。

堀川遺跡　新旭町大字北畑、旭に存在する南北七〇〇メートル、東西五〇〇メートルの広がりをもつ集落遺跡とされている。現在では区画整備や駅前開発によりその様相は大きく変化している。遺跡の存在は、昭和三〇年代前後の中学校や電話局の建設工事の際の土器出土によって明らかになり、昭和四五年の湖西線関係の発掘調査により初めて遺跡の詳細が判明した。調査からは、古墳時代にさかのぼる竪穴住居跡や平安時代の掘立柱建物群が検出されている。弥生土器の出土が確認されるが、中世の掘削により明確な遺構は確認されていない。また、遺跡内には近世まで続く阿弥陀寺遺跡も存在する。平安時代の建物跡は倉庫跡とされており、一定の方向

1．木津Ｂ古墳群
2．観音堂遺跡
3．光徳寺遺跡
4．建速神社古墳群
5．木津代官所遺跡
6．美園遺跡
7．粟屋田遺跡
8．木津製鉄遺跡
9．木津Ａ古墳
10．波爾布神社遺跡
11．大塚古墳群
12．北饗庭古墳群
13．大町古墳
14．堂の西遺跡
15．岡遺跡
16．日爪古墳群
17．南谷遺跡
18．日爪館遺跡
19．中山古墳
20．宝山寺遺跡
21．五十川城遺跡
22．森浜遺跡
23．針江浜遺跡
24．吉武城遺跡
25．旭遺跡
26．針江川北遺跡
27．円若寺遺跡
28．針江北遺跡
29．針江中遺跡
30．深溝浜遺跡
31．深溝条里遺跡
32．深溝城遺跡
33．針江南遺跡
34．正伝寺南遺跡
35．智善院遺跡
36．下花貝遺跡
37．阿弥陀寺遺跡
38．堀川遺跡
39．饗庭館遺跡
40．森館遺跡
41．貞隆寺遺跡
42．今市城遺跡
43．平井城遺跡
44．熊野本古墳群
45．熊野本遺跡
46．新田古墳群
47．福知和遺跡
48．犬馬場遺跡
49．安井川遺跡
50．大宝寺遺跡
51．清水山遺跡
52．清水山城遺跡
53．大荒比古神社裏山古墳群
54．本堂谷遺跡
55．井ノ口古墳群

図6　木津荘域遺跡分布図

性をもって規格されたと認識されている。

正伝寺南遺跡

新旭町霜降地先に所在し、隣接して針江遺跡群が分布する。昭和四五年に国道一六一号線バイパスにともなう分布調査により存在が確認された。その範囲は東西七〇〇メートル、南北三〇〇メートルの広がりをもつことが確認されている。昭和五〇年代後半にかけて調査され、弥生～古墳時代前期の遺構と平安時代後期にかけての遺構が検出された。古墳時代前期の遺構では幅九メートルの大溝や堰が二カ所確認され、溝からは土器・梯子・鋤などの木製品が出土した。平安時代後期になると建物や井戸等の遺構が検出されている。平安時代中期～後期にかけては建物数や規模も大きくなり、この時期に本格的な集落が形成されることがうかがえる。遺物は近江系緑釉陶器、東海の猿投窯産・美濃窯産の灰釉陶器、京都篠窯産の須恵器、北陸系の底部糸切土師器や輸入陶磁器である白磁などの土器が出土している。

針江南遺跡

新旭町大字針江に位置する集落遺跡である。調査は国道一六一号線バイパス関係で昭和五〇年代後半に実施された。調査では弥生時代中期を主体とする遺構と遺物が確認された。平安時代の遺構は二棟の建物跡が検出されている。時期は柱穴の出土土器から一二世紀末の年代が推定されている。

これらの立地から新旭町北部の低丘陵上に位置する美園遺跡と安曇川の沖積平野に位置する針江北・堀川・正伝寺南・針江南遺跡との立地には大きな違いが認められる。この立地の違いは先行研究において認められる地割の方位の違いにも対応するものと考える。美園遺跡の位置する新旭北部はこれまでの研究でも条里がN８度Ｅの方向が主流の地域であり、針江北・堀川・正伝寺南・針江南の平野部における建物方位はN16度Ｅの方向が主流である。この方向での建物方向が推測される。

木津荘北部の検討

それではこの北部条里の成立について美園遺跡建物の変遷から、北部条里の成立時期について検討する。美園遺跡で確認された建物跡は三〇棟で、その方位と時期から三群に分類が可能である（表1参照）。検出された棟方向により第Ⅰ建物群は棟方向がＮ45度ＷまたはＮ45度Ｅを中心とする一一の建物群で、第Ⅱ建物群はＮ27度Ｗを中心とする一〇の建物群である。第Ⅲ群はＮ８度Ｅを中心とする建物九棟である。立地は第Ⅰ建物群は丘陵の下方に位置し、第Ⅱ・Ⅲ群は丘陵上方に確認され、それぞれの建物の重複は認められない。これらの建物群については、使用範囲の狭い古代にあってなんらかの公的建物としての性格が考えられている。これらの同一方向を向く建物をある目的で一定の計画に基づいて造営したと判断すると、同一方向の建物はほぼ同一時期ないし部分的な増築や立て替えを考慮しても、一定の連続した期間の建物群と考えられる。第Ⅰ建物群は二つの建物群と比較して、建物の棟方向にほとんどズレが認められないことから、厳格な規制のもとに造営されたものと考える。また、庇をもつ建物や柱穴も比較的大きいことから掘立柱建物群成立期の様相を呈しているとものと判断でき、庇をもつ建物はこの時期の主要な建物に相当するものと推察される。また、周囲

表1　木津荘域北部（美園遺跡）建物一覧

第Ⅰ群　7世紀中葉～8世紀後葉		
規模（間）	長さ（m）	方　位
3 × 2	5.4 × 4	N43° E N47° W
4 × 2	6.1 × 4	N49° W
(4) × —	(6.8) × —	N45° W
2 × 1	8.2 × 5.1	N45° W
4 × 3	6.8 × 5.1	N45° W
3 × 3	6.0 × 4.8	N43° E N47° W
(2) × 2	(4.2) × 4.1	N44° E N46° W
(3) × 2	(4.5) × 4.2	N44° E N46° W
(4) × 4	(8.0) × 8.4	N43° E N47° W
2 × 2	4.6 × 3.6	N46° E
(3) × 2	(6.0) × 5.2	N45° E N45° W
第Ⅱ群　8世紀後葉～9世紀		
4 × 2	6.2 × 3.6	N40° W
4 × 2	6.2 × 3.8	N37° W
3 × 2	4.5 × 3.6	N63° E N27° W
2 × 2	4 × 4	N27° W
2 × 2	4.2 × 3.6	N25° W
3 × 2	5.1 × 3.4	N25° W
3 × 2	5.1 × 3.4	N28° W
(4) × 2	(6.2) × 3.8	N27° W
3 × (1)	6 × (2)	N34° W
(1) × 2	(1.7) × 3.4	N22° W
第Ⅲ群　9世紀～10世紀		
1 × 1	5 × 4	N10° E
(1) × 2	(2.8) × 5.4	N12° E
3 × (1)	(2.2) × 3.9	N 5° E
3 × (1)	5.1 × 1.8	N14° E
3 × —	6 × 4.2	N 5° E
(1) × 3	3.6 × 1.7	N11° E
2 × 2	3.6 × 3	N 8° E
2 × 2	3.6 × 3	N 8° E
5 × 2	8.5 × 4	N 0° E

に柵が巡らされている建物の内側は整然と造営されていたと考えられる。また、一部の建物は建て替えが想定されるが、出土土器から第Ⅰ建物群の造営時期は7世紀中葉～8世紀後葉の約百数年間の存続と考えられる。

続く第Ⅱ建物群は第Ⅰ建物群とはほとんど重複せず、丘陵の中腹から上方にかけてみられる。第Ⅰ建物群に比べると方向性に厳格性は認められず、建物の規模も比較的小さい。検出された建物がどのような配置で存在していたかは不明確である。

第Ⅲ建物群は第Ⅱ建物群と同様に、丘陵の中腹から上方にかけて存在する。建物の配置も不規則で規模も比較的小さい。これらの建物には一回の建て替えが認められる。この建物の方向は現在の農道の方向とほぼ一致する。これは現国道一六一号線、西近江路以西の日爪集落以北から本遺跡周辺、さらに木津集落を経て約一町北の今津町との境にかけてみられる条里地割の方向とほぼ一致する。この建物群の方位が、この時期の地割に規制されたものと解するならば、現在残るこの周辺の景観は条里地割に影響されたものと考えられる。また、この条里施行をこの建物群の時期と推定することができる。

このように美園遺跡の掘立柱建物群は二回の全面的な大規模な建て替えを含み、第Ⅰ建物群が七世紀中葉～八世紀後葉、第Ⅱ建物群が八世紀後葉～九世紀、第Ⅲ建物群が九～一〇世紀と約二五〇年間存続していたことが認められる。この建物の変遷からⅠ～Ⅱ期とⅢ期との間に建物の方向において大きな画期が認められる。このことから、これまでの先行研究で復元された木津荘北部の条里区画は第Ⅲ建物群の時期、つまり九～一〇世紀（平安時代前期）の段階では形成されていたものと考えられる。

木津荘南部の検討　沖積平野部において確認されている建物の棟方向から形成時期について検討を行う。沖積平野部で確認されている建物は針江北遺跡・堀川遺跡・正伝寺南遺跡・針江南遺跡である（表2参照）。

安曇川左岸の沖積平野における現在の条里地割のなかで主条里であるN16度Eの方位をもつ地域のなかで建物

表2　木津荘南部建物一覧

遺跡名	平安時代前期（9世紀代）			平安時代中期（10世紀代）			平安時代後期（11世紀代～）		
	規模（間）	長さ（m）	方位	規模（間）	長さ（m）	方位	規模（間）	長さ（m）	方位
針江北遺跡	3×2 2×1 2×2 1×1	7×3.3 1.7×1.6 3.4×3.2 2.6×2.1	N27°E N22°E N20°E N27°E						
堀川遺跡	4×3	9.8×6.8	N22°E	7×4 6×4 5×2 5×4	17.2×9.6 14.8×9.8 13.2×4.6 10.4×10	N17°E N15°E N19°E N23°E	6×4 4×2 3×1 2×2 2×1 4×3 5×2 3×3 4×3 6×2 4×2 2×2 2×2 2×2	14.6×8.8 9.8×4.4 7.0×2.4 7.2×2.4 4.6×2.4 7.8×7.4 10.6×3.8 7.6×6.8 9.8×6.8 12.4×4.4 9.4×4.4 5.0×4.4 4.2×4.0 4.6×4.0	N28°E N20°E N20°E N19°E N24°E N24°E N20°E N22°E N20°E N20°E N20°E N20°E N22°E N23°E
正伝寺南遺跡				2×1 2×1 2×1 2×2	5.2×2.7 5.8×2.5 4.6×2.3 4.4×4.4	N18°E N16°E N16°E N16°E	2×1 3×2 2×1 1×1 4×3 4×2 4×3 3×3 3×― ―×2	3.8×2.2 7　×6 4　×2.2 2.2×2.2 8.5×5.8 6.9×4.2 8　×6.5 6.6×6 6.5×― ―　×4.3	N15°E N15°E N16°E N16°E N16°E N15°E N14°E N13°E N14°E N14°E
針江南遺跡							2×1 3×1	1.2×2.8	N16°E N16°E

跡を検出した遺跡の位置と時期を整理する。まず飛鳥時代以降、最初に建物を構築するのは九世紀後半代の針江北遺跡と堀川遺跡である。針江北遺跡からは建物跡が四棟検出されており、最大規模は三×二間、方位はN20～27度Eである。堀川遺跡では建物跡一棟検出されており、最大規模は四以上×三間で方位はN22度Eである。この二つの建物は一〇世紀初頭には放棄され、出土土器からも第二四半期までは存在しないことが認められる。建物方位は個々の建物間において若干の違いが認められるが、ほぼ条里地割に規制された方位とほぼ一致すると判断できる。

つぎに確認されるのは堀川遺跡と正伝寺南遺跡である。堀川遺跡では約四棟検出され、最大規模七×四メートル間、方位N15～23度Eが認められる。正伝寺南遺跡では四棟、最大規模二×二間、方位N16～18Eが確認される。出土遺物から一〇世紀前半には始まり、一〇世紀末には放棄されている可能性が高い。建物の方位はほぼ条里地割の規制範囲である。

続く時代の建物跡は堀川遺跡、正伝寺南遺跡、針江南遺跡で認められる。堀川遺跡は一四棟検出され、最大規模六×四間、方位はN19～28度Eである。正伝寺南遺跡は一〇棟検出され、最大規模四×三間、方位N13～16度Eである。針江南遺跡は二棟検出され、最大規模三×一間、方位N16度Eに営まれる。いずれも条里地割の規制範囲と考えられる。出土遺物から堀川遺跡と正伝寺南遺跡は同時期で最も新しい針江南遺跡を含めると一一世紀末には始まり、一三世紀中葉段階には放棄されたものと考える。

このことから、条里の施工開始期が九世紀後半代以前（平安時代前期）にさかのぼることが認められる。そして、13世紀中葉まではこの地割によって形成されたことがうかがえる。そして現状で確認できる地割はこの時代に形成されていた方位をほぼ踏襲しているとものと考える。

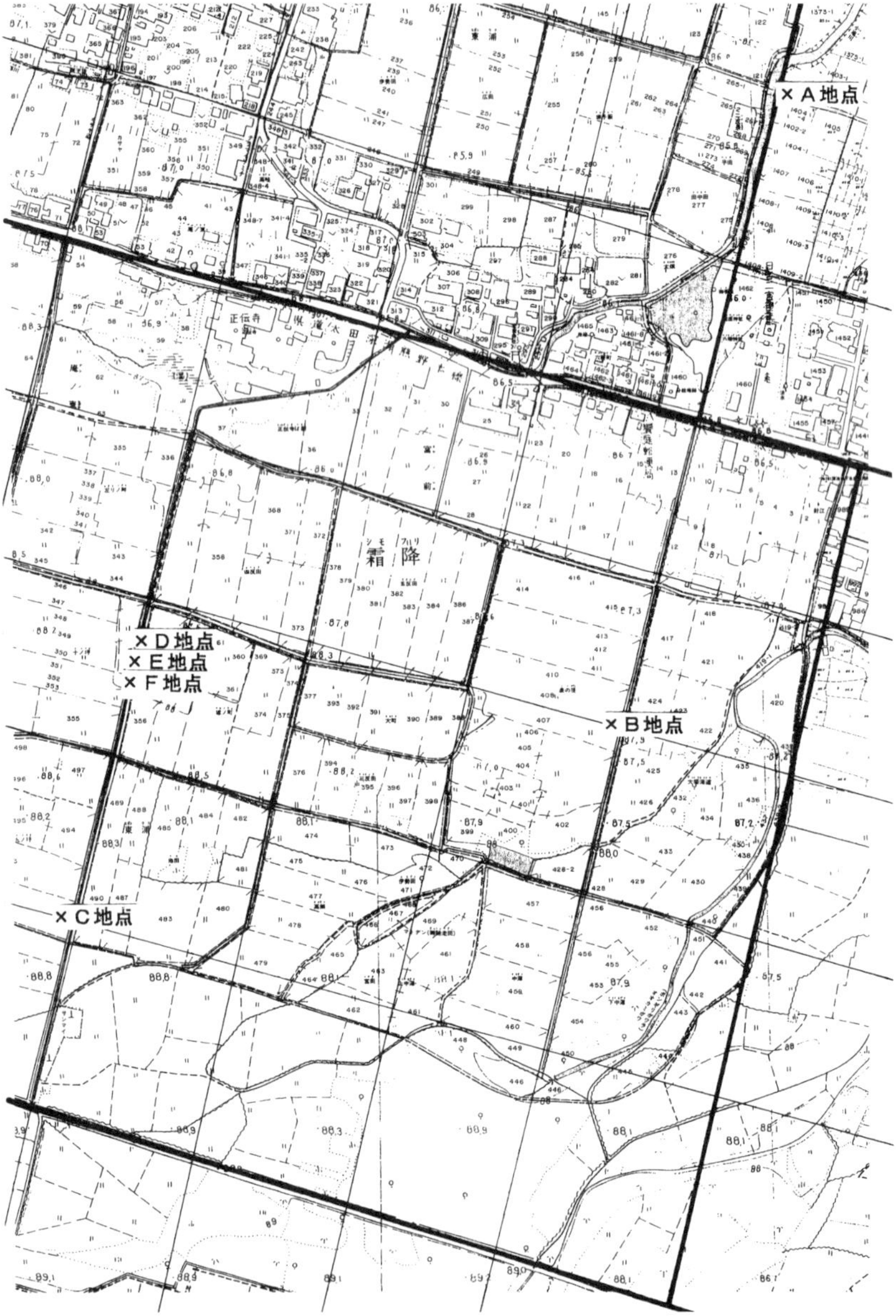

図7　畦畔検出地点（A地点：深溝条里遺跡／C～F地点：正伝寺南遺跡）

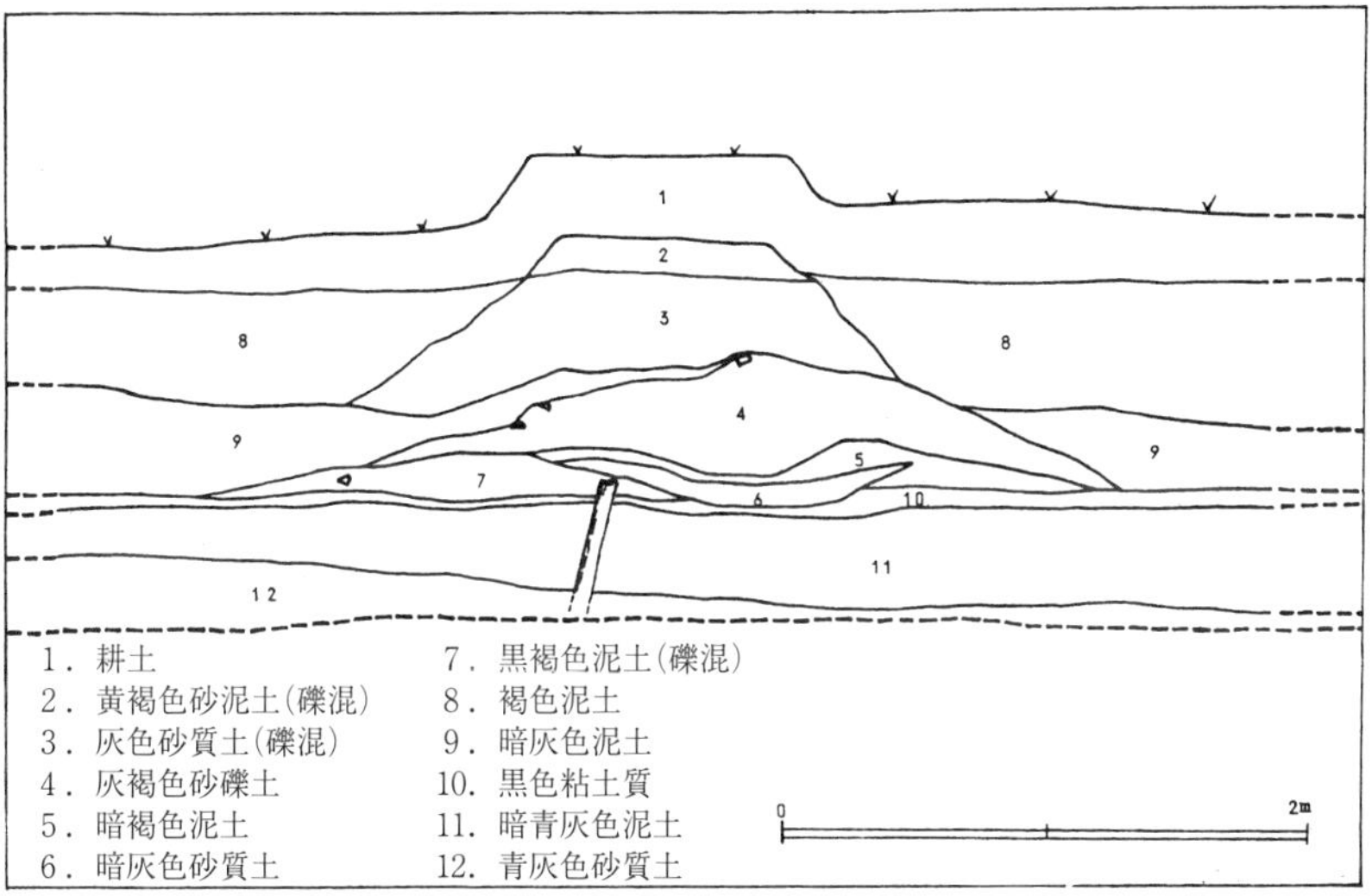

図8　深溝条里遺跡検出畦畔断面図

三　畦畔跡からの検討

ここでは調査等で確認された条里の畦畔検出例から成立及び区画について検討を行う。木津荘域の発掘調査で条里の区画畦と推定されるものは深溝条里遺跡[14]と正伝寺南遺跡[15]で確認されているのみである。

深溝条里遺跡　新旭町大字深溝に所在する。旧国道一六一号線の熊野本から旭・針江・深溝の各集落を連ねて、外ケ浜にいたる一四条線と深溝集落の西を通ずる六里の線との交点にあたる日吉二宮神社の北側に位置する。深溝条里遺跡では、六里線上を北方へ延びる道路工事にともなう河川付け替え工事掘削の際に溝断面において埋没畦畔が確認された（図7参照）。第A地点では現地表面から地下一・八メートルまで五層にわたって埋設畦畔が認められ、それに対応する水田面の存在も確認されている（図8参照）。畦畔は時代毎に堆積し水田が耕作されていたことがうかがえる。畦畔沿いには木杭も残存していた。B地点では現地表面下約五〇センチに幅約二メートル近くの砂礫層の盛り上がりが確認された。それぞれの地点を条里区画からするとA地点は一四条六里二～三坪の坪界西端部に対応し、B地点は一三条四里二三坪と二四坪の坪界東端部に位置すると考えられる。これらの位置と条里区画は合致するので埋没した条里の遺構と考えられる。A地点の断面最下層の青灰色砂層からは平安時代前期の土器が出土していることから五層の埋没畦畔は平安時代前期以降に形成されたものと考えられる。

正伝寺南遺跡　埋没の条里遺構と考えられる遺構が断面で確認されている（図9参照）。C地点では現畦畔下約三〇センチの位置に幅一メートル近くの砂礫の盛り上がりが確認された。この地点は一三条四里六坪と七坪の坪界東端部にそれぞれ位置すると考えられる。D～F地点は現表土面下約四〇～五〇センチの箇所で認められる。調査区の関係で西側の堆積状況が不明のため水田耕作と堆積状況は不明確ではあるが南北に直線的に断面で確認されることや、現況での農道の真下に位置することから、条里地割が踏襲されていると考えられる。このことから検討すると断面で確認した畦状の堆積状況は、条里による区画の畦畔と判断できる。この地点を条里の区画にあわせると一三条四里八坪と一三坪の坪界北端部に対応するものと考える。調査では第八層からかわらけが出土していることから、この畦畔の形成は平安時代以降の時期と認識できる。

このことから検出例は少ないが、検出された畦畔はこれまでに検討された方位に一致する畦畔と確認できる。また、施工時期も平安時代前期以降と考えられる。

おわりに

これらの成果をまとめると、北部の条里は美園遺跡の事例から七世紀中葉～八世紀後葉の建物跡ではN45度Wの方向を中心とし、八世紀後葉～九世紀の建物跡ではN25度Wの方向と北へ降っていることが認められる。さらに九～一〇世紀の建物跡ではN8度Eの方向となり、これまでの北西方向の建物とは大きく向きが異なりこの段階で初めて条里の方向と合致した建物方向が出現したことが確認される。つまり七～八世紀の段階では古代官衙として厳格に建物が建てられているが、その方向を一掃するほどの規制が九～一〇世紀に起こったと考えることができる。この出現背景として、政治的な規制による条里制の施行が考えられる。そしてこの時期に高島郡も本格的な条里制の施行が実施されたものと考える。一方、九世紀代における平野部の建物方向の検出例は少なく不確定である。針江北遺跡と堀川遺跡においてN20～27度E方向の建物が認められ、N16度E方向の規制を受けていたとも考えられる。一〇世紀代の堀川遺跡と正伝寺南遺跡においてN16度Eの方向をもつ建物が確実に認められる。つまり木津荘南部では沖積平野における建物跡から、一〇世紀代において条里方向と一致する建物が認められることから、この時期には平野部においても条里の施工が行われていたものと考えられる。

以上のことから、木津荘域おける条里の施工は、九世紀後半（平安時代前期）には行われていたものと位置づける。そして、建物の時期から判断すると木津荘域でも北部の美園遺跡の事例が最も早く条里を意識した建物の配置をしていると判断できる。このことから条里の施行は木津荘でも北部から施工された可能性が考えられる。また、畦畔の検出例からもN16度Eに合致する区画が行われ、現在でもその区画が残っていることが認められた。さらに建物の検出例とその畦畔の施工の時期は平安時代前期と矛盾しないことが出土土器から確認された。このことから、木津荘は建物、畦の検出例などの考古学的な視点から検討すると九世紀末～一〇世紀初頭（平安時代前期）には形成されていたことが判明した。

最後に、これらの方向がつくられた要素として北国海道との影響を考える。畦が造られる方向の要素に古代からの道との関係が大きかったものと考える。高島郡には西近江路（以下、北国海道）が通過していた。湖西地域を通過する北国海道は滋賀郡の「穴多」「和邇」と高島郡の「三尾」「鞆結」の四駅を経て越前国へいたる。志賀町の和邇付近に想定される和邇駅を出た北国海道は湖岸沿いを北上し、高島町打下へいたり、安曇川下流域の平野

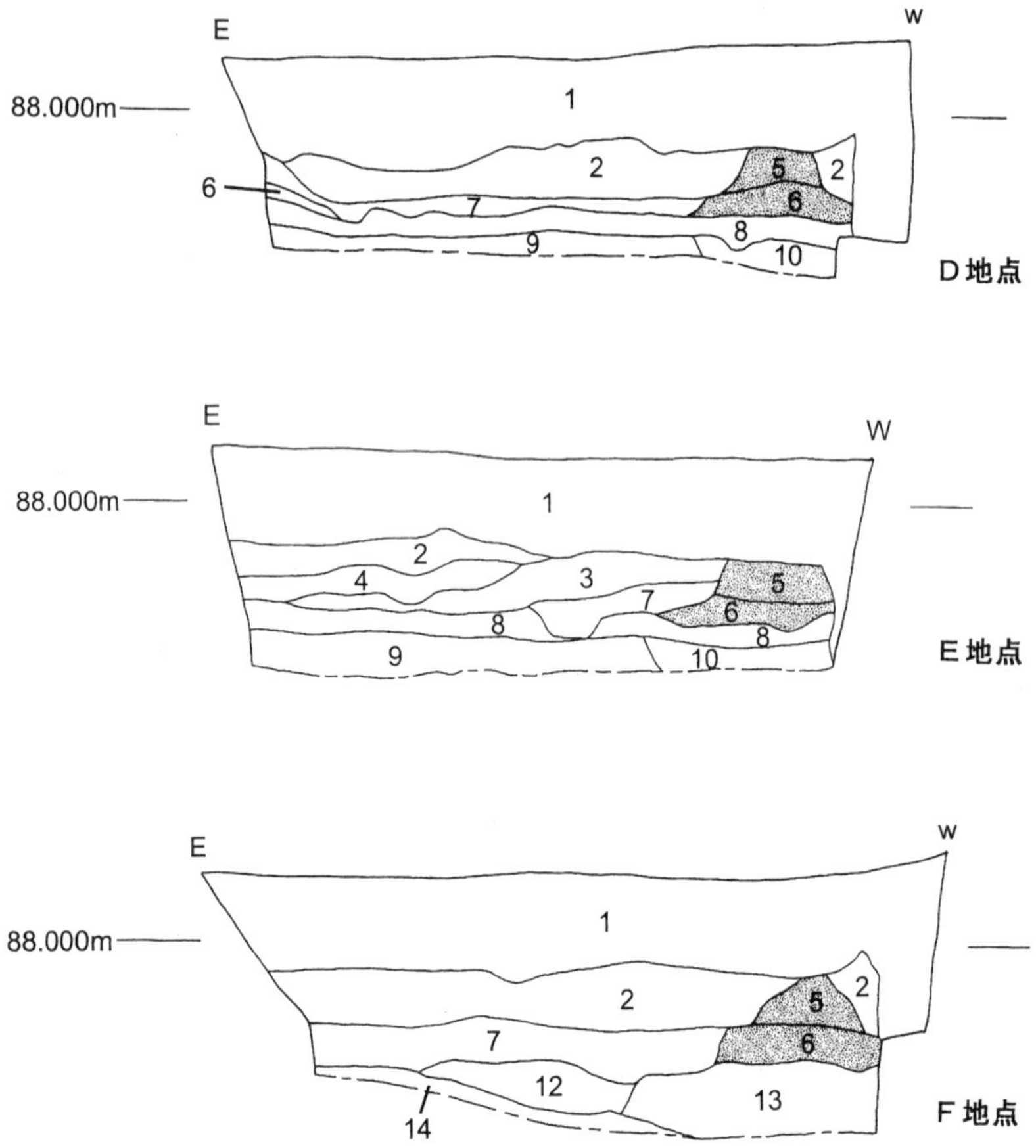

1　造成土
2　灰褐色粘質土
3　黄灰色粘質土　まだらに黄褐色土含む
4　暗灰黄色粘質土　3より多く黄褐色土含む
5　黄灰色粘質土　2･3の黄褐色土は含まない
6　黒褐色粘質土　5と同じ
7　灰色粘質土　3より少なく黄褐色土含む
8　灰褐色粘質土　黄褐色土を含む
9　灰褐色粘質土　8より砂質。土器・遺構を検出
10　黒褐色砂質土　SD-1の埋土・土器含む
11　灰褐色砂礫土
12　灰色粘土
13　褐灰色粘土
14　地山

図9　正伝寺南遺跡検出畦畔断面図

部へ出る。高島郡鵜川から打下にかけては山が琵琶湖までせまり、現在の国道も湖岸の波打際を通過している。古代においても安曇川下流域の平野部へ出るためにこの路を通過していたと考えられる。古代は現在よりも山手を通過していたようで、白髭神社社殿の裏側には斜面に山腹を切断した道が通っている。白髭神社を通過後、安曇川下流域の平野部へ出て条里線に沿って北上したと考えられる。福田氏[16]は平野部における北国海道の推定ルートについて五・六里の境より東へ一町の南北ラインが該当するとしている。この方向はN16度Eの方向を示している。内田保之氏も平野部における古代北国海道はこのルートが該当するとしている。[17]さらに内田氏は北上した北国海道は報恩寺山の山頂まで直進するとしている（図9参照）。そして、この報恩寺山西側の鞍部を抜け、北の地割に連なる道につながり、南北に通り抜けられるとしている（図10参照）。この南北に通り抜けられるルートは一連の地割のN6～7度Eの方向とも合致し、無理なく平野部におけるルートと連なることから北国海道の痕跡としている。この道の方向は、美園遺跡で確認された建物方向と合致する。つまり、条里は建物の検出例から平安時代前期には施行されていたと考えられるが、この時期は全国的に駅路やそれにともなう駅家の整理が行われたことが文献からも知られる。また、遺跡からも奈良時代の道路跡は平安時代へは続かない事例が認められている。つまり、北国海道も平安時代前期には整備された可能性が考えられる。

しかし、北国海道の詳細については考古学的な成果は皆無であり、その施工時期・正確なルート等は不明である。このことから条里施工と北国海道の整備については互いに影響していたと考えられるが、その前後関係については今後の課題である。

以上のように、木津荘は平安時代前期には形成されていたと考えられる。しかし、こまかい点での復元にはいたらなかった。特に条里施工の時期がどこまでさかのぼるかは明らかにすることができなかった。条里の方向について影響されたと考える北国海道については一切考古学での検出は確認されていなく、根拠のない推論となっ

図10　内田保之氏古代北国海道復元ルート

てしまった。また、平安時代前期に条里、道と大規模な国家的整備が行われた背景について言及することができなかった。考古学での点的・面的な調査成果を積み重ねていき、木津荘及びその荘域における歴史像全体の把握、復元を行い、当時の木津荘をとりまく情勢、背景について検討することが課題であると考える。

（1）文献史料だけにとどまらない総合的な調査は一九八〇年代以降、特に日本史、中世史の分野で急速に実施されてきた。これらの調査は開発や圃場整備等による景観の変化や地名、地域伝承の消滅する事態に対応した緊急的なものであった。これらの調査は兵庫県西紀丹南町、小野市大部荘、太子町斑鳩荘や大分県で先進的に実施されてきた。滋賀県では高島郡新旭町所在の近江国木津荘の調査が最初の事例である。近江国木津荘調査団・新旭町教育委員会編『滋賀県高島郡新旭町近江国木津荘現況調査報告書Ⅰ』（二〇〇二年）、同前『滋賀県高島郡新旭町近江国木津荘現況調査報告書Ⅱ』（二〇〇三年）。

（2）更埴条里水田遺構は灌漑水路変史にともない、一九六一～六四年にかけて長野県教育委員会によって調査された。調査は当初、現地測量、水田耕土、地字名の調査を中心に行っていた。地理班が「へびた樌」付近でトレンチ調査をしたところ現水田面下で平安時代の住居跡を検出した。この後、考古班と歴史班による調査が行われ、地字名から駅屋と想定した馬口地区の調査で古代条里遺構の畦畔を検出した。考古・地理・歴史の各分野から総合的な調査が行われたとして評価できる。岩崎卓也「更埴条里水田遺構」（『長野県史考古資料編』全1巻（2）主要遺跡（北・東信）、社団法人長野県史刊行会、一九八二年）。

（3）高島郡教育会編『増補高島郡誌』（一九七二年）。

（4）福田徹「安曇川下流域における条里制の復原」（『人文地理』26―3、一九七四年）。

（5）金田章裕「近江国高島郡木津荘域の条里プラン――旧湖岸・土地利用復原の一前提――」（琵琶湖歴史環境研究会編『琵琶湖博物館開設準備室研究調査報告2琵琶湖の歴史環境――その変動と生活――』、一九九四年）

（6）熊谷隆之「木津荘検注帳・引田帳と条里プラン」（近江国木津荘調査団・新旭町教育委員会『近江国木津荘現況調査報告書Ⅱ』二〇〇三年）。

（7）古川与志継「条里制」（『滋賀県文化財調査報告書第5冊　高島郡新旭町堀川遺跡調査報告書』、滋賀県教育委員会、一九七五年）。

（8）清水尚「新旭町における平安時代集落の展開」（滋賀県教育委員会・財団法人滋賀文化財保護協会編『一般国道161号線（高島バイパス）建設に伴う新旭町内遺跡発掘調査報告書Ⅰ　正伝寺南遺跡』、一九九〇年）。

（9）滋賀県教育委員会・財団法人滋賀県文化財保護協会編『美園遺跡発掘調査報告書――古代地方官衙跡――』（一九七五年）。

（10）滋賀県教育委員会・財団法人滋賀県文化財保護協会編『一般国道161号線（高島バイパス）建設に伴う新旭町内遺跡発掘調査報告書Ⅳ　針江北遺跡・針江川北遺跡（Ⅰ）』（一九九二年）。

（11）注（7）『滋賀県文化財調査報告書第5冊　高島郡新旭町堀川遺跡調査報告書』。

（12）注（8）『一般国道161号線（高島バイパス）建設に伴う新旭町内遺跡発掘調査報告書Ⅰ　正伝寺南遺跡』（一九九〇年）。

（13）滋賀県教育委員会・財団法人滋賀県文化財保護協会『一般国道161号線（高島バイパス）建設に伴う新旭町内遺跡発掘調査報告書Ⅲ　針江中遺跡・針江南遺跡』（一九九一年）。

（14）滋賀県教育委員会編『国道161号線・高島バイパス遺跡分布調査概要報告書』（一九七一年）。

（15）新旭町教育委員編『新旭町文化財調査報告書第4集　滋賀県高島郡正伝寺南遺跡発掘調査報告書』（二〇〇三年）。

（16）注（4）福田前掲稿。

（17）内田保之「高島郡の古代北陸道」（『紀要』第七号、財団法人滋賀県文化財保護協会、一九九四年）。

第四章　木津荘引田帳・検注帳と高島郡条里

熊谷隆之

はじめに

近江国木津荘は、保延四年（一一三八）に成立した比叡山延暦寺領の大荘園である。延暦寺は南都の興福寺とならび、中世寺社勢力の頂点に君臨する大寺院であったが、元亀二年（一五七一）の焼き討ちで文献史料の多くが灰燼に帰し、その荘園支配の様相については、なお未解明の部分も多いのが現状である。

そうしたなかにあって、幸いにも地元の饗庭家には、作成年月日未詳の木津荘引田帳（以下「引田帳」）と、応永二九年（一四二二）閏一〇月二二日作成の木津荘検注帳（以下「検注帳」）が伝来している[1]。両帳は、木津荘内の田地面積やその所有者、斗代に加え、畠や川溝、道、寺社、屋敷地などの所在を高島郡条里にもとづいて一坪ごとに記載しており、山門領荘園の全容を記した帳簿として唯一現存する貴重な史料である。今後、膨大な情報量をもつ両史料の記載と、平成一一～一四年（一九九九～二〇〇二）にかけておこなわれた現況調査の成果[2]とを相互に対照させつつ分析を加えることで、延暦寺による木津荘支配のありかたやその推移を解明するとともに、古代、中世から現代にまでいたる木津荘故地の景観変化や、この地域に生活した人々の脈々たる営みを描写していくことが可能となるであろう。

そこで、本章では引田帳と検注帳の分析から浮上するいくつかの問題を取りあげ、今後の研究を進めていくための基礎づくりをおこなうことにする。まず第一節では、今後の研究の根本史料となる引田帳と検注帳の、おもに書誌学的な問題について確認する。続いて第二節では、これまでにも議論のある木津荘域の条里プランについてあらためて検証する。そして第三節では、第一・二節から導きだされた知見をふまえ、応永年間の木津荘をめぐるいくつかの問題を取りあげて論じることにしたい。

一　木津荘の引田帳と検注帳

(1)木津荘検注帳

引田帳と検注帳は福田徹氏の一連の研究[3]で利用され、高島郡条里の比定や木津荘域の景観復元にあたっての重要な典拠となった。そして、両史料は木津荘域の条里プランを再検討した金田章裕氏の研究[4]や、木津荘をめぐる諸問題を整理した水野章二氏の諸論考[5]でも少なからず論及されている。しかし、いずれの研究においても帳簿自体の分析はさほど詳細になされていない。そこで本節では、引田帳と検注帳の書誌学的な問題を中心に検討を加える。まずは、応永二九年（一四二二）という確実な作成年代をもつ検注帳のほうからみていくことにしよう[6]。

検注帳は袋とじの冊子六冊から構成され、各冊は高島郡条里でいう一三～一八条の各条に対応する。各冊の表紙には、「写了」という朱印を押した小付箋が添付してある。これらの付箋は近代に入って貼付されたものとみられ、そこには冊子ごとに墨書で「一」から「六」までの漢数字が記されている。以下の論述では、その数字にしたがって各冊子を第一帳、第二帳のように表記することにする。第一～六帳は、それぞれ一四・一八・一六・一七・一五・一三条に関する冊子である。

このうち一八条に関する第二帳の表紙中央には、「十八条二里三里　久光方帳」と記されている（写真1）。久光は、木津荘の公文と目される人物である。一般に、検注の結果を記す取帳は、荘園領主や現地の公文のもとに保管されるものなど、複数組作成されたことが知られる。「久光方」という表現から、木津荘検注帳の各冊子もやはり複数組が作成されており、第二帳はそのうちの公文が保管していた冊子であることが分かる。

一方、一五条に関する第五帳の表紙中央には、第二帳の表紙と同一の筆跡で「十五条一里四里　三里五里」と記されている（写真2）。これらの筆跡は各冊子の一帖目以降と同筆であることから、第二・五帳の表紙は作成当時の原表紙とみて問題ない。

これに対し、第一・三・四帳の表紙には第二・五帳と同質の料紙が用いられているものの、いずれも表題を欠き、しかも袋とじではない。これらについては、原表紙の表部分が欠損し、裏部分のみが伝来したものと判断される。

このほか、残りの一三条に関する第六帳については破損が著しく、表紙のみならず第一帖以降についても数紙

写真1　第2帳の表紙

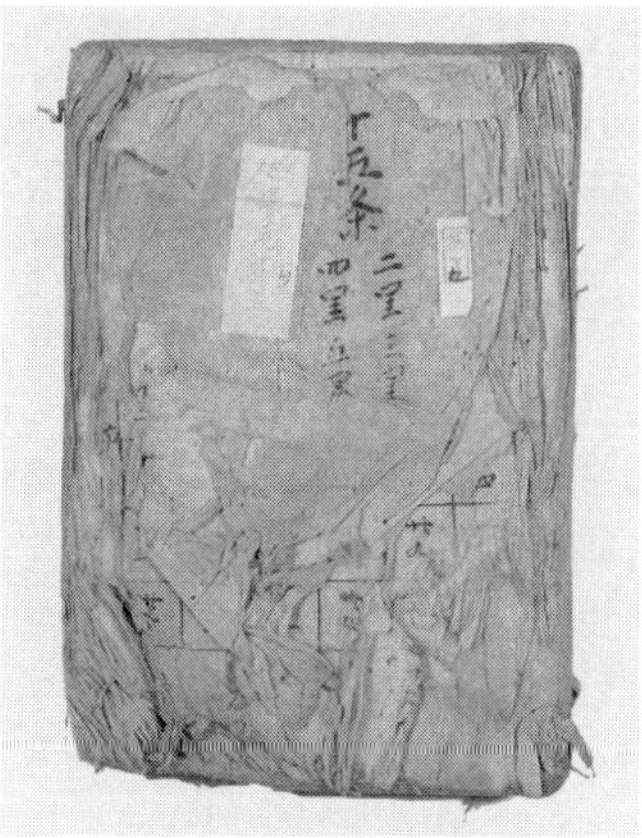

写真2　第5帳の表紙

の散逸がある。そのうえ、散逸をまぬがれた各紙を後世に綴じなおした形跡があり、現状では各紙の順序にかなりの齟齬がみられる。第六帳の利用に際しては若干の注意が必要である。

さて、つぎに検注帳の基本的な記載様式について確認することにする。各冊の第一帖表には里の一〜三六坪の坪並が図で記され、第一帖裏には「紙数〇〇枚上紙下紙除定」という体裁で、各冊の紙数に関する異筆の書き込みがある。続く第二帖表の冒頭には「注進　木津庄／合　応永二十九年壬寅潤（閏）十月廿一日」とあり、それに続いて各坪に関する注記や、年貢・公事賦課の対象となる負田に関する記載がなされている（写真3・4）。

「①五反田」　卅③（坪）丶
②救急三百四十歩
④五反内三反二反　三四⑤　⑥喜久　⑦「甲寅ヨリ得重引」
一反　三　得音　「未ヨリ福満引」「辰ヨリ上福一引」
一反　三　松寿　「内　五十四歩、辛丑ヨリ建徳庵引」
二反　三　料所　「此内一反、卯ヨリ八講田引」「一反、午ヨリ如法経田引」
⑨已上九反内三斗代六反四斗代三反

ここに一例として掲げたのは、一五条三里三〇坪の項である（写真5）。説明の便宜上、各項目に丸数字を付した。各坪の記載項目を上部から順に列挙すると、①坪の小字地名、②坪に関する頭注、③坪の数詞、④負田面積、⑤負田の斗代、⑥仮名、⑦仮名に関する追記、⑧仮名に関する朱と黒の合点および朱注（翻刻部分では省略）、⑨坪内の負田面積の合計、以上のように大別される。なお、後述の引田帳にみえる仮名と区別して、以下では検注帳にみえる⑥仮名を仮名Aとよぶことにする。

このうちの②〜⑥と⑨は、応永二九年（一四二二）に検注帳の作成された当時の記載項目である。③は高島郡条里プランにもとづく坪で、④⑤⑥には各負田に関する情報、②には負田以外の免田や畠、屋敷地などの面積、所有者などが記される。⑤については、坪内の各負田の斗代がまったく同一の場合には、③の下に一括して記されることもある。

なお、金田章裕氏は、このうちの②坪に関する頭注が負田に関する③～⑥と同筆の可能性があると述べる。しかし、若干の追筆があるのを除けば、基本的にはこれらも検注帳の作成時に記されたものとみられる。このこと

写真３　第２帳の第１帖表

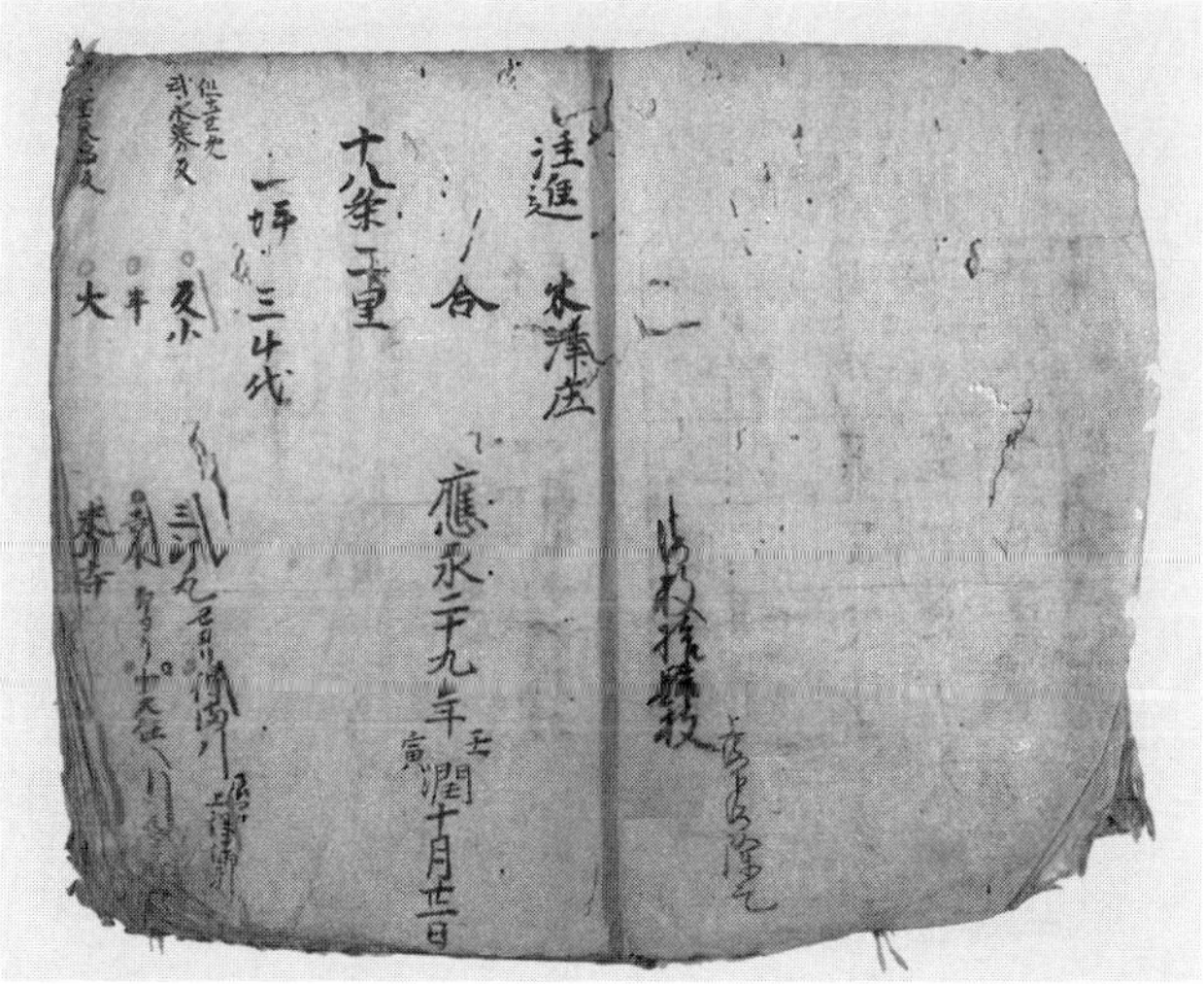

写真４　第２帳の第１帖裏と第２帖表

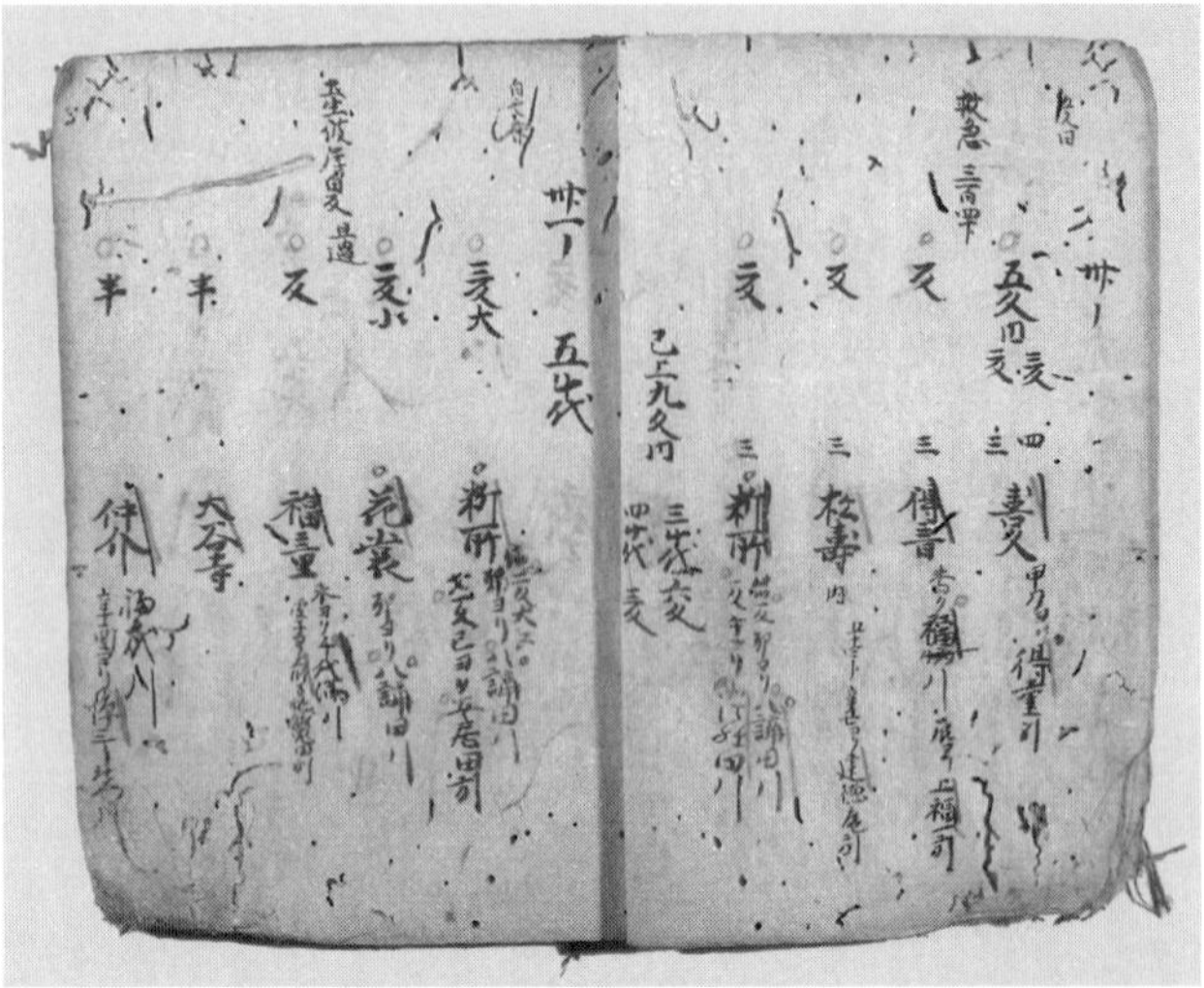

写真5　15条3里30坪の項

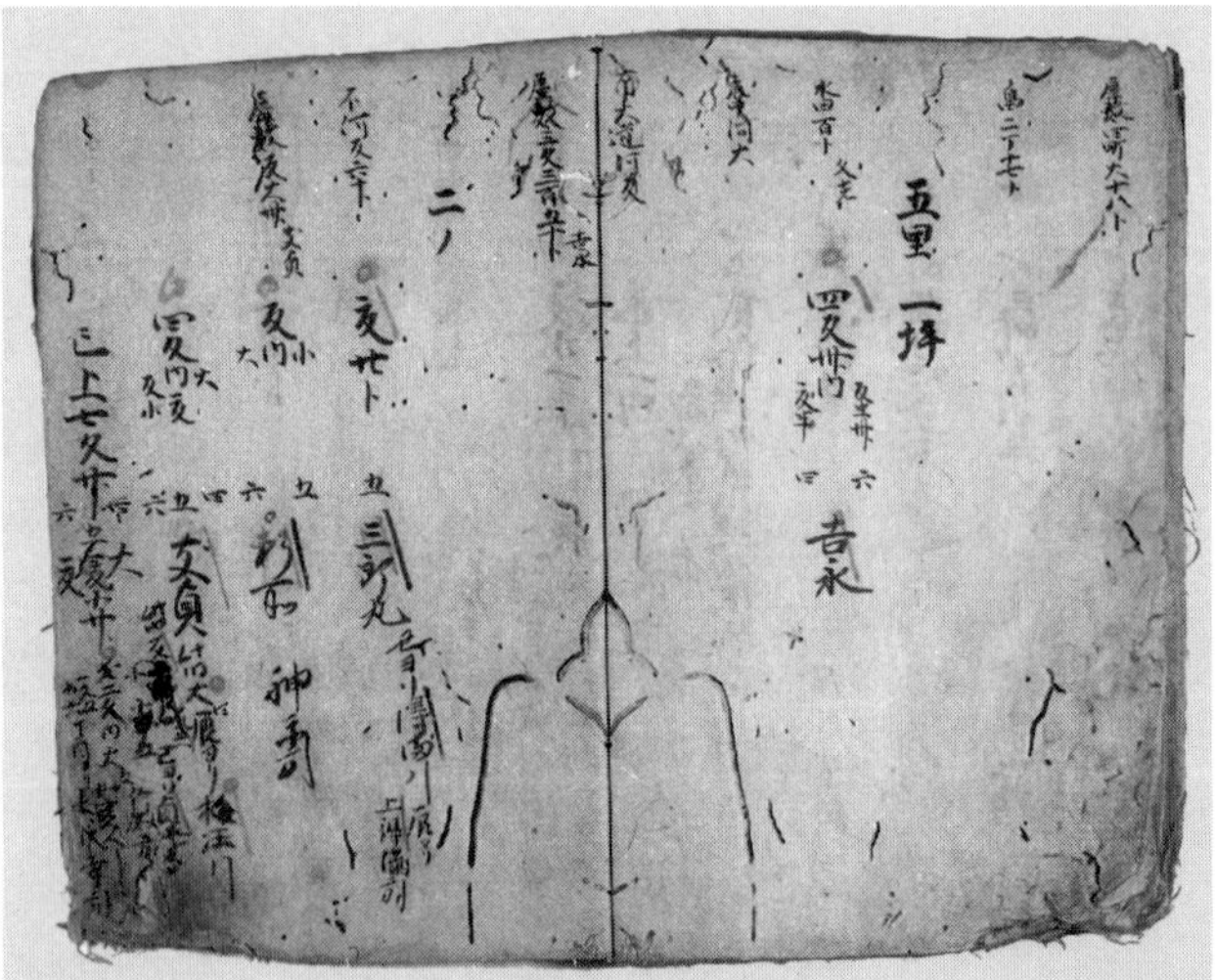

写真6　14条5里1坪の項

は、たとえば一四条五里一坪のように負田の記載が少なく、頭注記載の豊富な坪の記載方法からみて明らかである（写真6）。

これに対し、⑦仮名に関する追記と、⑧仮名に関する朱と黒の合点および朱注は、検注帳の作成以後、新たに書き加えられたものである。このうちの⑦の多くは、概して「○○（干支）ヨリ△△（人名）引」という体裁で、仮名Aの変更を記録したものである。⑥仮名Aは検注帳作成段階における各負田の所有者、⑦の追記はその後の変更を示すものとみてまちがいあるまい。

そして、各坪の項の末尾には「已上○反」という体裁で、⑨坪内の負田面積の合計が記され、つぎの坪の項へと続く。さらに、各里の項の末尾にはやはり「已上○○町△段▽▽歩」という体裁で、⑩里内の負田面積の総計

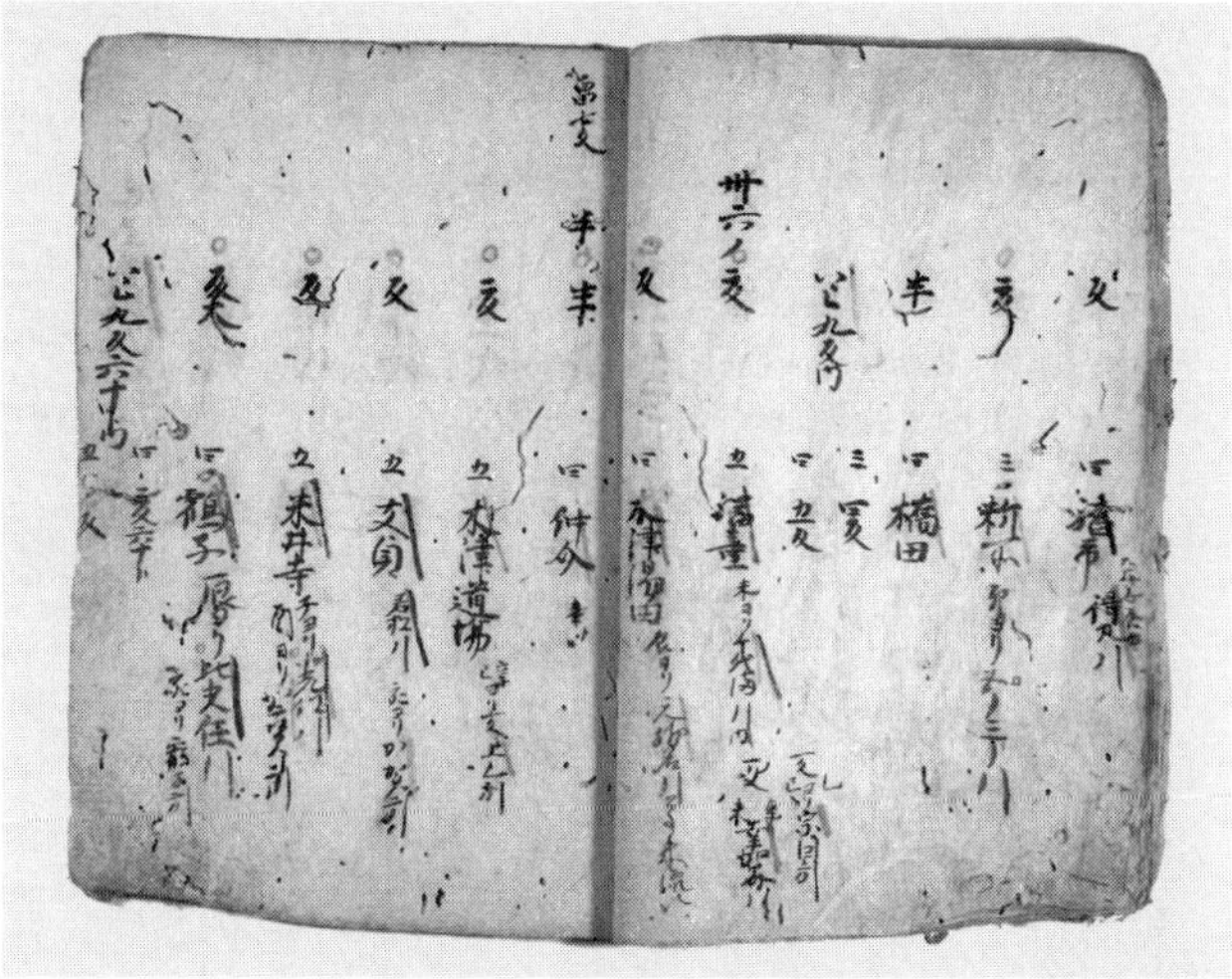

写真7　17条1里の項の末尾

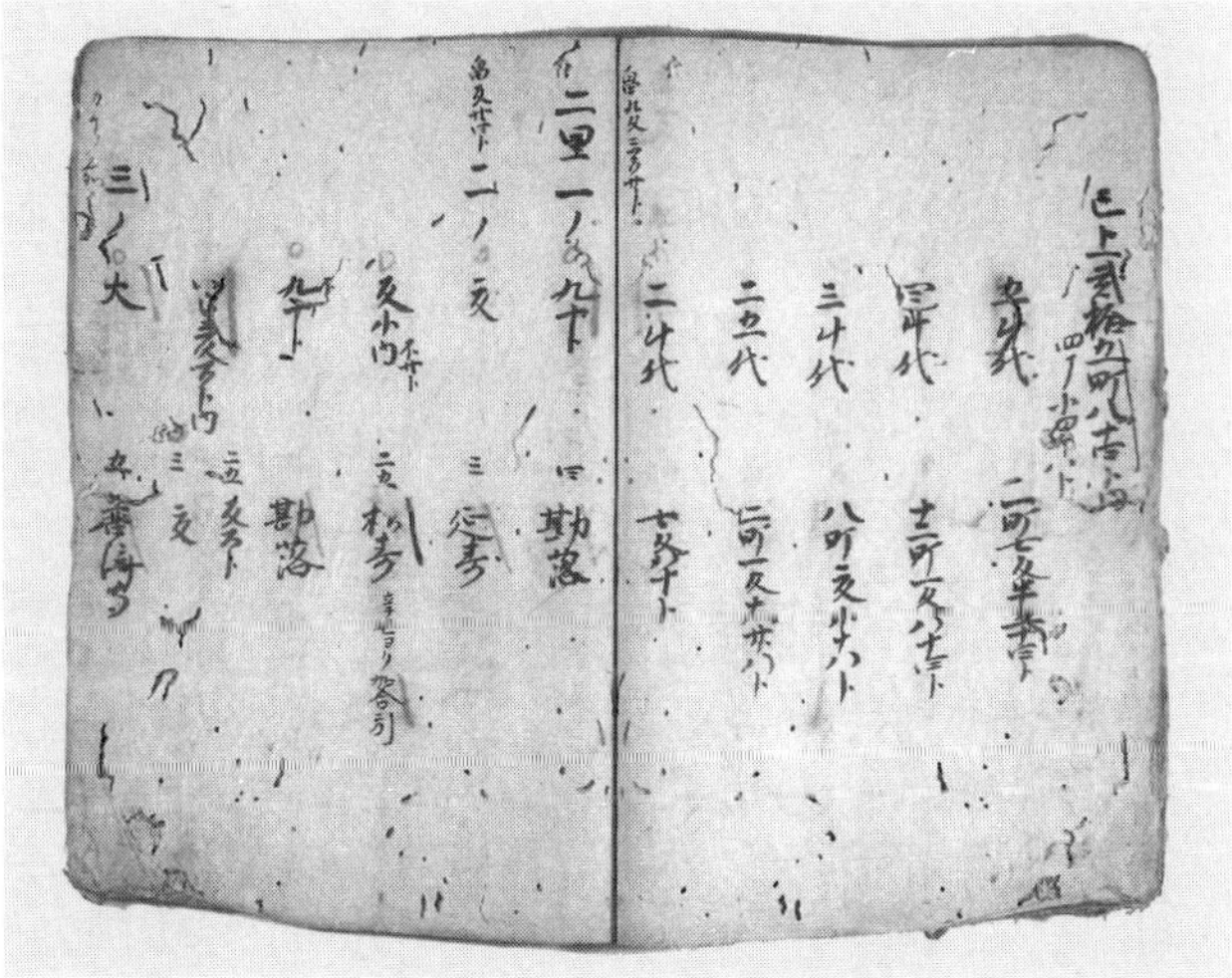

写真8　17条2里の項の冒頭

が斗代ごとに記されている。このほか、冊子によっては屋敷や畠の面積の総計が⑩にあわせて列記されている（写真7・8）。

なお、⑨⑩のなかには合計面積を書きあらためたものもみうけられるが、その多くは合算の誤りを訂正したものである。これらについても検注帳の作成と同時か、それよりさほど下らぬ時期に記されたものと考えられる。ところで、検注帳作成以後の追記である⑦のなかには、複数回にわたって仮名Aの変更を記録したものが数多くみうけられる。ここに記される干支は応永二九年（一四二二）以後のものと考えられるので、それらをもとに検注帳の利用期間を推定することができる。

そこで、実際にそれらの干支を調べてみると、干支のふたまわり、つまり一二〇年近くのちに加えられたとみられる追記が散見する。なかには十二支のみで記された追記や容易に判読しえない追記もあるので、いまのところはっきりした下限を明らかにすることは困難だが、その利用期間は少なくとも一六世紀前半まで下ることが確実である。一五世紀前半に作成された検注帳が、これほど長期間にわたって利用された点については注意しておく必要がある。

このうち十二支のみで記された追記は比較的初期のもので、干支がともに記された追記はそれより下る時期のものが多いようである。検注帳の作成後まもなくは十二支のみで追記が加えられたものの、検注帳の利用期間が長期にわたるにつれて、年次の混乱をさけるために干支をともに記す体裁へと切りかえられたのであろう。

これに対し、①坪の小字地名については他の項目とは墨色もちがい、⑦とも系統の異なる明らかな追筆である。これらの帳簿が実際に使用されていた中世末期までの間に加筆されたものと考えられるが、すでに金田章裕氏が指摘しているように、この項目の取りあつかいには注意が必要であり、さらに別個の検討を要する。

⑵木津荘引田帳

つぎに、引田帳の概要についても確認しておくことにする。引田帳は、袋とじの冊子三冊から構成される。いずれの冊子にも、作成年月日やそれをうかがわせる記事は記されていない。各冊の表紙には検注帳と同じく後代の小付箋が貼付され、そこには検注帳からの連番で「七」から「九」までの漢数字が記されている。その数字にしたがい、以下では各冊子を第七帳、第八帳、第九帳のごとく記すことにする。

各冊の内訳は、第七帳が一六条五里一五坪から一八条三里二〇坪まで、第八帳が一五条三里三四坪から一六条五里二二坪まで、第九帳が一三条三里三坪から一五条三里三四坪までである。第九帳のあとに第八帳がそのまま連続し、そのつぎに数坪分の重複部分を経て第七帳が続くということになる。

このうちの第九帳については、表紙に続いて第一帖の冒頭に「注進　木津庄引田帳／合」とあり、それに続いて一三条三里三坪の項から書きはじめられている（写真９・10）。これに対し、第七・八帳にはこのような冒頭の記載はなく、表紙に続いて第一帖が一六条五里一五坪と一五条三里三四坪の項の中途からそれぞれ書きはじめられている（写真11～14）。

第七・八帳の重複部分については、行送り、改頁の方法にいたるまで書式はほぼ同一である。しかし、追筆部分の内容には若干のちがいがある。また、第八・九帳には頭注が記されているのに対し、第七帳には全体を通じて頭注がない。

なお、各冊の末尾には「紙数〇〇枚上紙下紙除定」という体裁で、各冊子の紙数が記されている。さきの検注帳の紙数表示と同様式、同筆であることから、この部分については明らかに引田帳の作成当初の記載ではなく、そののちのいずれかの段階で付されたものと考えられる。

つぎに、引田帳の基本的な記載様式について確認しておくことにする。検注帳と同じく、一五条三里三〇坪の

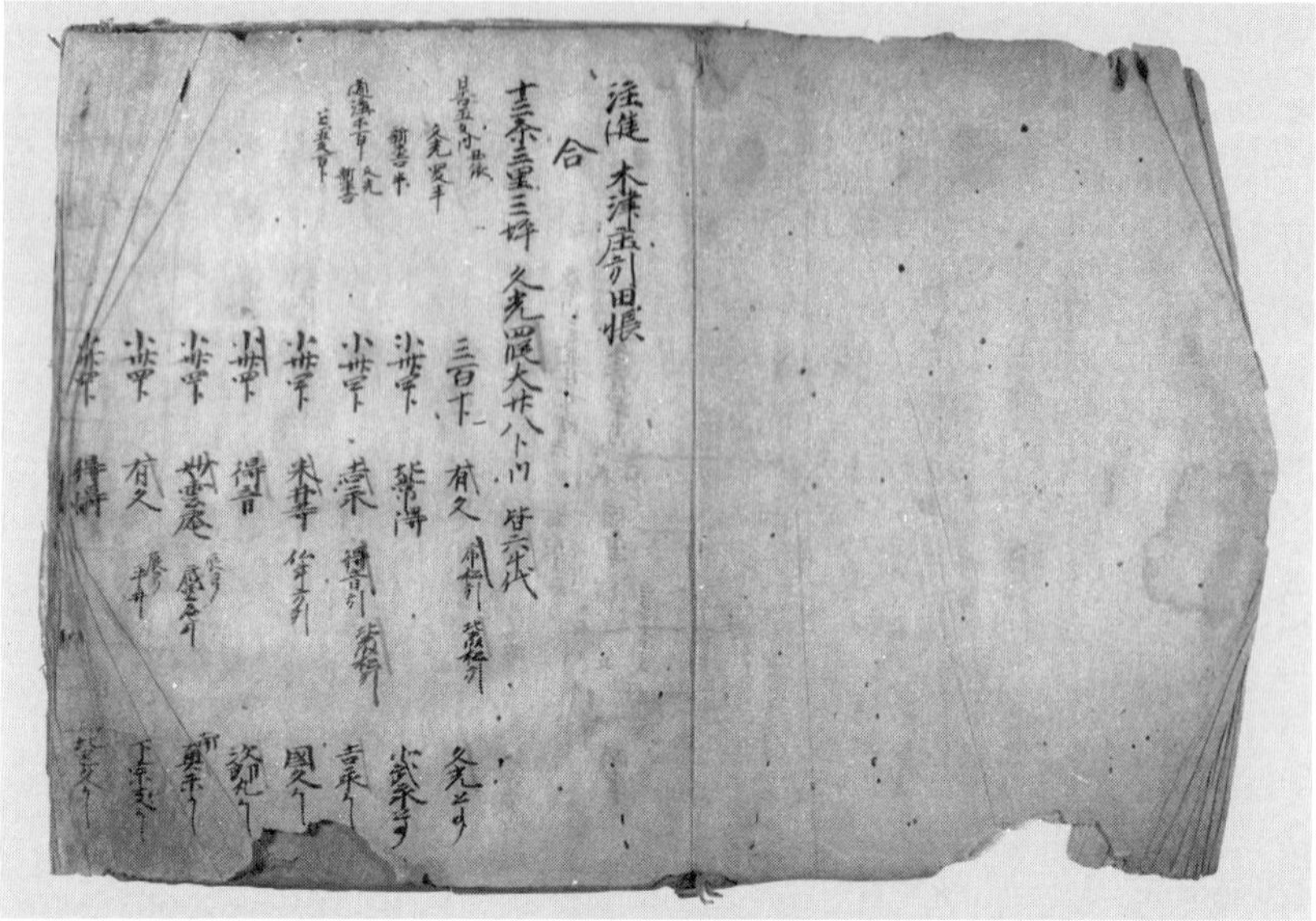

写真９　第９帳の冒頭

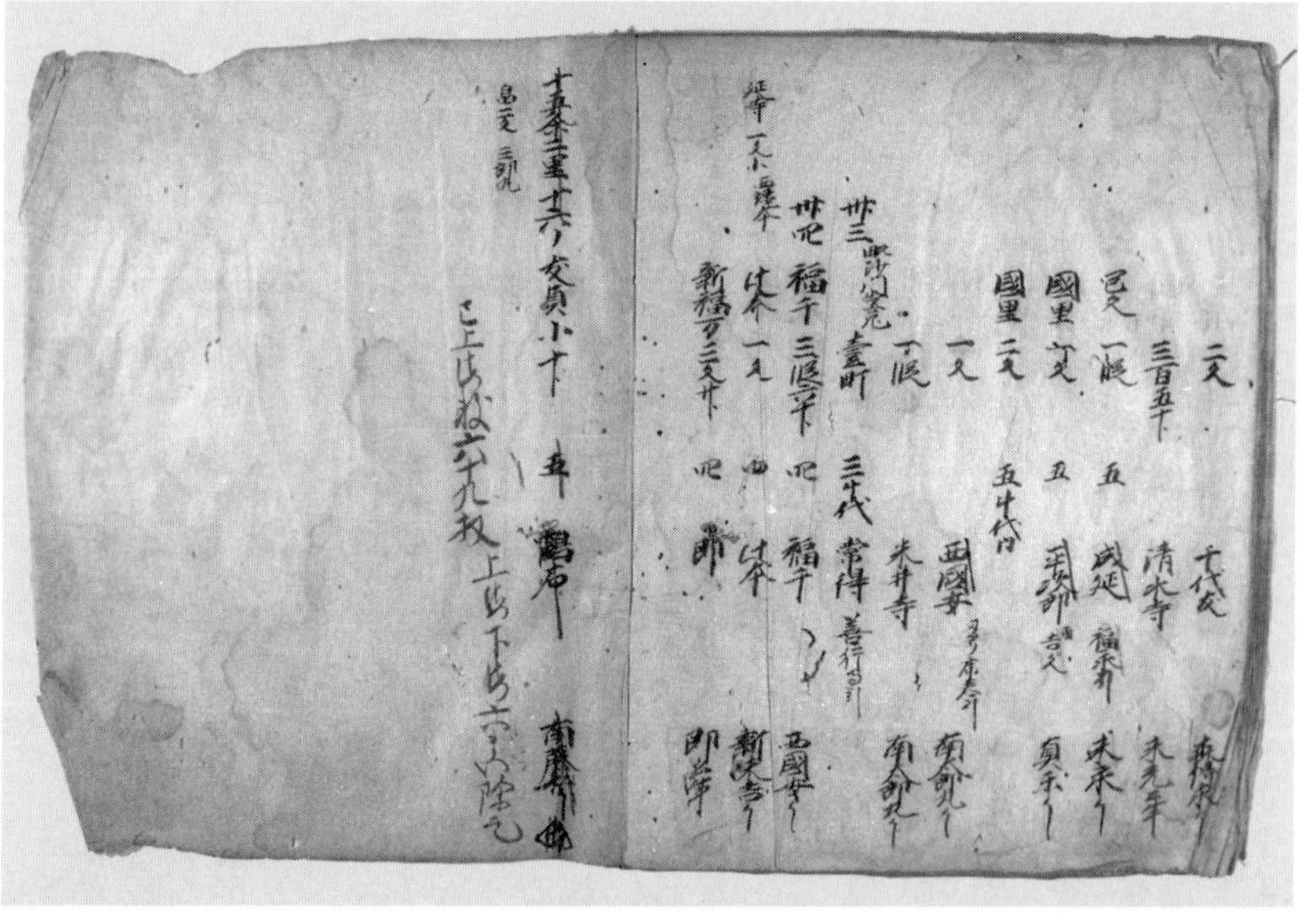

写真10　第９帳の末尾付近

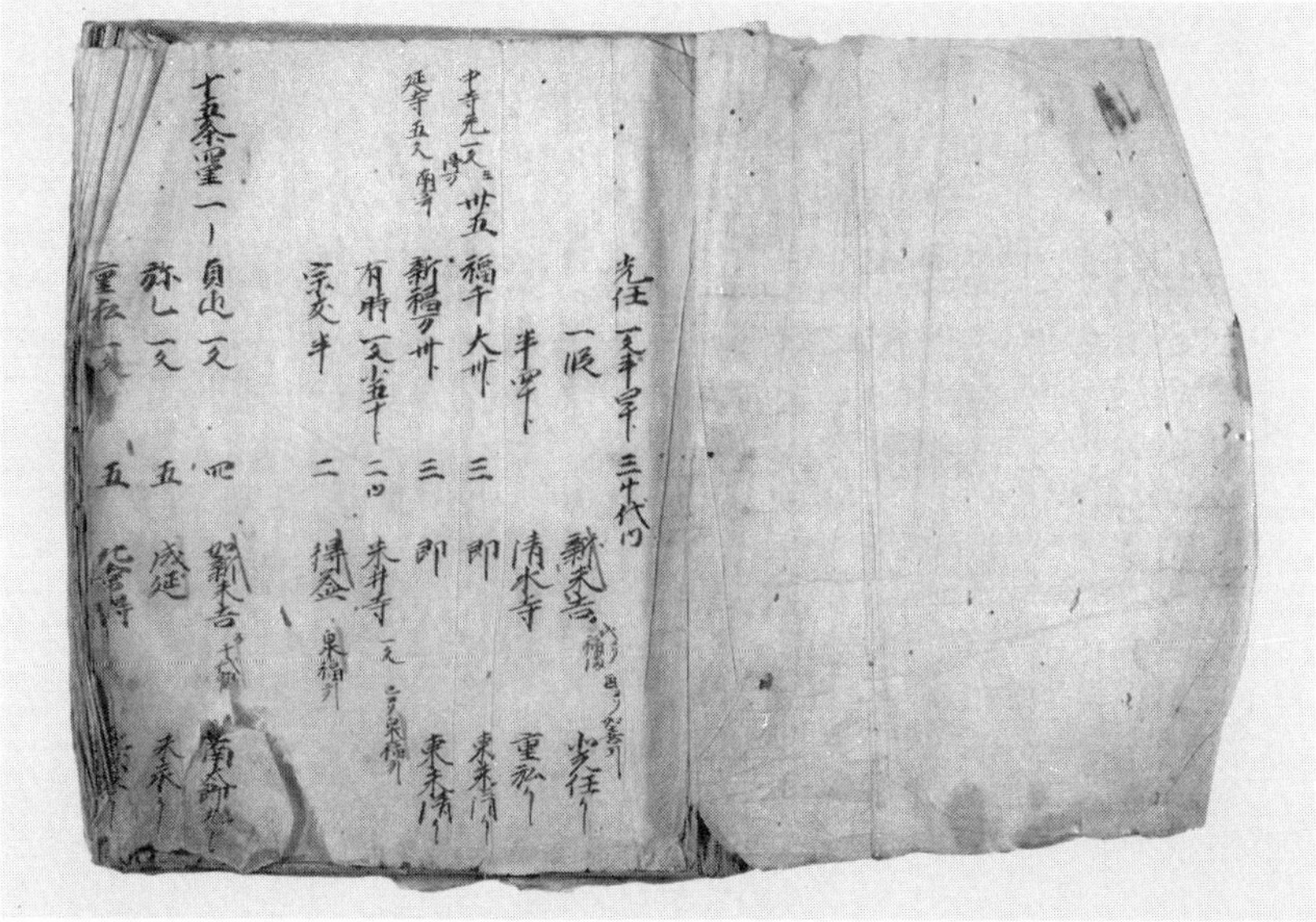

写真11　第８帳の冒頭

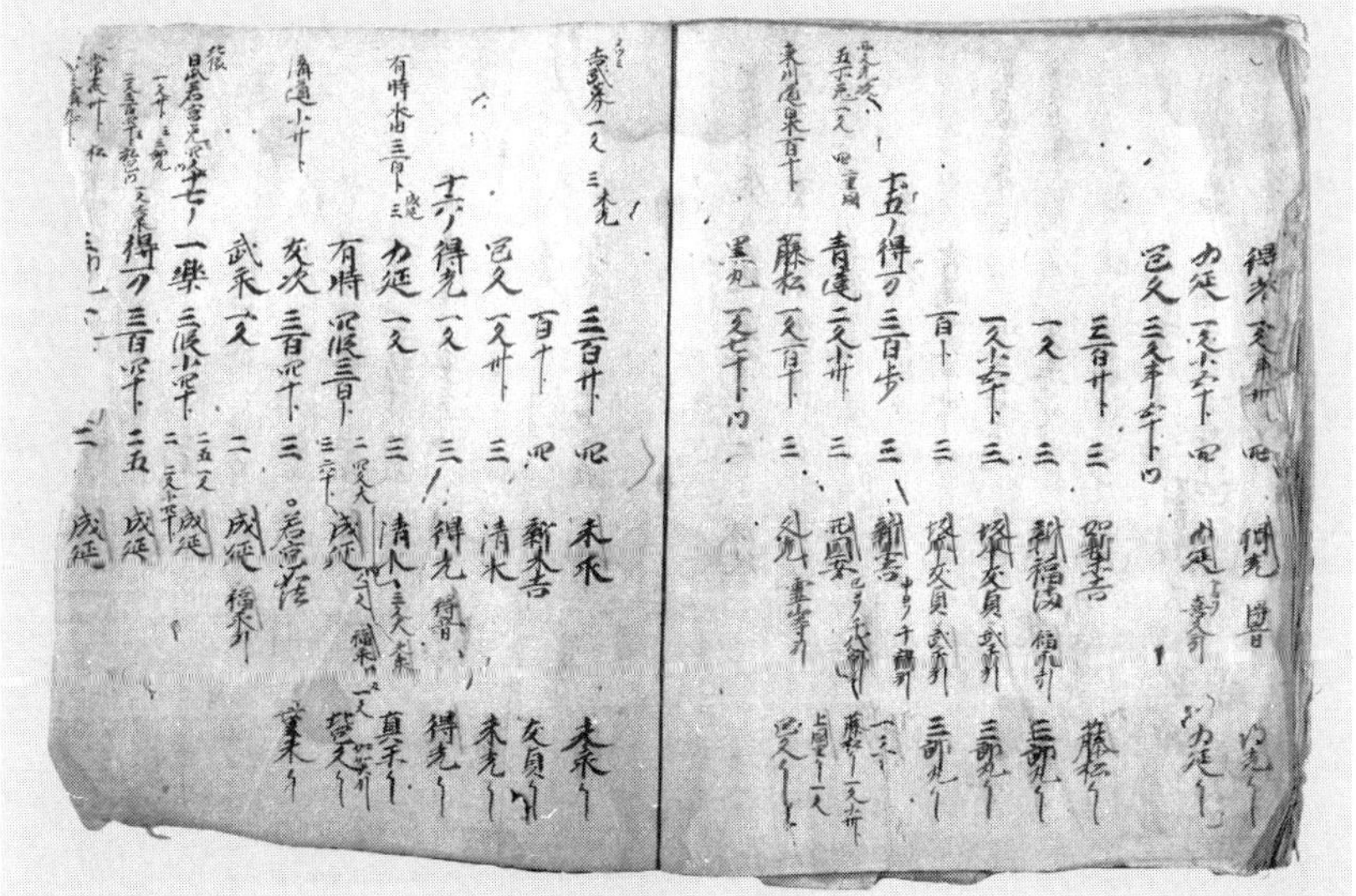

写真12　第８帳の末尾付近

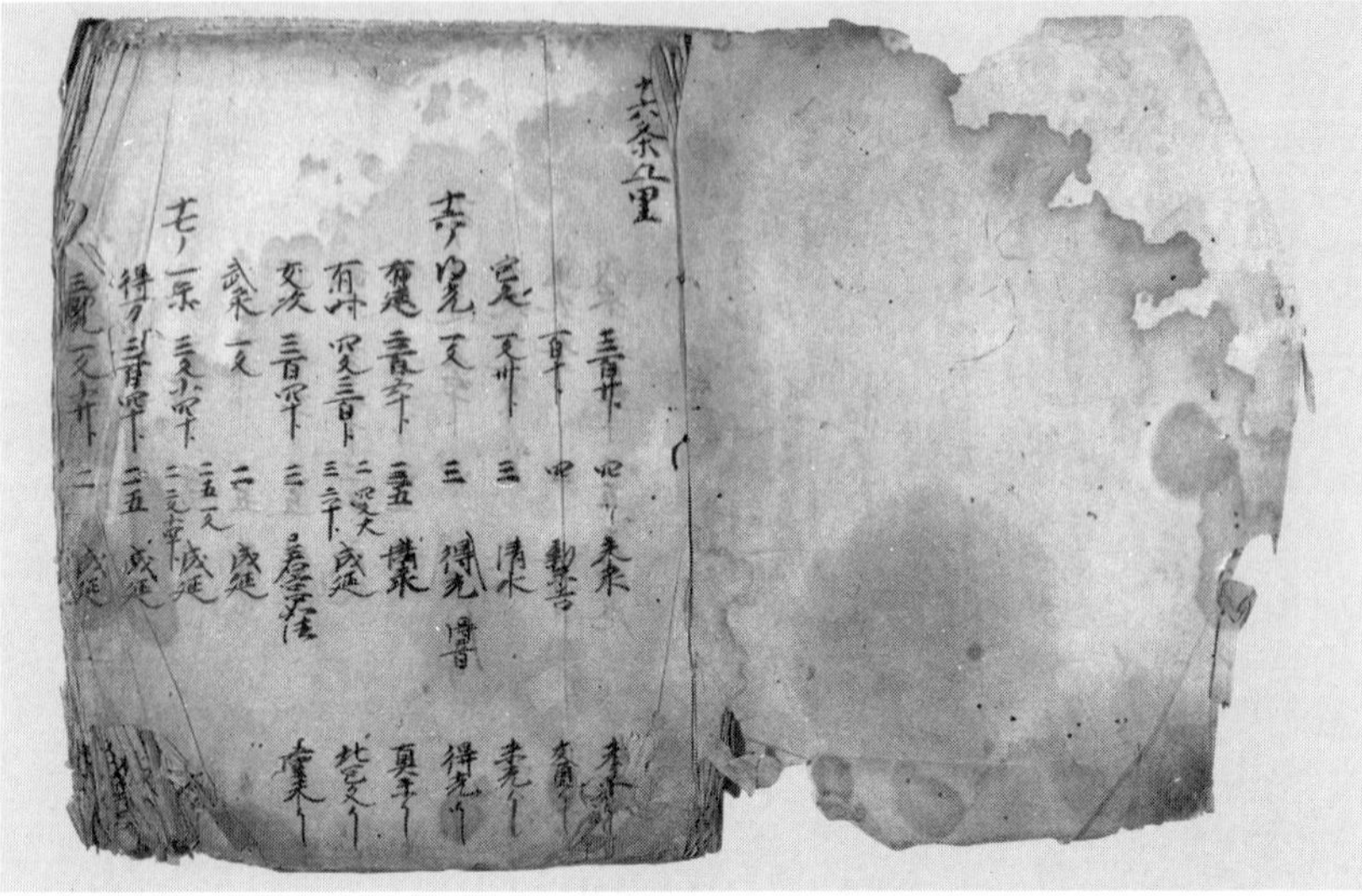

写真13　第７帳の冒頭

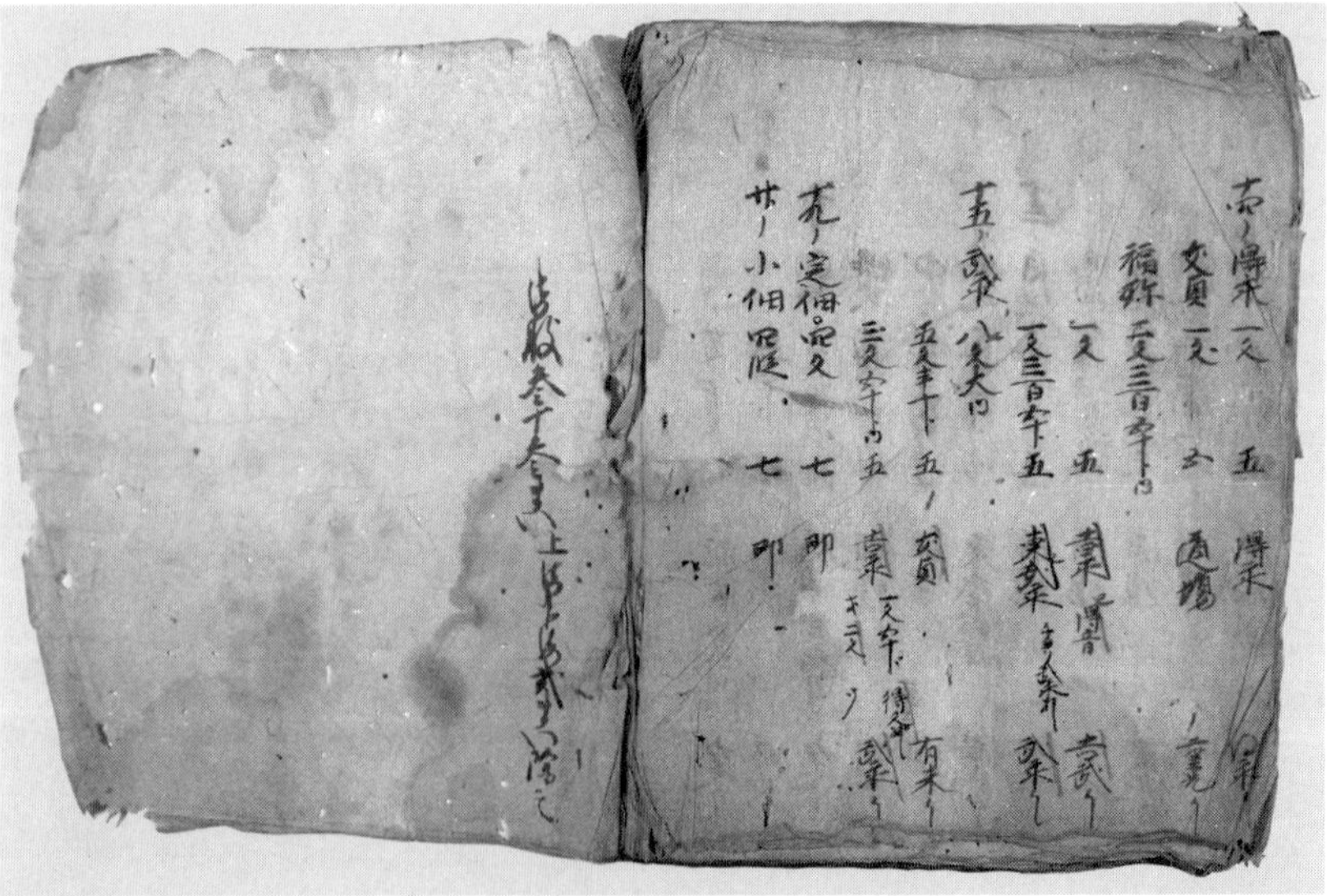

写真14　第７帳の末尾付近

項を取りあげよう（写真15）。

①延寺三百卅歩北寄
②卅（坪）、③藤松　④一反三百卅歩　⑥三斗代内
⑤三百四十五歩　⑦清満　⑨「午福満」「姫女引」　⑩得久くし
三百四十五歩　坂本福石　「牛福引」　安国くし
恒吉　一反三百五十歩　三斗代内
三百五十歩　成延　「午得音」　末永くし
一段　福童　「松寿引」　末永くし
重松　四反三百四十歩内四三　三反一反三百四十歩　福童　「喜久引」　末永くし

説明の便宜上、各項目には丸数字を付した。その記載項目を上部から順に述べると、①坪の頭注、②坪の数詞、③仮名B、④仮名Bの負田面積、⑤仮名Cの負田面積、⑥負田の斗代、⑦仮名C、⑧仮名Cに関する朱と黒の合点（翻刻部分では省略）、⑨仮名Cに関する追記、⑩仮名D、以上のように大別される。

①～⑦と⑩は同筆で、引田帳作成当初の記載項目と考えられる。これに対し、⑧⑨は①～⑦や⑩と同一の筆跡が多いものの、各負田に関する所有権の確認や変更のために書き加えられた項目と判断される。なお、金田章裕氏は第七帳に①がみえないことなどを根拠に、これを追筆とする。しかし、検注帳の場合と同様に、負田の記載が少なく頭注記載の豊富な坪の記載方法からみて、第八・九帳の頭注は引田帳作成当初か、それからさほど下らぬ時期に記されたものと考えられる。

①は坪に関する頭注で、ここには負田以外の免田や畠、屋敷地などの面積、所有者などが記されている。前述のごとく、これらの頭注は第八・九帳にはみえるが、第七帳にはいっさいみえない。②には、検注帳と同じく高島郡条里にもとづく坪の数詞が記されている。

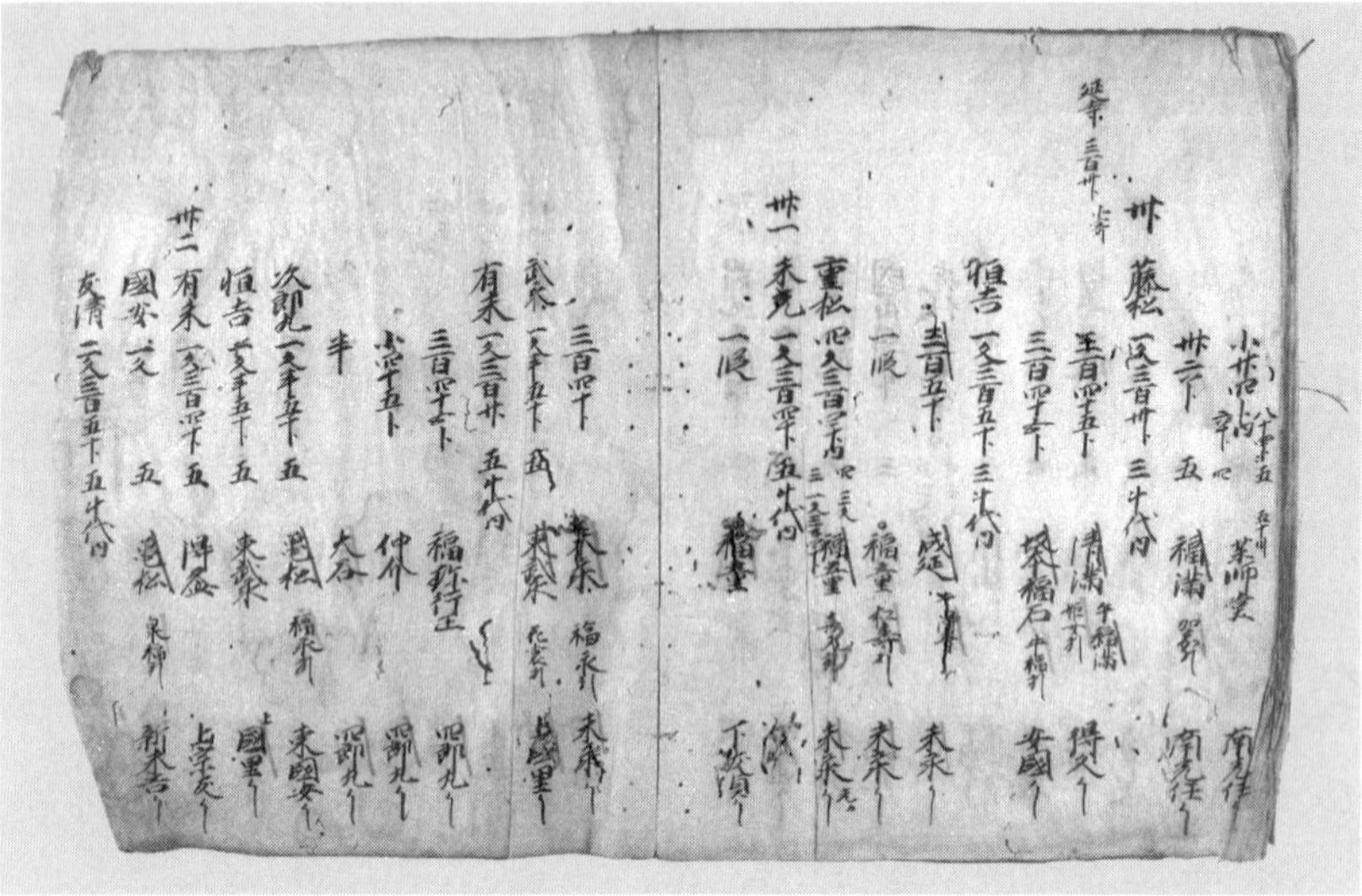

写真15　15条３里30坪の項

なお、引田帳の第九帳のうち一三条部分の②のあたりには、「負田○反△△歩」といった注記が散見する。それらは①～⑦や⑩と同筆で記され、各坪における③④の田地の合計面積と一致する。引田帳や検注帳に記載され、年貢や公事の賦課対象となる田を、本稿で負田とよぶゆえんである。

一方、③仮名Bと④仮名Bの負田面積、それに⑩仮名Dについては、これらと対応する項目を検注帳にみいだすことはできない。それに対し、⑦仮名Cとそれに関する⑤⑥⑧⑨は検注帳の各項目と対応する。詳細についてはのちほど述べることとして、ここでは⑨仮名Cに関する追記についてのみ、少し言及しておく。

⑨は検注帳の負田に関する追記と同じく、その多くは「○○（干支）ヨリ△△（人名）引」という体裁で記される。ただし、検注帳の場合とは異なり、干支の部分がすべて十二支のみで記載される点については注意を要する。こうしたちがいは、引田帳と検注帳の利用意図や実際に利用された期間の差違を示唆するのである。

⑶木津荘引田帳の作成年代

ところで、引田帳は検注帳とともに、これまで福田徹氏、金田章裕氏らによる木津荘域の条里プランや景観復元に関する研究で利用されてきた。しかし、検注帳にくらべると、その史料的な位置づけについてはなお不明確な部分を多く残している。その理由は、検注帳が応永二九年（一四二二）という確実な作成年代をもつのに対し、引田帳にはそれが明確に記されていない点にある。

福田徹氏は、検注帳にみえる請人の名前が引田帳にもみいだされることから、引田帳は検注帳が作成された応永二九年からさほど年月を経過していない時期に作成されたものとし、そのうえで木津荘域の景観やその変遷に関する考察を進めている。これによれば、検注帳ののちに引田帳が作成されたということになる。

しかし、近年になって水野章二氏が明らかにしたように、引田帳と検注帳の作成時期の前後関係については再考を要する。[7] たとえば、引田帳と検注帳における一六条五里八坪の項の仮名Bとその面積、それに引田帳の追記は、検注帳における各負田と以下のように対応する（写真16・17）。

	〈引田帳の仮名C〉		〈引田帳の追記〉	〈検注帳の仮名A〉	
i	為延	三反二六〇歩	「午ヨリ喜久引」	喜久	四反
ii	得光	二反一七〇歩	「得音」	得音	二反一八〇歩
iii	得音	一反一二〇歩	「西方寺」	西方寺	一反一二〇歩
iv	（無地）	一二〇歩			

まず、i〜iiiについては〈引田帳の仮名C〉と〈引田帳の追記〉、それに〈検注帳の仮名A〉における負田の請人、面積の記載がそれぞれ対応している。このうちのiとiiについては面積が異なるが、引出帳には坪内の道や溝を一〇歩、二〇歩といった単位で除外するなど、検注帳にくらべてより厳密に面積を表示する傾向がある点

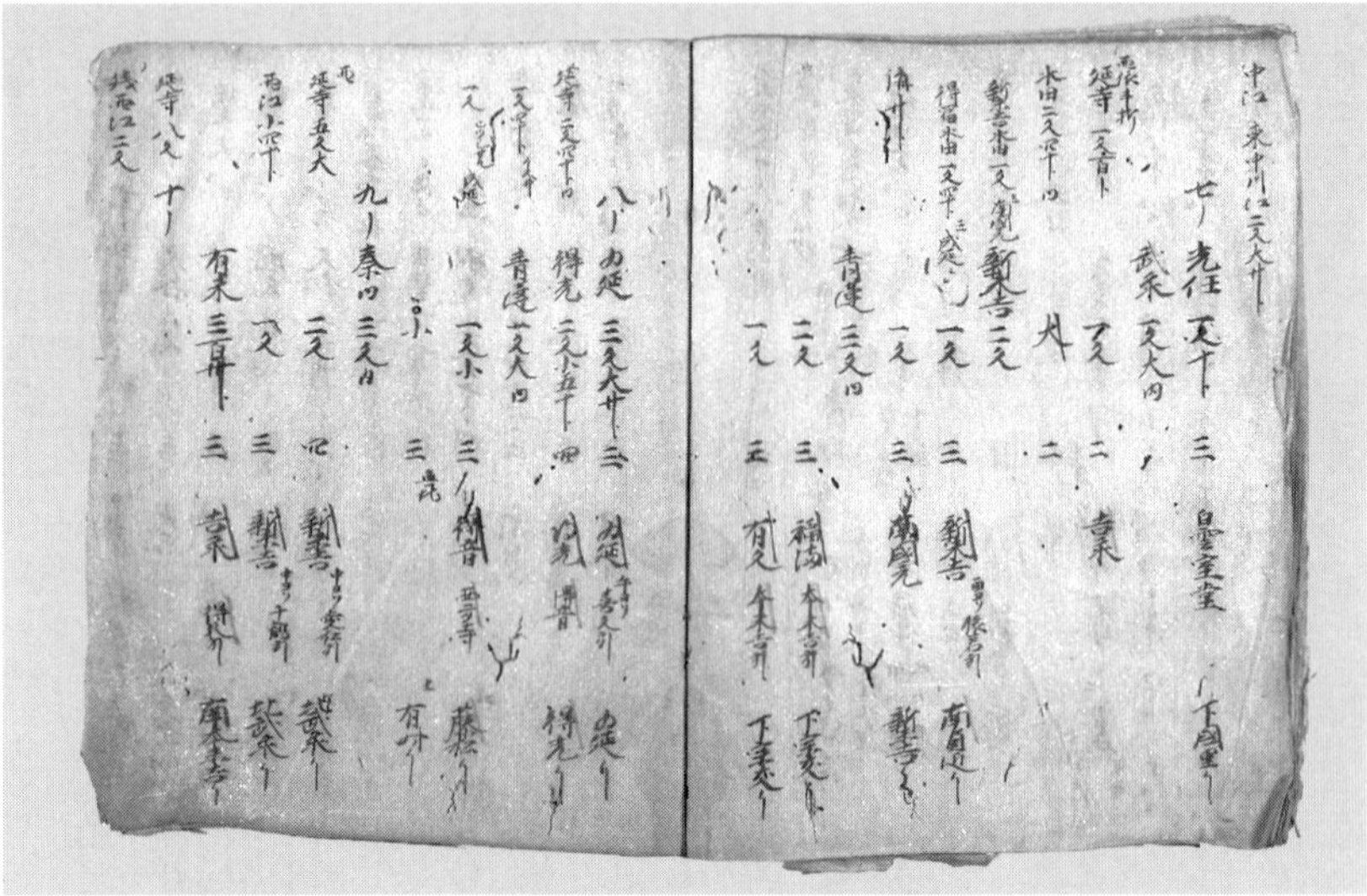

写真16　引田帳の16条５里８坪の項

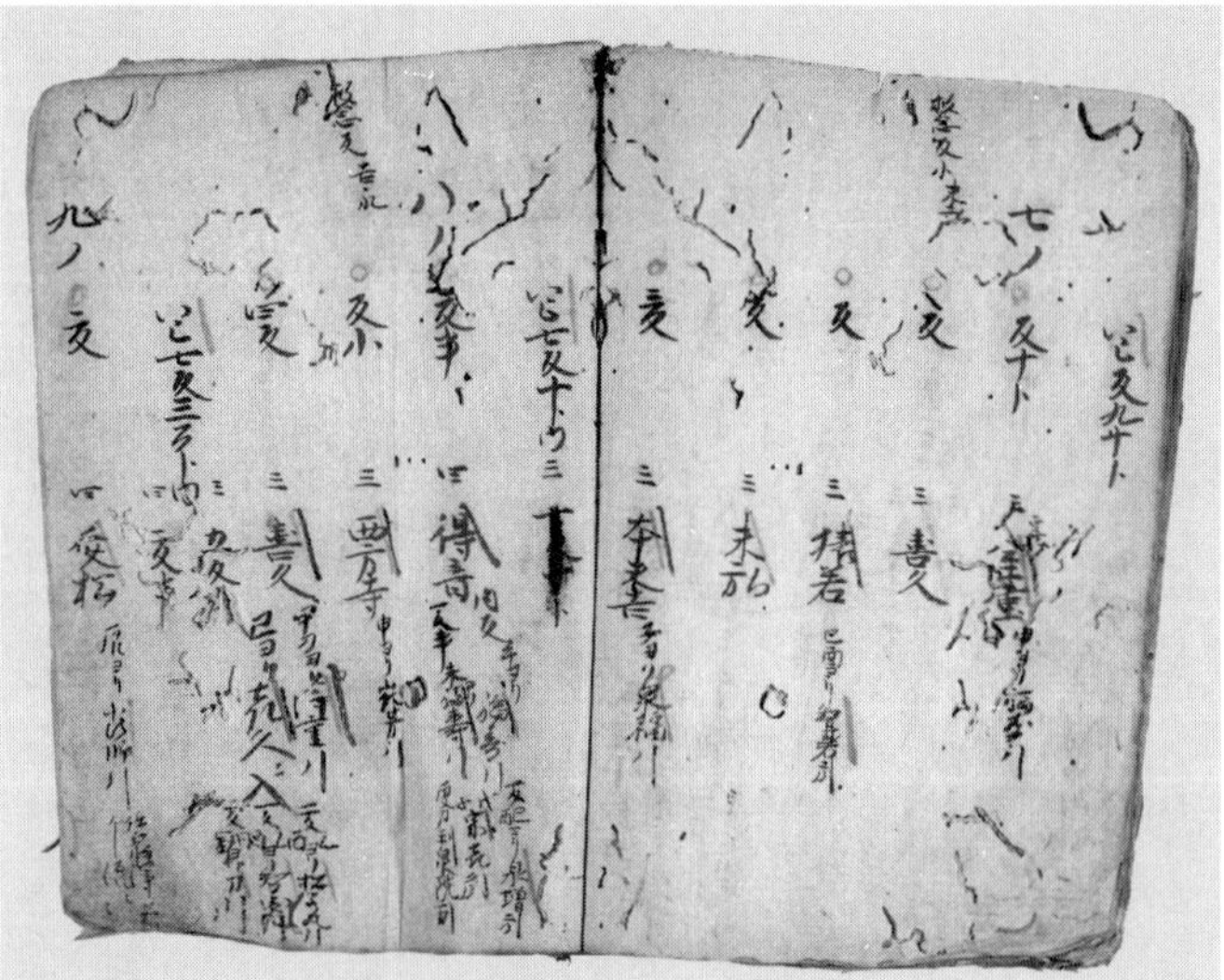

写真17　検注帳の16条５里８坪の項

を考慮すれば、ⅰとⅱは面積についても一致するものとみなすことができる。また、ⅳについては〈検注帳の仮名A〉として対応するものをみいだすことはできないが、これは「無地」であったためであろう。

さて、水野章二氏は、引田帳の作成年代は検注帳にさきだつこと耕作権所有者交代で数代、二〇～三〇年ほどさかのぼると推定している。そこで、つぎに引田帳の作成年代について、さらに詳しく検討していくことにする。

引田帳に作成年月日を示す記載がいっさい確認できない以上、唯一の手がかりとなるのは⑨仮名Cに関する追記に記された干支である。なかでもこの場合に有用なのが「〇〇（十二支）ヨリ△△（人名）引／▽▽（十二支）ヨリ××（人名）引」というように、複数回にわたって⑦仮名Cの変更を記した追記の存在である。そうした追記にみえる十二支を手がかりに、検注帳の作成された応永二九年から順にさかのぼっていくことで、引田帳の作成された年代の下限を確定することができるからである。

そこで、実際に引田帳の追記を検索してみると、「戌ヨリ福満引／酉ヨリ加嘉引」という十二支と仮名の組みあわせの追記を、一五条三里三四坪、一六条三里二五坪など全荘域にわたって一〇数例確認することができる。まず、その追記の方法に着目すると、その大部分が「戌ヨリ福満引」の部分をさけるようにして「酉ヨリ加嘉引」という部分を記している（写真18）。前者は後者よりも、さきに追記されていたことが分かる。また、この追記のみえる各筆を検注帳のほうで確認してみると、その多くは実際に加嘉の負田となっている。これらの負田が⑦仮名C以後、福満の手を経て、応永二九年（一四二二）までに加嘉へと伝領されたことが分かる。

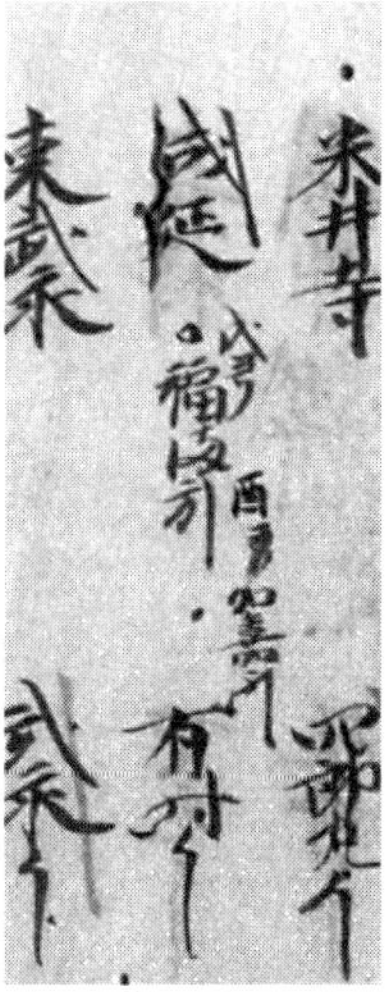

写真18　16条3里25坪の項の一部分

以上から、「戌ヨリ福満引／酉ヨリ加嘉引」のうちの「酉」は応永二九年（一四二二）以前の酉年、「戌」はそれ以前の戌年ということになる。応永二九年以前の酉年の下限は応永二四年（一四一七）、これにさきだつ戌年の下限は応永一三年（一四〇六）であるから、引田帳は少なくともこれ以前に作成されたということになる。

そして、同様の方法を引田帳にみえるさまざまな追記について試してみた結果、この「戌ヨリ福満引／西ヨリ加嘉引」が、引田帳の追記のうちでもっとも年代をさかのぼりうる十二支の組みあわせのようである。このことから、引田帳の作成年代の下限をさしあたり応永一三年に設定することができる。

しかし、この下限はもう少しさかのぼる可能性がある。実はさきに掲げた一六条五里八坪のような典型例はむしろまれであり、一四条三里一五坪のように、引田帳の追記にみられない情報が検注帳に記されている事例も数多く存在するからである。一例として、一五条五里三五坪の項を取りあげる。

	〈引田帳の仮名C〉		〈引田帳の追記〉	〈検注帳の仮名A〉	
i	岩見	二反	「牛ヨリ福松引」	勘落	二反
ii	有久	一反	「千代鶴引」	仲介	一反
iii	西武永	三五〇歩	「牛福引」	料所	一反

一見すると、〈引田帳の仮名C〉と〈引田帳の追記〉、それに〈検注帳の仮名A〉には何の脈絡もないようにみえる。しかし、この坪の福松と勘落、千代鶴と仲介、牛福と料所の関係に類するものとして、たとえばつぎのような事例をあげることができる。

〈引田帳の追記〉	〈検注帳の仮名A〉
福永・武永・牛福	料所
末光・福松	勘落
千代鶴	仲介

これらについては、引田帳への追記後、検注帳が作成されるまでの間に、何らかのきっかけで、ある程度一括して仮名Ｃの変更がなされたものと考えられる。また、こうした事例が存在する一方で、〈引田帳の追記〉と〈検注帳の仮名Ａ〉との間に何の脈絡もみられないものも多い。それらについても同様に、引田帳へ最終的に追記が加えられたのちに、さらに仮名Ｃの変更がなされたものとみなすことができる。

このようにみてみると、引田帳が実際に利用されていた時期の下限と検注帳の作成年代との間に、若干の時間的空白が存在した可能性についても、いちおうは考慮しておく必要がありそうである。加えて、前述のごとく引田帳の追記における干支は十二支のみで記されている。これらの点を考えあわせるならば、応永一三年（一四〇六）という年代は十二支で数えてもうひとまわりほど、さらにさかのぼる余地があるのではないかと考える。

とはいえ、引田帳が何十年もの長期間にわたって使用されたとすれば、その追記の干支が十二支のみで記されている点は少々不自然であり、実際に使用するうえでも不都合が生じたにちがいない。また、福田徹氏も指摘するように、引田帳と検注帳にみえる仮名には一致するものが多い。これらの点からみて、引田帳は検注帳より何世代も前に作成されたというわけでもなさそうである。

しかし、現時点ではこれ以上、引田帳の作成年代をはっきりと確定することは不可能といわざるをえない。そこで、本稿では若干の幅をもたせ、その作成時期をひとまず応永年間前期と推定し、より正確な作成年代については後考にゆだねることにする。

北藤松　千菊

二　木津荘域の条里プラン

(1)既往の研究成果

本節では、これまでにも議論のある木津荘域の条里プランについて検証する。高島郡条里については、まず昭和二年（一九二七）に出版された『高島郡誌』がその概要に考察を加えている。(8)

そして、昭和四九～五三年（一九七四～七八）にかけて、福田徹氏による一連の研究が登場する。福田氏は、引田帳と検注帳をはじめとする各種の史料を詳細に検討し、それらの記載と現存する小字・通称地名や寺社、集落の立地とを丹念に対照する作業を通じて、安曇川下流域における条里プランの復元案を提出している。その成果は安曇川が形成した沖積平野の全域にかかわるものであるが、ここでは木津荘に関係する一三条以北、一八条以南の条里プランの復元案を確認しておく（図1）。

木津荘域の条里地割には、饗庭野台地の山麓部においてN6～7度Eの方位をとるものと、安曇川沖積平野部に立地するN16度Eの方位をとるものとが存在する。異なる方位をとる条里地割群が、西近江路をおおよその境として東西に二種類存在していることになる。

まず、一三条は平井地区の山地部を一里として、以下、沖積平野の東方へ里を数え、現況では七里付近で琵琶湖に達する。一三条については一二条以南の里界線をほぼ踏襲しており、近年までの研究においても異論は提出されていない。

つぎに、一四条は辻沢・米井《よない》地区の西方の山地部を一里とし、以下、東方の沖積平野へと里を数え進み、現況では七・八里付近で琵琶湖に達する。一四条については、里の基線が一三条にくらべ西方へ七町移行している。

このため、沖積平野部における一三条以南の里界線は一四条にはそのまま延長されず、西方へ一町ずらして設定

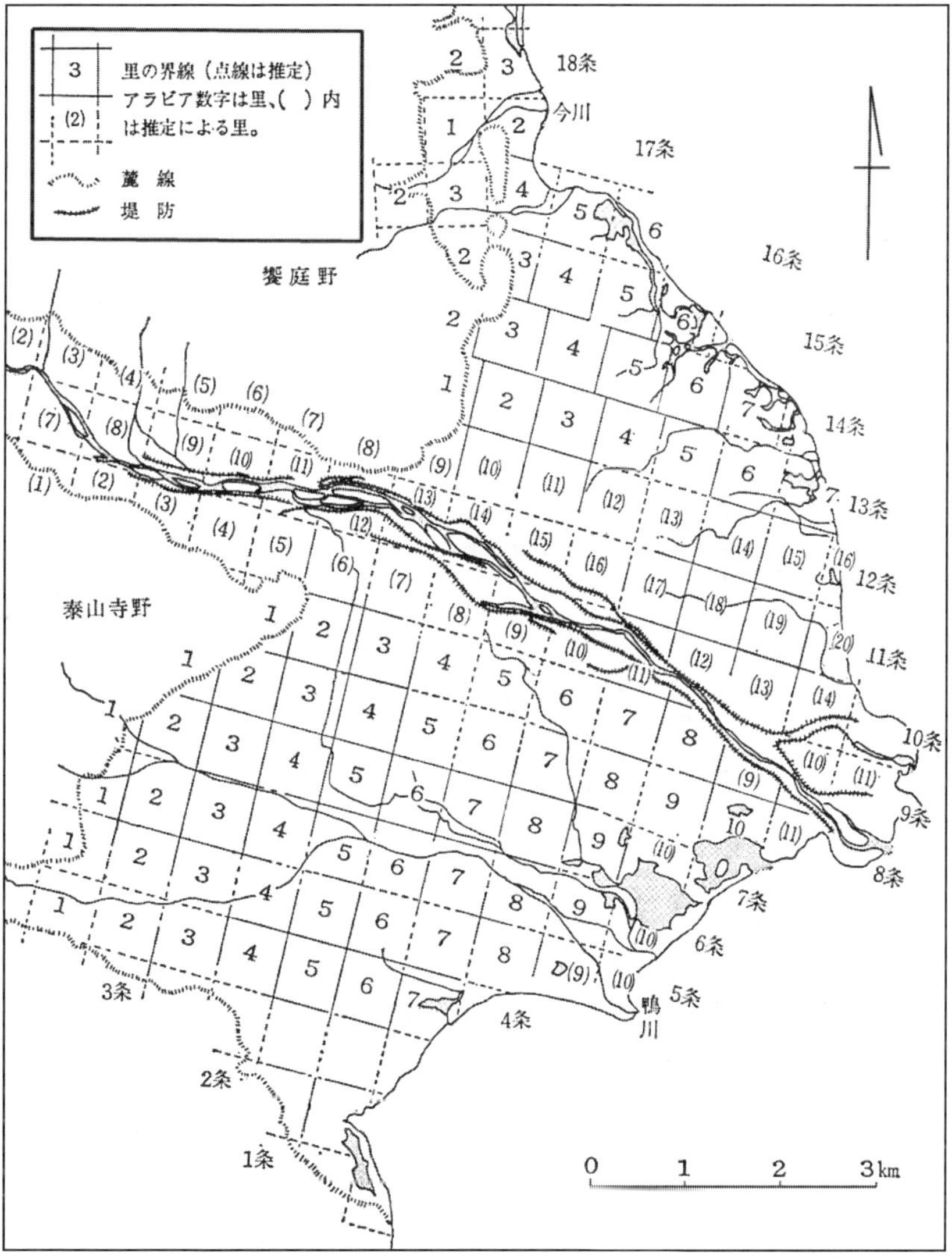

図１　福田徹氏による条里プランの復元案

されているということになる。

一五条は日爪《ひづめ》・五十川《いかがわ》地区の山地部を一里として、以下、東方へ里を数え進み、現況では六・七里付近で琵琶湖に達する。このうちの二・三里は、饗庭野台地部のN6～7度Eの方位をとる地域と沖積平野部のN16度Eの方位をとる地域の接合部分にあたる。一五条の里の基線は一四条の場合と同様、一四条よりも西方へ二町移行している。

一六条は日爪地区の今川源流に近い山谷部を一里とし、以下、東方へ里を数え進み、現況では四・五・六里付近で琵琶湖に達する。三・四里は饗庭野台地部のN6～7度Eの方位をとる地域と沖積平野部のN16度Eの方位をとる地域の接合部分にあたる。五里以東は沖積平野部に相当し、一五条の里界線をそのまま延長している。

一七条は日爪地区の北東部や木津《こうつ》地区の南西の山麓部一帯を一里とし、N6～7度Eの方位をとりながら、現況ではその東方の二里で琵琶湖に達する。一八条は木津地区の波布谷《はぶたに》川源流部の山谷部を一里とし、以下、同じくN6～7度Eの方位をとりながら東方へ里を数え進み、現況では三里で琵琶湖に達する。

福田氏は、木津荘域の条里プランを以上のように想定した（以下「福田案」）。そして、氏はこうした復元結果をもとに、木津荘域の土地利用や景観といった問題の究明へと議論を進めている[9]。

ところで、福田氏の研究ののち、条里制一般に関する議論がさかんになるなかで、近江国全体の条里プランについても研究成果が蓄積されている。その結果、近江国の条里プランは湖東各郡では条を北から南へ、里を東の山側から西の琵琶湖岸側へと数え進み、坪並は北東隅からはじまって南下し、南西隅に終わる平行式であること、湖西各郡では条を南から北へ、里を西の山側から東の琵琶湖岸側へと数え進み、坪並は南西隅からはじまって北上し、北東隅に終わる平行式であることなどが指摘され、同国における条里プランが一国規模の統一性のなかで形成されたことが明らかにされている[10]。

こうした状況をふまえて提出されたのが、平成六年（一九九四）以降の金田章裕氏の研究である。金田氏は、安曇川北岸の沖積平野部のように条里地割の分布が連続的かつ典型的であり、しかも同一郡内に属する条里プランにおいて、福田案のように里界線にずれをきたす事例は近江国内ではほぼ唯一の例外となることを指摘したうえで、福田氏の一四～一六条に関する復元案について再検討を加えている。その結果、金田氏は沖積平野部において福田案の一三条以南の里界線を一三条以北にも延長した新たな復元案を提示している（図2、以下「金田案」）。

このように、木津荘域の条里プランについては、これまでに異なる二通りの復元案が提出されている。条里プラン比定の是非は景観復元のみならず、今後進められるであろう木津荘故地に関するあらゆる研究の成否に直接かかわる問題である。これら両案について、ここであらためて検証する必要が生じることになる。

そこで、福田・金田両案の検証にさきだち、まずは福田案に対して金田氏がおこなった検証作業の過程を確認しておくことにする。金田氏はまず、福田氏がおもな根拠とした「一ノ坪」などの坪並遺称や検注帳にみえる坪地名と、近世後期の絵図や明治初頭に作成された地券取調総絵図(11)などにみえる小字地名を対照し、それらが比定の根拠となりうるかについて再検討を加える。その結果、小字地名は位置や範囲、地名そのものにいたるまで時代による変化が著しく、検注帳の坪地名の部分も後代に加筆されたものであることなどから、福田氏の復元方法にはやや不確実な面が残ると述べる。

続いて金田氏は、田地は相対的に平坦な部分にしか立地しえず、山の部分とは重複しないこと、山は河道や汀線と異なり、時代による地形変化が著しく少ないことなどから、検注帳に記載された田地が実際の地形上に立地しうるか否かを検討することで、両案の是非を検証することが可能となるとし、一四～一六条について順次に検証を加えている。その結果、福田案には問題が多く、金田案のほうが適当との結論に達している。

現況の地名と検注帳にみえる坪地名との対応を根拠に条里プランを復元する方法論にはやや不確実な面が残る

図２　金田章裕氏による条里プランの復元案

との金田氏の指摘については、一般論としては重要かつ的確なものであろう。また、地形との対照作業から条里プランの復元をおこなう方法論は、時代による地名の位置や範囲の変化に左右されることがなく、確度の高いものであると考える。

しかしながら、平成一一～一四年（一九九九～二〇〇二）にかけておこなわれた現況調査の成果をふまえつつ再度検討してみると、実際に金田氏がおこなった地形との対照作業には疑問点も多く、かえって金田案の場合には実際の地形と合致しない場合もみうけられる。そこで以下、金田氏が福田氏の説に疑義をとなえた一四～一六条の条里プランについて、各条ごとにその対照作業を検証していくことにする。(12)

⑵条里プランの再検討

【Ⅰ　一四条】

まずは、一四条の場合についてみる。金田氏によれば、福田案の場合、検注帳に記載される一四条二里三四坪付近の田が稲荷山《いなりやま》の山麓部に所在することから、やや無理がともない、金田案のほうが地形的には合致するという。

なお、この地域の坪割は現況の地割からは釈然としないが、以下では次善の策として沖積平野部における坪割を西方へ延長し、田地の立地について確認してみることにする（図３）。

i　一四条二里三四坪

まず、一四条二里三四坪についてみる。引田帳には、同坪の記載はない。一方、検注帳の同坪の項には負田の記載はないものの、頭注に「大蔵院米井寺立免」とあるほか、「大師寺新免」一反がみえる。概して、検注帳の頭注の「立免」は寺院などの立地を示し、単なる「免」は免田をさすので、同坪には一反の免田が立地していた

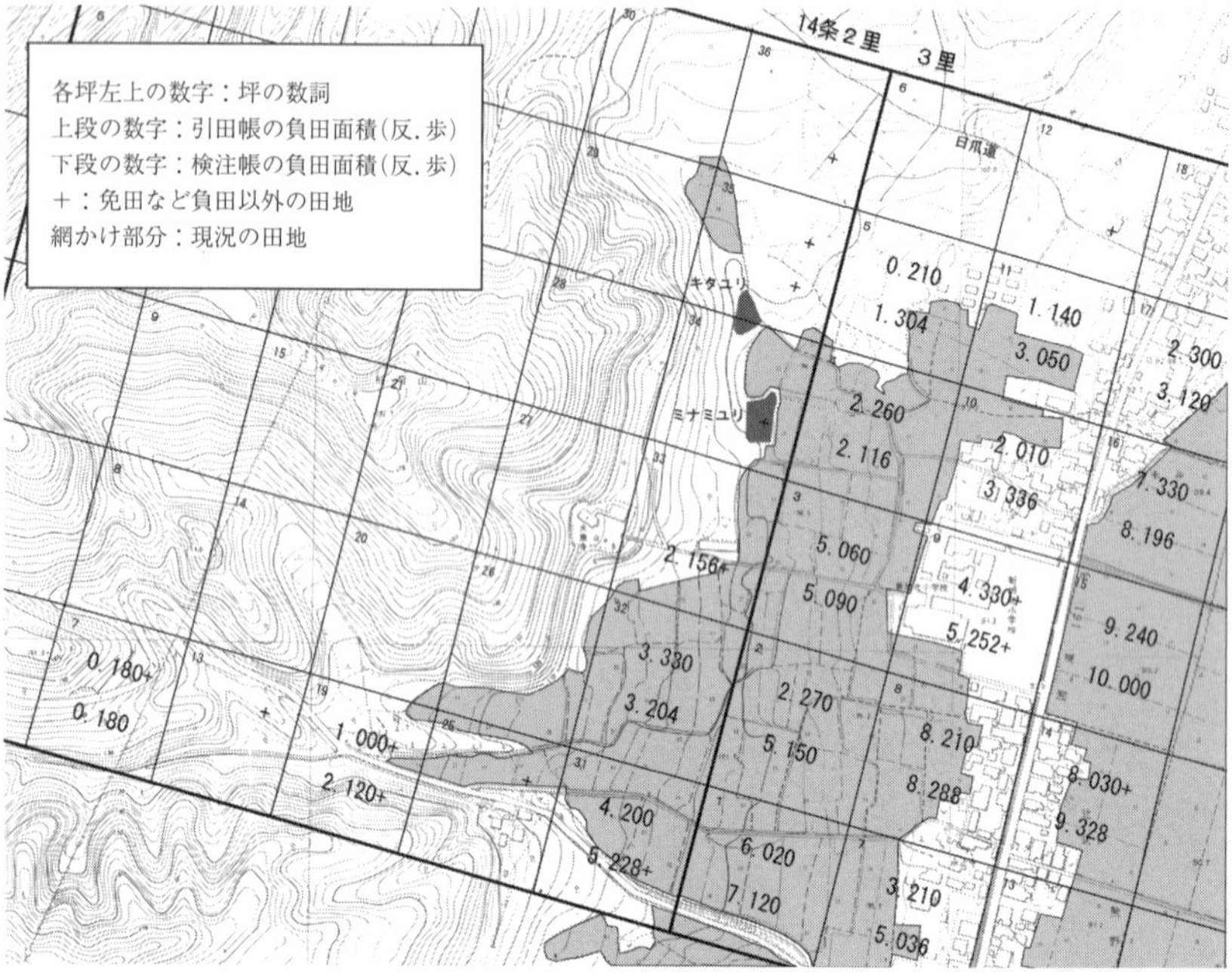

図3　14条2里付近

ことが分かる。

福田案の場合、同坪はミナミユリの通称でよばれる溜め池の一帯にあたる。現況では、ミナミユリの東方に田地が展開し、この地域に一反程度の田が存在したとしても地形的な無理はまったく認められない。

ii　一四条二里三五坪

続いて、三四坪北側の三五坪についても確認してみることにする。引田帳によれば、同坪に関する負田の記載はなく、頭注に大師寺の「作」が二四〇歩、定畠三反一八〇歩、屋敷二四〇歩がみえるほか、「残山」と記される。また、検注帳の同坪の項には負田の記載はなく、頭注に「大師寺免」二反六〇歩がみえるのみである。

福田案の場合、同坪はキタユリの名でよばれる溜め池とその北方にかけての一帯に相当するが、現況ではキタユリの東側に田地が展開している。それらの存在を考慮すれば、検注帳の記載のように二反強の田が存在したことを想定するのに、それほどの地形的な無理はない。また、引田帳にみえる「残山」という記載は、むしろ現況の地形によく合致するものと考えることができる。

iii　一四条二里三六坪

つぎに、その北側にあたる三六坪についてみる。引田帳によれば、同坪に負田はなく、頭注に「山畠」とのみ記載がある。一方、検注帳の同坪の項には負田の記載はなく、頭注に「大師寺免」が二四〇歩、畠一反一八〇歩とある。

福田案を採用した場合、同坪は五十川・米井地区の境を西へのぼって日爪地区へといたる日爪道の南側一帯に相当する。現況では田はなく、畑が広がるのみである。しかし、この一帯はそれほど急峻な地形というわけでもなく、また、坪割の方法によっては、北西からキタユリへと流れる沢一帯の田がこの坪にふくまれる可能性もある。これらの点から、検注帳の段階において二四〇歩程度の田が存在したことを想定するのに際して、それほどの地形的な問題はない。

このように、一四条二里三四～三六坪について、福田案に地形的な無理は認められない。そして、各坪ごとの田の面積や「山」、「畠」などの記載は、山麓部にあたるこのあたりの地形にむしろ合致する。

これに対し、金田案を採用した場合にも地形的な無理は認められない。しかし、金田案の場合には、一四条二里のうちの山麓部について若干の疑問が生じることになる。たとえば、金田案でいう一四条二里二五～三〇坪（福田案でいう一四条二里三一～三六坪）には、現況ではかなりの面積の田地が展開しているが、これらの田は検注帳や引田帳にはほとんど記載されていないことになるのである。

【Ⅱ　一五条】

つぎに、一五条についてみる。金田氏は福田案の場合、検注帳に記載の一五条三里・七・八坪の田が山麓傾

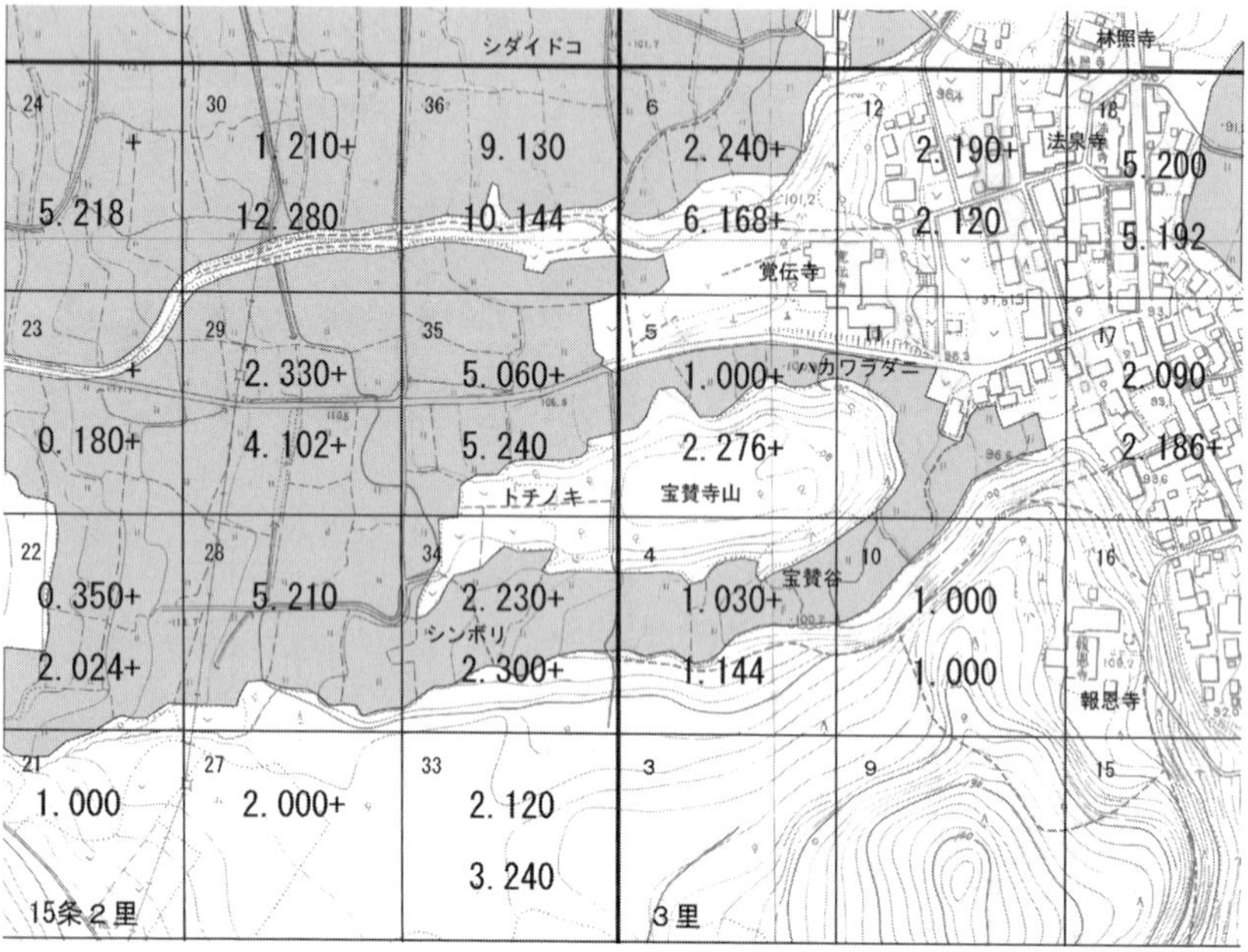

図４　15条２・３里付近

斜地の五十川・岡集落にかけて分布したことになり、若干の問題が残るとする（図４）。

ⅰ　一五条三里一七坪

まず、一五条三里一七坪の場合、引田帳の同坪の項には負田二反九〇歩のほか、頭注に屋敷二七〇歩、畠一二〇歩、「残山道川」六反二四〇歩が記載される。また、検注帳には負田二反一八六歩のほか、頭注に「道作免」三〇歩、「神人田」一反二四〇歩がみえる。負田と免田をあわせて、三反九六歩の田地が立地していたということになる。

福田案の場合、同坪は五十川地区から岡地区にかけての集落部と、宝賛寺山東方の谷部の一帯に相当する。南部が報恩寺の立地する山の北側斜面にあたるものの、その北側の谷部には集落とともに若干の田もみえ、引田帳と検注帳にみえる二～三反強程度の田地が立地するうえで地形的に問題はない。また、引田帳において屋敷や「山道川」が一坪のうちの大部分を占める状況は、むしろこの地域の地形条件に合致する。

一方、金田案の場合、同坪は五十川地区平野部の生水池《しょうずいけ》北方の地域に相当する。現況では、生水池から豊富な湧水の流れ出る低湿地帯にあたる。引田帳にみえる「山」の存在は、とうてい現況の地形に合致するものではない。このように、一五条三里一七坪についても地形的にみて福田案に無理は認められず、金田案の場合には大規模な地形変動など、何らか別の原因を想定する必要が生じることになる。

これに対し、この一五条三里一七坪の南側にあたる同一三～一六坪については、引田帳と検注帳のいずれにも坪自体の記載がない。福田案によれば、これらの坪は報恩寺の境内や大国主神社西側の山部一帯に相当し、現況とまさに一致する。一方、金田案の場合、これらの坪は生水池以南の四ヶ坪にあたる。現在、これらの地域は馬《ば》上免《じょうめ》の小字名でよばれるが、現況において方形の整然とした田地の広がるこの地域に、当時まったく田が存在しなかったか、あるいは文字どおり検注使の立ち入ることのない「馬上免」がこれら数坪にわたって立地していたか、いずれかの場合を想定せざるをえないことになるのである。

ⅱ　一五条三里一八坪

続いて、同一八坪についてもみてみることにする。引田帳の同坪の項には負田五反一〇〇歩が記載される。また、検注帳の同坪の項には負田五反一九二歩、屋敷一反一三二歩、畠一反七二歩がみえる。福田案を採用した場合、同坪は法泉寺とその東側にかけての地域に相当する。現況では大部分を集落が占めるものの、比較的なだらかな傾斜地にあたり、東側には田地も立地する。かつて五反半強の田地が立地したことを想定するうえで、地形的にそれほどの問題があるとはいえない。

ⅲ　一五条二里三三～三六坪

その一方で、かえって金田案の場合には、一五条二里三三～三六坪の立地についてさまざまな問題がみうけられる。これらの坪は、福田案でいう前述の一五条三里一五～一八坪に相当するが、以下では検注帳の記載にもとづき確認してみることにする。

検注帳の一五条二里三三〜三六坪の項にはそれぞれ三反二四〇歩、二反三〇〇歩、五反二四〇歩、一町一四四歩の負田が記載されている。金田氏は、このうち一町一四四歩もの負田が記載される三六坪が現在の集落が立地する微高地に相当することに関しては、検注帳が作成された一五世紀以降、林照寺川沿いに新たに微高地が形成されたことを想定している。また、三三〜三五坪の田が山地部と集落部に立地することについては、この山の北側にある南西方向の浅谷部にずれて立地した可能性を考慮すれば、いちおうの説明が可能と述べる。

しかし、その西側の一五条二里二九・三〇坪には、かなりの面積の負田が存在している。検注帳によれば、二九坪には負田四反一〇二歩と「救急」一反一九二歩が、三〇坪には負田一町二反二八〇歩がそれぞれ立地している。かねて南西方向の谷部にずらした三三〜三六坪の田地との関係を考えた場合、これらの立地について、金田案ではさらなる説明が求められることになる。

加えて、金田案の場合には一五条二里二九・三〇坪の立地自体にも問題がある。金田案によれば、二九坪は宝賛寺山とその北側の通称ハカワラダニの谷部一帯に、三〇坪は覚伝寺が立地する林照寺川南岸の丘上にそれぞれ相当する。五反あるいは一町規模の田の立地を想定するには、かなりの地形的無理がともなうといわざるをえない。

福田案の場合、一五条二里三三〜三六坪は岡地区西端の通称シンボリから通称シダイドコにかけての一帯に相当する。現況では、同三四坪付近にあたる宝賛寺山西側のトチノキの通称でよばれる畑や森林を除けば、一面に田地が展開している。南部は宝賛谷やハカワラダニの通称でよばれる谷部でそれほどの面積の田地は立地しえず、逆に北部には林照寺川やその分流の両岸に棚田が展開する。こうした地形の状況は、検注帳に記された負田分布の状況と、まさに合致するのである。

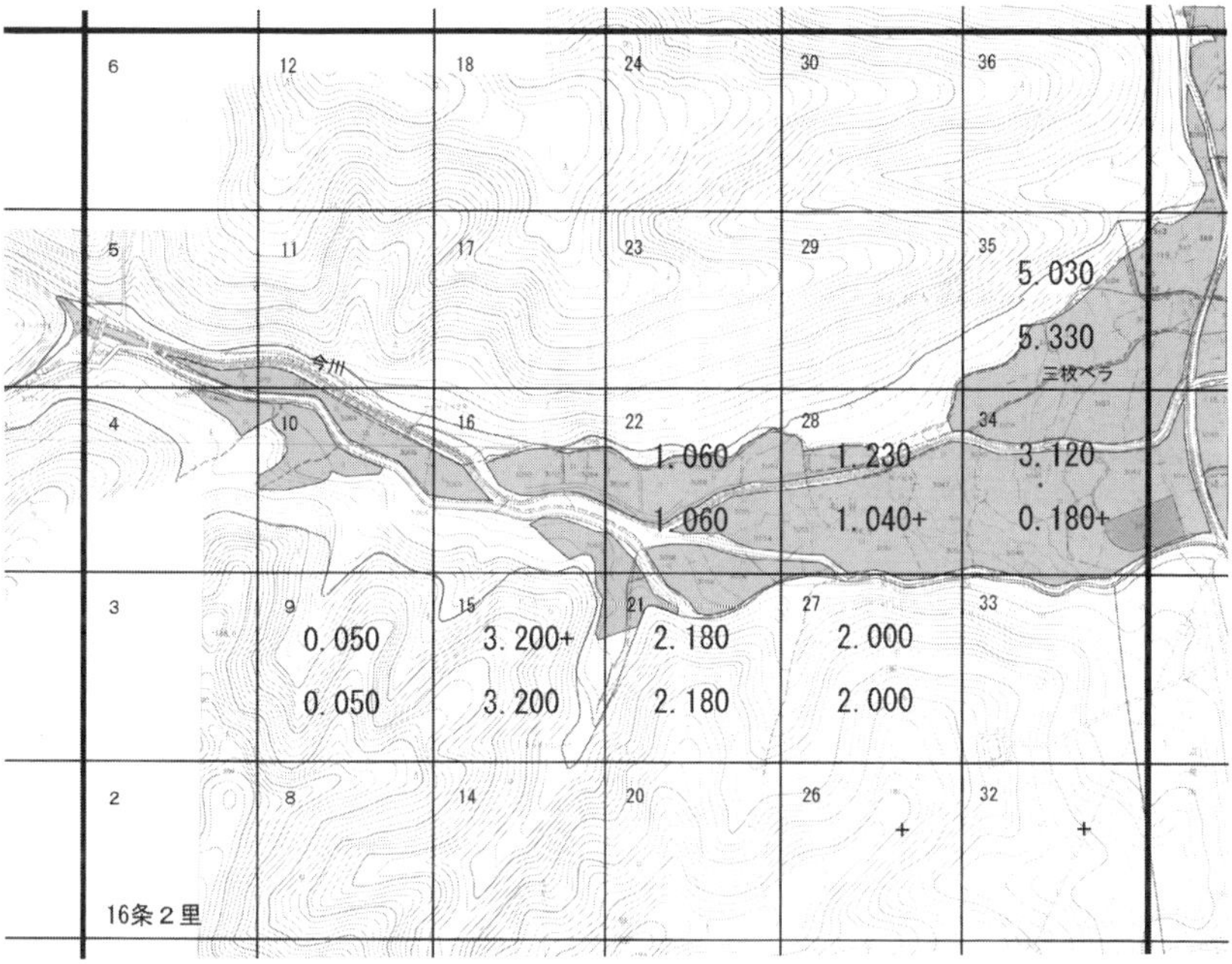

図５　16条２里付近

【Ⅲ　一六条】

金田氏は、福田案では検注帳に記載の一六条二里九・一五・三五坪の田地が山地部分に立地するなど、一六条二里はほぼ山中に位置することになり、相当の無理が残ることになると述べる（図５）。

i　一六条二里九・一五坪

ここでも、検注帳の記載内容と対照しながら確認していくことにする。検注帳の一六条二里九・一五坪の項には、それぞれ五〇歩、三反二〇〇歩の負田が記載される。福田案を採用した場合、これらは日爪地区の小字北谷のうち、今川沿いの谷部南側の斜面に相当する。金田氏の指摘するとおり、これらの負田はこのままでは山中に位置する。

しかし、現況ではこの北側の今川沿いに田地が展開しており、地形的にもさきの負田の面積と照応する。これは、あくまで擬制的に設定された統一的な条里プランと、南北に蛇行しながら西方へのびる今川上流部の実際の地形状況に応じた坪割との整合化が、このようなかたちで企図されたものと理解すべきであろう。検注帳にそれぞれ二反一八〇歩、一反六〇歩、二反、一反四〇歩の負田が記載される一六条二里二一・二二・二七・二八坪についても同様であり、検注帳における負田の分布は、南北の山地にはさまれたこのあたりの谷あいの地形とよく合致するのである。

ⅱ　一六条二里三五坪

検注帳には五反三三〇歩の負田が記載される。福田案の場合、通称三枚ベラとその北側の山麓部に相当する。現況でも、北側の山斜面を除けば田地となっている。

このように一六条二里についても、福田案に地形的無理をみいだすことはできない。そして、反対に金田案の場合には、山麓部分の田が検注帳にはいっさい負田として記載されていないことになり、さきに述べた一四条二里の山麓部の場合と同様の疑問点を残す結果となるのである。

ⅲ　一六条四里三〜六坪

つぎに、金田案において、逆に地形的な問題があると考えられる坪々について、今度は引田帳の記載と対照させながら確認していくことにする。引田帳の一六条四里三坪の項には二反一四〇歩の負田とともに「山畠　残山」と注記があり、同四坪の項には七反二六〇歩の負田と二反一〇〇歩の「残畠山」が記載される。また、同五・六坪の項には一反一五〇歩の負田と五〇歩の畠、二二〇歩の負田がそれぞれ記載され、ともに「残岡畠」との注記がある。金田案の場合、同三・四坪は五十川地区低地部に相当し、これらの湖岸近くの低地に「山」や「岡」が存在したことになる。

一方、福田案によれば、同三坪は岡地区の堂ノ西山からその南麓の谷部にかけて、同四坪は堂ノ西山からその北麓のルイサワ川一帯に相当する（図6）。現況でも、堂ノ西山の南北麓には田畑が展開している。また、同五・

六坪は、ルイサワ川から中ノ山の西側にかけての一帯にあたる。現況においても、堂ノ西山と中ノ山という「山」や「岡」があり、開墾地の通称でよばれる畑地があり、また、ルイサワ川の両岸には田地が展開している。いずれの坪の状況も引田帳の記載内容と非常によく合致するのである。

ⅳ　一六条四里八～一二坪

これらの坪についても、金田案にはやはり問題がある。引田帳の同八坪の項には一反三〇〇歩の負田、三反二六〇歩の「延寺」、三〇〇歩の畠とともに三反二二〇歩の「残山　大道川」が記載され、同九坪の項には一反二四〇歩の負田とともに「残北山谷川」との注記がみえる。同一〇坪の項には三反一八〇歩の負田と「残山荒　中大道」、同一一坪の項には負田二反一八〇歩、畠　反、「岡畠」六反に続き、一八〇歩の「山大道溝」が、同一二坪の項には「岡畠」四反三〇〇歩のみが記載されている。

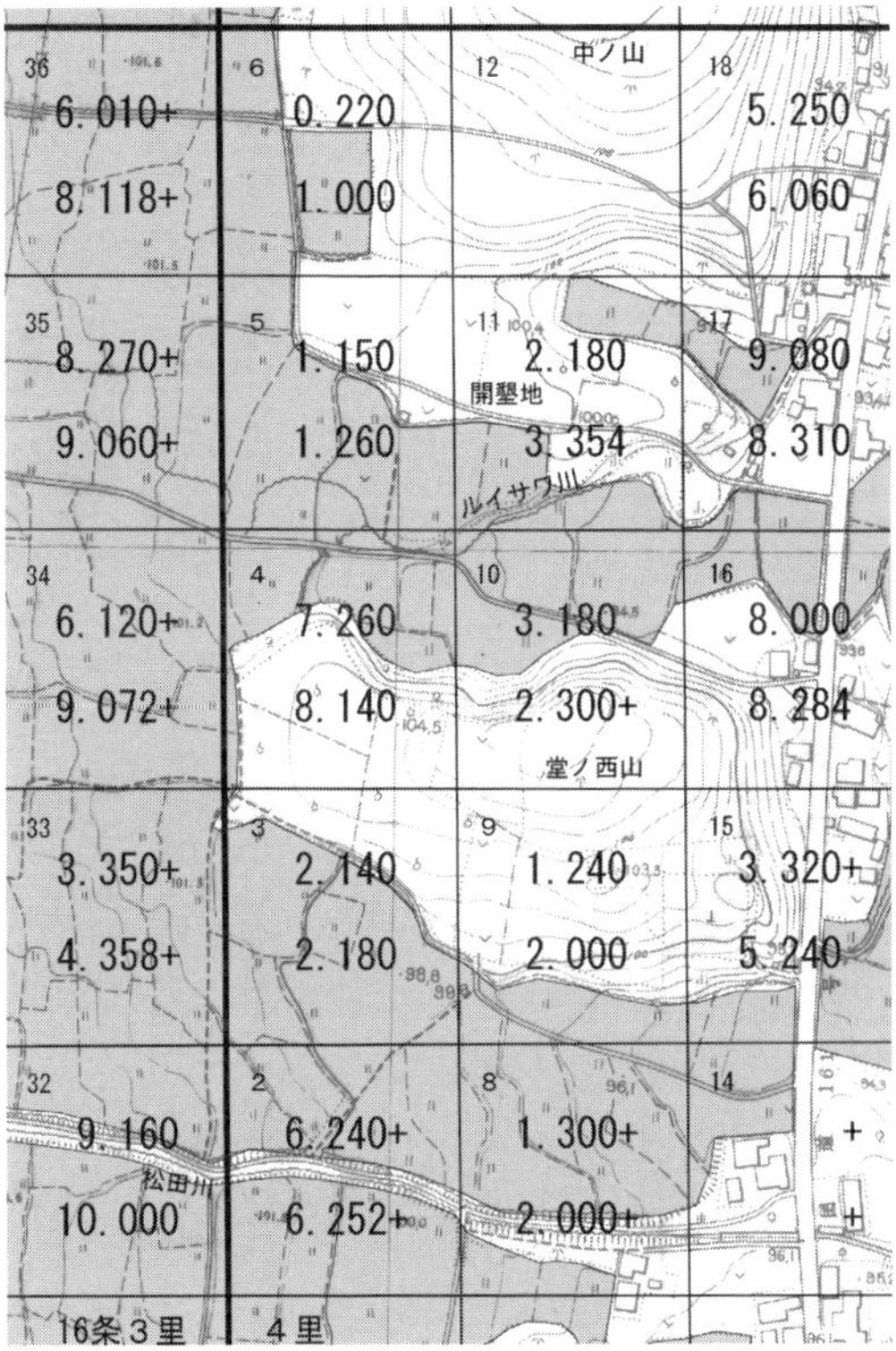

図６　16条３・４里付近

金田案の場合、これらの坪は同八坪にあたる大井川の旧林照寺川部分を除けば、いずれも湖岸沿いの低地部に相当する。この場合、湖岸近くの地域に「山」や「岡」、それに「谷川」が存在したということになる。

一方の福田案の場合、同八坪は松

田川両岸とその北側の堂ノ西山の南麓、同九・一〇坪は堂ノ西山とその南北麓、同一一坪は中ノ山とその南麓、同一二坪は中ノ山の丘陵上にそれぞれ相当する。九坪の「谷川」は松田川の旧流路ないしはその支流、九・一〇坪の「山」は堂ノ西山、一一・一二坪の「山」や「岡」は中ノ山に、それぞれ相当する。負田面積の分布もふくめて地形的な問題はまったくみいだせず、むしろ現況の地形に対応するものとみなければなるまい。

(3)高島郡条里をめぐって

以上、一四～一六条の条里プランについて、順次に検討を加えた。その結果、金田氏が福田案について地形的に問題があると指摘した部分についてもまったく問題が認められないこと、逆に金田案の場合には、引田帳や検注帳に記載される負田面積が地形と合致しない場合が多々生じることなどを確認した。この結果、旧来の福田案のほうが妥当という結論に達することになる。

しかしながら、これで高島郡の条里プランに関する問題がすべて解消したかといえば、ことはそれほど簡単ではない。沖積平野部における里界線のずれを、どのように解釈すべきなのかという重大な問題の解明が残されているからである。結局のところ、この問題の全面的な解決は後日の課題とせざるをえないが、以下、この問題について若干言及し、今後の研究に資することとしたい。

金田氏の福田案に対する最大の疑問点は、安曇川北岸の沖積平野部のように条里地割の分布が連続的かつ典型的であり、しかも同一郡内に属する条里プランにおいて、福田案のように里界線にずれをきたすような事例は近江国内ではほとんど唯一の例外となる、という点にあった。しかし、逆に金田案の場合には一五～一八条の今津町方面へと続くN6～7度E地域においては里界線が一致しないことになる。金田氏はこの点を、地割方向の異なる接合部付近における里界線のずれは、連続する条里地割分布地におけるずれとは異なり、はるかに蓋然性の

図７　木津荘域の条里プラン

高い現象であると述べる。しかしながら、山側から湖側へ里を数え進む近江国における各条の統一性という角度からあらためてみてみると、起点側で里界線をずらし、末端側で里界線の帳尻をあわせるようなプランは、かえって不合理なものとみなすこともできる。

福田案の場合、少なくとも一五条以北の西近江路以西部分については、それぞれの地形に応じて各条の起点を異にするものの、各里界線は連続する。そして、ひとつの条が複数の異なる条里地割方向にまたがることによって、起点側では一致していた里界線が、西近江路以東の沖積平野部においては一・二坪分ずらして設定されることになる。このような観点からみるならば、福田案で生じる末端側の里界線のずれは、金田案で生じる起点側のずれよりも、むしろ整合的なものとして理解することができるように思う。

この問題に関連して、少々気になる点をひ

とつだけ付言しておこう。木津荘故地の条里プラン比定に際して重要な典拠となった引田帳や検注帳では、一四～一六・一八条に関する記載がそれぞれ二里から書きはじめられている。このこともあり、既往の研究においては、各条の二里以東に関する比定の是非のみが問題とされてきた。しかし、実際の地割はともかく条里プランのうえでは、これらの各条にも一里が存在していたはずである。一四条以北の西近江路以西部分の条里プランを考えるうえで、この各条一里の存在は当然、考慮されるべきであろう。ところが、福田氏や金田氏の論考をふくめた既往の研究において、この問題が取り沙汰されたことは皆無なのである。

これら各条の一里は、各二里と同じくN6～7度Eの連続する里界線を有していたことを想定しうる。一四条については、一三条や一五条とのかねあいや実際の地割などの面で若干の問題を残すものの、あくまで条里プランのうえでは、一四条も同様の状況を呈していたのではないかと思われる。

そこで注目されるのが、これら一四～一六・一八条の一里とそれぞれ対応する辻沢地区の北谷、日爪地区の日爪谷と北谷、木津地区の波布谷の存在である。これらはいずれも比較的規模の大きな谷で、現況でも実際に田地が点在している。これらの谷の存在を考慮したために、一四～一六・一八条の起点は山地部に設定されたものと考えることができる。これに対し、一七条の最西端部には大塚谷や熊ノ尾といった小規模な谷しか存在せず、現況でも田地は存在しない。このために、一七条の起点は饗庭野台地上にではなく、その山麓部に設定されたのだと考えられる。

つまり、一四～一八条の各起点は、N6～7度Eの方位を有する地域における里界線の整合性を考慮しながら、それぞれの地形状況に応じて一里分、つまり六坪単位のずれをもたせて設定されたということになる。このような条の起点の設定のしかたは、高島郡条里の一～一三条のそれと同一かつ一連のものとして理解しうる。そして、一四条以北については、N6～7度Eの方位を有する起点側における里界線の整合性を優先したために、末端側のN16度Eの方位を有する沖積平野部において、一〜一三条との里界線のずれが生じたものと考えることができる。

このように考えることで、まずは一四条以北の沖積平野部において里界線のずれが生じることに、いちおうの説明をつけることができる。そして、高島郡における一〜一三条と一四条以北における条里プランを、各条の起点を基軸に設定された一連のものとして整合的に解釈することも可能となる。さらに、このようなみかたは、木津荘故地の北側に相当する一九条以北の地域をふくめ、高島郡全体の条里プランを統一的に把握するうえでも有用であるように思われるのである。

三　応永年間の木津荘

⑴引田帳から検注帳へ

福田徹氏の研究以来、引田帳は応永二九年（一四二二）作成の検注帳よりものちに作成されたと考えられてきた。しかし今回、引田帳は少なくとも応永年間前期には作成されていたことが判明した。また、これまでに二説が提示されていた木津荘域の条里プランについて再検討を試みた結果、福田徹氏が提出した旧来の復元案のほうが妥当であることを確認した。

これにより、木津荘故地に関する既往の研究成果は、大幅な再考をせまられることになろう。そこで、本節ではこれらの点をふまえつつ、さしあたり必要な限りで応永年間の木津荘をめぐる基礎的な問題について検討を加えることにする。

はじめに、引田帳と検注帳における各項目の集計結果をもとに、応永年間における木津荘内の負田所有の状況についてみていくことにする。

表1は、第一節でいうところの引田帳の③仮名Bの項目を集計したものである。これによると、包久や有末ら百姓層らしき名前を有する仮名が大部分を占める。そして、その一方で、定佃、小佃などの佃、それに久光給、職事給などの給田も散見する。

ところで、鎌倉中期の仁治元年（一二四〇）閏一〇月に、木津荘預所の承弁法眼が「庄内福万・末吉名」の所当を増徴しようとしたとして改易されているが[13]、表1のなかには、ここに登場する福万と末吉の名前をみいだすことができる。表1によると、福万は三町あまり、末吉は一〇町あまりの比較的多くの負田を有する仮名である。表1には後掲の表2・3・4に確認できない仮名も多く、おそらくこのなかには、福万や末吉のような旧来の名の系譜をひくものが数多くふくまれているとみられる。

そして、そうした百姓らしき名前を有する仮名の一方で注目されるのが、「〇〇（人名）佃」といったぐあいに、百姓の名前を冠した佃の存在である。定佃や小佃といった領主佃と区別する意味をこめ、いまこれをかりに百姓

No.	仮　　名	反.歩
87	来住	5.290
88	行安	4.140
89	平太郎	4.090
90	宗真	4.040
91	吉久	4.000
92	小佃*	4.000
93	定佃*	4.000
94	重弘	3.180
95	新末吉・有末合筆	3.160
96	菊次	3.120
97	明王	3.060
98	末貞	3.020
99	仲次郎	3.000
100	重光	2.340
101	森湯田*	2.340
102	藤内	2.260
103	得富	2.230
104	源栄	2.000
105	日爪湯田*	2.000
106	清水*	1.340
107	但馬	1.240
108	白雲湯田*	1.230
109	清友	1.220
110	地蔵	1.220
111	弘包	1.210
112	岩見	1.170
113	越後	1.030
114	土生湯田*	1.000
115	神子	1.000
116	犬王	0.350
117	源二郎	0.350
118	新五郎	0.330
119	職事給*	0.220
120	国重	0.170
121	弥次郎	0.170
122	源大夫	0.160
	空欄	4.225
	欠損・不明	13.010
計		2737.039

注：佃や給田、寺社名や地名を冠した仮名（人名を除く）には「*」を付した。

表１　木津荘引田帳の仮名Ｂ

No.	仮　名	反.歩	No.	仮　名	反.歩	No.	仮　名	反.歩
1	包久	107.300	22	宗友	37.260	49	友安	18.090
2	有末	101.320		宗友	36.260	50	国久	17.020
3	末吉	100.180		宗友佃*	1.000	51	得次	16.250
	新末吉	65.250	23	延寿	37.030	52	大谷*	15.130
	本末吉	33.210	24	国里	36.250	53	吉永	15.040
	末吉	1.080		国里	35.250	54	二楽	13.280
4	貞近	93.150		国里佃*	1.000	55	国元	13.270
	貞近	92.150	25	光任	36.130	56	重松	13.100
	貞近佃*	1.000		光任	35.120	57	包貞	13.000
5	武永	88.000		光任佃*	1.010	58	重末	12.330
6	為延	85.300	26	秦内	34.340		重末	12.120
7	重久	82.088	27	太郎丸	34.310		重末佃*	0.210
8	末清	76.200	28	一楽	34.240	59	恒元	12.270
	末清	75.200		一楽	32.210	60	是安	12.090
	末清佃*	1.000		南一楽	1.210	61	鶴石	11.280
9	久光	74.188		一楽佃*	0.180	62	末真	11.070
	久光	74.078	29	友貞	34.210	63	国守	10.340
	久光給*	0.110	30	常得	33.070	64	為守	10.310
10	藤松	71.070	31	福万	32.290	65	成延	10.110
	藤松	70.250		新福万	30.050	66	庵室*	10.040
	藤松佃*	0.180		福万	2.240	67	熊丸	9.310
11	重元	71.000	32	重次	31.090	68	有任	9.230
	重元	69.000		重次	30.130	69	恒松	9.210
	重元佃*	2.000		重次佃*	0.320	70	弥乙	9.150
12	得万	63.160	33	末光	30.270	71	友清	8.330
	得万	62.250		末光	30.180	72	持光	8.200
	得万佃*	0.270		末光佃*	0.090	73	国富	8.190
13	国安	58.050	34	行友	29.250	74	則恒	8.070
	国安	57.050	35	久松	28.130	75	重安	8.000
	国安佃*	1.000	36	恒吉	27.328	76	西入	8.000
14	青蓮	56.160	37	黒丸	27.230	77	辻本	7.310
15	三郎丸	56.010	38	千住	27.000	78	福珍	7.280
16	有時	54.290	39	吉貞	25.280	79	弥勒	7.260
	有時	54.020	40	弘方	24.300	80	金丸	7.220
	有時佃*	0.270	41	得永	24.150	81	西仏	7.190
17	友次	48.250	42	四郎丸	23.040	82	恒末	7.110
18	福千	48.160	43	鶴丸	20.260		恒末	6.110
19	安国	41.270	44	得久	20.190		恒末佃*	1.000
	安国	39.150	45	月定	20.150	83	安末	7.040
	下安国	2.120	46	則友	20.040	84	得益	7.030
20	得光	39.150	47	末国	19.220	85	仲八	6.150
21	二郎丸	39.130	48	弥光	19.140	86	乙丸	6.080

No.	仮　名	反.歩	No.	仮　名	反.歩	No.	仮　名	反.歩
	南光任	0.240	108	法喜庵＊	2.315	145	智見	0.350
73	覚道	5.245	109	旦過＊	2.280	146	蓮法	0.350
	国満覚道	3.245	110	牛福	2.190	147	地蔵院＊	0.340
	覚道	2.000	111	小法師	2.180	148	延命	0.330
74	森本願	5.216	112	国光	2.170	149	引落＊	0.320
75	有末	5.210	113	極楽寺＊	2.150	150	加嘉	0.280
76	太郎四郎	5.197	114	覚善後家	2.140	151	二楽	0.280
77	松夜叉	5.157	115	五十川薬師堂＊	2.123	152	福重	0.270
78	弥次郎	5.140	116	彦三郎	2.060	153	恒元	0.270
79	弥勒	5.100	117	重弘	2.002	154	五郎太郎	0.227
80	阿伽	5.025	118	五十川光阿弥	2.000	155	職事＊	0.220
81	貞次	4.310	119	重光	2.000	156	末貞	0.220
82	安末	4.304	120	千代友	2.000	157	恒永	0.210
83	成武	4.285	121	包貞	2.000	158	重国	0.210
84	左近四郎	4.270	122	五十川西念	1.340	159	日爪法喜寺＊	0.210
85	千童	4.135	123	安楽	1.330	160	是安	0.200
86	明王	4.050	124	彦太郎	1.300	161	愛松	0.180
87	福珍	4.035	125	平井彦二郎	1.270	162	岩吉	0.180
	福珍行正	3.265	126	光明寺＊	1.250	163	若水	0.180
	行正	0.130	127	末松	1.210	164	正目庵＊	0.180
88	小佃＊	4.000	128	福永	1.210	165	仏法	0.170
89	定佃＊	4.000	129	田井郷＊	1.170	166	相模	0.160
90	宗友	3.355		田井郷湯田	1.130	167	弘包	0.150
	上宗友	2.305		田井郷	0.040	168	田井泉介	0.150
	宗友	1.050	130	本庄＊	1.170	169	岡五郎三郎	0.120
91	土生＊	3.245		本庄道場	0.350	170	辰石	0.120
	土生如法経田	2.245		本庄	0.180	171	西願	0.090
	土生湯田	1.000	131	阿弥陀寺＊	1.160	172	孫四郎	0.090
92	普済寺＊	3.240	132	友清	1.160	173	鶴丸	0.090
93	仲次郎	3.236	133	今宮＊	1.135	174	永興庵＊	0.080
94	喜久	3.180		今宮夏田	0.280	175	友宗後家衛出	0.072
95	日爪湯田＊	3.180		今宮如法経田	0.180	176	太尾庵＊	0.070
96	岡念仏堂＊	3.140		今宮大宮	0.035	177	藤右馬	0.070
97	阿曇川橋田＊	3.110	134	宗昌寺＊	1.106	178	正覚	0.060
98	岡西妙	3.070	135	為次	1.100	179	東新五郎	0.060
99	重元	3.070	136	岡西阿弥	1.070	180	得久	0.050
100	堀池殿	3.020	137	衛門四郎	1.060	181	兵衛太郎大夫	0.045
101	妙雲庵＊	3.004	138	霊山寺＊	1.060	182	法花寺＊	0.032
102	国元	3.000	139	国里	1.050	183	重久	0.020
103	万木左近	3.000	140	福光	1.030		空欄	13.186
104	観音堂＊	2.350	141	吉武	1.000		欠損・不明	6.224
105	石乙	2.340	142	虎松	1.000	計		2738.163
106	鶴松	2.340	143	千住	1.000			
107	孫次郎	2.320	144	源八	0.350			

表２　木津荘引田帳の仮名Ｃ

No.	仮　名	反.歩	No.	仮　名	反.歩	No.	仮　名	反.歩
1	吉永	282.183	23	末永	34.330	43	宗秀院*	15.103
2	末吉	169.057	24	清水*	33.075	44	末光	15.005
	新末吉	150.225		清水	32.075	45	延寿	14.340
	加新末吉	11.272		清水極楽坊	1.000	46	国久	14.100
	末吉	7.085	25	福万	33.070	47	亀松	13.061
3	福童	119.223		新福万	21.260	48	恒末松	11.262
4	成延	109.263		福万	11.170	49	吉貞	10.030
5	得音	108.186	26	得永	32.250	50	包久	9.250
6	清満	77.017		得永	14.155		北包久	7.250
7	安国	76.247		得永樹下	8.750		包久	2.000
8	福満	75.017		樹下	6.260	51	恒松	9.210
	福満	65.202		南得永	3.120	52	千代松	9.175
	新福満	8.175	27	友次	30.190	53	貞隆寺*	9.110
9	有久	69.000		慈尊寺友次	14.220	54	源四郎	9.060
10	米井寺*	65.173		新末吉内友次	8.150	55	仲介	9.045
	米井寺	61.253		友次	7.180		仲介	8.045
	米井下寺	2.290	28	乙法師	28.294		仲介後家	1.000
	下米井寺	0.350	29	末弘	26.038	56	為守	8.330
11	久光	61.340	30	貞近	25.184	57	得益	8.280
12	武永	58.090		南貞近	21.319	58	米井郷*	7.250
	東武永	36.330		貞近	1.240	59	建徳庵*	7.078
	西武永	15.190		三郎丸内南貞近	1.000	60	平次郎	7.044
	武永	5.290		坂本南貞近	0.345	61	鶴石	7.030
13	友貞	57.066	31	無主定不*	23.290	62	円妙	7.020
	下友貞	27.306	32	慈尊寺*	22.060	63	白雲郷*	7.010
	坂本友貞	11.250		慈尊寺	15.070		白雲郷湯田	3.000
	三郎丸内友貞	2.230		慈尊寺湯田	5.080		白雲室堂	4.010
14	常得	56.277		慈尊寺寄進田	1.270	64	花岳庵*	6.308
	北常得	51.162	33	道場*	20.115	65	森郷*	6.230
	常得	5.115		道場	17.245		森郷	2.210
15	恒末	56.264		木津道場	2.230		森郷湯田	2.020
16	国安	55.248	34	菊万	19.220		森郷如法経田	2.000
	東国安	33.235	35	為延	19.200	66	辻本	6.230
	西国安	22.013	36	得光	19.130	67	円通寺*	6.160
17	岩見	49.039	37	隣	18.265	68	日爪若宮*	6.145
18	福千	46.170	38	真楽	17.159		若宮如法	4.105
19	有時	45.300		北真楽	11.291		日爪若宮	2.040
	下有時	30.300		南真楽	5.228	69	疋壇庵*	6.120
	上有時	15.000	39	清友	16.259	70	千代鶴	6.115
20	三郎丸	39.355	40	介太郎	16.068	71	吉久	6.000
21	福石	37.015	41	石津寺*	15.311	72	光任	5.300
	坂本福石	33.035		石津成願寺	9.010		北光任	3.250
	大谷福石	3.340		石津寺	6.301		南光任衛出	0.280
22	大谷*	35.228	42	北辰丸	15.240		北光任衛出	0.250

佃とよぶことにする。

これらの百姓佃は、いずれも貞近、末清、藤松など比較的広い負田面積を有する仮名を、その名に冠している。おそらく、これらの佃を有する仮名は旧来の名の系譜をひくもので、それらの仮名を冠する百姓佃は、名田を請

No.	仮　名	反.歩	No.	仮　名	反.歩
86	定佃*	4.000	121	成武左近	1.000
87	仲二郎	3.240	122	石乙	1.000
88	妙雲庵*	3.210	123	泉菊	1.000
89	花裳	3.156	124	中寺*	1.000
90	幸福	3.080	125	田中	1.000
91	加寿	3.060	126	法喜庵*	1.000
92	北真楽	3.052	127	隣若	1.000
93	安末	3.040	128	聚慶庵*	1.000
94	国友	3.000	129	熊丸	0.310
95	右馬三郎	2.180	130	日爪*	0.252
96	観音堂*	2.180		日爪湯田	0.180
97	橋田*	2.180		若宮如法	0.180
98	田井*	2.160		日爪若宮	0.072
	田井湯田	2.120	131	弘包	0.240
	田井郷	0.040	132	性円	0.240
97	松法師	2.120	133	福松	0.240
98	旦過*	2.110	134	永興庵*	0.224
	旦過	1.110	135	職事田*	0.220
	旦過西方寺	1.000	136	重元	0.210
99	恒永	2.100	137	福満	0.210
100	福珍若	2.090	138	福二郎	0.192
101	五十川馬三郎大夫	2.000	139	針江庵*	0.180
102	禅林寺*	2.000	140	得円	0.180
103	妙師寺*	2.000	141	南光院*	0.180
104	友清	1.350	142	嘉二郎	0.144
105	虎法師	1.260	143	道祖神如法経田*	0.127
106	蓮法	1.202	144	西願	0.090
107	山形湯田*	1.180	145	兵衛太郎	0.080
108	白雲室堂*	1.180	146	勝泉	0.072
109	乙	1.168	147	正覚	0.072
110	太郎四郎	1.120	148	小法師	0.054
111	有久	1.080	149	神人	0.048
112	阿弥陀寺*	1.072	150	今宮行田*	0.040
113	千代鶴	1.036	151	八王子田*	0.040
114	松若	1.006	152	庵室田*	0.036
115	観音	1.000	153	高田	0.036
116	源四郎	1.000	154	石津庵室*	0.036
117	光明寺*	1.000	155	上有時	0.030
118	実相寺*	1.000		空欄・欠損	4.050
119	森本願	1.000	計		2,732.083
120	是安	1.000			

表3　木津荘検注帳の仮名A

No.	仮　名	反.歩	No.	仮　名	反.歩	No.	仮　名	反.歩
1	料所*	221.000	26	清水寺*	31.310	58	五十川*	8.049
2	仲介	190.335	27	得久	31.256		五十川薬師堂	3.279
3	加嘉	177.086	28	虎若	31.074		五十川室堂	2.250
4	得音	139.357	29	木津*	28.048		五十川室堂夏田	0.240
5	福万・福千	102.102		木津道場	25.336		五十川湯田	1.000
	福千	96.174		木津湯田	2.000	59	円通寺*	8.000
	福万福千	3.000		木津念仏堂	0.072	60	平次郎	8.000
	福万	2.000	30	恒末	26.111		平次郎	7.300
	新福万	0.288	31	友次	25.070		平次郎弘包	0.060
6	友貞	93.105		友次	17.240	61	花岳庵*	7.354
7	勘落*	91.214		新末吉友次	7.190	62	霊山寺*	7.110
8	吉永	78.134	32	善得	25.014	63	石津寺*	7.107
9	末吉	67.354	33	乙法師	23.052	64	福童松	7.096
	本末吉	65.354	34	観音院*	20.096	65	極楽寺*	7.060
	新末吉	2.000	35	猿若	19.316	66	万木左近	7.030
10	米井寺*	67.088	36	末弘	18.324	67	小佃*	6.240
	米井寺	61.084	37	報恩寺*	18.046	68	福寿	6.180
	米井下寺	3.304	38	千菊	18.006	69	福重	6.168
	米井寺下寺湯田	2.000	39	福市	17.090	70	千代松	6.144
	米井湯田	0.060	40	千歳	17.072	71	森郷*	6.030
11	泉福	61.246	41	延寿	16.020		森郷	4.030
12	三郎丸	61.106	42	千代友	15.322		森郷如法経田	2.000
13	常得	51.006	43	千鶴	15.288	72	大師寺*	6.024
	北常得	49.246	44	鶴子	15.180	73	土生*	5.292
	常得	1.120	45	貞隆寺*	15.132		土生如法田	4.292
14	大谷寺*	50.146	46	辰丸	15.104		土生鐘槌田	1.000
15	得永	46.215		辰丸	13.284	74	恒松	5.240
	得永	23.319		北辰丸	1.180	75	建徳庵*	5.146
	南得永	22.256	47	為守	15.080	76	国久	5.072
16	虎満	44.118	48	普済寺*	14.332	77	得益	5.050
17	慈尊寺*	40.343	49	愛松	14.258	78	虎市	5.000
	慈尊寺	36.303	50	隣	13.124	79	竹雲庵*	4.348
	慈尊寺湯田	4.040	51	不退寺*	13.037	80	西福寺*	4.312
18	西方寺*	40.305	52	有末	12.182	81	岡*	4.258
19	虎松	40.302		有末	10.276		岡湯田	3.120
20	喜久	39.302		上有末	1.266		岡念仏堂	0.228
21	姫松	36.104	53	馬三郎	11.298		岡念仏田	0.270
22	末永	35.154	54	幸松	11.152	82	新末吉為延	4.256
23	福童	33.264	55	千代菊	10.192	83	福珍	4.142
24	成願寺*	32.222	56	清友	9.246	84	光林寺*	4.130
25	松寿	32.162	57	宗秀院*	9.128	85	夜々	4.130

表4　木津荘引田帳の仮名D

No.	仮　名	反.歩	No.	仮　名	反.歩	No.	仮　名	反.歩
1	末吉	116.172		包貞	30.206		末清	4.305
	新末吉	58.070		上包貞	24.080	29	国里	56.290
	本末吉	30.252		下包貞	4.153		下国里	29.025
	南本末吉	25.220		森包貞	0.065		上国里	19.245
	末吉	1.000	16	一楽	59.095		国里	8.040
	東末吉	0.350		一楽	37.005	30	有時	54.108
2	有末	95.210		上一楽	20.105		上有時	30.080
3	末永	76.340		下一楽	1.345		下有時	14.217
	末永	75.340	17	武永	59.012		有時	9.171
	東末永	1.000		武永	30.220	31	末光	53.362
4	久光	72.255		北武永	27.242	32	重元	53.140
5	吉武	67.075		東武永	0.270		重元	31.208
6	包久	66.336	18	藤松	58.341		南重元	14.110
	北包久	33.254		南藤松	28.305		北重元	7.182
	包久	32.302		藤松	26.286	33	重次	46.315
	上包久	0.140		北藤松	3.110		南重次	25.071
7	吉永	64.158	19	宗友	58.123		北重次	21.244
8	重久	62.274		下宗友	29.348	34	重弘	34.186
	南重久	29.246		上宗友	27.175	35	二郎丸	31.021
	重久	17.080		宗友	0.320	36	福万	30.000
	北重久	15.308	20	三郎丸	58.005		福万	22.260
9	貞近	62.057	21	得万	57.049		新福万	7.100
	南貞近	33.239	22	友次	57.015	37	得光	29.110
	貞近	28.178	23	光任	56.302	38	国久	29.104
10	国安	61.350		北光任	28.031	39	四郎丸	29.020
	西国安	31.350		南光任	25.171	40	恒末	28.221
	東国安	30.000		光任	3.100		恒末	25.271
11	友貞	60.261	24	為延	56.254		森恒末	2.310
	友貞	30.261	25	得永	56.020	41	得久	27.027
	下友貞	30.000		得永	27.100	42	吉貞	26.242
12	重末	60.226		上得永	16.000	43	延寿	26.190
	重末	57.256		森得永	10.330	44	末国	11.060
	上重末	2.330		下得永	1.310	45	重光	5.020
13	太郎丸	59.210	26	真楽	55.301	46	図師	4.000
	北太郎丸	29.295		真楽	21.140	47	得音	3.120
	南太郎丸	28.285		南真楽	20.131	48	福千	2.020
	太郎丸	0.350		北真楽	14.030	49	下二楽	1.180
14	常得	59.150	27	安国	55.250	50	国友	0.210
	常得	30.240	28	末清	56.099		空欄･公事免	314.207
	北常得	28.270		南末清	30.131		不明	46.146
15	包貞	59.144		東末清	21.023	計		2738.163

け負う代償として各名に割りあてられた名役佃のなごりであろう。これらの百姓佃は、斗代が平均で反別四斗四升強とさほど高くはなく、この段階ではすでに他の一般的な負田とほぼ同質化しているが、現存史料に乏しい初期の木津荘支配の様相を知るためのよき手がかりとなる。

つぎに、表2～4について検討する。表2は第一節でいう引田帳の⑦仮名C、表3は同じく検注帳の⑥仮名Aの項目を集計したものである。表2・3には、表1の仮名Bにくらべてより多くの百姓の名前がみえるほか、寺社などの名前もみえる。

これに対し、表4は引田帳の⑩仮名Dの項目を集計したものである。これらは、他の項目と別記される点や「○○（人名）くし」という記載様式からみて、年貢とは別に公事を負担すべき請人を示すと考えられる。ひるがえって、表1の仮名Bについては不明な点を残すものの、表2の仮名Cと表3の仮名Aは年貢納入にかかわる項目ということになろう。また、表4において計五〇種類に分類される仮名Dのうち、実に四四の仮名が表1にみいだされる。おそらくこのことは、木津荘からの公事徴収が仮名Bとの深いかかわりのなかで徴収されていたことを示すと考えられる。

ところが、さきにもふれたように、引田帳にみえる仮名Bや仮名Dに対応する項目は、検注帳のなかにみいだすことができない。これまで考えられてきたように、もしも検注帳の作成後に引田帳が作成されたのだとすれば、検注帳の利用がかなりの長期間にわたることから、両史料が同じ時期に、別の用途で使用されていたと想定することも可能であった。

しかし、実際には検注帳は引田帳よりものちに作成され、しかもそれぞれの利用時期は重複していない。ゆえに、引田帳と検注帳における記載項目の相違は、両史料それぞれの利用期間における木津荘の支配対象、もしくは応永年間における木津荘の支配方式の変化を示すと考えられる。残された史料からはその詳細を解明することは困難なものの、引田帳と検注帳の記載項目のちがいからは、応永年間前期の引田帳から後期の検注帳の作成を経て、延暦寺による木津荘支配の体系が何らかの大きな転換を遂げたことをよみとることができるのである。(14)

(2)水没と再編

つぎに、引田帳と検注帳の記載をもとに、応永年間における木津荘の耕地と、これまでにも議論のある水没条里の問題について検討を加える。表5・6は、引田帳と検注帳における負田面積の分布と斗代の平均を集計したものである。負田面積の集計についてては、両史料の作成当時の計算の誤り、漢数字の解読や不作田の取りあつかいなどに関する判断基準が異なるので、かつて福田徹氏がおこなった集計結果とは数字に若干のちがいがあるが、全体の傾向に大差はない。

まずは、負田面積についてみる。福田徹氏は、検注帳の一三条に関する帳面の欠損部分を考慮しても、検注帳にくらべ引田帳における負田の面積が増加していることから、引田帳の作成時までにわずかながらも耕作地の拡大や安定化が進められたと解釈する。

さて、近年になって引田帳が検注帳よりもさきに作成されていたことが判明した結果、さしあたりこの福田氏の解釈は、引田帳にくらべ検注帳の段階では荘内の負田は減少し、耕作地の縮小や不安定化が進んだものとよみかえられることになる。しかし、表5・6の集計結果をあらためてみなおしてみると、そうした解釈にはやや難がありそうなのである。

表5・6を比較すると、確かに検注帳の段階では引田帳の段階にくらべて総面積が若干減少している。しかし、これには検注帳の一三条部分に関する記載に欠損がみられ、その全貌が明らかでないことや、検注帳に一七条三・四里の記載がいっさいみえず、それとともに一六条五里についても大幅な田地面積の減少がみられることな

どが影響していると考えられる。

あらためて荘域全体をみわたしてみると、これら以外の里については、一六条二里を例外とすれば、面積が軒並み増加している。さらに、検注帳に欠損のある一三条を除いた双方の総面積を算出してみると、引田帳にくらべて検注帳の段階のほうが一〇町以上増加していることが分かる。

このようにみてみると、荘域全体の傾向としては、引田帳よりも検注帳の段階のほうが、田地開発は進展していたとみなければならない。そして、一六条五里や一七条三・四里における負田面積の減少や斗代の増加は、お

表5　木津荘引田帳における負田の分布

18条		2里 44.060 3.92	3里 83.320 4.69			計 2737.039 4.19
17条		1里 213.160 3.69	2里 141.010 4.22	3里 48.310 2.13	4里 17.200 2.14	計(除13条) 2455.158 4.11
16条	2里 19.140 2.79	3里 123.150 3.40	4里 198.300 3.92	5里 252.240 2.92		
15条		2里 37.230 4.10	3里 92.140 4.36	4里 237.040 3.87	5里 252.260 3.19	
14条		2里 9.350 3.38	3里 227.038 5.34	4里 233.000 5.43	5里 222.090 4.59	
13条	里 反.歩 斗代平均			3里 110.248 5.78	4里 170.353 4.08	

表6　木津荘検注帳における負田の分布

18条		2里 62.336 3.87	3里 96.184 4.63			計 2732.083▲ 4.21
17条		1里 248.106 3.57	2里 153.008 4.24			計(除13条) 2559.269 4.15
16条	2里 16.320▲ 2.79	3里 153.280 3.36	4里 209.086 3.91	5里 150.196▲ 3.19		
15条		2里 59.300 4.33	3里 106.114 4.22	4里 245.078 3.88	5里 267.323 3.18	
14条		2里 14.168 3.32	3里 258.034 5.32	4里 260.342 5.34	5里 255.274 4.51	
13条	里 反.歩　▲＝減少 斗代平均			3里 76.136▲ 5.63	4里 93.312▲ 4.46	

そらく田地開発の進展云々とは別次元の要因によっておこった現象であることが予想されるのである。

そこで想起されるのが、琵琶湖沿岸部における水没条里の存在である。琵琶湖とその周辺環境をめぐっては、近年までに文献史学、考古学、地質学などさまざまな専門分野にもとづく視角からの議論が活発化し、木津荘故地沿岸部の水没は寛文二年（一六六二）の琵琶湖西岸地震でおこったとする説も提出されている。[15]

そうした近年までの研究の流れに先鞭をつけたのが、福田徹氏の一連の研究であった。福田氏は木津荘故地に水没条里が存在することをいち早く指摘し、その沈水時期を一五世紀後半から一七世紀前半の間に生じたと推定した。つまり、検注帳の作成段階では存在しなかったこれらの耕地が、引田帳の作成段階までに開発され、そののち近世初頭までの間に湖中に没し、現在にいたったものと想定したのである。

しかし、引田帳は応永二九年（一四二二）の検注帳作成にさきだち、応永年間前期にはすでに作成されていた。また、水野章二氏は、寛文地震をはさむ慶安四年（一六五一）と元禄一四年（一七〇一）の郷帳を比較してみても各村の石高の減少はみられないことから、木津荘域の土地の沈下は寛文地震以前から進んでおり、港としての木津もすでにこれ以前から衰退していたと指摘する。[16]

以上から、木津荘沿岸部の水没の経緯については、つぎのように考えることができる。港としての木津の衰退や湖岸地域の水没のきっかけを、近世初頭の寛文地震に求める必要はない。木津荘域における土地の水没は、何らかの時点で突発的におこったのではなく、中世前期以前の段階から継続的に進んでいた。従来考えられてきた時期よりも早くから、港としての木津は衰退の途をたどりはじめていたのである。そして、徐々に湖中へ没しつつあった湖岸近くの耕地も、応永年間前期に作成された引田帳を最後に、延暦寺による木津荘支配の帳簿のうえからその姿を消すことになるのである。

この意味において、引田帳は中世前期における木津荘の支配方式のみならず、その景観のおもかげを記録した最後の帳簿であった。そして、こうした経緯を経て、応永二九年（一四二二）に作成されたのが検注帳である。この検注帳はこれ以後、各種の追筆を加えられながら、中世末期まで使用され続けることになる。

このようにみてみると、木津荘に関する現存史料が必ずしも多いとはいえない状況のなかで、木津荘引田帳と検注帳がいまに伝来していることは、単なる偶然とは思われない。そして、おそらく引田帳と検注帳の作成契機については、木津荘内のみにかかわる問題としてではなく、もう少し視野を広げて理解する必要がある。

実は、このうちの引田帳は、当代一の実力者、足利義満の日吉社参籠をきっかけとして作成された可能性がある。応永元年（一三九四）九月の義満参籠に際し、延暦寺の集会は参詣準備の費用を調達するために、土倉や「富有之輩」などから借財をし、その返済に延暦寺の最重要荘園であった近江国木津・栗見・富永荘の年貢を充当することを決定している(17)。そして、これ以後、義満の援助による延暦寺大講堂の再建、青蓮院・梶井・妙法院といった山門各門跡への義満子弟の入室などを経て、山門と武家政権との密接な協調関係が作りあげられていくことになる。そうしたなかで、木津荘においても引田帳などの帳簿類が作り直され、荘園支配体制の再編が図られたことが、水野章二氏により指摘されている(18)。

さきに筆者は引田帳の作成時期について、応永一三年（一四〇六）から十二支でもうひとまわりくらい前までさかのぼる可能性があると指摘した。これは、義満の日吉社参籠の時期とまさに符合する。義満参籠から生じた財源確保の必要性が木津荘支配の再編成の気運を高め、この時期に延暦寺による木津荘支配のもととなる新たな帳簿の作成がおこなわれたのである。のみならず、応永二八年（一四二一）三月には、義満の子息義持の日吉社参籠がおこなわれている(19)。思えば、木津荘において中世末期まで使用され続ける検注帳が作成されたのは、実にその翌年のことであった。

山門領木津荘は、保延四年（一一三八）の鳥羽院の山門行幸に際して成立する。そして、室町期にいたり、足利義満・義持父子の日吉社参籠という象徴的な行事との密接な連関のなかで引田帳と検注帳という二種類の帳簿が順次に作成され、これらをもとに山門による木津荘支配の体系が再編されることになる。このような経緯を経て、山門領木津荘は室町期荘園へと転生を遂げるのである。

おわりに

ところで、比叡山延暦寺と同じく、中世の大寺院として重要な位置を占めた高野山金剛峯寺の御影堂からは、近年までに応永年間の年記を有する大量の検注帳類が発見されている。これは、高野山がこのころ寺領荘園支配のありかたを再編成する必要にせまられていたことを示している。

近年、延暦寺や高野山に限らず、応永年間が中世後期の荘園支配における大きな転換期にあたっていたことが注目されている[20]。南北朝内乱の終結を経た新しい政治社会体制のなかで、当該期の荘園領主はその支配を維持、展開するのにあたり、それぞれの実状に応じた新たな支配の方式を模索する必要にせまられていた。そして、京都とほど近い位置に立地した延暦寺の場合には、政治的中枢とのきわめて密接な連携のなかで、その中核的な寺領荘園の再編が進められたのである。まさにそうした時期に作成されたのが、木津荘引田帳と検注帳であった。

以上、木津荘引田帳・検注帳と高島郡条里に関する考察を進めてきた。第一節では、木津荘引田帳・検注帳の書誌的な問題を概観したうえで、引田帳の作成年代が少なくとも応永年間前期にさかのぼることを明らかにした。第二節では、これまで二説が併存していた高島郡条里の比定案にあらためて検討を加え、旧来の福田徹氏の説が妥当であることを確認するとともに、高島郡条里をめぐる問題について論及した。さらに、第三節では、中世の木津荘域では土地の沈降が継続的に進んでいたこと、応永年間が中世後期の延暦寺による木津荘支配の再編期にあたっていたことを確認した。

なかでも、引田帳が検注帳にさきだって作成されていたことが明らかとなり、さらにその作成年代が確定したことで、木津荘故地に関する既往のあらゆる研究成果は根本的な再考をせまられることになる。いよいよ本格的な検討を進めていかねばなるまい。

（1）「饗庭昌威家文書」年月日未詳、木津荘引田帳。同前、応永二九年閏一〇月二一日、木津荘検注帳。なお、このうちの検注帳については、京都大学大学院文学研究科に影写本が収蔵されている。以下、簡単にその概要を紹介しておくことにする。

現在は文学研究科図書館に架蔵され、その分類番号は「国史／し5／113」、計三冊の和綴本が『饗庭庄検地帳　一〜三』という題の一帙でまとめられている。その奥付台紙には、以下のような記載がある。

名称：饗庭庄検地帳一、二、三
台本所蔵者住所氏名：滋賀県高島郡饗庭村旭／饗庭昌威
台本体裁：原本
謄写：昭和十三年六月十五日着手　昭和十三年九月十四日完了　栗本
校合：昭和十四年三月廿一日着手　昭和十四年四月一日完了　平山／水野
備考：昭和十三年三月廿一日所蔵者送附

このうち、『饗庭庄検地帳　一』には一四条、『饗庭庄検地帳　二』には一八・一六・一七条、『饗庭庄検地帳　三』には一五・一三条の部分が順に影写されている。通常の影写本よりも厚手の料紙が用いられ、各紙の形態のトレースを省略するなど、やや簡易な体裁で作成されているものの、まぎれもなく木津荘検注帳を影写したものである。

（2）以下、現況調査の成果については、近江国木津荘調査団・新旭町教育委員会『近江国木津荘現況調査報告書Ⅰ』（二〇〇二年）、同『近江国木津荘現況調査報告書Ⅱ』（二〇〇三年）。

（3）福田徹「安曇川下流域における条里制の復原」、同「湖西、安曇川下流域における村落景観」、同「『注進木津庄引田帳』に基づく村落景観の復原」（いずれも、同『近世新田とその源流』、古今書院、一九八六年。初出はそれぞれ一九七四・一九七八・一九七八年）。

（4） 金田章裕「近江国木津荘域の条里プラン――旧湖岸・土地利用復原の一前提――」（『琵琶湖博物館開設準備室研究調査報告』二号、一九九四年）、同「古道と条里」（『今津町史　第一巻　古代・中世』第二章第二節、一九九七年）――福田・金田氏の見解については、以下これらの論考による。

（5） 水野章二「山門領木津荘に関する基礎的研究」（注4『琵琶湖博物館開設準備室研究調査報告』二号）。同「近江国木津荘をめぐる諸問題」（注2『近江国木津荘現況調査報告書Ⅰ』）など。

（6） ちなみに、この史料を福田徹氏は木津荘寺領注進状、金田章裕氏と水野章二氏は木津荘検注帳とよんでいる。しかし、当該史料自体に寺領や検注帳といった文言はいっさいみられず、さきの冒頭部分にしたがうならば、当該史料については木津荘注進帳とでもよぶのが妥当かもしれない。また、「饗庭昌威家文書」年月日未詳の木津荘年貢注文断簡には「応永廿九年里検時目録 同卅一年、帳目録サタマリ畢」とみえる。ここにみえる里検は当該史料の作成時の検注のことであり、これを木津荘里検帳とよぶのも一案かと思われる。しかし、本稿では煩雑をさけるため、木津荘検注帳の呼称で統一する。

（7） 注(5)水野章二「近江国木津荘をめぐる諸問題」。この問題は、本書終章でもふれられている。

（8） 『高島郡誌』（滋賀県高島郡教育会、一九二七年）。

（9） 近年までに木津荘故地の開発にともなう発掘調査などとの関連で、同地域の条里プランについて、このほかにも論考が提出されている。古川与志継「条里制」（滋賀県教育委員会・財団法人滋賀県文化財保護協会編『滋賀県文化財調査報告書　第5冊　高島郡新旭町堀川遺跡調査報告』、一九七五年）、清水尚「新旭町における平安時代集落の展開」（滋賀県教育委員会・財団法人滋賀県文化財保護協会編『一般国道161号線（高島バイパス）建設に伴う新旭町内遺跡発掘調査報告書Ⅰ　正伝寺南遺跡』、一九九〇年）、同「平安時代建物群の変遷と条里――近江高島郡針江遺跡群の調査成果を辿って――」（『条里制研究』七号、一九九一年）、神保忠宏「高島郡の地形と条里」（『（財団法人滋賀県文化財保護協会）紀要』七号、一九九四年）。

（10） 足利健亮「近江の条里」（藤岡謙二郎編『びわ湖周遊』、ナカニシヤ出版、一九八〇年）。

（11） 各村の地券取調総絵図については、新旭町教育委員会事務局内郷土資料室編『明治の村絵図』（一九八八年）。

（12） 以下、地形については圃場整備事業以前の状況にもとづき、また、小字については明治初年の地券取調総絵図の段階の区分により論述を進める。

（13） 『天台座主記』巻三、僧正慈賢の項（以下『校訂増補　天台座主記』本による）。

(14) 引田帳と検注帳にみえる仮名については、本書第五章・第六章で詳細に分析されている。
(15) たとえば、横田洋三「考古資料から見た琵琶湖湖岸の地形的歴史環境」（注4『琵琶湖博物館開設準備室研究調査報告』二号）。
(16) 水野章二「人と自然の関係史素描——中世後期の環琵琶湖地域を中心に——」（『民衆史研究』六一号、二〇〇一年）。
(17) 『日吉社室町殿御社参記』（『群書類従』本による）。
(18) 注(5)水野章二「山門領木津荘に関する基礎的研究」、同「近江国木津荘をめぐる諸問題」および本書第二章。
(19) 『看聞御記』応永二八年三月二〇・二一・二七日条、『満済准后日記』同月二一日条（ともに『群書類従』本による）、『天台座主記』百五十三世准三后義円の項。
(20) 『国立歴史民俗博物館研究報告』一〇四集（二〇〇三年）に所収の諸論考。

【付記】　本稿は、熊谷隆之「木津荘検注帳・引田帳と条里プラン」（注2『近江国木津荘現況調査報告書Ⅱ』）に新たな知見を加えて再構成し、全面的に改稿したものである。

第五章　引田帳・検注帳をめぐる諸問題

小原嘉記

はじめに

木津荘の研究を行ううえで最も基礎的な史料となるのが饗庭昌威家文書の中に伝わる三冊の引田帳と六冊の検注帳である。これらはいわゆる中世の土地台帳であり、その内容は他に類をみないほどの豊かな情報を有している。

しかしながらこれまでの木津荘研究[1]においては、これらの史料は高島郡条里プランや中世木津荘の景観を復元するために利用されるのみであり、それ以外のことについて活用されることはなかった。その原因は帳簿史料に特有の無機的な情報の羅列という点にあろう。延々と耕地が書き連ねられるその単調さはあまりに無味乾燥のように感じられるし、両帳簿のもつ情報量の多さはかえってその整理を困難にもしている。引田帳・検注帳に接してきた先行研究が抱いた正直な感想は、これら帳簿類の史料としての扱いにくさであったと思う。そうであるならば両帳簿それ自体について基礎的な分析を行うことは必須の課題となるのであるが、そうした試みはいまだ本格的には行われていない。

以上のような現状に鑑みるとき、早急に解決すべきは引田帳・検注帳を史料学的に検討し、その性格を明らかにすることにある。近年になって従来あいまいなままであった引田帳・検注帳の時間的な前後関係が明らかになった。[2] しかしそれにしても帳簿自体の検討は不十分であるといわざるを得ない。例えば引田帳には一筆の耕地に対して三つの仮名が記載されている。いったいこれは何を示しているのか。先行研究においてそれなりの論拠をもって説明したものは皆無であり、むしろ正面からそれに触れることを避けてすらいるようにみえる。これでは引田帳・検注帳の史料としての可能性は限定的にならざるを得ない。復元研究のみならず荘園研究の史料としてその可能性を広げるためにも帳簿自体の分析を行い、その個性を抽出する作業が不可欠なのである。

具体的な考察に入る前に本章の表記について以下のことを予め断っておく。帳簿の各冊をいちいち記述するのは煩雑になるので、引田帳はH_1帳（一三条三里三坪～一五条三里三四坪途中）・H_2帳（一五条三里三四坪途中～一六条五里二二坪途中）・H_3帳（一六条五里一五坪途中～一八条三里二〇坪まで）と略記する。また検注帳は各条ごとに一冊になっているので一三条分をK_3帳とし、以下同様にK_4帳～K_8帳とする。また各帳簿の帖数表記については表紙類を除き、本文記載が始まる帖を第一帖として数える。また両帳簿には後筆と思われる箇所が多くみられるが、煩雑になるのを避けるため原則として「　」で示すのは省略する。なお以上の表記上の原則は第六章においても踏襲する。

一　引田帳の基礎的検討

(1)引田帳の書式

まず細かい検討に入る前に引田帳の書式について確認しておく。[3]

《史料１》

注進　木津庄引田帳

合

十三条三里三坪　久光四段大廿八ト内（朱、以下同ジ）　皆六斗代

日吉五反内西依

久光四反半

新未吉半

道溝等百ト久光新未吉

以上五反百ト

三百十ト　有久　虎松引　北藤松引　久光公事

小卅四ト　北常得　北武永公事

小卅四ト　吉永　得音引　北藤松引　吉永くし

小卅四ト　米井寺　仏事方引　国久くし

小卅四ト　得音　次郎丸くし

小卅四ト　妙雲庵　辰ヨリ蔵雲庵引　南真楽くし

小卅四ト　有久　辰ヨリ平井　下宗友くし

小卅四ト　得得（ママ）　北包久くし

（イ）（ロ）（ハ）（ニ）（ホ）（ヘ）（ト）

これはH_1帳の第一帖表の記載である（本書一〇二頁の写真9参照）。「注進　木津庄引田帳」と注進状形式をとっているが、この文言があるのはH_1帳のみで他の二帳にはない。引田帳に書かれた文字は追筆部分を除けば極めて端正に書かれており、またその配列はあたかも界線があるかのように整然としている。史料1のように各頁は原則として一一行からなり、各行がバランスよく配置されている。フリーハンドではこうした体裁を保つことは困難であったと思われ、恐らくはレイアウトを示した敷紙の類を用いて作成されたのであろう。つまり引田帳は記

載上の書式・配置が整然と設定されており、その作成作業はかなり丁寧に行われていたことが知られるのである。これほどまでに意を尽くして作られたものは当該期の土地台帳としては珍しい。

次に記載事項の構成について確認しておく。史料1にあるように㋑の部分は条里坪や除田・屋敷地などを記した頭注がくる。㋺は仮名（便宜的に仮名Aと呼ぶ）、㋩は負田面積、㋥は漢数字のみで斗代を示している（史料1では三行目で「皆六斗代」とまとめられているために省略されている）[4]。㋭は仮名（仮名Bとする）、㋣は〈仮名＋くし〉というかたちで記載されている（仮名Cとする）。引田帳の本来的な記載は以上であり、「〇〇引」などのようにみえる㋬の部分は追筆である。

問題となるのは仮名A～Cの意味である。仮名Cは「〇〇公事」「〇〇くし」とあるように公事収取と関係するものであることは容易に推測できる。よって仮名Cは公事請人と規定しておきたい。一方、仮名Bと㋬にみえる人名・寺庵などは検注帳の記載との継承関係から負田請人（木津荘の場合では土地所有権の保持者といえる）であることが明らかである。㋭には引田帳の作成段階で登録された負田請人、㋬にはその後の土地所有権の移動が追筆で書き込まれているのである。よって仮名Bについては負田請人もしくは単に請人と呼ぶことにし、㋬のスペースは引人（土地所有権を「引い」た人）欄とする。残るは仮名Aであるが、先行研究ではこれを名と規定してきた。しかし実のところそのように考えるべき積極的な根拠は全く示されていない[5]。年貢・公事の負担がそれぞれ負田請人・公事請人に対応するため、残る仮名Aを何かの請人として解釈することは難しく、むしろそうした収取制度上に直接的に位置付けることができない状況から、仮名Aは名を示すものであろうと消極的にその意義付けが行われているに過ぎないように思われるのである。結論として筆者は仮名Aが名編成を示しているとは考えない。その理由については以下の考察のなかで述べていくことにし、次に引田帳の記載に付随する合点などを中心に帳簿の特徴を探ってみたい。

⑵引田帳の合点

史料1にみえるように、引田帳には黒・朱二種類の合点がある。一般に合点は記載事項を他の資料と校合・照合したり、記載事項の確認・点検を行う場合などに付けられる。富澤清人氏によると、検注取帳への合点は検注使・荘官・百姓等が集まって行われる読合の場において、各耕地が土地台帳に登録されることを確認する作業の中で付けられたものである。[6] 引田帳の場合も、H_1帳の冒頭から数帖は負田面積（史料1のように仮名Aのうちに複数の負田請人がある場合はその合計を示したところ）、斗代に対していちいち朱合点が付けられており、一見すると記載事項がいちいち確認されていたようにみえる。しかしそれは一三条三里の部分だけにみえる処置であって、朱合点が付けられる頻度としては引田帳の中ではむしろ例外的に多い。引田帳では負田請人・引人・公事請人にも朱合点がみえるが、それらの全てに朱合点があるのではなく、各記載項目のなかの一部分に対してそれはみえているわけで、帳簿の記載事項の全てを確認するために付けられているのではない。よって富澤説をそのままあてはめて解釈することはできない。

また注意しておきたいのは頭注と仮名Aには全く合点がみられないという事実である。合点は主に負田請人・引人・公事請人にみえるが、これらは年貢・公事の収取に関わる記載事項である。荘園支配の根幹に関わる部分であるからこそ、合点によって確認・点検がなされたのであろう。そうであるならば年貢・公事支配から除かれる頭注部分に合点がないのはそれなりに理解できるとしても、これまで名を示すとされてきた仮名Aに合点が全くみえないのは不自然であろう。土地台帳にこうしたかたちで名があると考える以上は、それは荘園領主による編成を経たものとみるのが自然であり、荘園支配（徴税）のための基本的な編成とみなすべきである。しかしそうしたものに対して確認・点検が一切行われていないのである。これは仮名Aの意味を考えるうえでは見過ごせない事実である。なぜなら如上の状況からすると、引田帳による荘園支配においては仮名Aはその埒外のものであり、所務の上では把握する必要のない記載であったと評価することもできるからである。仮名Aを名として単純に処理することには疑問が残るといわざるを得ない。

もちろん名編成は容易に変更する類のものではないために合点が付くことはなかったという意見もあり得るかもしれない。しかし筆者はそうは考えない。例えば史料1からも窺えるように、負田面積・斗代のいちいちに朱合点があるH_1帳の冒頭の部分ですら仮名A自体には無関心なのである。また後述するように仮名Aにはその記載を変更すべき箇所があるにも拘わらず、全く訂正の手は加えられていない。こうした仮名Aに対する態度からして、これを荘園支配を基礎づける名編成を示すものとして規定することには躊躇を覚えるのである。

その他にも仮名Aを名とするには不審な点があるが、それについては追々述べていくことにし、当面は引田帳にみえる合点に焦点を絞って検討を加えていきたい。まずは黒・朱合点の関係について確認しておく。

《史料2》

a　一楽　三百五十ト　六　有久 辰 虎松引 得音引　下宗友くし

b　月定　一反　六　有久 辰 虎松引 得音引　下宗友くし

これらは一三条三里一〇坪内の記載である。請人・引人に注目すれば、請人有久・引人虎松に黒合点、その引人得音に朱合点がある。朱合点は最終段階の引人にあり、黒合点よりも後に付けられている。またbの負田面積に付けられた朱合点は黒合点の上から引かれていることが確認でき、ここでも黒合点が朱合点に先行することが分かる。ちなみに黒合点については負田面積と請人有久のものは同筆であるが、引人虎松のものは明らかにそれらとは別筆であり、後に付けられたものと考えられる。黒合点のなかにも時間的に前後するものがあることが知られる。一方、朱合点についてはその全てが同時期に付けられたものか否かを確定するのは難しいが、その形・大きさや朱の色具合からするならば同時期に一括して付けられたものとみてよいと思う。

それでは次に各項目に付けられた合点の意味を考えてみたい。まずは負田面積への合点について。H_1帳の冒頭数帖を除けば基本的には朱合点はなく、黒合点が若干みえる程度である。それらの幾らかを次に示そう。

《史料3(7)》

a　武永　一反百ト　五　吉永――――吉永くし　但光尊帳在之

b　七十二ト無地　東末清くし

c　藤松　小四十ト　六。末弘トアリ　同　貞近くし

d　(包貞)　半　四　元吉永不審　子ヨリ吉久引　上一楽くし

aはH_1帳第二帖表の一〇・一一行の間に補足的に小さく書き込まれたものであるが、それは「光尊帳」にこの耕地があったことによる。つまりaは引田帳において本来的に把握された耕地ではなかったのである。bは負田面積の下に「無地」とあり、また仮名A・斗代・請人が無記載のままというわくつきの地である。cは請人の下に「トアリ」とみえ、請人の登録にあやふやな感じを残している。dは請人の下に「不審」とある。このように負田面積に黒合点があるものは、その耕地もしくは請人などの記載自体に何らかの問題性を孕んでいたことが知られる。もちろん黒合点のあるもの全てをこのように解釈することはできないのであるが、おおよその傾向として以上のように考えることができる。

またこうした黒合点とセットのようにして多くみえるものに「。」符号がある。この「。」符号がみえるのは主に負田面積もしくは負田請人の上である。

《史料4(8)》

a　(恒吉)　。四十八ト　(六)　有末くし

b（重次）　ｏ百二ト無主　（四）　ｏ「重弘くし二入」
c　ｏ四十ト　五引落　下有時くし
d　行友　ｏ大四十ト　三　二楽云々　二郎丸くし
e（国守）　小五十五ト　六ｏ久光不知行 得音引　千代菊引 本末吉くし
f　安末　百歩　三ｏ無地云々　末光くし 国里くし

右に示した事例のうち、a～dが負田面積の上、e・fが負田請人の上に「ｏ」符号がある。前者のうちa～cには請人記載がなく、bには「無主」、cには「引落」とある。dには請人は記載されているものの、それは「云々」というあいまいなかたちになっている。一方、後者の方もやはり、「不知行」（e）や「無地云々」（f）といった記載がみえている。概して「ｏ」符号のみえるものは、黒合点と同様に尋常な記載とは言い難いものである。つまり黒合点と「ｏ」符号は引田帳への登録にあたって不審もしくは問題のある耕地を指示したものとみることができるのである。そしてbの公事請人欄において後筆で追記がなされたり、eで請人久光が不知行であることを補足したりしていることに鑑みるならば、特に「ｏ」符号は耕地の有無や請人の再調査・再確認が必要であることを意味するものであったといえよう(9)。

続いて負田請人・引人への合点について。これは史料2でも示した通り、引人がある場合は請人に黒合点があり、引人の下にさらに引人がある場合は前の引人の方に黒合点が付けられている。そして引田帳使用段階の最終的な引人に朱合点が付いているのであるが、引人がいない場合には負田請人の方に朱合点が付いている。ただしこれも大まかな傾向であり、全ての請人・引人にこうした原則が貫徹されているわけではなく、合点のない請人・引人もそれなりに存在する。なお負田請人への朱合点には偏りがみられ、大谷・末永・得音・隣・成延・福童・吉永などに集中している。

最後に公事請人の合点について。原則としてこの項目には朱合点のみがみえ、それは公事請人の登録数のうち四分の一程度の数になる。ところで公事請人の仮名には、例えば包久の場合には「包久くし」「北包久くし」の二種類があるように、東西南北もしくは上下を冠する仮名もかなり見受けられる。そこでこの点に注目して公事請人の記載形式を類型化すると次の通りになる（『　』は朱筆、以下同）。

Ⅰ　本来的な記載（例「南末清くし」「下友貞くし」）

Ⅱ　墨筆で補足（例「上包貞くし」「南重元くし」）

Ⅲ　朱筆で補足（例「『南』重久くし」「『上』国里くし」）

Ⅳ　Ⅱタイプの補足をさらに朱筆で訂正（例、「上『下』一楽くし」「北『南』真楽くし」）

Ⅰタイプは仮名Aから公事請人まで一筆書で記載された本来的なあり方である。引田帳の作成当初から既に公事請人の仮名には東西南北・上下を冠するものがあったことが窺える。Ⅱタイプは仮名の右肩に事後的に東西南北・上下が書き込まれたものである。この書き込みが引田帳の作成段階に遡らないであろうことは次の事例から知られよう。

《史料5》

重元佃　一反北八五　末永巳ヨリ福童引　千歳引　上包貞くし

これは引田帳一四条四里二三坪内の記載であるが、引人欄の「千歳引」の記載が「包貞くし」の右肩部分に及んだため、スペースのある左肩部分に「上」と書き込まれているのである。つまり「上」の書き込みは、「千歳引」よりも後のものであり、引田帳に本来的に備わるものではないのである。そうするとⅣタイプはⅡタイプよりも後のものであることが明らかであるし、同じ朱筆であるⅢタイプもⅣタイプと同時期の処置とみるのが自然であろう。そして筆者はさらにⅢ・Ⅳの作業は朱筆で合点を付けていく作業と並行して行われたのではないかと考える。それには次のような理由がある。公事請人への朱合点には明確な偏向性があり、特定の公事請人に対して合点が付けられている。いまそれを列挙すると、

吉貞　四郎丸　次郎丸　末国　末永　武永　得光　久光　吉武　吉永
下一楽　上国里　南重次　北重久　南真楽　南貞近　北藤松　上有時

となる。後段の東西南北・上下に分化する仮名（以下「分化仮名」と呼ぶ）をみても分かる通り、朱合点があるのは分化した仮名のうちの一方のみである（例えば上一楽には朱合点は付かない）。こうした原則をふまえた上で次の事例をみてほしい。

《史料6[10]》

a（恒吉）　六十ト　五　安国＼千代鶴　『下』一楽くし
b（有末）　二反　（五）得音＼虎松引　『上』一楽くし

これらの公事請人にはもともと分化を示す冠詞は付いていなかった。単なる「一楽くし」であるならば朱合点が付けられることもない。しかしaはⅢタイプの処置により下一楽となり合点が付けられた。一方、bは同様の処置で上一楽とされたために合点は付けられなかった。朱筆による書き込みと朱合点を付ける作業が連動していたと考える余地は充分にあろう。その他に朱筆に関していうならば、一カ所ではあるが一七条一里二六坪内にある「南重次くし」の記載が朱線で抹消されている。上述の原則からすればここには合点が付けられるはずであるがそうはなっていない。その理由は単純である。この耕地が二斗五升代という公事の課されない土地だからである。朱線による抹消は引田帳の間違いを訂正したものなのである。つまり公事請人への朱による加筆は、引田帳の記載の訂正・補足を最終的に示したものであり、朱合点はその作業と連動して付けられたものと考えられるの

である。ただし、偏向的に付けられた朱合点の意味については、それを推測するだけの十分な材料がないために現段階では不明とせざるを得ない。

以上、引田帳にみえる合点・符号についてかなり微細なところにまで立ち入ってみてきた。その結果をまとめるならば、一つは墨筆が朱筆に先行するという点が挙げられる。そして朱合点・朱書は記載内容の訂正・補足等とも関係しており、引田帳を使用していた時期の最終段階における確認・訂正が示されている。一方、黒合点などは帳簿への登録内容に対する不審・不備や再確認などの必要性を指示したものであった。総じて引田帳にみえる合点類は富澤氏が検注取帳に関して述べたものとはおおよそ趣を異にしているのであるが、むしろそれを引田帳という土地台帳の個性として理解していく姿勢が必要なのである。またもう一つの注目すべき事象は、仮名Aには全く合点や追筆・訂正等がなされていないということである。負田請人・引人・公事請人という年貢・公事の収取と関係する部分について数多くの合点が見られることと対比するならば、仮名Aはそうしたものの埒外にあったとみなし得る。仮名Aを名とする理解にも再考が必要であろう。

⑶三冊の引田帳とその伝来

現在引田帳は三冊伝わっているが、そこには微妙な問題がある。H_1・H_2帳は頭注をもつが、H_3帳には全くない。またH_2帳の最後の二帖分（第五三・五四帖）とH_3帳の冒頭二帖分（第一・二帖）はその記載内容（一六条五里一五坪途中〜同二二坪途中まで）が重複している。重複部分では仮名Aや請人などの記載に若干の相違はみられるが、両帳の行送り・改頁の書式は全く同じである。一連の帳簿作成においてわざわざ重複する部分を作る必然性はないはずであり、これらのことはH_3帳が前二帳とは別系統のものであることを示唆しているようにも思われる。

この点について先行研究はその事実自体は指摘しているのであるが、それ以上に検討を加えることはしてこなかった。もしH_3帳が前二帳とは由来を異にするものであるのなら、何故に別系統の帳簿が一具のものとして現在に伝わっているのかが説明されなければならない。そこで本項では三冊の引田帳の伝来について、現存する帳簿の形態に即して検討を加えていき、その上で改めてH_3帳と前二帳との関係を捉え直したい。

既に述べたように、H_1帳は「注進　木津庄引田帳」と始まるが、H_2・H_3帳にはそうした文言はなく、いきなり耕地が書き始められている。これは全ての帳簿が「注進　木津庄／合　応永二十九年壬寅潤(閏)十月廿一日」と始まる検注帳とは大きく相違している。H_2・H_3帳の中途半端な始まり方や、検注帳の冒頭のあり方を勘案するならば、現在数冊になって伝わる引田帳は、かつては一冊のものであったが、後世に何らかの理由によって分冊されて現在の形態になったと考えることも可能であるかもしれない。よって、まずは分冊形態にある現状が事後的なものであるか否かを考えてみる。

各帳の裏表紙見返には異筆で帳簿の紙数が記されている。H_1帳には「已上帋数六十九枚上帋・下帋六まい除定」とあるが、現状では表紙・裏表紙の二枚と表紙と第一帖の間にある白紙一枚の計三紙が確認できる（ただし異筆の主は現在の裏表紙は「下帋」に含めていないようである）[11]。引田帳の分冊が事後的であるとするならば、引田帳本来の「上帋・下帋」は分冊時に改変を受けることになり、現在の表紙類は後の補綴と考えなければならない。しかし後世の補綴においてわざわざ表紙と第一帖の間に白紙をはさむ必要があるだろうか。また上述の異筆が加えられた時にはさらに四紙があったはずだ。これらの処置が分冊の結果であるとするのは不自然であろう。そして現在の「上帋・下帋」が引田帳作成の当初からのものである徴証もある。

《史料７》

【H_1帳裏表紙見返】（本書一〇二頁の写真10参照）

十五条二里十六―友貞　小十ト　五　鶴石　南藤松くし　■

畠二反　三郎丸

「已上帋数六十九枚上帋・下帋六まい除定」

【H_1帳第六〇帖表】

十五条二里十―

屋敷小　三郎丸

畠二反　三郎丸　貞近二反
又半

元
延寺半　三郎丸
但延寺帳無之、山三反云々

十六―友貞　小十ト　五　鶴石卯千代鶴引　南藤松くし
屋敷
荒川道山畠九反半五十ト内
畠　三郎丸三反　貞近一反
又二反

一見して分かるように、裏表紙見返の記載は第六〇帖の書き損じである。一〇坪に負田がなかったために誤って一行目に一六坪を書いてしまったのであろう[12]。つまりH_1帳の現裏表紙は引田帳作成時の反古紙をそのまま用いているのである。中世の引田帳の形態がそのまま現在に伝わっているとまではいえないかもしれないが、引田帳作成当初の料紙が裏表紙として利用されていること、表紙に続けてわざわざ白紙がはさまれていることなどを考えるならば、現在の引田帳の形態は当初のものをある程度は継承しているのではないかと思われるのである。少なくとも後世に帳簿の形態に大きな改変が加えられたとはみなし難い点があるといえよう[13]。

また次のようなことも考慮する必要がある。それはH_2帳の最終帖裏の記載についてである。該当頁の八〜一一行の記載を示そう。

《史料8》

廿二―有時　一反九十ト　三　坂本友貞武永引　三郎丸くし

武永募《ヒッシサル》一反三百卅三　成延　黒丸　六反小十卜内
西川中溝　三反小十卜　四　二反小　三　一反十卜　吉永午　得音　久光くし
東溝　小五十卜

このように一一行目は負田面積以下が空白になっており、各頁が一一行からなるという引田帳の原則に反している[14]。しかもそれは仮名A黒丸の途中で記載が終わるという極めて中途半端なものであり（H_3帳には一一行目にも記載がある）、きりのよさから一行分の空白スペースを作ったというものではない。一一行目の記載をあえて書かなかったのか、それとも書けなかったのか、それはもはや知る術はない。しかし筆者はH_2帳の最終帖がこのように不自然に終わっているところに、むしろ作為を感じるのである。そもそも引田帳はここで一冊としての区切りをつけていたのではないか。そして先述した反故紙の事例と総合するならば、現在のH_1・H_2帳という分冊の形態は引田帳作成当初のものを継承しているのではないか、と[15]。

そうするとこれまで十分に説明されることのなかったH_2・H_3帳の重複部分に関しても次のようなことが指摘できる。H_3帳の冒頭（本書一〇四頁の写真13参照）をみてもらいたい。

《史料９》

十六条五里
三百廿卜　四　末永　末永くし
百十卜　四　新末吉　友貞くし
包久　一反卅卜　三　清水　末光くし
十六―得光　一反　三　得光　得音　得光くし
（以下七行略）

「十六条五里」の記載は一行目の「三百廿ト……」よりもさらに前の例外的な位置にあるが、その点を除けば一行構成の原則は守られている。ところで何故H_2・H_3帳に重複があるのかを考える場合、H_2帳の終わり方とH_3帳の始まり方の関連の有無について注意する必要があると思う。H_2帳は仮名A黒丸の途中で終わっていた。ならばH_3帳の始まりはどうか。そこで史料9の一～二行目の仮名Aが何であったのかをH_2帳で確認してみると、それはずばり黒丸なのである。つまりH_2帳の続きを作成する時、一六条五里二二坪の仮名A黒丸の途中から書き始める必要があったわけだが、どうしたことかH_3帳は誤って一六条五里一五坪の黒丸の途中から始めてしまったのである。その結果H_2・H_3帳に重複する部分が生じてしまったのだろう。引田帳に重複部分があるのは帳簿作成上の単純なミスに起因する可能性が大いにある。

このように重複部分においてH_2・H_3帳に連関があったとすると、H_3帳はH_2帳の続きとして作成されたものとみなすのが妥当な解釈といえる。それはH_3帳の第一帖より前にはかつて一三条三里三坪～一六条五里一五坪の途中までのものがあり、H_3帳がH_1・H_2帳とは独立した別個の帳簿として成立していたと想定するのが無理であることを意味する。H_3帳を前二帳と全くの別系統のものとして峻別してしまうのは必ずしも適切なものとはいえないのである。この点について状況証拠からさらに補強しておく。

それはH_3帳重複部分の引人や合点の少なさである。例えば前項で指摘した負田請人への朱合点の偏りに注目すると、請人成延には必ず朱合点があるが、H_3帳の重複部分だけは全く付されていない。こうしたことは公事請人への朱合点についても同様にいえる。そしてそのことは逆に重複部分以外ではH_1～H_3帳の合点類は同一原理で付されていること、つまり帳簿への書き込みは同一主体によってなされていたことを示している。三冊の引田帳は同一主体によって使用・管理されていたと考えるのが最も自然な解釈なのではなかろうか。それは次のことからも確認できる。

《史料10》

ａ【引田帳一四条三里一一坪】「廿」

久光給　百十卜　三　旦過　恒末くし

但十七条一里五―便田替云々　光尊帳ニハ廿五坪トアリ

ｂ【引田帳一七条一里五坪】

秦内　小四十卜　三　久光　十四条三リ十一―給百十卜替云々　宗真便田替云々　包貞くし

ｃ【検注帳一七条一里二五坪の頭注】

久光募半　但百十卜　未ヨリ□へ引

得久　甲辰ヨリ宣意引

ここで問題となるのは久光給についてである。ａの但書の前半は一四条三里一一坪から一七条一里五坪に久光給が移ったことを注記したものとみるのが妥当である。しかしその内容自体は誤りであり、ｃの検注帳の久光募に百十卜として継承されているように、それは光尊帳の通り二五坪に移されたというのが正しい。このことはａの但書の部分でも後に訂正と合点によって確認されている。しかし問題はｂの記載である。ここにみえる注記はａの但書前半部分の間違いをそのまま反映している。一方、引田帳の一七条一里二五坪には久光給に関する記載はない。この久光給をめぐる誤解に関して H_1 帳と H_3 帳は明らかに連関している。それには同一主体による三冊の帳簿の所持・使用を想定するのが最も合理的であろう。

以上、三冊の引田帳の伝来とその関係について、帳簿そのものの分析から解釈を試みた。要点を記せば、一つは引田帳の分冊は元来のものであった可能性があること、もう一つは H_3 帳が前二帳と全くの別系統のものであったとは必ずしもいえないことである。[16] そのなかで引田帳に重複部分が生じた理由についても説明することができたと思う。現存する一具の引田帳を、全くの別系統の帳簿からなるセットであるとみなすよりも、以上に検討したように同系統のものとして捉え、同一主体による一貫した所持・使用を想定するほうがはるかに自然であろう。

⑷名編成論の再考

これまでの研究は仮名Aを名と認識してきた。しかしそう考えるべき積極的な根拠は全く示されてはこなかった。筆者は既に合点の検討から仮名Aを名とする見解について疑問を述べたが、それ以外にも仮名Aを名と考えるには不審な点がある。まず一点目として複数の仮名を一つにまとめる記載方式の存在があげられる。

《史料11》

新末吉　二反大卅　六斗代
有末　大十ト　六斗代
以上三反小四十ト内
一反半　。福童　一反廿ト 国久くし／小四十ト 南藤松くし
一反　有久巳 千代鶴引　南末清くし
三百四十ト　阿伽　有末くし

これは一三条三里三五坪にみえるものであるが、新末吉・有末分の田地をひとまとめにしている。三人の負田請人に分かれた田地のうちどれが新末吉分でどれが有末分なのかは全く識別することはできない(17)。これでは名を示すものとしての機能を果たすことはできないのではなかろうか。

二点目としては同一坪内に同じ仮名を二回掲げるような記載の存在があげられる。次に示すのは一三条四里一六坪内の記載である。

《史料12》

得久　二反　四　有久 已 福満 本末吉引　得万くし
得久　二反百ト内
　半五十ト　三　吉永　南本末吉くし
　半五十ト　三　得音 西方寺　南本末吉くし
　一反　三　有久 已 福満 本末吉引　南本末吉くし

一般に引田帳の坪内の記載は仮名Aごとにまとめられている。それが名ごとのまとまりであるとするならば、引田帳の作成において坪ごとに名寄の作業が行われたことになる。しかし史料12のようなあり方からはそうした見方を単純にとることはできない。仮名Aは一般に考えられる名寄とは別次元の処置で記載されているとも考えられるからである。[18] 名編成を示すあり方としては整合性をもたない形式なのではなかろうか。

三点目としては名を示すとは考え難い記載が存在する点があげられる。

《史料13》[19]

a　光任　小　五斗代内
　七十二ト　友宗後家衝出 福満引　南太郎丸くし
　四十八ト　米井寺　南太郎丸くし
　新屋敷　六十ト　五　福童 福童引　南貞近くし
b　有時　半卅ト　三　乙法師
　田代畠　大卅ト内
　小　二　北真楽

ａには新屋敷、ｂには田代畠というものが仮名Ａ欄に記載されている[20]。これは他の仮名とは明らかに質が異なり、名を示すものとしては甚だ不適切なものである。少なくとも年貢・公事の収取と関連して設定される名としてこうした記載を理解するのは困難である。

以上、仮名Ａのあり方そのものから、それが名編成を示すとするには不審な点があることを述べた。そうであるならば、次に仮名Ａ自体の意味が問われなければならない。そこで仮名Ａの記載の有効性、つまり仮名Ａに何らかの機能があったかどうかという点について検証してみたい。既に述べたように合点の分析の結果からは仮名Ａに所務の上での大きな意味があったとはみなし難いのであるが、そうしたことは他の面からも窺えないだろうか。

ここで再び久光給に関する史料10をみてもらいたい。ａでは仮名Ａ欄に久光給とある。この給田の記載が実質を保ったものであるならば、引田帳の仮名Ａは有効に機能するものであったと判断できる。それでは実態はどうか。まず確認しておくと、ａの久光給とある田は引田帳の記載上では他の負田と同質化しているが、ｃの検注帳では除田欄（頭注）にある。些細なことにみえるが、この点は見逃し難い意味を持つと考える。それは表１をみれば明確になる。表１は引田帳・検注帳の人給田の記載を一覧にしたものである。引田帳の人給田と検注帳のそれとはよく対応しており、また原則としてそれらは両帳簿では一貫して除田（頭注記載）であることが分かる。この事実を勘案するならば、ｃの頭注にある久光募とする除田も引田帳の時代から一貫したものとみるべきである。

そうするとａの久光給という記載自体は全く機能的な意味をもたないものとみなすことができる。それを相博の結果と考えるのは適切ではない。何故ならａの記載は最初から他の負田と同様に一筆書で記されているのであり、頭注にあるわけではないからである。この辺りの経緯を推測するならば、次のように理解するのが整合的で

表1　引田帳・検注帳の人給田

条　里　坪	引　田　帳	検　注　帳
14条3里31坪	職事給(330歩)	職事田(1反)
14条4里16坪	得冨免(1反340歩)	得冨免(1反180歩)
14条5里18坪	公文給久光募(2反180歩)	久光募(3反)
15条2里17坪	×	得冨免(1反)
15条2里34坪	得冨免「或帳一期不輸」	×
15条4里2坪	公文給(1反170歩)	久光募(1反180歩)
15条4里13坪	職事給(220歩) ※1	×
16条3里36坪	図師給(1反130歩)	図師給(1反180歩)
16条4里15坪	図師給(1反)	図師給(1反)
16条4里26坪	得冨免(2反180歩)	得冨免(2反180歩)
16条4里33坪	得冨免(1反270歩)	得冨免(1反180歩)
13条4里28坪	下司給有末募(240歩)	※2
13条4里34坪	公文給(2反20歩)	※2
13条4里34坪	下司給有末募(1反150歩)	※2
17条1里17坪	※3	図師給(3反)
17条1里10坪	※3	得冨免(1反)
17条1里25坪	※3	久光募(180歩)
18条2里36坪	※3	千住免(5反)
14条3里21坪	職事給 (220歩) ※4	職事田(220歩) ※4

※1　この記載は仮名A欄にある　　※2　K_3帳の錯簡・欠失のため不詳
※3　H_3帳には頭注がないため不詳　　※4　この記載は負田請人欄にある

あろう。もともと除田としての久光給は一四条三里一一坪にあったが、相博によってそれは一七条一里二五坪に移り、これまで給田であった一四条三里の田は給田ではなくなり負田化した。これは引田帳が作られる以前の出来事であり、引田帳の作成時に旧久光給の系譜を引く田がaのように他の負田と同様のかたちで帳簿に登録された。つまり仮名Aの記載は引田帳の使用時期に実質を保ったものというよりも、その負田の旧系譜を示しているに過ぎないと解釈することができるのである(21)。そうすると一五条四里一三坪の職事給や〈仮名＋佃〉で示される百姓佃などについても同様の事態を想定することができる。これらも帳簿上では他の負田と同質化しており、その特殊性を窺うことができないからである。

　では以上のような想定は可能であろうか。そのためにも一般の仮名とは異質な記載となっている仮名Aについて検討したい。もしそれらが帳簿上で機能をもつものであるならば、上述の想定は成り立たないことになる。特殊な名称をもつ仮名Aは前述の久光給・職事給や百姓佃のほかはほとんどが湯田に関するものなので、ここでは湯田に注目して検討する。表2は引田帳にみえる湯田記載をまとめたものである。仮名A・負田請人・引人のいずれの欄においても湯田記載はみられる。そうしたなかで注意されるのは、仮名Aに湯田とある場合のみ公事負担が免除されている点である。木津荘では三斗代以上の田には公事が課される原則であり、請人・引人欄にみえる湯田記載ではその原則が貫かれている。しかし仮名Aにみえる湯田に限ってそうした措置がとられておらず、荘園領主によって公事の免除が認められているのである。このことは仮名Aの有効性を示す証拠になり得るかもしれない。

しかしそうした事実にも拘わらず、筆者はなおも引田帳使用段階での仮名Aの有効性には疑問をもつ。それは公事負担に限っていうならば、仮名Aが一般の仮名の場合であっても公事が免除されているものがわずかながらみえるからである（表3）。

《史料14》

a（吉永）　大兵士田　（六）米井寺

b（重久）　半兵士田　五　吉永

これらは一三条三里三六坪のうちの公事記載がないものであるが、その理由は帳簿に明快に示されている。この二筆は兵士田という特殊な性格をもつために公事が免除されているのである。そしてそのことの表示が負田面積の下に付随するようにしてある点、つまり公事の免除が必ずしも仮名Aと連動してはいない点に注意したい。もし仮名Aが名を示す有効な記載であるならば、湯田などの記載と同様に仮名A欄を「兵士田」とすればすむはなしであるが、それらは吉永・重久という一般的なものになっている。その他の表3にあるものは帳簿からは何故に公事が免除されているのかは分からないが、史料14で付随的に兵士田とあったことから類推するならば、それらにも同様に特殊な用途と関わる事情があり、帳簿上ではそれが潜在していたとみることもできよう。いずれ

表2　引田帳にみえる湯田

条　里　坪	仮名A	負田請人	引　　人	公事負担
13条4里9坪			森郷湯田	○
14条3里5坪	白雲湯田	(米井郷)		×
14条3里24坪		白雲郷湯田		○
14条4里35坪		米井郷風呂田		○
15条2里29坪		白雲室堂		○
15条3里18坪	日爪湯田	即		×
15条3里29坪		白雲室堂		○
15条4里9坪		白雲室堂		○
15条4里13坪		白雲湯田米井郷		○
15条5里11坪		森郷湯田		×　※1
15条5里11坪		森郷湯田		○
15条5里19坪			岡湯田　※2	
16条3里5坪		日爪湯田		×　※1
16条3里34坪		日爪湯田		×　※1
16条3里35坪	日爪湯田	日爪湯田		公事免
16条4里9坪	日爪湯田	日爪湯田		×
16条5里1坪	白雲湯田	(米井郷)		×
16条5里4坪			岡湯田	○
16条5里7坪		白雲室堂		○
16条5里21坪	森湯田	(貞隆寺)		公事免
16条5里21坪		田井郷湯田		○
17条1里13坪		白雲湯田		○
17条1里19坪		日爪湯田		○
17条1里36坪			木津湯田	○
18条3里7坪	土生湯田	即		公事免

公事負担欄　○は公事請人あり、×は公事請人なし、公事免は帳簿に「公事免」とあるもの
※1　斗代が二斗五升代・二斗代の耕地
※2　頭注に記載されたもの

表3　引田帳の公事請人のない田

条　里　坪	仮名A	負田請人	斗代	備　　考
13条3里22坪	有末	有久	六	
13条3里36坪	吉永	米井寺	六	「兵士田」の注記
	重久	吉永	五	「兵士田」の注記
13条4里16坪	恒吉	吉永	四	
14条3里10坪	国安	×	六	
15条5里14坪	安国得光	得音	四	或帳には記載なし
16条3里21坪	来住	鶴石	三	
16条4里15坪	有時	上有時	三	「不知行」の注記
16条4里18坪	有時	乙法師	三	
17条2里3坪	恒松	恒松	四	

にしても公事免除が仮名Aに規定されていたといってしまうことはできないと思う。引田帳で負田請人・引人欄に湯田がある場合に特別な措置がとられていなかったことも考えるならば、湯田と公事免除の関係も仮名Aの有効性という観点から説明されるべきものではないと考える。

以上のように仮名Aに何らかの機能があったか否かについては、それを積極的に支持するだけの徴証がみられなかった。仮名Aに合点がなかった状況などからしても、その機能性を肯定的に理解するのは困難といわざるを得ないだろう。

そこで、次に久光給の移動のところで述べた理解、すなわち仮名Aがその負田の旧系譜を示しているのではないかという点について改めて検討を加えてみたい。まずこのように理解することで整合的に解釈できる帳簿上の記載がある。それは仮名Aを名とする見方に対する疑問の三点目としてあげた新屋敷・田代畠という記載についてである。こうした地種の記載は仮名A欄に限らない。

《史料15》

福千　一反新屋敷八十ト　六　福千　新末吉くし

これは一四条四里五坪内の記載であるが、負田面積の下に「新屋敷八十ト」とある。これは新屋敷分を含めた一反八〇歩の田地が年貢・公事の課される耕地として引田帳に登録されたことを示している。問題は新屋敷・田代畠と表現されるものの地種である。年貢・公事が課される以上、これらが負田と同様に田地としての実質をもったことは疑いない。にも拘わらずそれに似つかわしくない名称でわざわざ記載されているのは何故か。しかも頭注のなかにも新屋敷という地種が存在している。頭注の性質からして、それは年貢・公事の課されない屋敷地とみるのが妥当である。

同一帳簿内の同じ地種表記において一方は年貢・公事の負担があり、一方は非賦課地であるという不統一はどういうわけなのか。それは仮名Ａがその耕地の旧系譜を示すと考えた場合にうまく理解できる。つまり新屋敷とは引田帳に先立つ旧帳簿においては一律に年貢・公事の賦課されない屋敷地であったが、引田帳の作成時にその一部が負田として登録されたため、負田と除田の両方に新屋敷という地種が現れることになったのである。負田としてみえる新屋敷や田代畠はかつてそれらが屋敷地・畠地であったことを示すのであり、引田帳使用段階でそうであったとはみなし難いのである。こうしたことは前述した久光給・職事給や百姓佃と同様のものとして統一的に把握できる。

また合点を検討した際に指摘したように、負田請人欄にはその記載が不審であったり、再調査・再確認を要するものがあったり、なかには空欄のままであったり、「無地」「不知行」としたりするものもみられた。しかしそれらにも原則として仮名Ａは記載されている。(22)請人や耕地そのものの存在があやふやな状態で名だけを設定するというのは奇妙なはなしである。それに対して仮名Ａを負田の旧系譜として理解するならば、引田帳において仮名Ａの記載がほぼ確実にある一方、請人欄にあいまいな記載がまま存在していることについてもそれほど理解に苦しむ必要はなくなる。引田帳は新たな土地調査の結果をまとめた台帳として作られたのではなく、旧帳簿に登録された耕地を参照しながら負田を登録していったものと考えられ、その点において負田の旧態を示す仮名Ａは必ず存在することになるからである。しかし旧帳簿の耕地の全てがそのまま引田帳の作成段階の実態と即応するはずもなく、そうした齟齬に起因して、あるものは請人が無記載のまま、あるものは「無地」などとされ、逆に新たに負田化したものに対して新屋敷・田代畠や「勘益」などの表記がみられるのであろう。

この他にも仮名Ａが名でない徴証として次のようなものがある。H_2帳の一五条四里三〇坪の頭注には「菊万名募之」との記載がある。しかしながら菊万なる仮名は負田請人としてはみえるが仮名Ａには一切存在しない。これは仮名Ａを名と考えた場合には不自然な事実といわねばならないだろう。あるいはこの菊万名は荘園領主が設定した名編成とは無関係のもの（名が解体した後に二次的に現れた名）であるという反論もあるかもしれない。しかしそうした意見には同意しかねる。というよりもこの菊万名自体はそのような二次的な名であると思うが、仮名Aを名とする立場からはこうした意見を述べることはできないはずだ。何故ならばその場合には名編成を規定した帳簿そのものに名として出てくることになるのだから。

以上、仮名Aを名編成とみる見方に対して引田帳の記載上からの不審点を述べ、さらに仮名Aが引田帳の使用段階において所務の上での機能を有する記載であったとはみなし難いことを述べてきた。結果として仮名Aはその耕地の旧系譜（引田帳に先立つ旧帳簿に登録された請人など）を示すものではないかと推測するにいたった。引田帳や検注帳には負田請人の変更は「○○引」のように示されている。つまり木津荘の土地台帳においては土地所有の変更は請人甲の負田を請人乙が「引く」といったかたちで表現されているのである。負田の旧系譜（旧帳簿の請人）と現在の請人を整理して一覧にしたとするならば、それは「引田」の状況を示した帳簿といえ、まさに「引田帳」と呼ぶに相応しい[23]。

(5)引田帳の作成

引田帳が綿密な土地調査の結果をまとめた帳簿とは言い難い側面を有していたことは、これまでの検討からも窺うことができたのではないかと思う。そもそも室町初期の近接した期間に、引田帳・検注帳のそれぞれについて大規模な土地調査を独自に行っていたとするのは不自然であるように思う。検注帳が実際の土地調査による帳簿であることは確実であるが、引田帳の場合は必ずしもそうはいえないのである。それでは具体的に引田帳の作成作業はどのようなものであったのだろうか。

そこで参考になるのが引田帳のなかに多く散見する諸帳簿の存在である。引田帳には「光尊帳」「或帳」「古帳」

「延寺帳」といったものが本文の記載に付随してみえ、その補足や引田帳本文との異同を記している。その結果、久光給の移動でみたように「光尊帳」の通りに訂正される場合もあった。こうした諸帳簿の参照のあり方は、検注帳では一五条四里三六坪の頭注に「古帳ニ無之」とわずか一箇所にみえるに過ぎず、引田帳に特徴的なものであったといえる。これは引田帳の成り立ちが実際の土地調査によって作られた検注帳とは異なっていることを示す事実といえよう。そして次のような引田帳への記載にも注意したい。

《史料16》

十四―安国得光　一反六十ト　四　得音　午ヨリ　西方寺

　或帳恒松水田二反八十ト　二　自余無之

これは一五条五里一四坪の記載であるが、「或帳」による補足記載が引田帳の一行分を占めているのである。これはすなわち引田帳の作成が「或帳」の参照と同時進行で進められていたことを示す。そしてこのことは他の補足的な書き込みのようにみえる「光尊帳」などの諸帳簿についても同様であったと思う。つまり引田帳はそれまでに伝わっている所務に関する諸帳簿を参照しながら、現在の請人などを改めて登録していったものと考えられるのである。しかし「光尊帳」以下の諸帳簿が本文の記載を補足する程度の位置付けでしかないことにも留意する必要がある。引田帳の最も基本的なベースとなった旧帳簿はそれらとは別に存在すると考えられるからである。筆者はその帳簿は在地の荘官の手許に留められた前回の検注帳簿であり、その荘官とは他ならぬ公文久光であったと推測する。久光は旧帳簿をベースにその他の諸帳簿を参照して引田帳を作成し、それは久光によって一貫して所持・使用され、やがて検注帳とともに一括して定林坊の手に移っていったのであろう。このような想定にも十分な蓋然性はあると思う[24]。

ところで引田帳への記載にあたって参考にされたものは諸帳簿だけではない。

《史料17》

a　国安　一反　三　得音引　吉永　辰ヨリ虎松引　但売券ニ廿一ニ在之　吉武くし

b（太郎丸）　百十四ト　三　○乙法師　但請坪ニ不入也　北包久カ　末永くし

aは一七条一里二〇坪内の記載であるが、引人欄にある但書から、帳簿への記入にあたっては売券が参照される場合があったことが知られる。土地所有権の変更が端的に示される売券は、請人を調べる上でも格好の資料として利用できる。またbは一七条一里三四坪内の記載であるが、但書には「但請坪ニ不入也、北包久カ」とある。これだけではその意味するところは判然としないが、さしあたって次のように解釈することができると思う。この負田の請人は乙法師とあるが、実際には乙法師が請ける負田（請坪）の内にこの田は入っておらず乙法師は請人ではないらしい。あるいは請人は北包久であろうか、と。もしこうした理解で大過ないとすれば、請人は自らの権利を有する田（負田）を「請坪」として請文のようなかたちにして、荘官等との間で負担の請負関係を確認したのではないかと考えることができる。こうしたものも引田帳を作成する際には資料として活用可能である。引田帳の請人欄には「二楽云々」とするようなものがみられることは先述したが、それらは売券や「請坪」などによって確認されたものかもしれない。このように引田帳には実際の土地調査の結果をまとめたとは思われない記載がみられるのである。

以上の状況をまとめるならば、引田帳の作成は諸帳簿などを用いて机上で行われた調査であったと理解することができる。それでは引田帳とは単に負田の新旧の請人を整理するためだけに作られた帳簿なのであろうか。筆者はその作成には荘園支配についてのもっと積極的な意味があったと考える。例えば引田帳の作成によって新たに負田化した耕地があったことは先述した。これは引田帳の負田が単に旧帳簿のものを引き写しただけではないことを示している。

また引田帳の作成の大きな眼目の一つには、公事支配体系の再編があったと筆者は考える。先に筆者は公事請人の記載様式をⅠ～Ⅳタイプに分類した。Ⅰタイプは引田帳に本来的なものであるが、そのなかにも東西南北・上下を冠した仮名（分化仮名）が少なからずみられた。つまり引田帳の作成段階ではこうした仮名の分化は自明のことなのである。しかし旧来の仮名の様態を示すと思われる仮名Ａには原則として分化仮名はみえない[25]。またⅡ・Ⅲタイプでは後筆によって非分化仮名に東西南北・上下を付して分化仮名を作り出し、公事請人の種類を細分化している。このように仮名の分化は引田帳の作成の前後からとられはじめた措置だといえる。公事請人の多くに分化仮名がみえることは旧帳簿にはなかったものと考えられ、つまり分化仮名の存在は公事支配体系の再編を示すものとして評価できるのである。そしてその再編成された公事支配に関わる秩序は、私見では一五世紀を通じて意味を持ったと思われ、その点にこそ引田帳が今に伝わる理由があったと考える[20]。かなり多くの推測によった部分もあるが、筆者は引田帳の成立とその意義は以上のようなものであったと考える。

二　検注帳の特徴

引田帳に比べて検注帳の記載は単純で明快である。また書式の基本事項については別に触れられているので[27]、検注帳の様態自体については簡単な指摘をするにとどめておく。

《史料18》

（1オ）「注進　木津庄

合　応永二十九年壬寅潤（閏）十月廿一日

十四条二里

七坪　二斗代

◯半《不》　阿弥陀寺
十九―　三斗代　」
(1ウ)「極楽寺免一反
◯一反　花岳庵
◯一反　極楽寺　丁卯ヨリ長泉寺引
◯小　万木左近入
　已上二反小

これはK4帳の第一帖表と同裏の四行目までを示したものである。ここにある通り基本的に検注帳の各頁はそれぞれ六行で構成される。その点で引田帳と同様に検注帳の書式にも規則性があったといえるが、写真（本書九七～一〇八頁の写真4～17参照）を一見すれば分かることだが、引田帳の文字の丁寧さに比べて検注帳のそれはやや大雑把であり、各行のバランスも均整がとれているとは言い難いところもみられる。

検注帳の記載項目は公事請人がないのを除けば引田帳とほぼ同様なものといえる。まずは引田帳と同様に合点類の特徴を確かめておきたい。史料18にあるように負田面積の上には必ず朱筆による「◯」符号が書き込まれている。また負田面積に朱合点があるものも散見する。これは「◯」符号とは違って全ての負田に付されているわけではない。しかも朱合点は特定の請人の負田に対して付けられる傾向が看取できる。いまその請人を列挙しておくと、

乙法師　加嘉　末永　貞隆寺　得永　花岳庵　普済寺　三郎丸　清水寺　不退寺　吉永

となる。その意味するところは残念ながら不詳とせざるを得ないが、寺庵や特別な請人（加嘉が特別な請人であることは第六章を参照）が含まれている点を指摘しておきたい。

次に請人・引人の合点について。基本的に請人にはいちいち朱合点が付されている。そして引人がある場合に

は請人に黒合点も付けられている。墨の重なり具合からも朱が黒合点に先行することは明らかである。また引人の下にさらに引人がある場合にも朱・黒合点がある。つまり請人の登録は朱合点によって確認がなされ、請人に変更を要する場合は黒合点が付けられているのである（朱合点を否定したともいえよう）。この原則からすると、引人ない場合は請人欄に朱合点のみが残ることになる。こうした請人の例としては延寿・乙法師・加嘉や諸寺庵と勘落・料所[28]があげられる。その他に請人の前に「。」符号がみられるものがあるが、それは吉永・成願寺・料所に偏向してみえる。

以上、検注帳の合点類についてみてきた。富澤氏は読合の場において取帳に合点が付けられ、その作業によって検注使・荘官・百姓等の間で取帳の記載が承認・確定されたこと、そしてそれが帳簿の改竄を防ぐ役目を果たしていたことを論じた[29]。つまり読合以後の帳簿への書き込みは不可能かつ非法な行為であり、正検の結果を容易に改変することは許されないものなのである。木津荘検注帳の場合も負田面積と請人はいちいち朱筆によって確認がなされている。しかし多数の請人の変更が引人欄にみえているように、検注帳への事後の書き込みはあからさまである。しかも注意すべきは検注帳のレイアウトについてである。後筆の引人欄を除外して検注帳の本来的な記載を考えた場合、帳簿の体裁は極めてアンバランスなものであることに気付く。請人欄は帳簿のほぼ中央の位置にあり、結果として帳簿の三分の一以上のスペースが請人欄の下に残ってしまうのである。これを積極的に解釈するならば、このスペースは初めから引人を記載するためにあったと理解することも可能であろう。富澤氏のいう取帳が、検注の結果を固定的に把握する静的な登記簿であるとするならば、木津荘検注帳は検注の結果をベースにして変更点をその都度書き連ねていくという動的な登記簿であったといえよう[30]。

ところで検注帳には各里ごとに斗代別の負田を集計した目録を載せている。これをもって検注帳が取帳と目録を兼ね備えた性質の帳簿であったとする見方もあり得るであろうが、筆者はそのようには考えない。

《史料19》

已上拾伍町捌段小十四卜〔三反半四卜〕内

五斗代　一町二反四十八卜

四斗代　四町五反小六卜

三斗代　八町五十四卜

二五斗代　六反五十卜

二斗代　一町四反半卅六卜

畠　五反四十四卜

これは一六条三里の集計部である。まず一見して分かるのはこの部分には合点等が全くないことである。帳簿の記載を確認していく作業の中でこの部分は基本的にその埒外にあったといえる。そのことは史料19の総負田数の訂正にも示されている。各斗代別の負田の合計は一五町八反一三四歩であり、それは訂正以前の総負田数と一致する。しかし総負田数は一五町三反一八四歩に訂正されたにも拘わらず、各斗代別の負田数には全く訂正の筆が及んでいない。このような状態で目録として固められていたというのはかなり不自然なものといわなければならない。検注帳自体には直接的な収取上の機能は稀薄であったといえよう(31)。

　最後に名について簡単に触れておきたい。これまでは引田帳との比較から、検注帳では名編成はなされていなかったと論じられてきた。しかし引田帳の名編成論も甚だあやしいものであることは先述した。いずれにしても引田帳・検注帳の両方において荘園領主が名編成を行っていた様子は窺えない。しかし引田帳には菊万名という記載がみえた。それでは検注帳の場合はどうであろうか。饗庭昌威家文書の中の明応二年（一四九三）一二月日定林坊快重茶園畠売券（一四条四里一九坪に所在）には「右、件茶園畠者、雖有快重相伝之私領、依有要用、代物一貫伍百文、春松名江永代売渡申候処、実正明白也」とあり、春松名というものがみえる。いったいこれは何なのか。検注帳をみても負田請人としては確認できない。しかし帳簿をよくみてみると引人欄に少なからず春松が存在することに気付く。つまり春松は引人であり、春松の負田は春松名（春松の私領）として認識されるものだったのである。このことは菊万名についても同様にいえると思う。また時代は下るが天正二年（一五七四）の饗庭定林坊引分并家中田畠帳（饗庭昌威家文書）の中に「五斗　山門水田勘落名へ入」と記載したものがある。勘落は検注帳の請人欄に多くみえるが、それが「勘落名」といわれているのである。〈請人＋名〉というかたちで請人の所領（負田）が認識されていたことが確認できるが、これらは荘園支配のために設定された名などとは次元を異にするものである。

なおその他にも一七条一里三六坪内に「元勝名引、くし米流云々」との記載がみえる。また饗庭昌威家文書の中の天文一一年（一五四二）三月一一日出雲守元隆田地売券（一三条三里一一坪に所在）には「但元勝名ェ□御得分四斗三升」とみえる。検注帳が使用された時代に元勝名が存在したことが分かる。ただしこの元勝名は上述の春松名などとは性格を異にするものである。詳しくは第六章で述べることにしたい。

以上、検注帳について簡単にみてきた。そのなかで検注帳は動的な土地登記簿としての性格を作成当初から持っていたと思われること、この帳簿が取帳と目録の機能を兼ね備えていたとは考え難く、直接的に収取上の機能を果たしたとはいえないことを述べた。また引田帳・検注帳にみえる名の性質についても言及した。

おわりに

本章は木津荘の引田帳・検注帳という膨大な情報量を持つ帳簿の史料的性格を明らかにすることを目的とした全くの個別論文である。その結果については各項目ごとに簡単にまとめているので、ここでいちいち述べることはしない。

ところで一般的には現存する中世の土地台帳は荘園領主の手許に残されたものがほとんどである。しかし本章の考察対象である引田帳・検注帳は荘園現地の荘官のもとで保管・使用されたものである。このような在地文書の事例は非常に稀有なものであり、在地の土地台帳だからこそ荘園領主に注進された帳簿とは異なる姿となって今に伝わっている部分もあったと思われる。こうした魅力的な史料に対してどれほど課題に肉薄することができたか甚だ心許ないのであるが、かなり大胆な推測をした部分も含めて基礎的な事実と新たな知見をある程度示すことができたと考える。

中世の検注については富澤氏の優れた分析がある。しかし本章ではあえて富澤説を前提にして帳簿を読み解くという方法はとらなかった。それは富澤説を否定しようとする意図からではなく、引田帳・検注帳の個性を最大限に引き出すことこそが必要であると考えたからである。中世の土地台帳には様々な利害関係が反映、もしくは潜在しているのであり、個々の帳簿においてそれらを一律に把握できるものではない。もし安易に富澤説に依拠するのみで帳簿を解釈したならば、そうした帳簿のもつ個性は一般性の中に埋没しかねない。また富澤説が主に領家・預所と地頭の所務相論が日常化する鎌倉中期以降の状況から導かれたものであることにも注意したい。その時代状況や荘園領主と在地の諸関係なども検注帳簿に影響を与える要素であるはずだ。中世の土地台帳を富澤説のみによって一律に説明するだけではなく、それぞれの個性を捉えていく作業はやはり不可欠なのである。本章で微細な部分の検討を行ったり、あえて冗長に思われるような事実を確認したりしたのもそうした意図からである。

これまで引田帳・検注帳はその史料としての性格にまで踏み込んだ検討は十分に行われてこなかったが、本章の考察によって史料学的な検討はある程度成し得たと考える。従来の研究は帳簿上の各記載の意味や関係に対して正面から対峙しようとしてこなかったきらいがあるが、ここに両帳簿を景観復元以外の史料として用いる基礎と環境は整ったといえよう。以上の検討結果を踏まえ、第六章においてはこれまで全く検討されることのなかった木津荘の支配構造について、両帳簿を素材にして考察を試みたい。

(1) 福田徹「安曇川下流域における条里制の復原」、同「湖西、安曇川下流域における村落景観」、同「『注進木津庄引田帳』に基づく村落景観の復原」（『近世新田とその源流』、古今書院、一九八六年）、金田章裕「近江国高島郡木津荘域の条里プラン――旧湖岸・土地利用復原の一前提――」（『琵琶湖博物館開設準備室研究調査報告』一号、一九九四年）など。

(2) 水野章二「近江国木津荘をめぐる諸問題」（近江国木津荘調査団・新旭町教育委員会編『近江国木津荘現況調査報告書Ⅰ』、二〇〇二年）、熊谷隆之「木津荘引田帳・検注帳と条里プラン」（同編『近江国木津荘現況調査報告書Ⅱ』、二〇〇三年）。なおこれらの論文は改稿のうえ本書第二章・第四章・終章に収載されている。

(3) 各帳簿の現況などについては、本書第四章を参照。

(4) 本文中において引田帳の一行分の記載を史料として提示するとき、少なくとも㋺～㋣は示しておく必要があるが、例えば史料1の五行目を示そうとする場合、㋺㋥の情報を正しく伝えることができない。よって本稿では、

（久光）　小卌四ト　㈥　北常得　北武永公事

のように、便宜的に（　）を用いて表記し、その欠を補うことにする。

(5) 注(1)の福田「『注進木津庄引田帳』に基づく村落景観の復原」では参考文献を引きつつ仮名Aを「名請人」と規定するが、全くその根拠とはなっていない。以後の研究においても何の論拠もないまま、また何の検討も経ないないまま、いたずらに名という認識のみが継承されている。

(6) 富澤「中世検注の特質」、同「検注と田文」（『中世荘園と検注』、吉川弘文館、一九九六年）参照。

(7) aは一三条三里六坪、bは一四条四里二一坪、cは一四条五里一四坪、dは一七条一里三五坪内の記載。

(8) aは一三条三里三六坪、bは一五条二里三六坪、cは一六条四里一九坪、dは一四条五里二六坪、eは一四条四里一一坪、fは一五条五里一六坪内の記載。

(9) このような黒合点と「◦」符号の特質を念頭に置いた場合、引田帳を検注取帳として単純に捉えることには慎重でな

ければならないであろう。耕地・請人の記載に問題性が存在するということは、引田帳が荘内の土地を丈量検地などによって調査した結果をまとめた帳簿ではないことを示唆しているからである。

(10) aは一三条四里六坪、bは一四条五里一七坪内の記載。

(11) H_1帳の第三帖以降の料紙には、右上端部に漢数字で小さく通番号が付されている（例えば第三帖には「三」とある）。六八紙目に当たる最終帖には「□（六）十九」とある。「帋紙六十九枚」とあるのは、あるいはこの通番号に引きずられたのかもしれない。なお通番号と紙数にずれが生じていることについては付記を参照。

(12) 裏表紙見返の「友貞　小十ト」と頭注の記載は一見すると有効であるようにもみえる。H_1帳は一五条三里三四坪の途中で終わっているので、もし裏表紙見返の記載が有効であるならば、それは三四坪の負田ということになる。しかし同坪について検注帳をみてみると、「友貞　小十ト」に連なる負田があった形跡はなく、これらの記載が有効であったとはみなし難い。

(13) 例えば同じく饗庭昌威家文書のなかに伝わる検注帳のうち、K_3帳は散逸・錯簡が甚だしく冊子の体すらなしていない。後世に大きな補修などの手が加わっているとするならば、こうした未整理のままの状態で放置されているのは不自然である。饗庭昌威家文書の中に伝わる中世の帳簿類に対して大きな改変が加えられているとは考え難いように思う。

(14) 例外的なものとしてはH_2帳第三六帖裏の記載をあげることができる。そこでは九行で記載が終了しており、残り二行は空白になっている。その理由は九行目で一六条三里分の書き上げが全て終わるというきりのよさによるものであったと思う。いずれにしろこの例をH_2帳最終帖と同一視することはできない。

(15) 現存する引田帳の各冊の紙数はかなり不均等である。分冊が事後的であるとするならば、そうした不均等なかたちに分冊しなければならない理由についても説明する必要が生じる。むしろ筆者はこうした各冊の不均等性は引田帳に本来的なものであったのではないかと考える。

(16) そうはいってもH_1・H_2帳とH_3帳の間に相違があることは事実であり、H_3帳についてはなお検討する余地がある。例えばH_3帳の重複部分にはH_2帳とは異なった朱合点もわずかながら存在しており、それらについて十分な説明をするのは難しい。また現存するH_3帳は前二帳の作成よりも後の時期に何らかの事情によって改めて作成されたと思われる点がある。重複部分が生じる理由もこうした点と関係するのかもしれない。しかし帳簿の所持・保管・使用という観点から考えた場合、これら三冊の帳簿を別系統のものの寄せ集めと評価することはできないように思う。

(17) 同様の記載は一四条四里一七坪と同二七坪にもみえる。
(18) 史料12と同様な記載は一四条三里一九坪などにもみられる。
(19) aは一五条三里二三坪、bは一六条四里一八坪内の記載。
(20) 同様の例として、一五条三里一八坪内に「田代畠」、一五条三里二二坪内に「新屋敷」がある。
(21) いずれにしても相博されているはずの久光給の記載が訂正されていないのは事実であり、そのことからも仮名Aの記載の機能性については消極的に評価せざるを得ない。
(22) 史料3のbと史料4のcには仮名Aの記載がないが、これは例外中の例外である。
(23) このように理解するとき、なぜそうした形式の帳簿を作る必要があったのかを説明しなければならない。筆者はその理由は引田帳が検注作業によって作成された帳簿ではなかったためだと考える。新たな土地調査の帳簿ではないのだから、さしたる理由がない限り旧来の負田の規模は維持される必要があったが、引田帳の作成過程でそれをごまかすような非法・不法が起こる可能性もあった。荘園領主の手許にはかつて注進された旧帳簿があるわけで、引田帳のような形式の帳簿が注進されるならば両者を対照することも可能となり、不正を防ぐことができる。引田帳のスタイルは前回の検注の規模を保持するためにとられたものと考えられる。
(24) ただしそう考えたとき、先述した久光給の移動の件で、何故に久光が自らの給田をきちんと把握できていなかったのかという点について問題が残る。また引田帳の作成は久光が独自に行ったのではなく、当然ながら延暦寺の関与があったと考えるべきである。引田帳の作成過程についてはなお検討する余地がある。
(25) 末吉が本末吉と新末吉に分かれているくらいで、下安国・南一楽などは量的に少なすぎる（本書第四章の表1を参照――一三〇～一頁）。
(26) 本書第六章を参照。
(27) 本書第四章を参照。
(28) 料所の引人欄には「如法経田引」や「神楽田引」などの記載があるが、これを一般的な引人とすることはできない。そのことは料所に黒合点がないことからも窺える。
(29) 注(6)富澤論文。
(30) こうした違いは、あるいは在地において機能した帳簿という特質に起因するのかもしれない。

(31) 実際問題として里ごとの集計を行うことに収取上の便宜があったとは思えない。やはり収取関係を確定した検注目録は、年月日未詳木津荘年貢注文断簡（饗庭昌威家文書）にある通り、応永三一年（一四二四）に固まったとみるべきであろう。

［付記］ 脱稿後に原史料を調査する機会を得て、執筆中に十分に確認できなかった点などについても知見を深めることができた。本来ならばその成果を加味して第一節(3)項を書き改めるべきではあるが、初校の直前の調査ということもあり、大幅に改めることは叶わなかった。よってここで若干の補足を加えておきたい。

注(11)でも触れたように、H_1帳には料紙の右上端部に通番号がみられるが、それはH_2帳の第二六帖に「九十五」とあるのまで続く。ところでH_1帳では途中から通番号と帖数との間にずれがみられたが、おそらくこれは同帳の第六〇帖以降に生じたものと思われる。H_1帳の第六〇帖の通番号は「□《(六)》十一」、同帳裏表紙の番号は「□《(六)》十」、H_2帳の第一帖は「□《(七)》十」とある。H_1帳裏表紙が同帳第六〇帖の書き損じであることは本文で触れた通りであるが、第六〇帖となるべき六〇紙目の料紙を反故にしたため、第六〇帖が六一紙目の料紙に書かれることになったのであろう。

このように考えると、これらの通番号は事後的に付けられたのではなく、引田帳を作成するための料紙に予め書き込まれていたのではないかと推測することができる。これらの通番号のなかには「□《(六)》十」のように数字が現料紙の上端部よりもさらに上の部分から書かれていたものが多くみられる。つまり通番号が書かれた後に原料紙の天部が切り揃えられたため、通番号の文字の一部が切断されてしまったと思われるのである。こうした点からもこの通番号が事後的に書き加えられた可能性は低いといえよう。

そしてこれらの通番号がずれたままに配置されていることからしても、現在の引田帳の形態が後世の分冊によって整えられたものであるとみなすことは難しいように思う。よって本文で述べたような認識については、今のところそれを変更する必要はないと考える。

第六章　木津荘の負田・公事・名

小原嘉記

はじめに

これまでの木津荘に関する研究は景観復元を対象とするものが主であり、その支配構造に関してはほとんど考察が深められてこなかった。これは膨大な情報を有する引田帳・検注帳が十分に史料として活用されてこなかったことを示している。そうした状況を克服するために、筆者は第五章において両帳簿の史料学的な検討を行った。よって本章ではそこで得られた知見をもとにして、木津荘の支配構造について両帳簿を素材にして考察を進めていきたいと思う。そのなかで第五章では十分に説明することができなかった問題についても触れていきたい。

また本章は室町時代の木津荘をとりまく状況を考察することも課題の一つにしている。具体的には木津荘と武家との関係についてである。近年、当該期の荘園制を荘園解体論としてではなく室町期荘園制論として位置づける試みがなされている(1)。木津荘は山門の膝下領荘園といっても過言ではなく、千僧供料所として延暦寺にとっては特に重要な荘園の一つであった。こうした山門の最も強い影響力が及ぶ荘園が武家とどのような関係を有していたのかを考察することは、当該期の荘園制を理解するうえでも有益であろう。以上の観点から従来とは異なった木津荘の姿を示してみたいと思う。

一　引田帳の仮名とその分布

引田帳には一筆の耕地に対して三種類の仮名が記載されている。筆者は第五章においてそれらを仮名A・負田請人・公事請人と規定し、仮名Aについてはそれが引田帳以前の旧帳簿に登録されていた負田請人などではなかったかと推測した。しかしこの三種類の仮名の関係等についてはそれ以上に触れることができなかった。よってここで改めて検討を加えることにしたい。ただし全般的なことをいえば、これらの三種類の仮名は相互に嚙み合っているとは言い難いのが実状である。例えば一つの耕地に対して三種類の仮名が同一であるものはほとんどない。また特定の仮名がセットになってみえるような傾向も看取し難く、その関係性はかなりアットランダムなものといえる。そのため一筆の耕地に対する三種類の仮名の関係性のみを追究するよりも、まずは個々の仮名ごとにその三種類の分布を調べていった方が、それぞれの仮名の性質を考えるためにも得策であろう。そこで最初に引田帳の三種類の仮名の分布を手掛かりにして考察を進めていきたい。

具体的な検討に移る前に検注帳の負田請人の分布について述べておく。検注帳には大・中・小規模それぞれの負田請人がみえるが、その負田の分布は請人の規模によって特定の傾向があるわけではない。大規模な請人はもちろんのこと、中・小規模の請人の負田も特定地域に偏るのではなく、広範囲にわたって普く荘内に分布しているのである。検注帳の請人の分布を類型化することは困難だといわざるを得ない。

それでは引田帳の場合はどうであろうか。引田帳には三種類の仮名があり、同一の仮名であっても仮名A・負田請人・公事請人それぞれの分布の様相はかなり異なっているが、仮名Aに注目した場合にその類型化は可能だと考える。

①まとまりをもつもの

図1a～dは宗友・光任・重次・重末の分布をそれぞれ示したものである。いずれも百姓佃〈仮名A欄に〈仮名+佃〉とあるもの〉を有するものであり、また光任・重次・重末は引田帳の頭注からその屋敷地も知ることができる。これらは引田帳においては負田請人として多く登録されているわけではないが、公事請人としての規模は大きく、その分布は広範囲に及んでいる。おおよそ三種類の仮名の分布に連関を見出すことは困難であるが、仮名Aの分布が屋敷・佃に程近い範囲に広がっているという点は特徴的である。(2)また百姓佃をもたない仮名で屋敷と仮名Aの分布にある程度の連関を見出すことができるものとして国元・太郎丸・吉永・吉貞がある。両帳簿の負田請人や引田帳の公事請人が全くまとまりを示さないことと比較するならば、こうしたあり方は注目される。屋敷・佃に近い範囲で田地が広がるあり方からは、徴税のための擬制的な編成がなされる名であると考えるよりも、より実態的な土地所有のあり方が如実に示されているように思われるのである。このことも筆者が仮名Aを名とみなすことができない理由の一つである。

②拡散しつつも緩やかなまとまりをもつもの

図2a・bは末光・末清の分布を示したものである。両者とも①と比べるとかなり広範囲に仮名Aが広がっているが、末光は一四条四里を、末清は湖岸近くを中心にしてある程度まとまっていることが看取できよう。そしてやはり屋敷・佃はその分布と連関していることが分かる。百姓佃をもたない仮名でも青蓮・黒丸・三郎丸・重久・弘方などは①よりも広範な分布を示すが、その分布は屋敷地との連関を有していたといえる。

③拡散的に分布するもの

①②以外の大・中規模なものはこれに当てはまる。例えば包久や有末は荘内に普く分布している。

図1－a　宗友

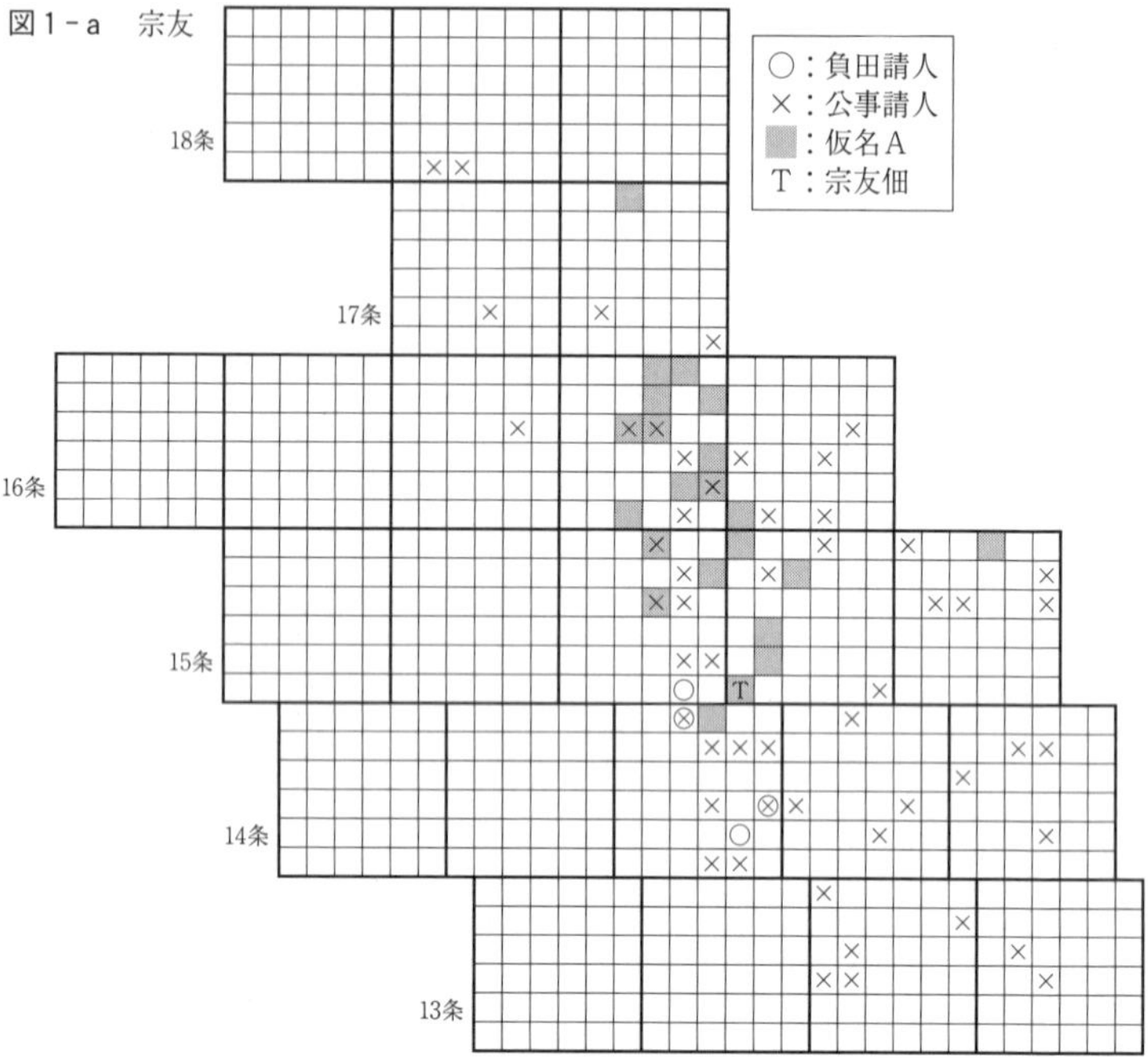
18条
17条
16条
15条
14条
13条
T
○：負田請人
×：公事請人
：仮名A
T：宗友佃

図1－b　光任

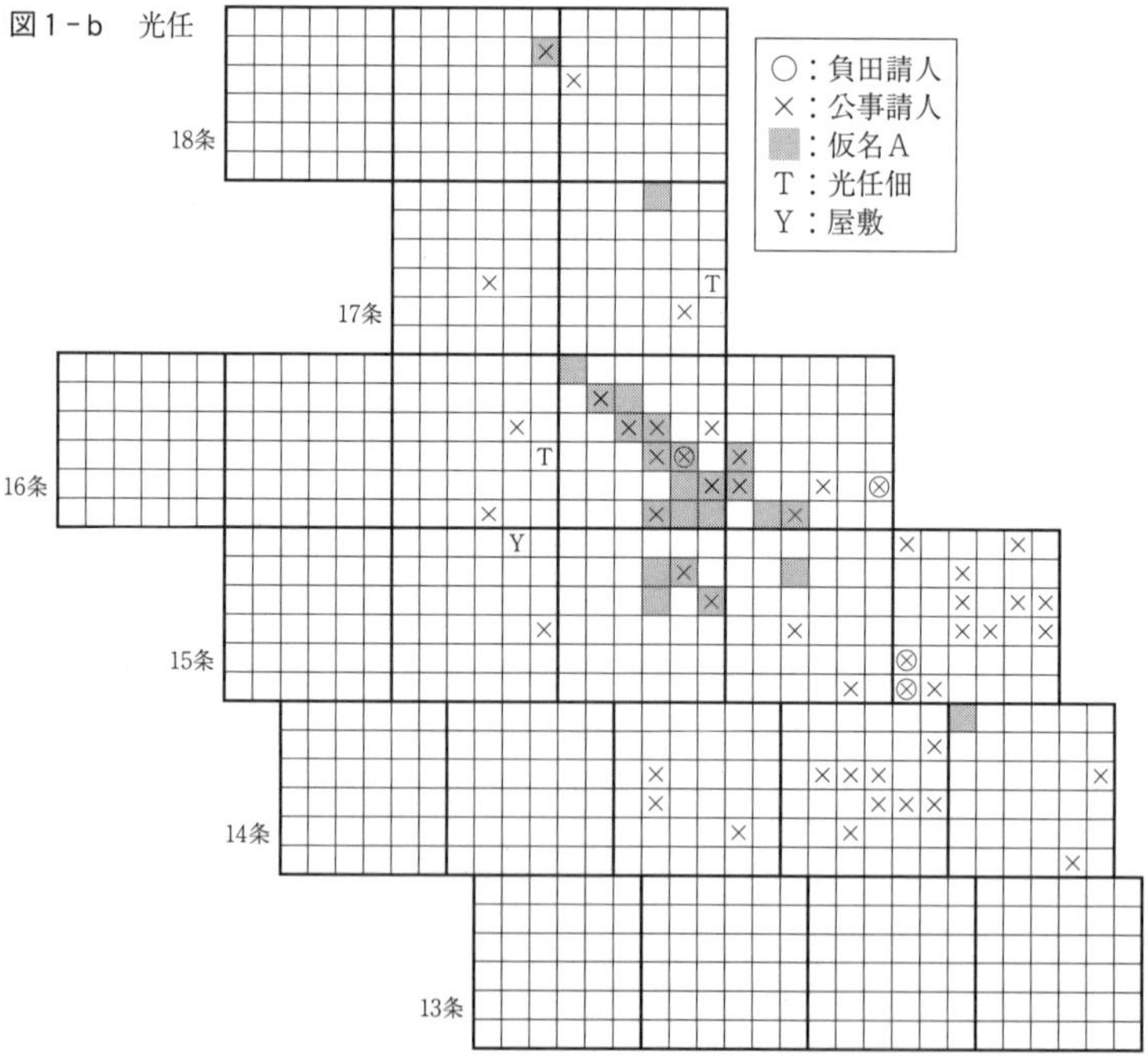
18条
17条
16条
15条
14条
13条
T
Y
○：負田請人
×：公事請人
：仮名A
T：光任佃
Y：屋敷

図１-ｃ　重次

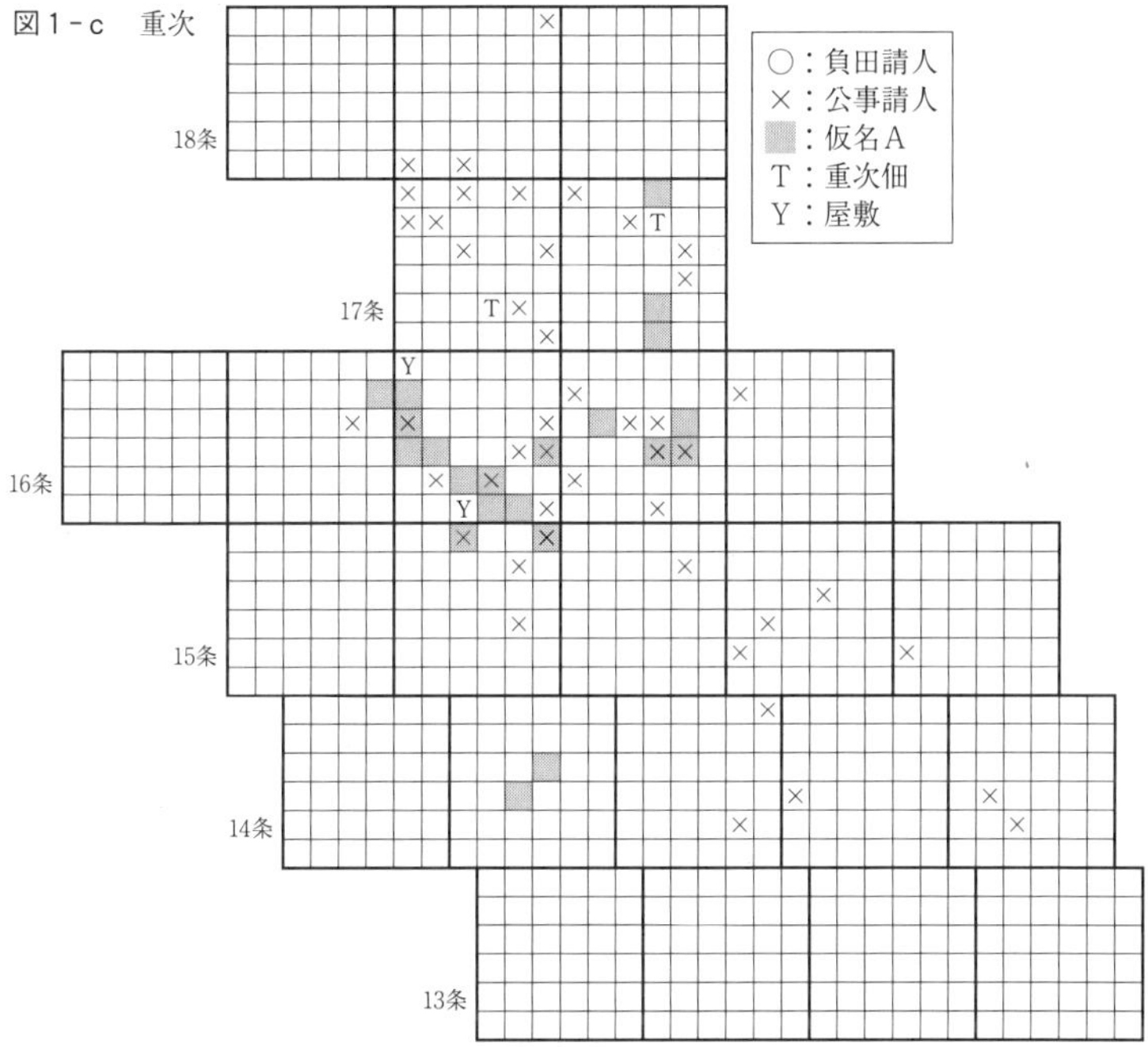
○：負田請人
×：公事請人
：仮名Ａ
Ｔ：重次佃
Ｙ：屋敷
18条
17条
16条
15条
14条
13条

図１-ｂ　重末

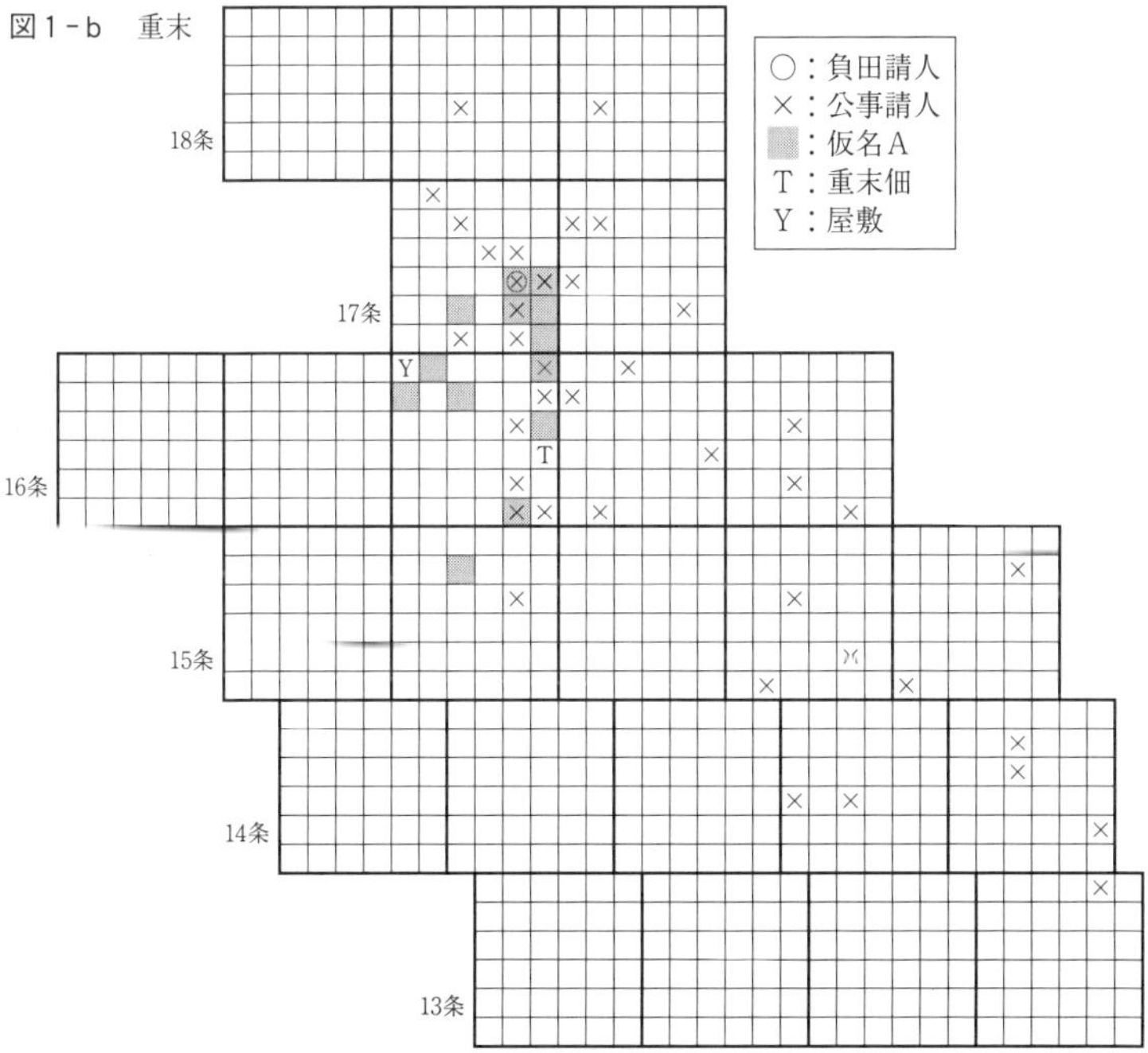
○：負田請人
×：公事請人
：仮名Ａ
Ｔ：重末佃
Ｙ：屋敷
18条
17条
16条
15条
14条
13条

図２－ａ　末光

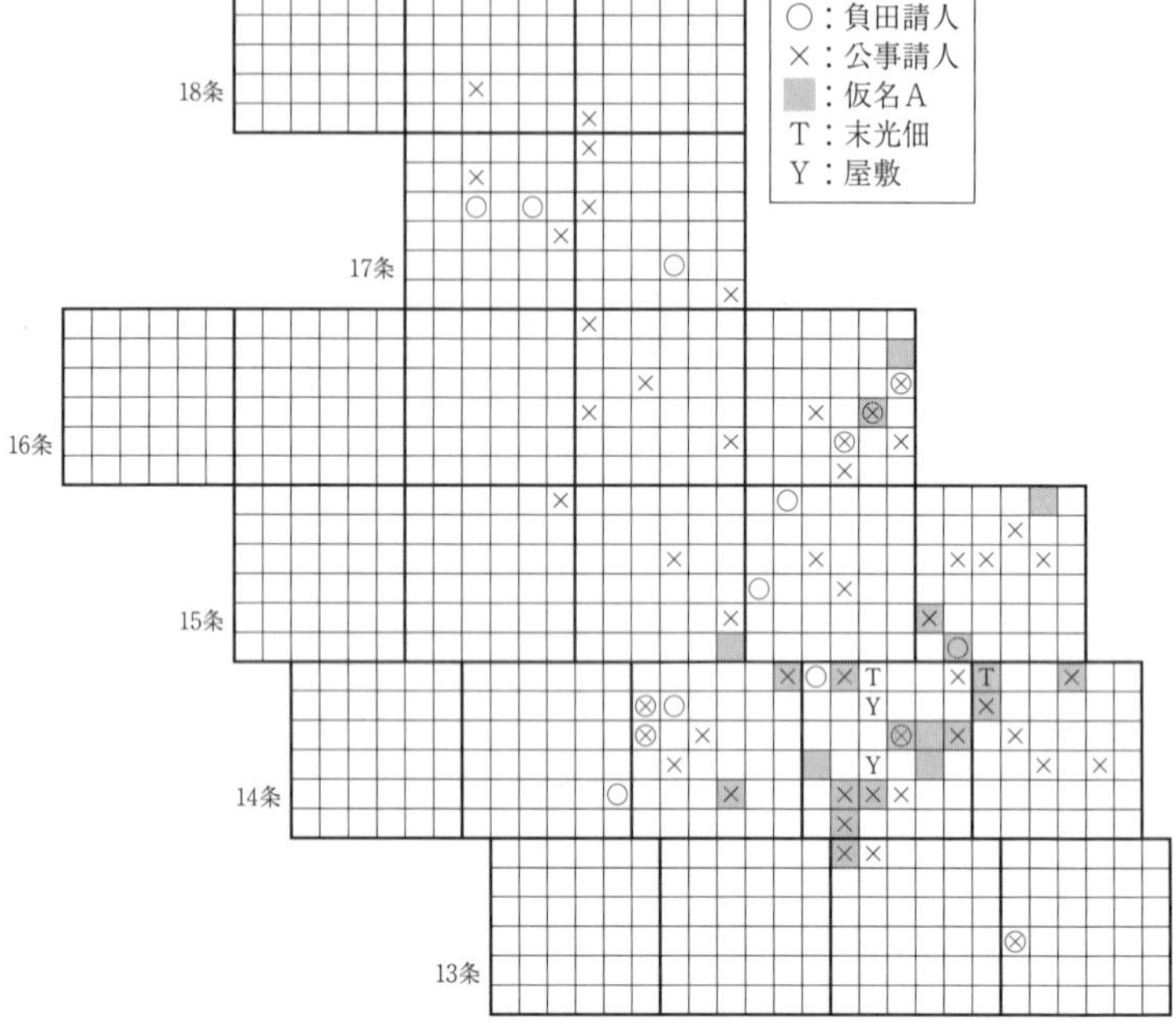
○：負田請人
×：公事請人
：仮名Ａ
Ｔ：末光佃
Ｙ：屋敷
18条
17条
16条
15条
14条
13条
T
Y

図２－ｂ　末清

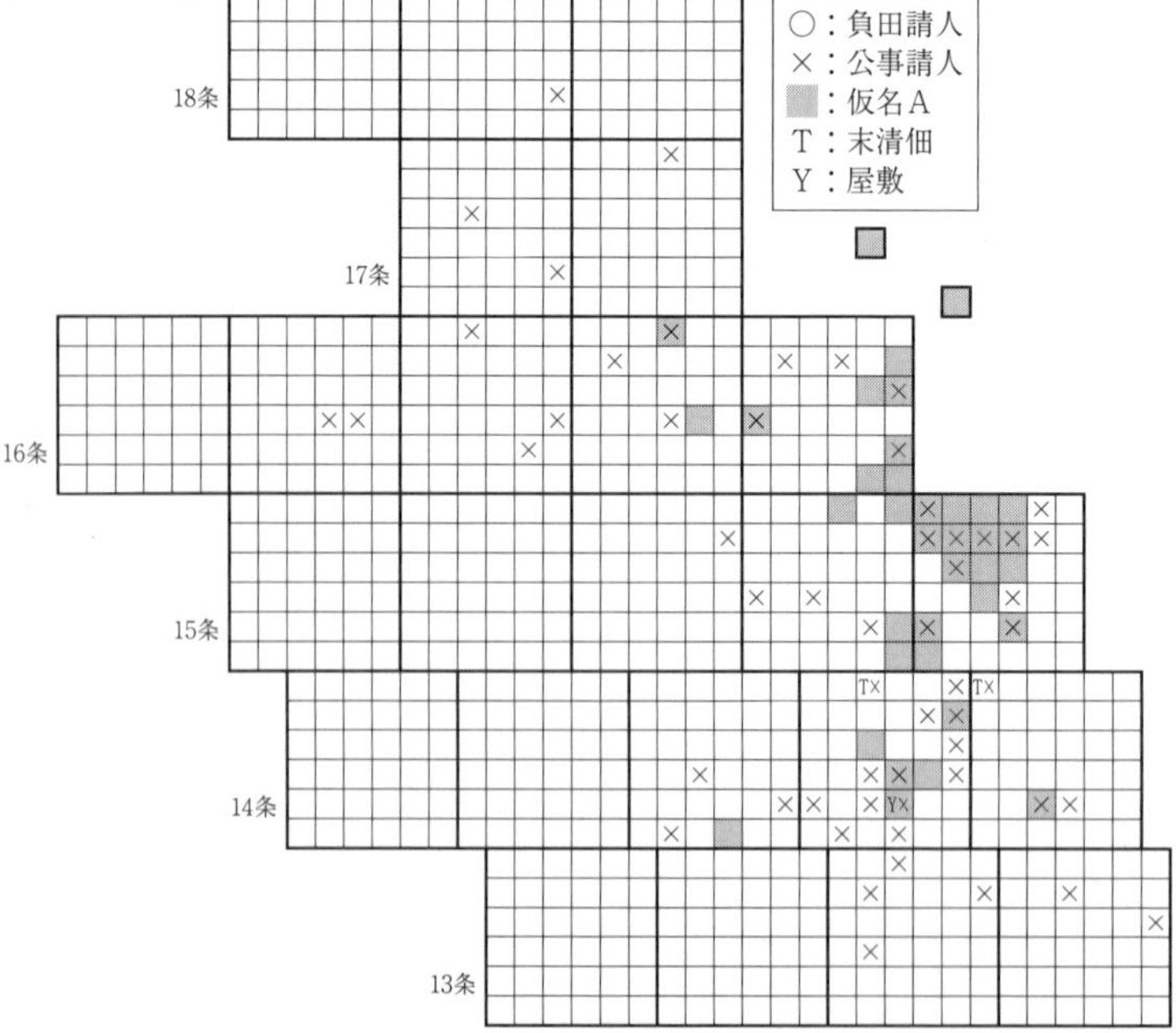
○：負田請人
×：公事請人
：仮名Ａ
Ｔ：末清佃
Ｙ：屋敷
18条
17条
16条
15条
14条
13条
T
Y

図３　友貞

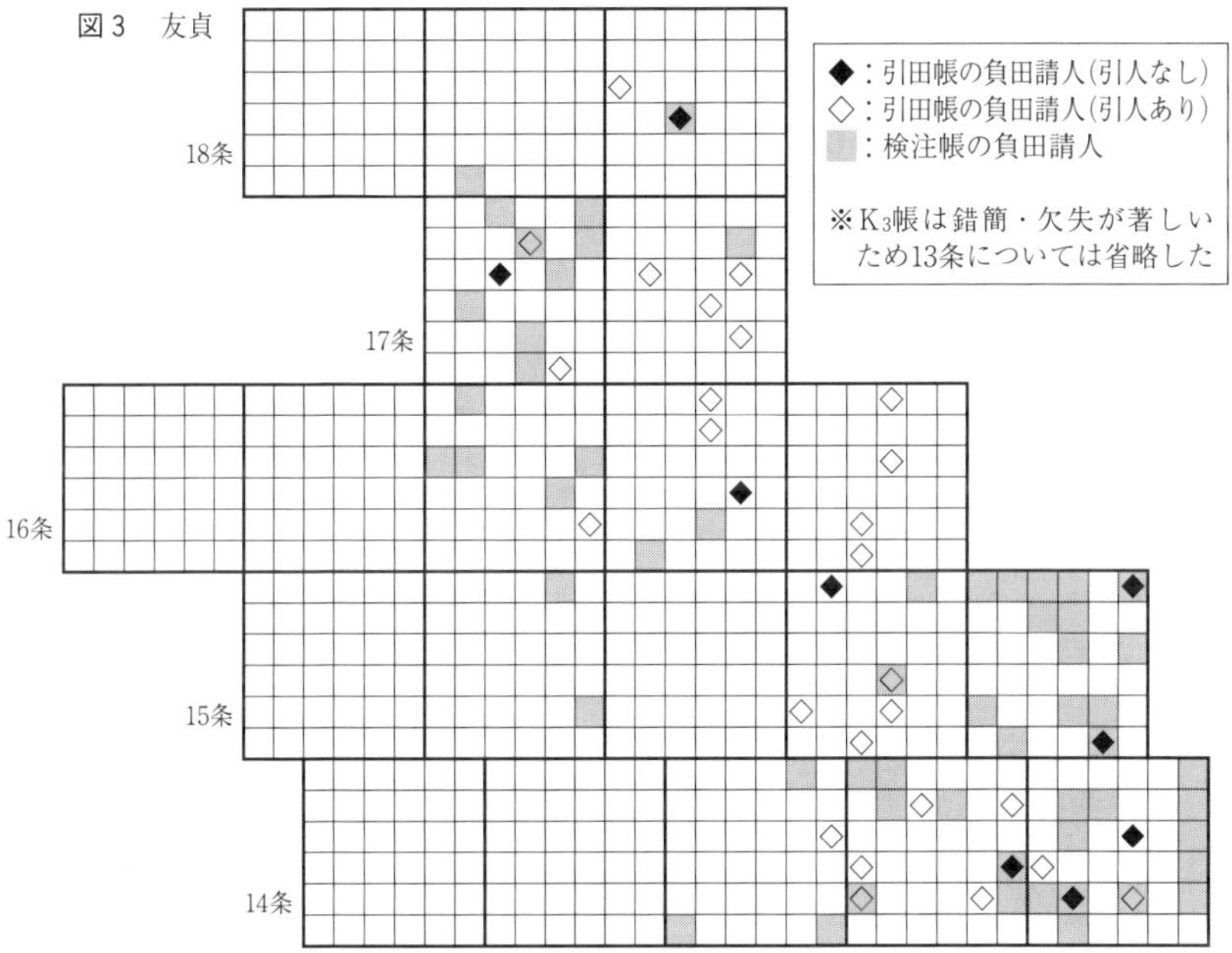
18条
17条
16条
15条
14条
◆：引田帳の負田請人(引人なし)
◇：引田帳の負田請人(引人あり)
：検注帳の負田請人
※K3帳は錯簡・欠失が著しいため13条については省略した

図４　大谷

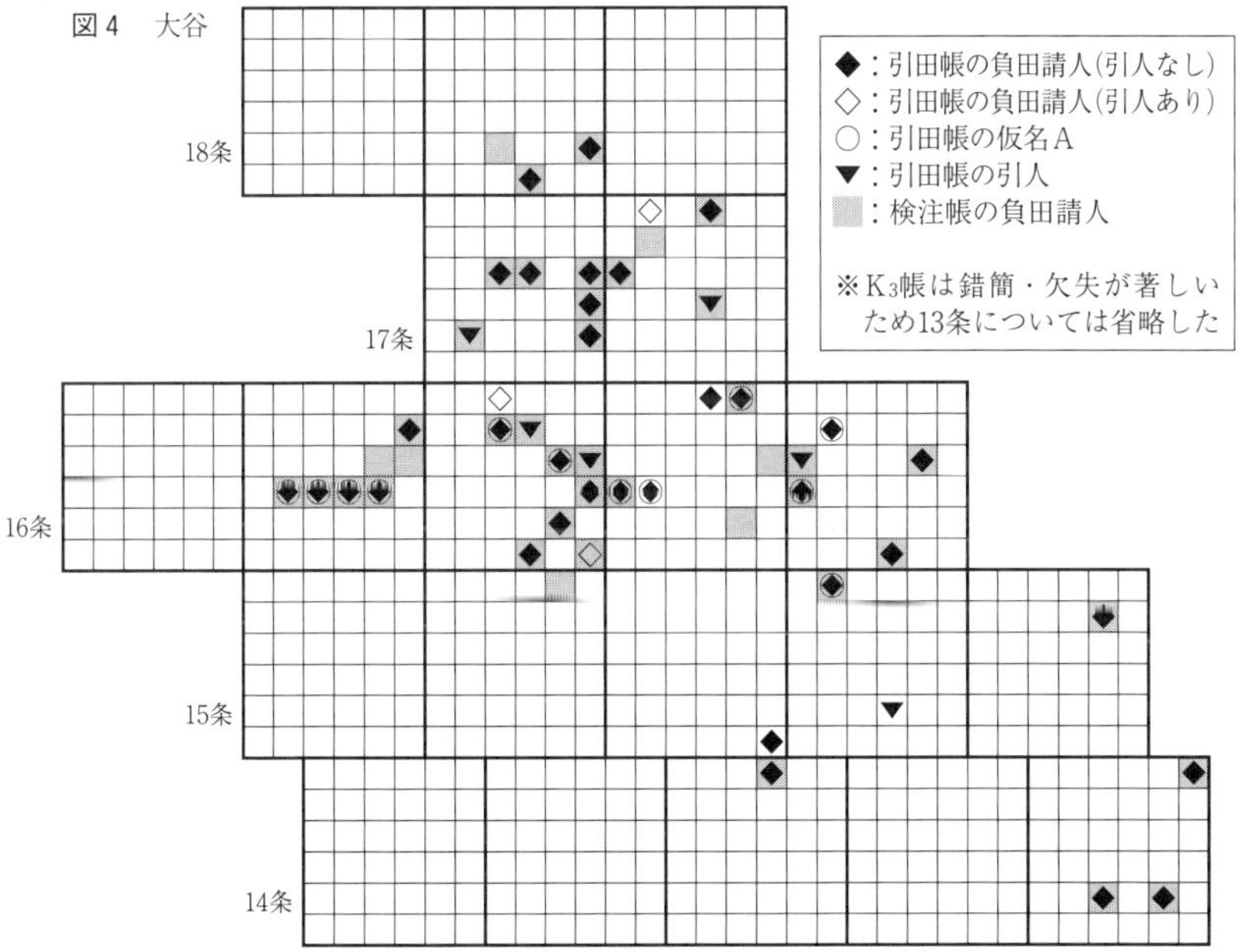
18条
17条
16条
15条
14条
◆：引田帳の負田請人(引人なし)
◇：引田帳の負田請人(引人あり)
○：引田帳の仮名A
▼：引田帳の引人
：検注帳の負田請人
※K3帳は錯簡・欠失が著しいため13条については省略した

④その他

③には分類することのできないごく小規模な仮名である。その分布が一定地域の範囲に収まるようにみえても、帳簿への記載件数自体が少ないため、①に分類することもできない。

以上、おおまかに仮名Aの分布によってその類型化を試みた。事例として③④のタイプが多いことは事実であるが、それでも①②のようにある程度のまとまりをもって仮名Aが分布していたという事実は黙視できないと思う。まとまりをもつ仮名Aと、拡散傾向をみせる負田請人のあり様を時間的な関係で捉えるならば、やはりそれらを同時期の編成とみるよりも、前者が後者に先行していたと一般的に捉えるのが自然なのではなかろうかと筆者は考える。

しかし、以上に述べてきたことのなかに、筆者がこれまで述べてきた仮名Aに関する推論にとって不利な事実がある。それは仮名Aと負田請人の連関がほとんどないこと、つまり仮名Aと負田請人が同一であるものが少ないという事実である。仮名Aと負田請人の継承関係が稀薄であるのは筆者の推論にとって問題になるかもしれない。しかしこの点は検注帳に雑然とみられる引人を思い浮かべるならば大きな問題にはならないと思うが、まずは図3をみてもらいたい。これは引田帳と検注帳に登録された友貞の負田の分布を対照したものであるが、たかだか二〇～三〇年の間にその分布は大きく変動していることが分かる。この他にも末吉・末永などがこれと同様な傾向を示している。引田帳と旧帳簿の間にはこれ以上の隔たりがあったとみてよいと思うので、仮名Aと負田請人の不一致が筆者の推論にとって大きな矛盾になると考える必要はない。

以上のような理解が許されるならば、引田帳・検注帳の段階で一般的に拡散して分布する負田と、仮名Aの分布のあり方との相違は、帳簿に登録される負田請人の質の変化として時間軸上で捉えることが可能となる。そしてこうした変化は荘園領主がどのような荘園支配のあり方を選んだのかという問題に直結することにもなろう。

そこで注目したいのは、友貞・末吉・末永などとは逆に、引田帳と検注帳の負田の分布に継承関係がみられるものも存在するという点である。図４は両帳簿にみえる大谷（大谷寺）の負田を対照したものである。負田の増減の問題はあるが、引田帳の負田と検注帳のそれとはよく対応している。こうしたあり様を示す負田請人を列挙すると、

三郎丸　乙法師　隣　北辰丸　得音　恒末　延寿　常得　慈尊寺　米井寺　清水　大谷

となる。これらのなかには第五章でも触れたが、検注帳において引人をもたない負田請人も含まれている。このことはこれらの請人がその負田を自己の所領として安定的に所有していたことを示しているわけで、そうした負田請人のなかには寺庵も多くみえる。実際問題として検注帳の負田請人には多様な階層が入り混じっていたと思うが、それを作人層と一律に定義づけることは無理があり、むしろ地主層を基軸にして請人を登録していった感が強いように思う(3)。そしてそれは既に引田帳の負田請人においても同様であった。仮名Ａと両帳簿の負田請人の分布の様相がかなり異質な様相をみせていることの理由は、こうした観点から考える必要があると思う。

いずれにしろ図４のようなあり方をみせる負田請人は地主的な階層であり、荘園領主は彼らを請人として把握することで収取体系を維持する道を選択したのである。それは請人にとっては所領が帳簿によって安堵されることにもつながる。両帳簿の負田請人が拡散傾向をもつのは、このような請人の質の変化によるところが大きいのではなかろうか(4)。

ところで、こうしたなかにあって幾つかの仮名において仮名Ａと負田請人・公事請人に連関がみられるものがある。図５は福万の分布を示したものであるが、三者は見事に対応している。ただしこうしたあり方は引田帳の中ではかなり特殊なものである。また福万のような極端な対応をみせるわけではないが、為延・得永・友次・吉貞・得光などは、各々独自に分布する負田請人・公事請人のうち、両者が一致するところにおいては仮名Ａとも

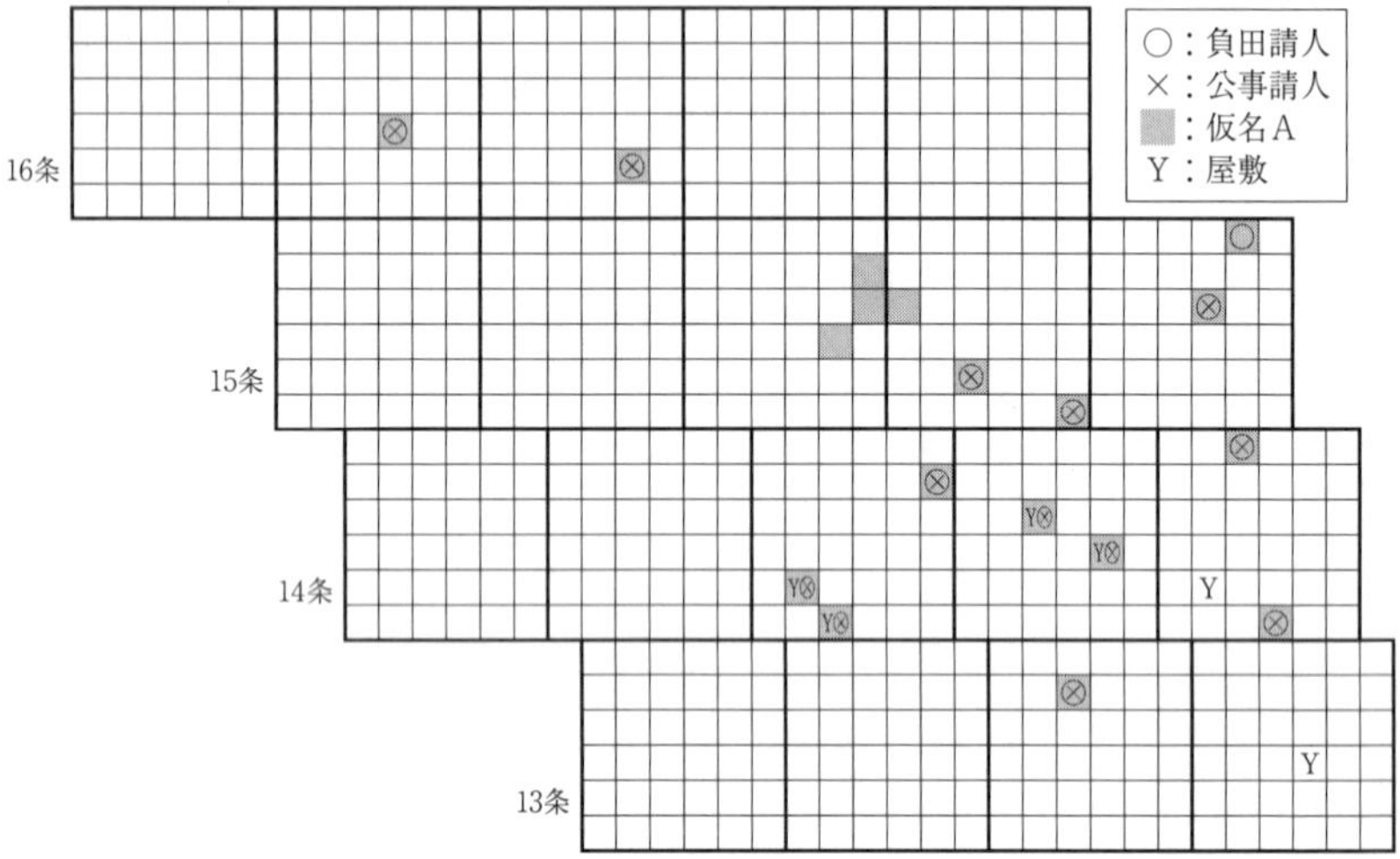

図5　福万

対応するといった傾向をみせる。一般に三種類の仮名が相互に嚙み合わないことからすれば、こうした現象はやはり注目すべきものである。

他にも次のようなものがある。図4の大谷は順次その負田を拡大していった様子が知られるが、仮名Aと引田帳の負田請人は対応している。大谷の場合は寺という性格上、公事請人としては登録されておらず[5]、三者の対応という観点から捉えることはできないが、仮名Aと負田請人の連関は看取できる。これと同様なものには福千[6]・辻本がある。またそれとは逆に負田請人としてはみえない末国は、公事請人の分布が仮名Aと対応している。いずれにしろこれらは仮名Aと負田請人・公事請人が対応する事例の変型として考えることができよう。

さて、問題となるのはこうしたあり方を示す仮名の性格についてである。このような各仮名の対応は引田帳のなかではごく限られるものであり、それはその仮名の特殊性を示すものと考えることができる。それではその特殊性とはどういったものなのか。まずあげられるのは大谷のようなものである。既に述べたように大谷寺は負田を集積・拡大しており、その所有権は安定的なものであった。仮名Aには寺庵関係がほとんどないため、こうしたものは大谷寺だけのようにもみえるが、検注帳で引人をもたない請人としてみえたものにも寺庵が多くあったように、室町初期には寺庵による地主的な土地所有は盛行していた。仮名Aと負田請人が対応するのはこうした請人の安定的な土地所有の表れである。このように安定的に負田を維持・集積し経営する存在は、例えば引田帳・検注帳の請人が頻繁に変更していることを考えるならば、確かに特殊な仮名の，つとして理解できる。

しかしそれ以上の特殊性を看取できるのが、三種類の仮名が見事に対応した福万である。その性格については次の史料から類推することができる。

《史料1》

西塔・横川衆徒同心、以西塔千僧供米送置青蓮院、是木津庄預所承弁法眼在庄之内、福萬・末吉名増所当之間、号気比社夜燈用、横川住侶昌胤致対捍、遂及一院之群訴、召出庄民経勘定、可被改易預所之由、雖訴申、裁許不速之間、及此沙汰、(7)

これは仁治元年（一二四〇）に西塔・横川の衆徒が起こした事件である。彼等は福万名・末吉名の所当を増徴しようとした預所承弁の改易を求めて群訴に及んだ。末吉は引田帳・検注帳では大規模な負田請人としてみえ、やはり他の仮名とは区別できる存在である。西塔・横川の衆徒はこの二名の年貢増徴に対してのみ抗議しており、木津荘の他の名（百姓名）などは一切問題となってはいない。それはこの二名が聖供のほかに他用途（気比社夜燈用）を負担すべき所領として存在していたためである。年貢の対捍を行った横川住侶昌胤はおそらくはこの二名を管轄する責任者だったのであろう。つまりこの二名の特殊性とは、こうした横川もしくは山徒が管轄する名（所領）としての性格に由来するのだと思われ、預所が管轄する百姓名などとは区別されるべき存在だったのである。預所による二名への権限の侵蝕がこうした事件を引き起こしたのだと考えられる。

鎌倉期のこのような特殊な名が、後の時代にどのように推移していったのかは十分には追跡することはできないが、福万の特殊性は引田帳においても窺えた。また延徳二年（一四九〇）に横河飯室谷の蓮生快運が高島郡木津・善積両荘内の散在名田畠の安堵を求めたように[8]、一五世紀の木津荘には寺庵・山徒などの所領（私領）がみられた。例えば検注帳の引人には「飯室得万」や「西南尾房領」「西南谷」[9]がみえる。また引田帳の請人得永には「得永樹下」[10]とあったり、その他「坂本」を冠する仮名などがみえたりし、それらは山徒・諸坊などの所領としての性格が強いものと考えられる。また勘落は「山門水田勘落名」といわれたように[11]山門直轄下の土地として理解できる。

これらは当然聖供を負担しているが、実態としてはそれぞれの領主が負田を所領として所有するかたちにあったのだろう。荘内の私領の展開（請人の地主化）は、寺家による百姓名支配の退転と並行して進んだ。それは百姓名編成による支配から地主層を請人として把握するといったような支配基軸の変移とも関わる問題である。室町時代の帳簿にみえる負田のなかには、荘外にいる領主層の私領として存在するものがあったわけで、その点で鎌倉期の特殊な名のあり方と類似するといえよう。

以上、引田帳の三種類の仮名について、その分布のあり方を中心にみてきた。まず仮名Aの中には百姓佃・屋敷地の所在と連関しつつ、ある程度のまとまりをもって分布するものがあった。これは負田請人・公事請人の分布のあり方とは大きく相違するものであり、第五章の結論ともあわせて、筆者はそこから帳簿に登録される請人の質の変化（荘園支配方式の変化）を読み取った[12]。また全般的に三種類の仮名が相互に噛み合わないなかで、連関を示す仮名が存在することも指摘した。そうした仮名の特殊性は室町時代では、荘外の領主や荘内の寺庵などの地主層の所領として把握できるものであり、彼等は帳簿上では負田請人として一律に登録されるものであった。それは百姓名編成による支配体制が放棄された後の木津荘の負田支配のあり方を示している。

二　負田と公事

引田帳の三種類の仮名と検注帳の請人については、本書第四章においてデータの集計と若干の分析が行われているが、本章でもその四つの表（一三〇～六頁）を素材に独自の分析を加え、負田請人・公事の問題を考えてみたい。

(1) 負田請人

まず表1・2・4（引田帳の仮名）の記載について。表1は仮名A（熊谷氏が仮名Bとしたもの）の集計である。従来の研究はこれを名とみなしてきたが、筆者はそのようには規定しなかった（請人の旧系譜を示すものと推測した）。そして筆者がそのように考えた理由の一つに、表1と表2・4にみえる仮名表記法の相違があった。例えば表2の負田請人武永・友貞・常得・国安・有時（No.12・13・14・16・19）などは分化仮名のあり方を示しており、それは表4の公事請人においても同様であるが（No.17・11・14・10・30）、表1の仮名Aはそうはなっていない（No.5・29・30・13・16）。表1は原則として分化仮名の様態は示していないのである。[13] 引田帳以降の段階で意味をもったのは分化仮名の方であり、例えば同様に藤松（表1No.10・表4No.18）の呼称を有していても、北藤松と南藤松とは厳密に区別して認識されるものであり、別物なのである。表1・2・4の編成を同時期のものとした場合、何故にこうした統一性のない処置がとられるのかが判然としない。むしろ筆者はこれを時間的な段階差を示すものとして理解したいのである。

その傍証となる事象については第五章で述べたのでここでは繰り返さないが、こうした理解にたった上で表1を眺めると、引田帳以前の段階では、百姓佃の存在から類推されるように百姓名編成がなされていたであろうこと、また請人としての寺庵などは引田帳・検注帳の負田請人と比べて極端に少ないものであったことが分かる。これは前節で指摘した請人の質の変化を示す現象といえる。

そして負田請人の変遷については、その仮名の消長にも留意したい。表1から表2の間には少なからぬ仮名の姿が消えており、佃をもつ百姓名のなかでは、末清・藤松・得万・一楽・重次・重末が負田請人としてはみえなくなる（ただし公事請人としてはみえる）。また包久・有末・重久・重元・宗友・国里・光任などは極端に負田の数を減らしている。同様なことは表2から表3の間においても窺うことができ、主なものとしては包久・貞近・武永・為延・重久・久光・国安・安国・得光・宗友・国里・光任・末光・吉貞などがみえなくなる。検注帳の段階では百姓名の系譜をひくと思われる仮名がほぼ消滅することになるのである。

それではこうした事実は、百姓名の系譜を引く旧名主層が室町初期に没落していったことを示すものとして一般的に理解できるものであろうか。ここで注意すべきは、公文久光も引田帳から検注帳の間で負田請人としては消滅してしまうことである。検注帳の表紙に「久光方」としたものがあるように、検注帳の段階で公文久光が没落していたとするのは想定しづらい。負田請人としての消滅を単純にその請人の没落に直結させて考えることには慎重であるべきだろう。この点に関しては、検注帳の負田請人としてはいったん消滅した北藤松・北光任が、その引人欄において再び多くみえているといった事実からも首肯されよう(14)。また検注帳にみえる料所・勘落は他の請人とはおおよそ性質を異にする記載である。勘落は山門が直接的に掌握した負田であろうし、料所もそうした性質をもつ可能性が高い。こうしたところに久光や旧名主層などが潜在していたと考える余地もある。いずれにしろ、引田帳から検注帳にかけての負田の激減・消滅をもって、単純に請人層の勃興の指標とすることはできないわけである。

また検注帳の負田請人については次のようなことも考慮する必要がある。霊山寺は引田帳・検注帳に負田請人としてみえるが（表2№138・表3№62）、その負田規模は必ずしも大きいものとはいえない。しかし霊山寺の所領は木津荘外にも存在したことが確認できる。[15]また前述した飯室谷の蓮生快運の名田（私領）は木津・善積両荘内に散在していたし、後掲する史料3の某譲状においても譲与対象の田畠は木津荘・比叡木荘にまたがって存在しているのである。つまり木津荘内における負田が中・小規模であっても、彼等の私領自体は荘内に完結するわけではないのである。木津荘内にもつ負田の規模がそのまま請人の階層を反映しているとみるわけにはいかない。そして北藤松・北光任・久光のごとく検注帳に請人としてみえないことがその存在を否定するものではなかったことを考えあわせるならば、木津荘検注帳に登録された請人の負田の多寡によって、その階層構造を一律に規定するのはかなり困難であるといわざるを得ないのである。

以上、負田請人の問題についてその推移のあり様をみてきた。百姓名の系譜をひく仮名は引田帳から検注帳において請人としてほぼ消滅していったが、それをもって旧名主層の没落の指標とすることができない点に複雑さがあり、それらが帳簿の登録外に潜在する可能性も考えられるのである。また検注帳の負田規模がそのまま請人の階層を反映するものではないことも確認した。諸階層が請人として雑然と帳簿に登録されているといったのが実態であったと思われ、むしろそうした請人に関する秩序の稀薄性が検注帳・引田帳の特徴だといえる。それは百姓名を基軸にした荘内編成とは大きく異なるものであり、検注帳の中・小規模の請人の負田が荘内に散在する原因もこうした点にあると思われる。

(2)公事請人

続いて表4について検討する。表4は公事請人として規定したものであるが、四つの表の中では最も簡素な構成を示し、しかもほとんどの仮名が表1のなかに見出せる。引田帳の段階ではこれらの仮名は分化仮名の様態を示していたが[16]、それを無視して表4をみてみると、特に表1で佃をもっていた仮名などを中心にして、表4の仮名は六町～五町五反前後の規模に編成されていたことが窺える（№8～32）。これは他の三表の仮名に関する集計の様相とは極めて異質であり、その編成には作為的なものが感じられる。

公事請人の構成が、主に旧名主層と思われる仮名などと関わりをもち、その規模がほぼ等しいものであったとするならば、それはかつて木津荘において均等な公事名編成がなされていたことの名残として捉えられるのではなかろうか。四つの表のなかでも最も簡素な構成を示す公事請人が、かつての木津荘の百姓名編成に関わるものであった可能性は高いといえよう[17]。

これまでも述べたように、引田帳の段階では公事請人の仮名には分化仮名が登録されていた。これは均等な公事請人の編成自体は引田帳の作成段階においては放棄されていたことを示す。それは同時に引田帳の作成によって分化仮名を取り込んだ公事支配体系の再編がなされたことを意味している。そして引田帳によって作られた公事支配に関する秩序は、室町時代の木津荘においてはそれなりの意義をもって存続していたと筆者は考える。

ただしそうした認識は現段階においては一般的なものではない。それは両帳簿を比較すれば一目瞭然であるが、検注帳には引田帳のような公事に関する規定が何らみられないためである[18]。こうした事実からは、検注帳の時代には延暦寺による公事支配体制が変質もしくは解体していたと評価することの方が自然なように思われてくるのである。しかし検注帳を子細にみたとき、引人欄において「くし流」文言をともなう記載があることに気がつく。検注帳の時代においても公事支配体制が無意味になっていたと簡単に決めつけることはできない。

そこで検注帳にみえる「くし流」文言を整理すると別表のようになる。その記載表現から便宜的にⅰ～ⅳのタイプに分類してみたが、別表を一見すれば分かるように、それらの違いはその記載が書き込まれた時期にそれぞれの表現が適宜使用されていたことを示すに過ぎず、本質的な相違があるわけではない。これらの「くし流」文

別表　検注帳にみえる「くし流」文言

条　里　坪	引　　人	干支	文　　言	引田帳
i「人名引＋○○くし流」型				
14条4里14坪	玉泉院	庚寅	玉泉院引、北包久くし流	北包久
16条4里30坪	虎鶴	癸巳	虎鶴引、真楽くし流云々	真楽
17条1里35坪	虎鶴	癸巳	虎鶴引、真楽くし流云々	真楽
15条4里27坪	泉福	午	泉福引、吉武くし流	吉武
15条5里18坪	泉福	午	泉福引、吉武くし流	吉武
17条1里21坪	泉福	午	泉福引、吉武くし流	吉武
17条1里27坪	泉福	午	泉福引、吉武くし流	吉武
17条2里23坪	泉福	午	泉福引、吉武くし流	吉武
17条2里31坪	泉福	午	泉福引、吉武くし流	吉武
18条2里32坪	泉福	午	泉福引、吉武くし流	吉武
18条3里5坪	泉福	午	泉福引、吉武くし流	吉武
17条1里35坪	万倍	乙丑	万倍引、一楽くし流云々	上一楽
17条2里31坪	千代法師	巳	千代法師引、但宗友くし流云々	(上)宗友
ii「○○くし流」型				
15条2里35坪		癸未	一楽くし流	『下』一楽
15条5里7坪		癸□	下一楽くし流	『下』一楽
15条5里22坪		癸未	一楽くし流	『下』一楽
16条3里12坪		癸未	下一楽くし流	『下』一楽
16条4里28坪		己丑	真楽くし流云々	真楽
16条5里9坪			泉得くし流云々	北武永
17条1里9坪			下一楽くし流	『下』一楽
iii「人名引＋くし流」型				
15条5里4坪	吉童	丙戌	吉童引、くし流云々	久光
15条5里17坪	右馬次郎	巳	右馬次郎引、くし流云々	重元
16条5里26坪	右馬二郎	巳	右馬二郎引、くし流云々	重元
17条2里24坪	吉貞	辛亥	吉貞引、くし流	国久
18条2里35坪	吉貞	辛亥	吉貞引、くし流云々	吉貞
18条3里10坪	吉貞	辛亥	吉貞引、くし流云々	国久
17条1里36坪	元勝名	辰	元勝名引、公事米流云々	『北』重久
iv「○○ヱくし流」型				
17条1里7坪	四郎三郎	辰	四郎三郎ヱくし流	(北)藤松
17条1里23坪	久光	庚辰	久光ヱくし流	久光
15条4里12坪	松寿	辰	松寿ヱくし流引	(森)得永
16条3里17坪	松寿	辰	松寿ヱくし流引	森得永
16条5里2坪	松寿	辰	松寿ヱくし流引	包貞
17条1里8坪	松寿	辰	松寿ヱくし流引	森得永
17条1里34坪	松寿	辰	松寿ヱくし流引	南重元
17条2里24坪	松寿	辰	松寿ヱくし流引	森得永

注：引田帳欄の(　)は、公事請人記載のⅡタイプを示す
　　引田帳欄の『　』は、公事請人記載のⅢタイプを示す(この分類については本書第五章を参照)

言は引人欄にあるので、当然それは負田請人の変更に関わるものとみるのが妥当である。例えば引田帳にも次のような記載がある。

《史料2》

a（重次） 一反 五 清満（寅ヨリ千代鶴ヘ加、くし米流分ニ入了、卯ヨリ有未引） 重末くし

b 得万 半 五 旦過（戌ヨリ万木左近引 公事流） 東国安くし

aは一六条三里二五坪、bは一八条三里三坪にみえるものであるが、これらはそれぞれ「公事流」によって千代鶴・万木左近に負田が引かれたことを示している。それは検注帳においてこれらの負田の請人が仲介・万木左近であることからも明らかだろう。つまり別表のⅰ・ⅱは「〇〇くし流」という理由で負田の所有権が引人に移動したこと、ⅲ・ⅳは「〇〇くし」の具体的なところまでは記さないが同様の理由で請人が変更したことを意味するのである。そして「〇〇くし」の具体相が分かるⅰ・ⅱにおいては、両帳簿の負田の継承関係を調べることで引田帳の公事請人と対照することが可能である。その結果については別表にある通りだが、引田帳にみえる分化仮名を反映していないところもあるとはいえ、両者が悉く対応している点を看取することができる。公事に関する情報が一切記されていない検注帳であるが、その検注帳の時代において「くし」が負田の所有権の変更を招くような実態をもつものであったこと、その「くし」支配が引田帳に登録された公事請人の仮名と大きく異なるものではなかったことが知られるのである。

もちろん筆者は、検注帳の時代に公事支配に関しては引田帳が使用され続けていた、というようなことを主張したいのではない。検注帳と引田帳の負田を比較しても、各坪内の負田の継承関係が不明であるものは少なくない。両者がそれぞれ別の目的で同時期に使用されていたと想定するのは、やはり無理があると思う。しかし「く

し流」文言にみられたように、検注帳に記載されてはいなくても一五世紀を通じて「〇〇くし」の秩序がそれぞれの負田に存在したことは確かである。そしてその秩序が編成されたのは、やはり分化仮名によって公事請人を登録する方針をとった引田帳であったとみるのが自然だろう。おそらくそうした「〇〇くし」秩序は負田の所有権の変更に拘わらず、請人の間で承知されるべきものとして室町時代を通じて存続していたのだと思う。

筆者は引田帳が一五世紀を通じて機能する帳簿であったというつもりはないが、木津荘における公事支配秩序を象徴するものとしての意味をこの帳簿は持ち続けていたのではないかと推測する。公文久光から定林坊の手に木津荘の所務関係の帳簿が移った時に、木津荘支配の根幹となる検注帳とあわせて、それよりも古い帳簿である引田帳も接収の対象となったのには、偶然それが検注帳とセットで保管されていたためというよりも、やはりこの帳簿がそれなりの意味を有して公文の許で管理されていたことの表れではないかと思うのである。

以上、検注帳の時代においても帳簿には現れないにしても公事支配の秩序が存在したこと、それが引田帳の公事支配編成と関わるであろうことを述べてきた。しかし実のところそうした負田の負担と請人の関係がどのようなものであったのかは判然としないところがある。こうした問題については、残念ながら木津荘関係の史料からは十分に明らかにすることは難しいのであるが、次に示す文明一二年（一四八〇）八月日某譲状（饗庭昌威家文書）が若干の手懸かりを与えてくれる。

《史料3》

（前欠）

㋑　十四条三リ□（廿カ）七―□一町　七
　　十七条二リ卅―木津庄水田一反　一色六

㋺一比叡本庄北□半　畑□地　地主□坪々

安光名□□□□□□□坪々
十四条六リ卅｜三反六畒　一色七二□安光くし地□在之
此内二反東安光へくし
■安光名□
同七リ十二｜一反九十ト安光くし　□四反半　七□□□
㈧一安光名くし米余所ヨリ取方坪々
十四条六リ十一｜一反小　安光くし地　蔵仕殿ヨリ入
同六リ十七｜小卅　安光くし地　山上六人□郎前ヨリ□（入カ）
十三条六リ卅｜二反半　本庄公領ヨリ入
㈡一有末名□内永代取坪々
十五条三リ六｜一反半
十六条四リ七｜半　以上二反本所当米・くし米九斗□
大谷正□坊ヨリ□
㈭一□□（新開）
十五条七リ卅二｜一反半　一色七斗□□針江□
同六リ卅二｜一反　一色七　九郎□郎□
同｜一反　一色七　山かみ□□
右此分、あに小法師ゆつり候、此田畠□していらんわつらい申子者、ふけう子□□、仍為後日状如件、
文明拾弐年子八月日

破損のために判然としない部分が多く、また記載事項についてもその意味するところを十分には理解できないものもあるが、譲与対象の田地について「安光くし地」などといった区分を設けている点などは、木津荘の負担

体系を考えるうえでも参考になるものだと思う。所領である田地が「○○くし」の地であることは、その所有者にとっては当然認識されるべきものであったのだろう。

さて、史料3には所々に斗代に関する情報がみえている。それらは「七」「一色六」「一色七」といったように記されているが、木津荘検注帳においても六斗代の負田は一五条以北にはほとんどみられないし、七斗代の負田も基本的にはない。[19] 湖岸に近い㋑の「一色六」[20]や荘外ではあるが㋭の一五条の「一色七」というのはやはり高い。これらは単に年貢の負担量のみを示しているのではなく、㋥にみえるような「本所当米・くし米」の総量を「一色」として表示していたものと理解できる。[21] そしてこの一色分の値は木津荘の負田の斗代に二斗代程度を上乗せしたものとして把握できる。史料3のあり方からすれば所当米と公事米相当分の二斗代を合わせたものが一色分であり、負田請人が荘園領主に対して負担した総額であったということができる。

以上のことは㋑㋺㋭の部分では特に問題となることはないと思う。[22] しかし㋩㋥には一色記載はない。㋑㋺㋭を譲状作成者が私領として所有していた負田であるとするならば、それとは異なるかたちにある㋩㋥に対して譲状作成者はどのような権利を有していたのであろうか。㋩は「安光名くし米、余所ヨリ取方坪々」、㋥には「有末名□内永代取坪々」とある。前者は公事米に関して述べたものであり、この譲与者が余所からそれを取っていたことを示しているのだろう。具体的には蔵仕殿より「安光名くし米」がこの譲与者のもとに入っていたといったように解釈できる。そして㋥の「有末名」「永代取坪々」といった表現も㋩との類似性が看取され、これも公事米と関わるものであった可能性がある。つまり㋩㋥はこの譲状作成者の負田ではなく、公事米に関して何らかの権利を有する土地であったと考えることができるのである。

この譲状には年貢・公事米を負担する負田としての所領と、公事に関する権利を有する土地が併記されていると考えられ、公事については㋺㋩にあるように「安光名」「安光くし地」に関わりがあることが知られる。木津荘の負田請人と公事請人のあり方から類推するならば、この譲状の作成者は(ハ)では負田請人としてではなく公事請人（安光）に関わるものであり、それによって何らかの得分を有する土地であったと理解できる。例えば負田請人と思われる蔵仕殿が公事米分については公事請人に関わるこの譲状の作成者に進めていたといったように。(ニ)の「有末名」も同様に考えてよかろう。[23] いずれにしろ負田請人が一色分の負担を負い、その中で公事米分については「〇〇くし」といった公事支配秩序に則した負担関係が存在していたのであろう。推測による部分も多いのではあるが、この譲状にみえる二つのタイプの所領から、木津荘周辺地域における負担体系（年貢・公事と負田請人・公事請人の関係）のあり方の一端を垣間見ることができるのではなかろうか。

以上、検注帳の時代における木津荘の公事の問題について考えてきた。木津荘では室町時代を通じて「〇〇くし」といった公事支配秩序が存在していたと思われ、現実的な収取関係では負田請人が一色分として年貢・公事米を負担していたと考えられる。ただし公事米分の徴収については公事請人を介するような方式があったと思われ、そこに公事請人についての得分が生じる余地があったのではなかろうか。残念ながら現存の史料からは具体的な年貢・公事の徴収システムまでを知ることはできないのであるが、かつての木津荘では均等な公事名編成による公事支配が行われていたこと、それが変質する過程で引田帳のような分化仮名を取り込んだ公事請人の再編成がなされ、さらに文明一二年某譲状のようなあり方につながっていくのだと考えることができる。

三　木津荘と武家

これまでの研究における木津荘と武家との関係については、幕府と延暦寺の協調関係によって応永段階に木津荘が室町期荘園として再編されていくことを論じたものがほとんど唯一の指摘である。[24] しかし筆者は木津荘と武家との関係にはもっと複雑な事情が存在していたと考えている。ここではそうした点を掘り下げていきたい。

ところで検注帳の時代に荘園領主による名編成がなかったことは先行研究においても一致しており、筆者も第五章において売券にみえる春松名に触れた際に同様のことを述べた。しかしそうしたものとは異質なもので名という単位が木津荘には存在していた。その特殊な名が元勝名である。筆者は元勝名は室町時代の木津荘を論じる上では見逃すことのできないものであると考えるが、元勝名とはどういう性格のものなのだろうか。第五章で指摘したように、饗庭昌威家文書の中には検注帳の引人欄に一カ所と天文一一年（一五四二）出雲守元隆田地売券に元勝名がみえた。これだけではその性格は分からないのであるが、朽木文書の中に元勝名に関わる史料がある。

《史料4》

饗庭内元勝名事、為御屋形御押之処、自貴殿御競望之由候、有如何御事候哉、以御書雖可被仰候、従私慥可申入旨候、尚以無御違乱候者、可然存候、可得御意候、恐惶謹言、

十二月六日　　高恒（花押）

朽木殿人々御中(25)

この書状の主である後藤高恒は六角高頼の家宰として活動した人物である。ここからは饗庭内の元勝名は六角高頼によって押さえられており、朽木材秀がそれを競望していたことが知られる。六角氏・朽木氏といった武家が進退する地として元勝名は存在しているのである。この書状の具体的な年次については未詳であるが、一五世紀末期のものだと考えてよいと思う。そして史料4とも関連すると思われるのが次に示す文書である。

《史料5》

御料所高嶋郡元勝名之事、御競望之由注進候、事実候者、不可然候、仍為直務差下使節候、全所務候者肝要候、委曲尚蜷川新右衛門尉可申候、恐々謹言、

十月十三日　　貞陸（花押）

朽木弥五郎殿御宿所(26)

これも年次は未詳であるが朽木氏による元勝名の競望のことに関連した伊勢貞陸書状である。ここでは元勝名は幕府料所だといわれている。伊勢貞陸は延徳二年（一四九〇）に父の跡をうけて政所執事になり将軍足利義稙に仕え、明応七年（一四九八）にその職を辞した。史料5は御料所の管理を行う政所執事としての書状であるから、一四九〇年代のものと考えて間違いない。貞陸は朽木材秀に対して元勝名は御料所であるので競望を止めるようにと書き送ったのである。朽木氏は一五世紀末期に元勝名の獲得工作を継続的に行っていたのであろう。

このように一五世紀末期の元勝名は、六角氏によって押さえられたり、朽木氏によって競望されたり、幕府料所として設定されたりと、かなり複雑な状況を示している。そしてそこに一貫するのは武家が関わる所領だという性格である。こうした元勝名をめぐる状況については当時の政治状況に即して考える必要があると思う。周知の通り六角高頼による近江国内の寺社本所領・幕臣所領などへの押領は著しく、長享元年（一四八七）と延徳二年（一四九〇）の二度にわたって幕府は六角征伐を行った。史料4・5はまさにそうした時期のものなのである。さしあたって推測するならば、元勝名は六角氏によって管轄（押領）されていたが、一回目の六角征伐によって六角氏の影響力が低下し、その領有を朽木氏が求めるようになった。しかし六角氏は再び元勝名を管下において朽木氏の競望を退けたが、二回目の六角征伐によって元勝名は幕府に没収されて御料所となり、朽木氏の所望は再び退けられた。一五世紀末期の近江国における混乱状況が元勝名をめぐる状況に反映していたとみることができるわけである。

これまでの研究でこうしたことにはっきりと言及したものはないが、一五世紀末期の木津荘には武家領元勝名が確実に存在していた。そして史料4から知られるように、そこには六角氏の関与があったのである。室町後期に六角氏の影響が木津荘に及んでいたという事実を把握したうえで次の史料を解釈すると、当該期の木津荘のおかれた状況はかなり明確なものとなる。

《史料6》

山門西塔院雑掌申江州高嶋郡木津庄事、去文明十五年御成敗処、名主・沙汰人等猶以任雅意、年貢難渋云々、言語道断次第也、所詮於彼名主等交名注文在別帋、緩怠之輩者、可加退治之上者、合力山門、可被致忠節由、被仰出候也、仍執達如件、

長享弐
八月十五日　兼連(花押)
清房(花押)

佐々木朽木殿㉗

これは長享二年（一四八八）に出された室町幕府奉行人連署奉書である。これは単に山門の荘園支配体制が行き詰まり、荘園支配のためには朽木氏の軍事力をも利用しなければならない状況になっていたという一般的なことを示しているのではない。長享二年といえばまさに一回目の六角征伐の最中である。木津荘内に六角氏が領有する元勝名が存在した事実を勘案するならば、この奉行人奉書が意味するところも明らかであろう。木津荘では元勝名を通じて六角方に与同して年貢を対捍するなどの動きが出来し、六角征伐の混乱の影響がそのまま波及するといった緊迫した状況が現出していたのである。朽木氏に対する合力要請は、まさに六角与同の輩を退治するためのものなのである。そしてこうした歴史的背景があって、朽木氏は元勝名を勲功として所望するようになったのだと思われる。史料6は直接元勝名に触れたものではないが、その存在は当然考慮されるべきである。一五世紀末期における木津荘の混乱状況の原因は、まさに六角氏と関わる武家領元勝名の存在に求められるのである。

それでは武家領元勝名は一五世紀の後半に六角氏が木津荘内の一部を押領するなどの手段によって生じたものなのであろうか。答えは否である。元勝名の存在は確実に一五世紀初頭に遡るのである。

《史料7》

山門西塔院釈迦堂閉籠訴詔(訟)条目

（五カ条略）

一、木津庄元勝名年々未進分、当給主赤松次郎方不可存知云々、甚理不尽之至極也、殊応永十七年可被付聖供之由、被成御教書之上者、可被付山門事、

（七カ条略）

右、愁訴雖端多、存略纔十三箇条而已、

文安四年七月十六日[28]

これは文安四年（一四四七）に山門が一三カ条のことを幕府に訴えたもののうち、木津荘元勝名に関する一カ条を示したものであるが、その内容には注目すべきものが含まれている。元勝名に関しては応永一七年（一四一〇）に訴訟があり、年貢である聖供を山門に付すようにとの幕府の命令が下されていたのである。元勝名の成立自体は応永一七年を遡るものであったことが知られる。そして文安四年段階でも元勝名の年貢未進は継続的な問題となっていた。史料4・5・7からは室町時代を通じて木津荘に元勝名が存在していたことを知ることができるのである。

そして文安段階の元勝名の給主は「赤松次郎方」であった。ここでもやはり元勝名が武家と関わる地であったことが知られる。それでは「赤松次郎方」とは誰か。赤松氏一族のなかで庶流春日部家は二郎を通称としている。当時の春日部家の当主赤松貞村は足利義教の寵臣でもあった。嘉吉の乱後も義教近臣であった貞村と庶流大河内家の満政は惣領家には与同せず、追討の側に加わった。以上のことを加味すれば、文安の時点で給主として存在する「赤松次郎」とは赤松貞村かその息教貞であったとみるのが妥当だ。そして山門がこの時期に再び元勝名の

ことを訴えたタイミングにも意味があると思う。というのは文安四年は貞村が没したと伝えられる年だからである(29)。こうした契機をついて、延暦寺は木津荘から武家領元勝名を解消させてしまおうと目論んだのであろう。

元勝名に関する史料は以上に限られるのであるが、室町時代を通じて木津荘に武家領元勝名が存在したことが明確になった。これは本稿が初めて指摘した事実である。しかし問題となるのは元勝名が引田帳・検注帳に全くその片鱗をみせていないことである。史料７にある通り、応永一七年の時点で元勝名は確実に木津荘に存在しており、それはまさに引田帳が機能していた時期なのである。両帳簿に登録された耕地は木津荘の耕作可能な土地のほとんどを書き上げたものであったと思われ、帳簿外に元勝名が存在する余地は少ないといえる。残念ながら元勝名がこの両帳簿においてどのようなかたちになって潜在しているのかは確定できない。しかし検注帳にみえる料所・勘落といった特殊な請人の存在には注目してよかろう。これらは引田帳にみえる特定の請人の負田を継承しており(30)、検注帳において山門の直轄下の負田として設定されたものだと思う。武家領元勝名を否定しようとする山門の姿勢が、あるいはこうしたかたちで検注帳にみえているのかもしれない。

ところで、木津荘内に存在した武家の関わる地は元勝名に限られるのかといえば、実はそれだけではなかったと思われる節がある。朽木文書に次のような文書がある。

《史料８》

就加々名之儀、自屋形以状被申候、此名代官事、能登相州江申合、久松吉知行仕事候処、御競望之由申候、不可然存候、子細此分候間、被成其御心得、則被止御綺候者、可為祝着之由、懇猶自私可申入之旨候、於拙者モ可畏存候、可得御意候、恐惶謹言、

十二月六日　　高恒（花押）

朽木殿人々御中(31)

加々名を競望する朽木材秀に対して、後藤高恒がそれを止めるように書き送った書状である。先にみた元勝名の競望の件と同様なものといえるが、注目すべきはこの書状の日付が史料4と一致していることである。やはりこれは単なる偶然ではなかろう。朽木氏が六角氏に関わる元勝名・加々名の獲得を画策していたため、それを退けるために史料4・8が同時に出されたのであろう。この書状には加々名とだけ記されているので、その所在は判然としないが、少なくとも木津荘内には加々名が存在していた。それは検注帳の請人としてみえる加嘉である（引田帳には加々とある）。第五章で指摘したように、検注帳において加嘉は引人をもたない特殊な請人であった。その特殊性の由来はおそらくこうしたところにあるのだろう。そして加嘉（加々）の初見が引田帳の引人欄であることを考慮するならば、木津荘における加々名の成立は一五世紀初頭に求められる。元勝名と同様にその成立当初から六角氏と関わっていたわけではなかろうが、六角氏がそれを管下におくようになるその歴史的前提として、一五世紀初頭以来の加々名の特殊性は措定されてよいであろう。

以上、木津荘には武家領が存在したという観点から、室町時代の木津荘のおかれた状況を概観してきた。延暦寺による一円的な支配といった単純なイメージとは大きく異なる木津荘の姿が浮かび上がってきたと思う。そしてこうした事実は室町時代の木津荘をとりまく状況、つまり延暦寺と幕府・守護との関係について考える場合も十分に考慮されなければならないものである。

応永元年（一三九四）九月に将軍足利義満が日吉社に参詣したが、延暦寺・日吉社は総力をあげてその準備を進めた[32]。このことに象徴されるように応永年間には延暦寺と幕府は良好な関係を構築しており、そうしたなかで木津荘支配の再編を意図した検注帳が作られたのである。しかし幕府と延暦寺の協調関係というのは、当該期の木津荘と武家との関係においては一つの側面に過ぎない。例えば応永八年に出された足利義満御判御教書[33]では、座主令旨に任せて木津荘名田と比叡本荘所職を貞運の領掌とすべきことが命じられている。荘内のことに関して幕府がこうした関与を示していることの理由を考えた場合、元勝名のように室町時代初期から木津荘に武家方の影響が及んでいた点はやはり見過ごしえない事実である。それは木津荘には武家による違乱が起こる可能性が絶えず潜在していたことを意味するからである。延暦寺は幕府との協調関係を利用することで、荘内に存在するアキレス腱を処理する必要に迫られていたといえよう。

引田帳が南北朝の動乱が終結した頃に作られ、検注帳が応永二九年に作成されたのにも、山門のそうした意図が表れているのではないかと筆者は考える。応永一七年には延暦寺は元勝名に関する訴訟を行い、武家領の解消を目論んだ行動をとっていた。また応永二四年には法橋最全が預所に補任された(34)。おそらく彼が本格的に荘園支配に乗り出し、一五世紀初頭以来の懸案事項を解決するために大々的に検注を行ったのであろう。特に検注帳については先に料所・勘落について言及したが、山門直轄下と思われるような負田を作り出している。武家の影響を極力排除するために、検注帳ではそうした田地を没収して山門直下のものとして設定したのではなかろうか。結果的には木津荘には武家領が存続していくのであるが、延暦寺が最も強硬な姿勢を示した成果が検注帳として結実したのであり、それはおそらくは幕府との良好な関係を背景にして成し得たことだと考えられるのである。

しかしこうした幕府との関係に着目するのであれば、それが常に延暦寺に有利なように作用するわけではない点も考えておく必要がある。元勝名の給主が将軍義教の寵臣赤松貞村であったことを考えるならば、その宛行や安堵に将軍の意図があったことは容易に推測がつく。特に将軍義教は山門に対して弾圧的な態度をとっており、それが永享五年（一四三三）の山門騒動を招いた。延暦寺は永享の大嗷訴で山門奉行飯尾為種や近習赤松満政の奸曲を訴えているが、例えばそのなかで日吉社の日神供料所を「号御料所、被仰付守護方」たり、山徒の所帯が没収されて「被宛行公家・武家甲乙人」たりしている状況が述べられている(35)。室町初期の荘園支配体制の再編が、幕府との協調関係のもとに進められたのだとしたら、その友好関係が崩壊した時のダメージも大きなものとなる。

応永段階の幕府・延暦寺の協調関係が安定的な荘園支配体制を保証したわけではなく、情勢の変化によって潜在していた問題が顕在化する可能性は常にあったのである。

南北朝の動乱が終息した後、延暦寺が幕府との協調関係のもとで荘園支配の立て直しを図ったのは、木津荘に内在する問題を早急に解決する必要に迫られていたからだろう。特に荘園支配のアキレス腱ともなりかねない元勝名などを処理するには、幕府の力に頼らなければならない。幕府との協調関係が生じる必然性は、むしろそうした荘園支配の不安からくる面が大きいのではなかろうか。武家領に起因する不安定な社会状況が、その調停者たりえる将軍権力を高めることになる。延暦寺と幕府の良好な関係はこうした当該期の荘園が直面する問題から要請されるものであったといえる。よって幕府との関係如何ではそうした不安が再燃する可能性は大いにあった。室町期の木津荘がみせる応永期の安定性が、上述したような不安定性と裏腹のものであることにも留意すべきだろう。

おわりに

本章では、前半部分において引田帳・検注帳の負田請人の性格や、室町時代の負田と公事の関係について論じた。まず引田帳にみえる仮名の分布の特徴を押さえることで、請人の性格の変化や特殊な請人の存在を指摘した。次に従来顧みられることのなかった検注帳の時代の公事について検討し、引田帳にみられた「○○くし」の秩序が全く破棄されてしまったわけではないことを論じた。木津荘の公事支配は、かつては均等な公事名編成がなされていたが、引田帳の作成によってそれが再編され、その秩序が一五世紀を通じてある程度の意味を持ち続けていたように思われるのである。また負田請人と年貢・公事などの負担関係についても、〈年貢斗代＋公事米（二斗代）〉からなる「一色」負担を手懸かりにして解釈を示してみた。

続いて後半部分においては、元勝名の存在とその性格を明らかにすることで、室町時代の木津荘のおかれた状況について新たな側面から論及することを試みた。応永期の幕府と延暦寺の良好な関係の裏には、木津荘の元勝名に象徴されるような荘園領主にとっての逼迫した問題があったのではなかろうか。引田帳・検注帳の作成は、延暦寺が動乱後の混乱や武家領の問題を処理するためにとった大々的な行動であったという評価もできると思う。しかしいったん幕府との協調関係が崩れてしまうと永享の山門騒動のようなことが起こるわけであり、幕府との関係のもとで処理した問題は再び顕在化し、荘園支配の動揺をもたらすことになる。室町期における荘園の再編を論じる場合、幕府・守護と荘園領主との関係における肯定的な側面に注目することは当該期の荘園制の特徴を考えるうえで有効であると思うが、そうしたあり方が同時に荘園支配に対する不安定性をも抱え込む側面があったことも、室町期荘園の一つの真実として見据える必要があろう。

（1）『国立歴史民俗博物館研究報告』一〇四集（二〇〇三年）。

（2）この四例はいずれも現在の日爪・五十川・岡・木津地区の辺りに分布している。次に述べる②タイプの末光・末清が主に平地部（森・田井・針江地区）に分布する傾向をみせているのとは対照的である。これが偶然なのかどうかはにわかには判断しかねるが、仮名Aの性質を考える場合、こうした偏在性がみえることにも留意する必要があるかもしれない。

（3）検注帳の負田請人に料所・勘落とみえるものが多く存在することからしても、検注帳の負田請人を作人層として定義付けることは無理である。

（4）享禄二年（一五二九）一二月日饗庭又三郎秀頼公領売券（饗庭昌威家文書）では「永代売渡申比叡新庄内公領之事／合五名一圓者」として、相伝私領を定林坊播磨殿に売却しているが、その際に所務帳が添え渡されている。それは売券の別のところで作人帳といわれている。私領である五名の作人をその所有者が帳簿にして把握していたのである。検注帳の負田請人欄にみえる寺庵などもそれぞれ独自に作人を把握していたはずであろうし、料所・勘落の作人も何らかのかたちで山門が把握していたと考えられる。つまり検注帳に反映されないレベルで作人層が存在していたことを考慮しなければならないのである。それは延暦寺が名編成や作人層の把握にこだわらない土地台帳を作成する方針を打ち出したことに起因する事象であると理解できよう。

(5) 後述するように、筆者は公事支配と名編成には密接な関連があったと想定している。そして公事請人として寺庵がみえないことは、木津荘にかつて存在したであろう名編成を考えるうえでも重要な事実であると考える。仮名Aにみえる大谷・清水・庵室といったものを名として理解することについて、こうした点からも筆者は躊躇を覚える。

(6) 検注帳の負田請人のあり方からは福万と福千が何らかの関係を有する仮名であることが窺える。福千は公事請人としてはみえないが、仮名Aと負田請人の分布はよく一致している。

(7) 『天台座主記』巻三(僧正慈賢)。

(8) 『伺事記録』延徳二年閏八月二七日条。

(9) 「飯室得万」という呼称からは横川飯室谷が連想される。また検注帳の引人欄にみえる「西南尾房領」などは木津荘の負田が西塔南尾谷の某房領になっていたことを示す。ちなみに「西南尾房領」が負田を引く時期は辛丑年、つまり文明一三年(一四八一)に集中している。

(10) 全く確証はないものの、樹下という呼称からは日吉神社の二宮神主職を世襲した樹下家との関連が連想される。

(11) 天正二年(一五七四)六月吉日饗庭定林坊引分并家中田畠帳(饗庭昌威家文書)。

(12) 本書第五章と本章は荘園支配の様相に関することを主な検討対象としたため、帳簿を素材にして村落の問題に言及することは十分にできなかった。仮名Aを旧帳簿の記載とみることによって、木津荘の村落についても新たな解釈を行うことが可能だと思うので、筆者なりの見通しを簡単に述べておきたい。

まず集落の立地について付言しておくと、引田帳と検注帳の比較から導かれる屋敷地の変移などは、両帳簿が作成された二〇~三〇年の間の変化か否かという点が問題になる。筆者は仮名Aの分析で述べたように、引田帳には室町初期以前の木津荘に関する情報が盛り込まれている可能性が高いと考えている。以前、熊谷隆之・宮本晋平・小原嘉記「調査成果の総括――近江国木津荘の景観とその変遷――」(近江国木津荘調査団・新旭町教育委員会編『近江国木津荘現況調査報告書Ⅱ』、二〇〇三年)の田井地区・森地区(小原執筆)の節において、筆者は引田帳から検注帳の間に屋敷地が消滅して耕地化する現象があったことを、応永期の開発と土地利用の集約化の問題として捉えた。しかし、第五章の結論を想起するならば、こうした変化は引田帳以前からの長期的なスパンのなかで捉えた方が適切ではないかと思う。そしてそれは一四世紀を通じて進行した集村化の現象を示すものなのである。

木津荘の村落を考える場合に参考になるのが「○○湯田」「○○郷湯田」という記載である。仮名Aに限っていえば、こうした湯田記載は白雲・日爪・森・土生のみである。両帳簿の負田請人にみえる各郷の湯田記載と比べるならば、その数は限定的である。土生は木津荘の物社であり、後に○○郷との呼称がみえる他の三例とは若干異なる。日爪には若宮社などがあり、白雲（米井から五十川にかけての地域とみておく）・森は街道・大道沿いに位置し、多くの宗教施設が立ち並んでおり（本書第九章・終章を参照）、古くから集落が立地していたと思われる（具体的な検討は本書第七章を参照）。その景観は各地域の核となるべきものを中心とした緩やかな集落域のまとまりとして捉えることができよう。

大山喬平氏は「荘園制」という論文の中で「日本中世の荘園には膪があった」と述べるが（『岩波講座　日本通史』第七巻・中世一、岩波書店、一九九三年）、それは様々な社会関係が織りなされる社会生活の場たるムラにおいても同様であろう。日爪・白雲・森は宗教施設などを核に、現在の大字よりも広範囲かつ緩やかなまとまりとして村落の実体をもっていたのではなかろうか。そして応永期には負田請人に「○○郷湯田」として湯田をもった村落が多く登場するが、これは一四世紀を通じて進行した集村化の結果、緩やかな集落のまとまりが現在の大字に連なる村落として個別化していったことを意味するものだと思う。当然そのような村落の個別化の過程においては、その中核となるべき施設（村堂）などの成立があったことが予想されよう。

もちろん荘園支配のための帳簿の記載を過度に実体化して木津荘内の村落の姿を描き出すことには慎重であるべきかもしれない。しかしなぜ仮名Aの湯田記載が日爪・白雲・森という地名に限られるものであったのかなどは、木津荘の村落の推移を考える上でも何らかの手懸かりになるのではないかと思う。

(13)　末吉（№3）が本・新に分かれているくらいで、下安国・南一楽（№19・28）は微々たるものである。

(14)　北藤松・北光任ほど多くみえているわけではないが、得万・久光・北包久・西国安・南貞近・南重久・上一楽なども検注帳の請人欄にはみえないが、引人欄において再び現れている。

(15)　応永一六年（一四〇九）八月一七日沙門宗祐・権律師快覚連署置文案（饗庭昌威家文書）によると、宗祐が私領田畠を霊山寺に寄進している。それらの田畠は主に一一～一三条にかけて分布していることが分かる。

(16)　ただし表4の分化仮名の集計値は、第五章における公事請人の分類のうちⅠ・Ⅱタイプまでの措置を集計したものであり、朱筆によるⅢ・Ⅳタイプのことは考慮されていない。例えば藤松はⅢの処置によって多くが北藤松になっており、公事請人は南藤松と北藤松に二分化している。

(17) 逆に表1の仮名が名を示すと理解する場合、なぜ小規模な仮名を含みこんだ雑然とした構成になるのかを説明する必要がある。それは擬制的な名編成という一般論とは相容れない事実であると思う。

(18) 例外的に、一四条四里五坪内には「末永くし」、同里二五坪内には「卅ト北包久くし」との記載がある。

(19) 一八条三里にみえる定佃・小佃が荘内唯一の七斗代である。ただし室町時代の木津荘においてこの七斗代が格段に高い負担であったわけではない。定佃・小佃の周囲にある負田の斗代はおおよそ五斗代程度である。後述するように当時の公事負担は公事米二斗程度であったと思われる。定佃・小佃は引田帳から公事負担のない地であったことが知られるが、総負担量としては〈五斗代+公事米二斗代〉の値であることに変わりはなく、相対的な負担量が突出しているわけではない。

(20) ちなみに一七条二里三〇坪は引田帳・検注帳にみえない坪である。「一色六」から単純に考えるならば、四斗代程度の年貢の負担が可能な土地が文明段階で同里三〇坪にはあったことになる。この土地が引田帳・検注帳にみえない理由は判然としないが、そのような土地があったことが分かる点で、この史料は貴重である。

(21) 天文一一年(一五四二)三月二一日出雲守元隆田地売券(饗庭昌威家文書)にも「一色石、年貢・公事米」といった表現がみえる。

(22) ㈭の一色記載の下にみえる人名がどういう種類のものかはこれだけでは判断しかねるが、あるいは耕作権などの権利の所有者であろうか。

(23) ㈡の有末名についてであるが、検注帳では一五条三里六坪・一六条四里七坪ともに頭注に「有末募」がみえる。頭注欄にある除田の負担関係の実態は不明なところが多いのであるが、室町後期にはこのように私領として何らかの得分が設定されていたことが知られる。

(24) 本書第二章および第四章を参照。なお、高橋昌明「木津から今津へ」(『湖の国の中世史』、平凡社、一九八七年)では、検注帳にみえる料所を幕府料所とするが、その根拠は示されていない。

(25) 年未詳一二月六日後藤高恒書状(『内閣文庫影印叢刊朽木家古文書』二五六号、以下『内閣文庫影印叢刊朽木家古文書』については『朽木』と略記する)。

(26) 年未詳一〇月一三日伊勢貞陸書状（『朽木』三九二号）。
(27) 長享二年八月一五日室町幕府奉行人連署奉書案（『朽木』七七号）。また八月二〇日寂秀書状（『朽木』一九七号）も関連する。
(28) 文安四年七月一六日山門西塔院釈迦堂閉籠訴訟事書（「目安等諸記録書抜」、北野天満宮史料刊行会編『北野天満宮史料』古記録、一九八〇年）。
(29) 『赤松諸家大系図』。
(30) 本書第四章を参照。
(31) 年未詳一二月六日後藤高恒書状（『朽木』二四九号）。
(32) 本書第二章を参照。
(33) 応永八年四月一七日足利義満御判御教書（秋元興朝氏所蔵文書）。
(34) 応永二四年二月日法橋最全目安案（饗庭昌威家文書）で最全は預所への補任を申請している。実のところ預所補任状はみえないのであるが、この頃に彼が補任されたとみて大過ない。預所については本書第二章を参照。
(35) 『看聞日記』永享五年七月二四日条。

第七章　木津荘の開発と村落

熊谷隆之

はじめに

近江国木津荘の故地は、安曇川が形成した沖積平野の北端部とその西方に広がる饗庭野台地の一帯にあたる。そこにはかつて、古来の田畔のうねりや用水網によって区画された一面の水田地帯が広がり、それらを里山や湖畔が取り囲む、のどかな田園の風景が展開していた。そうした日々の生活と密接にかかわる山や川、田畑や井溝のひとつひとつにはよび名があり、それらは幾世代もを経て、そこに暮らす人々の間でうけつがれてきた。

そして時代はうつり、この地域の景観はすっかり変貌を遂げた。山麓に折りかさなる棚田は直線的な田へと生まれかわり、田下駄や田船を用いての作業を強いられた湿田は乾田へと改良された。波のおだやかな港であり、よき漁場でもあった内湖はすでにその多くが干拓され、燃料や肥料の供給源であった里山の多くは近年までにその機能を停止した。のみならず、そうした古来の景観は、地元に暮らす人々の記憶からも消滅しつつある。

とはいえ、木津荘の故地には室町期における同地域の景観についての膨大な情報を記録した二種類の帳簿が現存している。応永年間前期に作成されたと推定される木津荘引田帳（以下「引田帳」）と、応永二九年（一四二二）

閏一〇月二一日の日付をもち、追筆を加えられながら中世末期まで使用された木津荘検注帳（以下「検注帳」）である。[1]これらの史料をもとにして、木津荘故地の景観や条里プランに関する研究に先鞭をつけたのは、昭和四九～五三年（一九七四～七八）にかけて発表された福田徹氏の歴史地理学的手法による一連の研究であった。[2]

その後、しばらくは木津荘故地に関する本格的研究が提出されることはなかったが、近年、水野章二氏により文献史学の立場から木津荘をめぐる諸問題に整理と検討が加えられ、[3]さらに平成一一～一四年（一九九九～二〇〇二）にかけておこなわれた現況調査により、圃場整備以前に関する各種の情報が蓄積されている。[4]膨大な情報量を有する引田帳と検注帳をもとに、本格的な木津荘の景観復元をおこなうための条件は、いよいよ整いつつあるといえるだろう。

そこで本章では、木津荘の景観とその変遷について、より踏み込んだ復元を試みることにする。それに際しては、水利と開発、村落と環境という二つの角度から検討を進めることにしたい。

一　水利と開発

木津荘故地は西近江路をおおよその境として、東側のN16度Eと西側のN6～7度Eの条里地割方向を有する二つの地域に区分される（図1）。前者は安曇川下流域の低地部、後者は饗庭野台地から続く緩傾斜地である。[5]木津荘故地の水利と開発は、これら二つの地域で異なる歴史的推移をたどることになる。

(1) 傾斜地北部の開発

まずは、このうちの西側緩傾斜地の水利と田地開発をめぐる状況からみていくことにする。西側緩傾斜地は、北から庄界《しょうかい》川、波布谷《はぶたに》川、杉沢川、熊ノ尾、今川、松田《まった》川、林照寺川、北谷川、以上八つの水系に分類される。

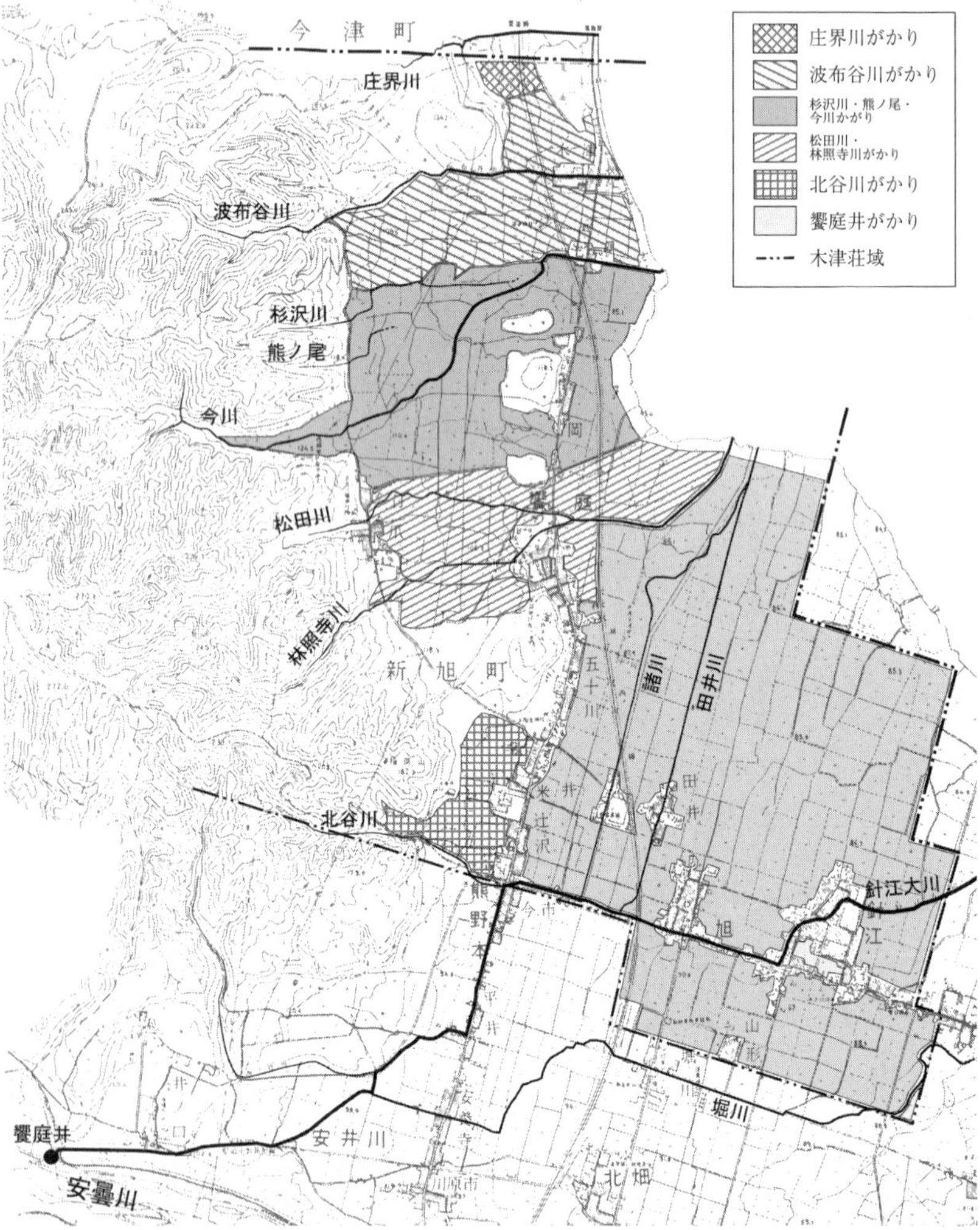

図1　木津荘域の主要河川と水がかり

はじめに、かつて木津荘の中心をなした木津《こうつ》地区の水利と田地開発を取りあげる。木津地区は、庄界川・波布谷川・杉沢川水系から構成される（図2）。東部のサンマイ井からの用水とモタレ川の灌漑域は低地部にあたるが、それ以外はいずれも饗庭野台地から続く緩傾斜地上に立地する。まずは、この緩傾斜地の圃場整備以前における状況を確認しておこう。なお、以下の論述では圃場整備以前の状況を「現況」とよぶことにする。

庄界川は、木津荘と善積荘の境を流れることからこの名があるといわれるが、現在は木津荘故地の外側を流れている。庄界川に設けた三ヶ所の井堰からそれぞれに用水路を引き、波布谷川の水がかからない木津荘域北端部の田地へ導水している。灌漑域はさほど広くない。耕作者も多くは荘域外の住民である。

波布谷川は、木津地区の主要河川である。木津荘故地では井堰のことを井《ゆ》とよぶが、波布谷川には上流から、六分《ろくぶ》と四分《しぶ》へと導水する井、美園川へ導水する美園井、欠ノ前《かけのまえ》川へと導水する井、波布谷川北岸へ導水するサンマイ井、以上四つの井堰が設けられている。

これらの用水路のなかでもっとも水量が豊富なのは、美園川や欠ノ前川よりも上流で取水する六分と四分である。その名のとおり、波布谷川からの取水を六対四に配分する。六分は水の配分量が多く、この地域でもっとも広い灌漑域を有する。

これに対し、四分は水の配分量も少なく、健速《たてはや》神社へと続く丘陵沿いを流れることもあり、灌漑可能な範囲は広くない。そこで、波布谷川から二つの井堰を用いて美園川、欠ノ前川へと順次に導水し、水量の不足を補っている。ただし、下流から導水するので水量はけっして多くはない。

杉沢川は、南西の日爪《ひづめ》地区から流入する河川である。南岸の水がかりについては次項で述べることとして、ここでは木津地区にふくまれる北岸部についてのみふれる。杉沢川は狭小な大塚谷を水源とする水量の少ない川で、琵琶湖に達することはない。灌漑範囲もさほど広くなく、やはり下流域は水の不足しがちな地域である。

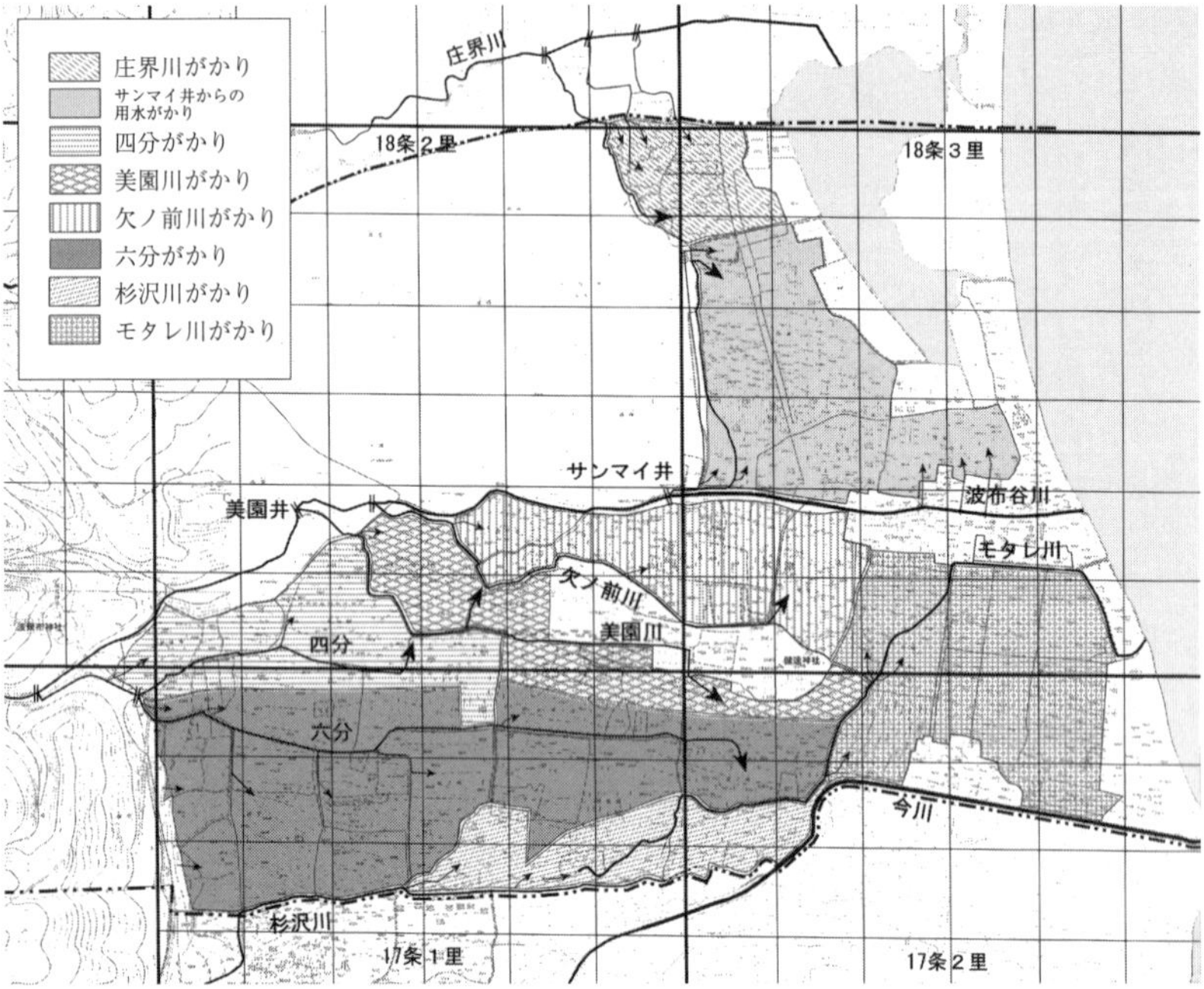

上段は引田帳、下段は検注帳の負田面積（反.歩）、数字末尾の＋は負田以外の免田の立地を示す。
下段の下線は、負田面積の増加が２反以上みられる坪。

		18条2里		1.340 3.000	3.180 4.000+			18条3里		
					2.060 2.318	7.000 6.216				
						9.280 10.000	10.040 10.180			
	1.210 1.210	0.140 0.140	0.120 0.120		0.150 0.240	4.200 5.336	5.200 5.270	8.240 10.010		
	1.270 1.270	1.240 3.060	5.020 9.330	0.330 1.030+	5.060 8.240	3.310 9.300	9.060 9.000	4.350 5.000+ （日吉田5.000）	4.000 （小個） 6.240+ （小個）	
1.240 3.312+	5.190 6.072+	8.210 9.102	1.250 3.252+		1.280 2.160	4.120 5.036	3.020 3.036+	4.300 5.000+ （日吉田5.000）	4.000 （定個） 4.000+ （定個）	
4.120 5.000	8.080 8.180	? 10.210	? 13.008+	10.040 10.186+	9.280 9.060	5.120 7.120	5.000 7.154	9.020 10.060	9.240 10.000	
2.320 5.010+	7.140 8.000+	9.240 10.060	8.260 8.180+	8.030 8.084+	6.230 9.000	3.260 3.324	8.330 10.090	7.180 9.120	8.060 8.120+	5.350 6.036+
2.050 4.120	2.000 2.000+	6.180 8.100+	8.150 8.000	7.190 7.270	4.240 5.192	2.300 4.308				
		17条1里						17条2里		

図２　木津地区の田地

さて、以上の状況をふまえたうえで、応永年間における木津地区西部の田地開発について検討してみることにしよう。引田帳と検注帳によると、この地域で田地開発のもっとも先行した地域は水量の豊富な六分がかりと、それにつぐ水量を有する四分がかりである。応永年間における田地化率は比較的高く、山からのもれ水を直接にうける西端の山麓部と、最下流の東端部で顕著な増加がみられるほかは、田地面積も概して安定的である。

これに対し、美園川・欠ノ前川かがりは、六分・四分がかりとは対照的である。両地域の田地化率はさほど高くなく、田地面積も均一的ではない。その一方で、田地面積の全体的な増加がみうけられ、とくに下流部における増加の頻度は顕著である。

このことは、木津地区西部の田地開発に関するつぎのような状況を示していると考えられる。まず、この地域においては、波布谷川の上流から取水する六分と四分が古来の基幹用水として存在し、その下手から取水する美園川と欠ノ前川はそれよりも遅れて整備された。つまり、木津地区西部においては、六分、四分、美園川、欠ノ前川の水がかりの順に田地開発が進められたことを推定しうるのである。引田帳と検注帳の間の六分・四分がかりにおける田地面積が安定的なのは、この地域の田地開発が比較的古くから進められていたことを示している。

そして、応永年間には、このうちの美園川・欠ノ前川がかりの田地面積が流域全体を通じて顕著に増加している。このことは、比較的早い段階には四分の水だけで美園川・欠ノ前川がかりの地域をじゅうぶんに灌漑しえなかったこと、つまり、四分の水量の不足を補うために、のちになって美園川や欠ノ前川が整備され、その流域の開発がより広範に進められるようになったことを示すと考えられるのである。

つぎに、西側緩傾斜地の場合と対比する意味もこめ、東側低地部にあたるサンマイ井からの用水とモタレ川の水がかりにおける田地開発の状況についてみてみることにする。湖岸近くのこの地域は、取水に際しては上流域の余水をうけるものの、湖水面の上下動の影響を強くうけ、どちらかといえば取水よりも排水に労力のはらわれた地域である。この地域では近世以来、内湖周辺で新田の干拓が進められる一方、圃場整備の直前まで排水路の整備が続けられてきた。

引田帳と検注帳に記載されるこの地域の田地面積をみてみると、西側緩傾斜地とは対照的な状況が看取される。モタレ川がかりについては、欠ノ前がかりの余水をうけるためか、部分的に田地面積の増加した坪もみうけられる。しかし、面積の増加は西側緩傾斜地ほど顕著にはみられず、田地化率も高い。このことは、東側低地部における田地開発が、西側緩傾斜地よりも早い段階から進められていたことを示唆する。

そこで注目されるのが、応永年間の段階でモタレ川がかりに立地していた佃と日吉田の存在である。一八条三里一九坪について、引田帳は「定佃」四反、検注帳は「定佃」四反とともに「水田」六反を記す。また、同二〇坪について引田帳は「小佃」四反、検注帳は「小佃」六反二四〇歩と「水田」三反一二〇歩を記載する。引田帳の一八条部分の頭注が省かれていることをふまえるに、この地域では応永年間を通じて、各坪のほぼ全域が田地として利用されていたものとみられる。

両史料にみえる定佃と小佃の斗代は反別七斗で、他の負田よりも高斗代である。ゆえに、これらは他の一般的な負田となかば同質化しているとはいえ、領主直営田をさすいわゆる佃に起源をもつと考えられる。おそらく、木津荘の立荘とともに設定されたものとみてまちがいあるまい。ちなみに、この地域は現在も佃《つくだ》の小字名でよばれる。

一般に、佃は熟田に設定されることが多いが、湖岸近くのこの地域は、現況では湖水面の影響をうけやすい低湿な環境にある。しかも、検注帳によると、年貢を免除された低湿田をさす「水田」が隣接しており、すでに中世段階でも低湿な環境にあったと考えられる。当時、木津荘域では湖岸近くの耕地の沈降が継続的に進んでいた。おそらくはもともと熟田だった佃が沈下し、低湿化したものとみられる。

一方、検注帳の一八条三里一三・一四坪の項の頭注には「日吉田」各五反がみえる。これは、日吉大社の神田であろう。このほかにも、検注帳には現在の田井地区内に相当する一四条三里三四坪の項の頭注に「日吉田」五反、また、引田帳には現在の森地区内に相当する一三条三里三坪の項に「日吉」五反が記載される。木津荘内に立地するこれらの日吉田は他の免田にくらべ、大きな規模で存在している。各五反という単位は、これらの日吉田が古い段階で、しかもかなり擬制的な設定方法で成立した免田であることを示唆する。

元応元年（一三一九）の日吉社領注進状写によると、当時、日吉大社の申日御供料所として「高島北郡木津郷神田」一町五反が存在していた。[6]「木津郷」という表現からみて、応永二九年（一四二二）の検注帳にみえる一八条三里一三・一四坪の日吉田計一町が、鎌倉末期の日吉田一町五反の系譜をうけつぐものであることはまちがいあるまい。そして、この「木津郷」の日吉田は、立荘とともに成立したとみられる定佃や小佃の西隣に立地している。

これらの点をふまえるに、応永年間の引田帳と検注帳にみえる日吉田の起源は、おそらく院政期以前にさかのぼるのではないかと思われる。つまり、この日吉田はすでに院政期以前から日吉大社の神田として設定されており、それらが木津荘という領域型荘園の成立によって包括され、そのまま免田として踏襲されたものと考えることができるのである。

そこで、このような東側低地部の状況を考えあわせると、木津地区における田地開発の様相をつぎのように理解することができる。応永年間における東側低地部の田地化率は高く、田地面積も現況とくらべて遜色ない水準にある。湖岸近くのこの地域の開発は、佃や日吉田などを中核として、木津荘の立荘ないしはそれ以前の段階から進められていた。

それに対し、西側緩傾斜地の応永年間における田地面積は、さほど多くない。古来、この地域では、現況でいう六分、四分、美園川、欠ノ前川の水がかりの順に徐々に開発が進められた。とはいえ、応永年間の田地化率は依然低く、面的な田地の開発はまだ達成されていなかったと判断される。

そして、こののち用水や田畔の整備などにより、緩傾斜地の面的な開発とその安定化が少しずつではあるが着実に進められるなかで、圃場整備以前に存在した棚田景観が徐々に形成されていくことになる。引田帳と検注帳の記載内容を比較すると、木津荘故地北端部の田地開発をめぐるそうした状況をよみとることができるのである。

(2)傾斜地南部の開発

つぎに、木津地区の南西に位置する日爪地区の水利と田地開発の状況についてみていくことにする。(7)日爪地区は、杉沢川・熊ノ尾・今川・松田川・林照寺川水系から構成される（図3）。具体的な検討にさきだち、まずはこの地域の現況を確認しておくことにする。

杉沢川と熊ノ尾は、それぞれ狭小な谷を水源とする個別の水系である。いずれも水量が少ないため、用水は不足しがちで灌漑域も狭く、琵琶湖に達することなく西側緩傾斜地の途中で流れが途絶える。土地の高低差が大きいのも、この水系の特徴である。

今川は、木津荘の西側緩傾斜地でもっとも水量の豊かな河川である。今川には大井《おおゆ》、三枚ベラ井、坂ノ尻井、広場井、大町井《おおまちゆ》という五つの井堰が設けられ、そこからそれぞれに水路を引き、灌漑をおこなう。最上流の大井から取水する基幹用水は井川《ゆがわ》とよばれ、今川南岸のうち上中流部の大半を灌漑する。この地域でもっとも多くの水量を有する用水路である。南岸のうちの下流域には大町井があるが、水量は少ない。

一方、今川北岸への取水口としては三枚ベラ井、坂ノ尻井、広場井が設置されているが、井川よりも下流から取水するため、水量は相対的に少ない。また、今川北岸の地域は今川南岸にくらべて、土地の高低差が大きい。

このうちの広場井からは狭長な用水路が引かれ、杉沢川や熊ノ尾の水でまかなえない今川北岸の下流域を灌漑している。

松田川と林照寺川はそれぞれ別の谷から発し、井堰からの用水路で流域を灌漑し、やがて合流したのちに琵琶湖へと注ぐ。杉沢川や熊ノ尾にくらべて大きな谷を水源としており、今川水系ほどではないが、比較的水量の豊富な河川である。松田川と林照寺川の流域は、土地の高低差も小さい。

さて、以上の現況を引田帳と検注帳の記載と対照し、応永年間における日爪地区の田地開発の状況を検討してみることにしよう。引田帳と検注帳の記載をくらべてみると、なかには田地が顕著に増加している坪も散見する。しかし、そうした坪では次節で述べる特殊な事情によって田地の増加がおこったものと考えられ、さきにみた木津地区の西側緩傾斜地における美園川・欠ノ前川がかりの場合と対比すると、全体的に田地面積は安定的である。このことは、日爪地区の田地開発が木津地区西部のそれよりも先行していたことを示唆する。とはいえ、各坪の田地化率は現況とくらべれば、さほど多くはない。これは、応永年間におけるこの地域の開発が、なお発展途上の段階にあったことを示している。現況のような棚田景観の面的な形成は、もう少し後代のことであったと判断される。

ところで、日爪地区の田地開発に関連して注目されるのが、木津荘内をはじめ、高島郡内に広く散在した救急田の存在である。すでに指摘されるように、この救急田は、古く『日本三代実録』の貞観五年（八六三）の記事にあらわれる。「人康親王家田九十四町、有㆓近江国愛智郡㆒、為㆓伝法料㆒。常康親王家田百卅町、在㆓同国高嶋郡㆒、為㆓救急料㆒。並施㆓入延暦寺㆒。詔、付㆓国司㆒、永勿㆑徴㆑租。」とあるのがそれである。[8] 人康と常康はともに仁明天皇の皇子であるが、このうちの常康は仁寿元年（八五一）に出家し、[9] 貞観一一年（八六九）に没する。[10] 常康の出家にともない、親王家田が延暦寺へ救急田として施入されたことが分かる。

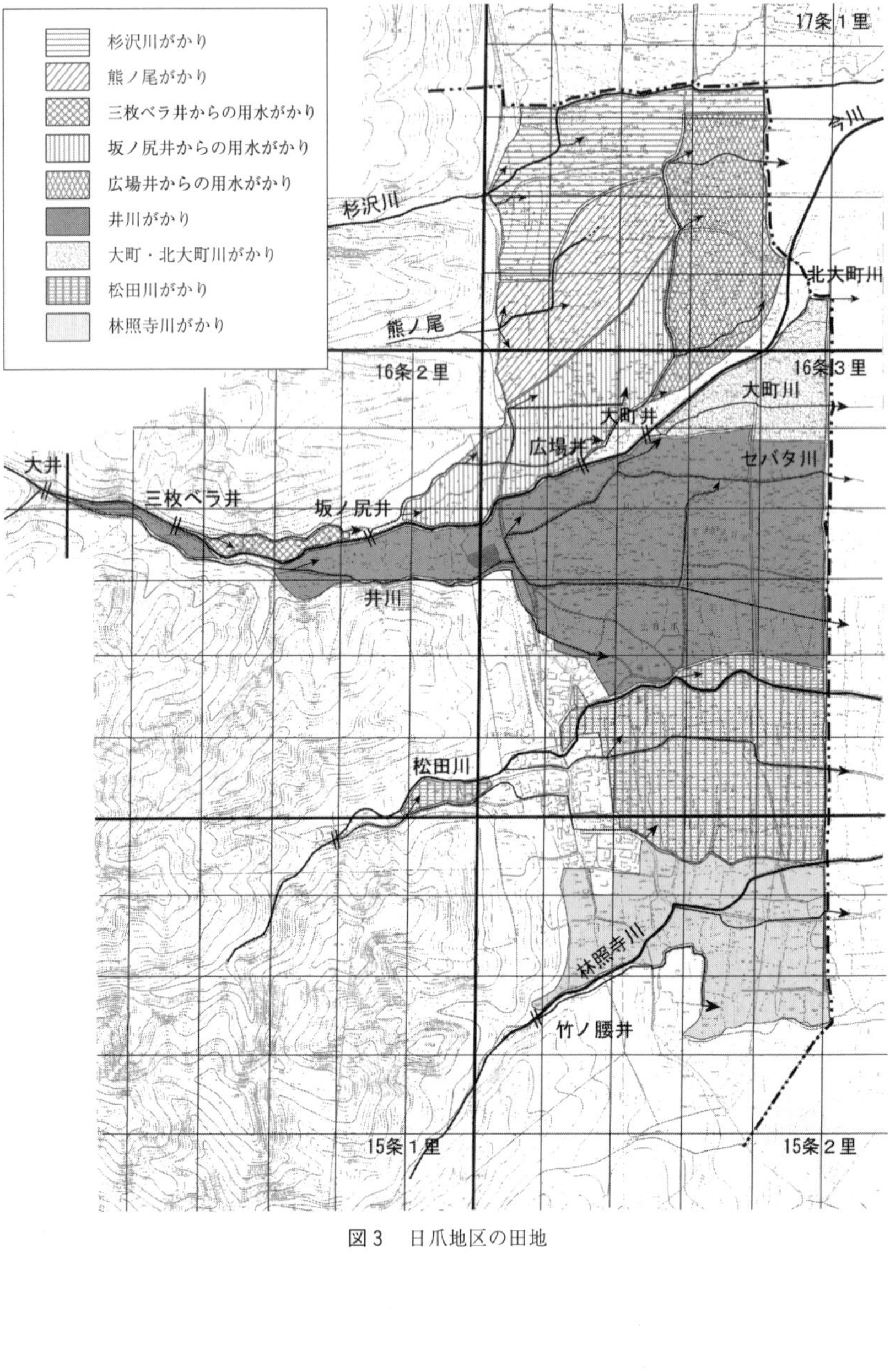

杉沢川がかり
熊ノ尾がかり
三枚ベラ井からの用水がかり
坂ノ尻井からの用水がかり
広場井からの用水がかり
井川がかり
大町・北大町川がかり
松田川がかり
林照寺川がかり
17条1里
今川
杉沢川
北大町川
熊ノ尾
16条2里
16条3里
大町川
大町井
広場井
セバタ川
大井
三枚ベラ井
坂ノ尻井
井川
松田川
林照寺川
竹ノ腰井
15条1里
15条2里

図3　日爪地区の田地

上段は引田帳、下段は検注帳の負田面積（反.歩）、数字末尾の＋は負田以外の免田の立地を示す。

下段の下線は、負田面積の増加が２反以上みられる坪。

									17条	1里
					2.240 3.240+	6.310 7.000+	7.240 7.330+	6.120 7.000+		
					? 1.000+	? 5.030	2.170 7.060	4.300 5.030		
					? 0.090+	? 7.240	5.230 6.090+	? 7.340	? 6.240+	
					0.190+ 2.020+	6.060 6.072	4.300 6.220	+ +	5.100+ 5.000+	
				5.030 5.330	4.260+ 5.000+	4.320 5.000	0.350+ 1.320+	3.140+ 5.000+	3.030+ 3.036+	
		1.060 1.060	1.230 1.040+	3.120 0.180+	3.200+ 4.040+	1.130+ 3.180+	+ 0.300+	+ 0.300+	4.170+ 4.300+	
0.050 0.050	3.200+ 3.200	2.180 2.180	2.000 2.000		0.180+ 0.180+	2.320+ 3.000+	+ +	6.180+ 8.000+	6.050+ 6.072+	
			+	+	+	0.060+ 0.120+	0.300+ 2.000+	2.350+ 3.216+	7.290+ 7.350+	
			16条	2里		+ +	0.330+ 7.108+	1.130+ 2.342+	6.090+ 6.096+	
							3.220 6.048+	+ 5.218	1.210+ 12.280	
						+	1.080+ 1.080+	+ 0.180+	2.330+ 4.102+	
						+	0.130 1.216	0.350+ 2.024+	5.210	
								1.000	2.000+	
			15条	1里					15条	2里

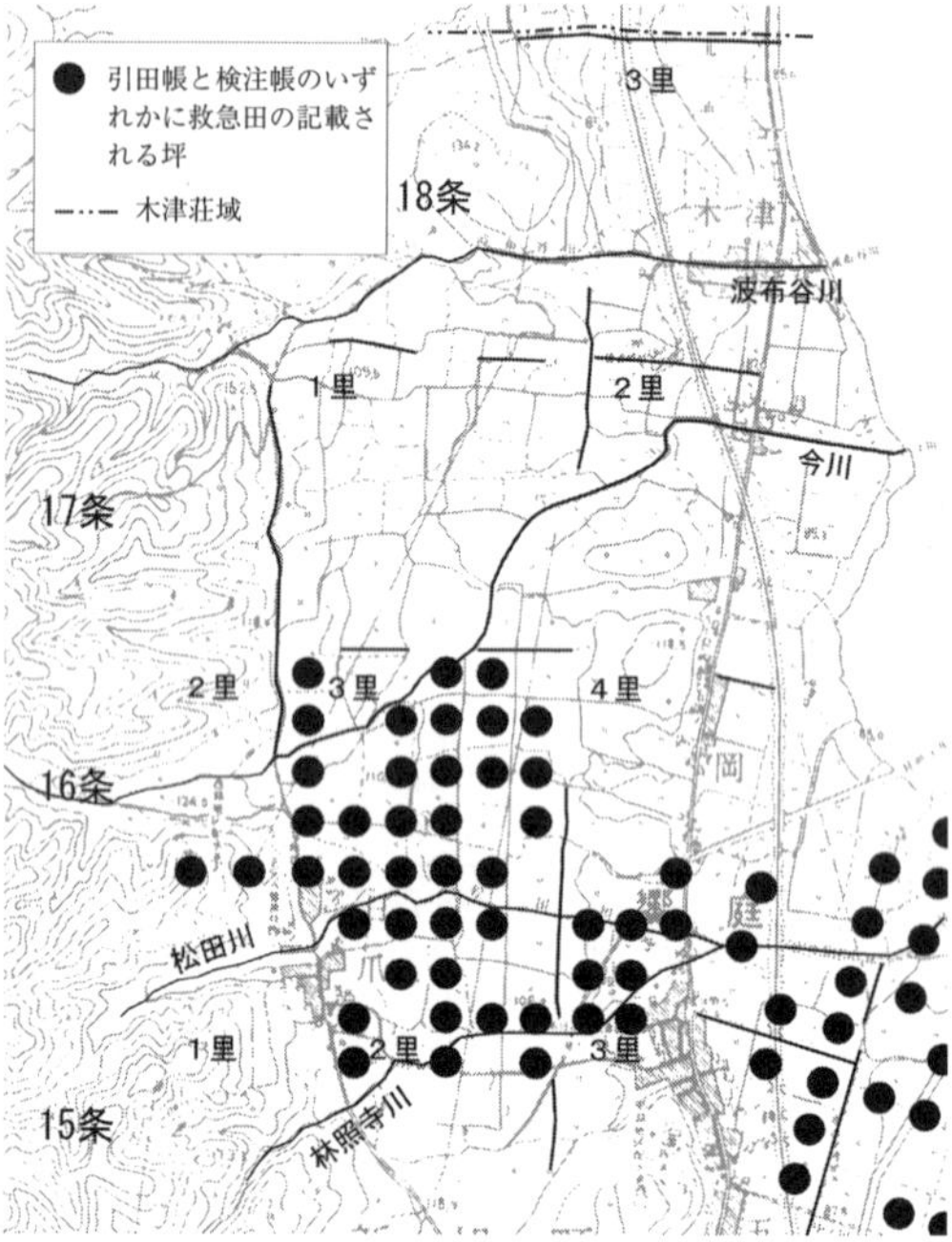

図4　西側緩傾斜地の救急田

応永年間の引田帳と検注帳の頭注には、この救急田の系譜をひく田地が記載されている。引田帳の頭注では「延寺」、検注帳の頭注では「救急」と記載され、位置や面積に細かなちがいがあるものの、概して両史料の記載は符合することから、これらがまったく同種の田地をさすことはまちがいない。「延寺」という呼称から推して、貞観年間以来、一貫して延暦寺がこれを支配していたものと考えられる。このほか、救急田は朽木文書の売券類などの中世史料にもみえ、中世段階でも高島郡内に散在していたことが知られる。

なお、引田帳の一五条二里一〇坪の項の頭注には「元延寺　半」とあり、そこには「但延寺帳無レ之。」という注記が付されている。木津荘内の救急田は引田帳や検注帳に記載され、同じく延暦寺がこれを支配していたものの、直接には両帳とは別個の「延寺帳」とよばれる帳簿、つまり別の体系で把握されていたことが分かる。引田帳と検注帳によると、木津荘域の救急田は一五・一六条に集中し、一三・一七・一八条にはまったくみられない。西側緩傾斜地では今川から林照寺川の流域にかけて分布し、東側低地部では湧水地などの低湿な地域に立地する（図4）。

さて、ここでは応永年間における救急田の分布を溯及させることで、中世段階というにとどまらず、古代における田地開発の状況を検討してみることにしたい。もとより、古代の常康親王家田と応永年間の救急田との間には五〇〇年以上の時代差があり、個々の田地をみた場合、それぞれの位置や面積にはかなりの変化があることが予想される。しかしながら、応永年間の西側緩傾斜地における救急田の分布を各水系との関連でみてみると、興味深い傾向がみてとれる。

まず、今川以北の地域において救急田が検出されるのは、一六条三里五・六坪のみである。今川以北において、救急田は坂ノ尻井がかりの上流部分のみに検出されるのである。そして、今川水系のなかでも坂ノ尻井がかりの下流部や広場井がかりにはいっさいみえず、杉沢川・熊ノ尾・波布谷川水系の地域にもまったく存在しない。

既述したごとく、杉沢川や熊ノ尾の水量は少なく、その水の届かない今川以北の地域では今川からの狭長な用水路により灌漑がおこなわれるため、用水は不足しがちである。しかも、今川以北の地域は土地の高低差が大きい。土木技術水準の低い古代や中世の段階において、今川以北は用水路や田畔の整備に労力のかかる地域であったとみられる。

これに対し、今川以南の地域には、かなりの面積の救急田が立地する。なかでも引田帳の場合、一五条二里二四坪、一六条三里一四・一五・一九・二〇坪には、坪あたり六反をこえる救急田が集中する。これらの坪々は、今川水系の井川がかりや松田川・林照寺水系の中流域にあたる。井川、松田川および林照寺川は水量が豊富で、いずれの灌漑地域も土地の高低差はゆるやかである。今川南岸は、古代や中世段階においても、用水路や田畔の整備を進めることが比較的容易な地域であったと推測される。

このようにみてみると、応永年間における救急田の分布は、木津地区をもふくめた西側緩傾斜地における古代以来の田地開発の傾向を、総体として反映しているということがいえそうである。そこで、この地域における田地開発の推移をつぎのように理解することができる。

木津荘域の西側緩傾斜地における田地開発は、古代以来、今川水系のなかで水量のもっとも豊富な井川がかり、松田川・林照寺川がかりなど、今川以南の水のえやすく、土地の傾斜の比較的ゆるやかな地域において先行した。そして、そののち波布谷川・杉沢川・熊ノ尾水系など、水量にとぼしく傾斜のやや急な地域にも開発の手が加えられ、用水網の整備や耕地の安定化などを通じて面的な田地開発が徐々に進められていくことになる。

しかし、引田帳と検注帳に記載される田地面積が物語るように、中世段階におけるこの地域の田地化率は現況のそれにくらべ、さほど高くはない。圃場整備以前、この地域に展開していた一面の棚田景観の形成までには、さらに時間を要したのである。

最後に、残った北谷川水系の水利と開発についても言及しておこう。米井《よない》・辻沢地区の西側緩傾斜地がこの水系に相当する(第四章の図3を参照)[11]。

引田帳と検注帳によると、北谷川水系の緩傾斜地には、応永年間にも田地が少なからず立地し、なかでも北谷川に近い南部では着実に開発が進められている。しかし、現況とくらべると、やはり田地化率は高いとはいえない。

元禄三年(一六九〇)の米井村古絵図[12]によると、北谷川に近い南部は田地がほとんどを占めるものの、北部は過半が畑地となっている。このような状況は、応永年間における田地分布の状況と照応する。南部では応永年間以降、着実に田地の開発が進められ、元禄年間までに面的な田地の開発が達成されたのに対し、北部では元禄年間にいたっても、なお多くの畑地が立地していたのである。

このうちの北部は、現況ではキタユリとミナミユリとよばれる溜め池による灌漑域となっている。狭小な谷のみを水源とするキタユリの水量は少なく、ミナミユリについても必要に応じて北谷川からの用水路で水を補給するものの、やはりじゅうぶんな水量はない。このため、圃場整備以前の同地域は水不足に悩まされた地域であったという。「若狭の殿様」によって開鑿されたという伝承が示すとおり、キタユリとミナミユリは北谷川水系北部の開発を進めるために、近世の段階で築造された池であろう。木津荘故地では唯一の溜め池灌漑域であるこの地域の田地開発は、さらに農業技術の発達する近世まで待たねばならなかったのである。

⑶低地の開発

つぎに、木津荘故地の東側低地部における水利と田地開発の状況についてみる。

東側低地部の主水源は、京都市左京区の百井峠付近に源を発する安曇川である。安曇川南岸には上流から三《さん》ケ字《あざ》井（広瀬井）、須寺《すでら》井、三重生《みおう》井、田中井、青柳《あおやぎ》井（本庄井）の五ケ井、北岸には高畑《たかはた》井、下古賀井、川原《かわはら》井、饗庭《あいば》井、北畑《きたばた》井、新庄《しんじょ》井の六ケ井が設けられ、それぞれに個別の水系をなし、安曇川中下流域を潤している。[13]

木津荘域の東側低地部における用水源は、このうちの饗庭井である。饗庭井は、安曇川北岸の井堰のなかでもっとも広い灌漑域を有する。饗庭井からの用水は途中で堀川などを分岐し、木津荘域の一三条部分を灌漑するほか、本流はやがて田井川と合流して木津荘域へといたり、そののち岸本川、諸《もろ》川、針江大川などへの分岐を繰り返しながら、一四条以北の低地部を灌漑する。

ただし、このうちの湖岸近くの地域は、東側低地部のなかでも少々特殊な環境にある。この地域は陸界と水界の境の不明瞭な、いわゆるエコトーンを形成していた。多くの湧水が点在するほか、土地が低く湖水面の変動の影響を直接にうけるため、稲作に際しては取水よりも排水に労力のはらわれた地域である。南郷洗堰の設置後も、堰が電化されるまでの間は、湖水面の上昇によってたびたび大水にさらされたという。その一方で、乾期には河川を堰き止めて田に水を張る総張りとよばれる独特の灌漑慣行もおこなわれていた。また、近世以来、干拓による新田開発がさかんに進められてきた地域でもある。

以上の現況を確認したうえで、応永年間の東側低地部における田地開発の状況についてみてみることにしよう（図5）。引田帳と検注帳の負田面積をみてみると、東側低地部の坪あたりの平均面積は六反をこえる。これに免田を加えると、大部分の坪の田地面積は八反以上となる。応永年間における東側低地部の田地化率は西側緩傾斜地のそれにくらべ、かなり高い。また、後述する一部の地域を除いて田地面積の変化は少なく、この地域がかなり古くから田地開発の進められてきた状況がうかがわれる。

そうした状況は、救急田の分布からも推測される（図6）。西側緩傾斜地と同様、東側低地部においても救急田は一五・一六条に多く立地しており、古代以来、この地域の開発が連綿と進められてきたことは確実である。

とはいえ、応永年間において東側低地部はすでに低湿な状況にあったようである。引田帳と検注帳の頭注には、「水田」が数多く記載されている。その分布を調べてみると、西側緩傾斜地上には検出されず、低地部北部では林照寺川と諸川、田井川の下流部の湖岸近く、南部では安曇川旧分流の乱流地域にまとまって検出される（図7）。

これらの「水田」は、いずれも現況でいう沖積平野上の低湿地に立地している。ゆえに、これらは低湿のために年貢を免除された田地とみなすことができる。別稿で述べたように、引田帳と検注帳に記載される東側低地部の田地の斗代を集計してみると、南部が高く、湖岸近くの北部ほど低い[14]。応永年間における東側低地部の田地化率は高く、面的な田地の開発がすでに達成されていたものの、生産効率はさほど高くなかった状況が想定されるのである。

その原因は、当該期の木津荘域における環境変化に求められる。応永年間における東側低地部の田地面積は概して安定的であるが、部分的には田地面積の激減している地域がみられる。田地減少のもっとも顕著なのは、現況でいう林照寺川や諸川、田井川の河口部にあたる湖岸地域である（図8）。引田帳の段階では現況の湖中に相当する地域にも負田が存在するのに対し、検注帳の段階では現況の湖岸どころか、さらに内陸の坪の負田までもが

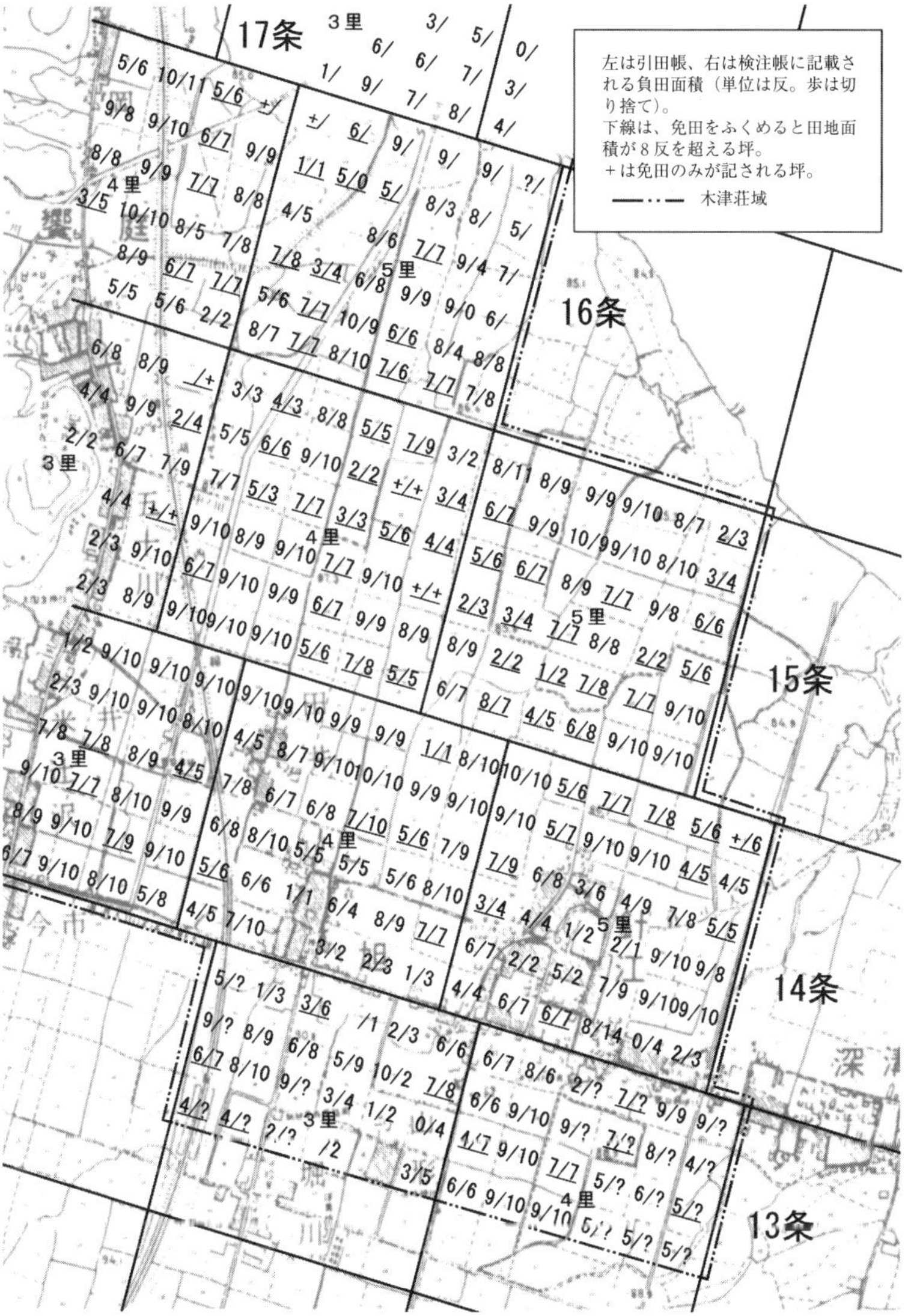
左は引田帳、右は検注帳に記載される負田面積（単位は反。歩は切り捨て）。
下線は、免田をふくめると田地面積が８反を超える坪。
＋は免田のみが記される坪。
木津荘域
17条
16条
15条
14条
13条
３里
４里
５里
深津

図５　東側低地部の田地

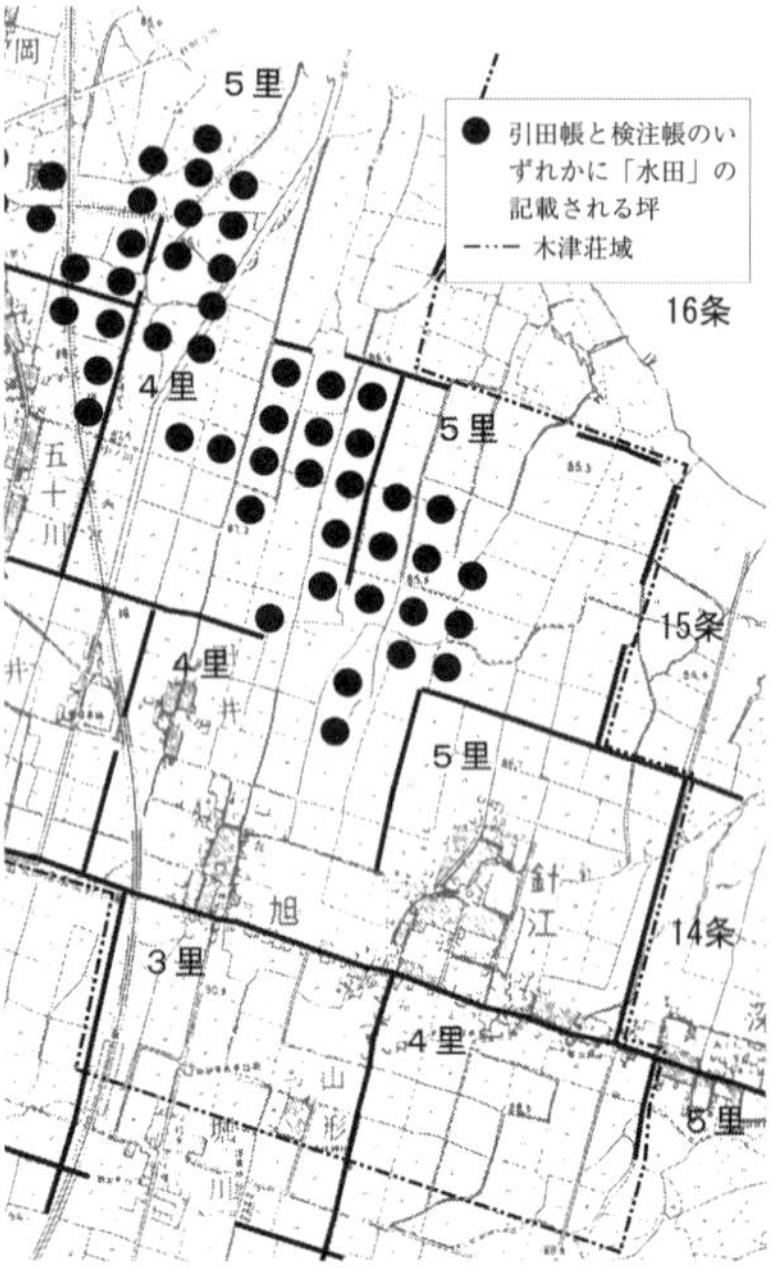

図6　東側低地部の救急田

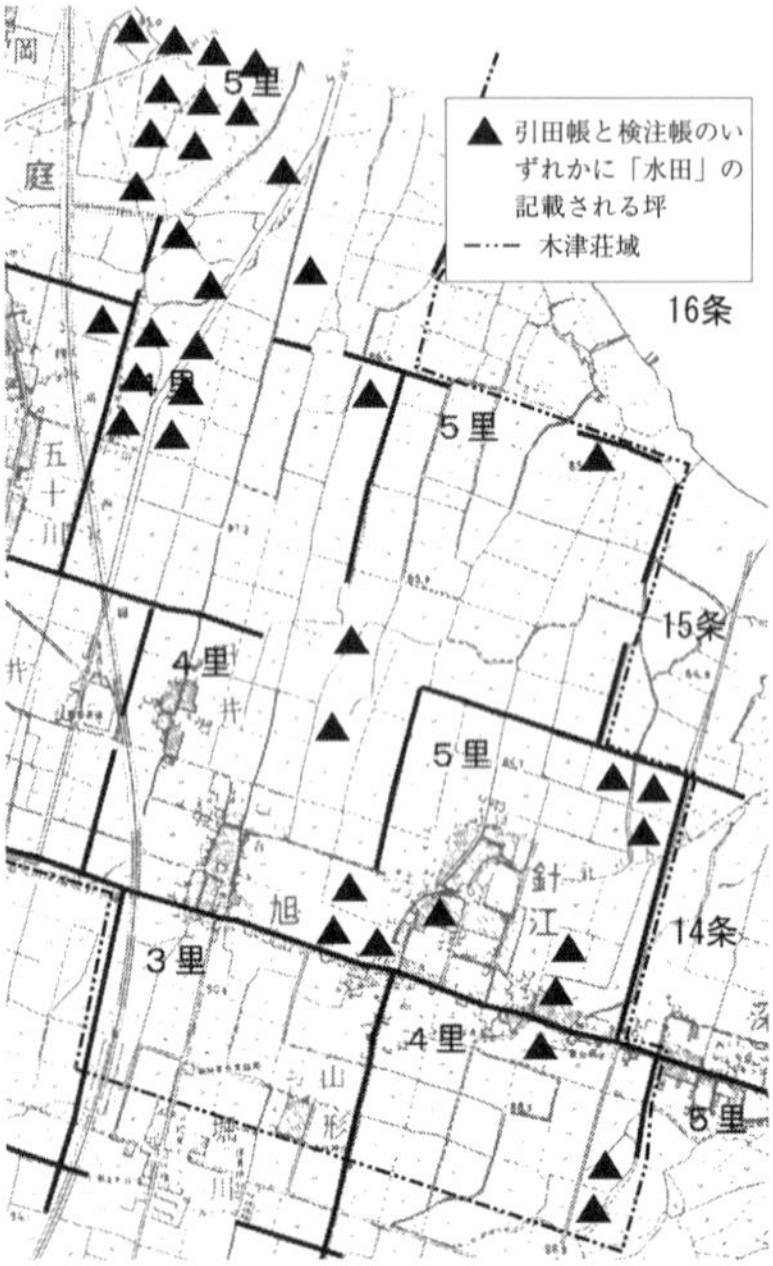

図7　東側低地部の「水田」

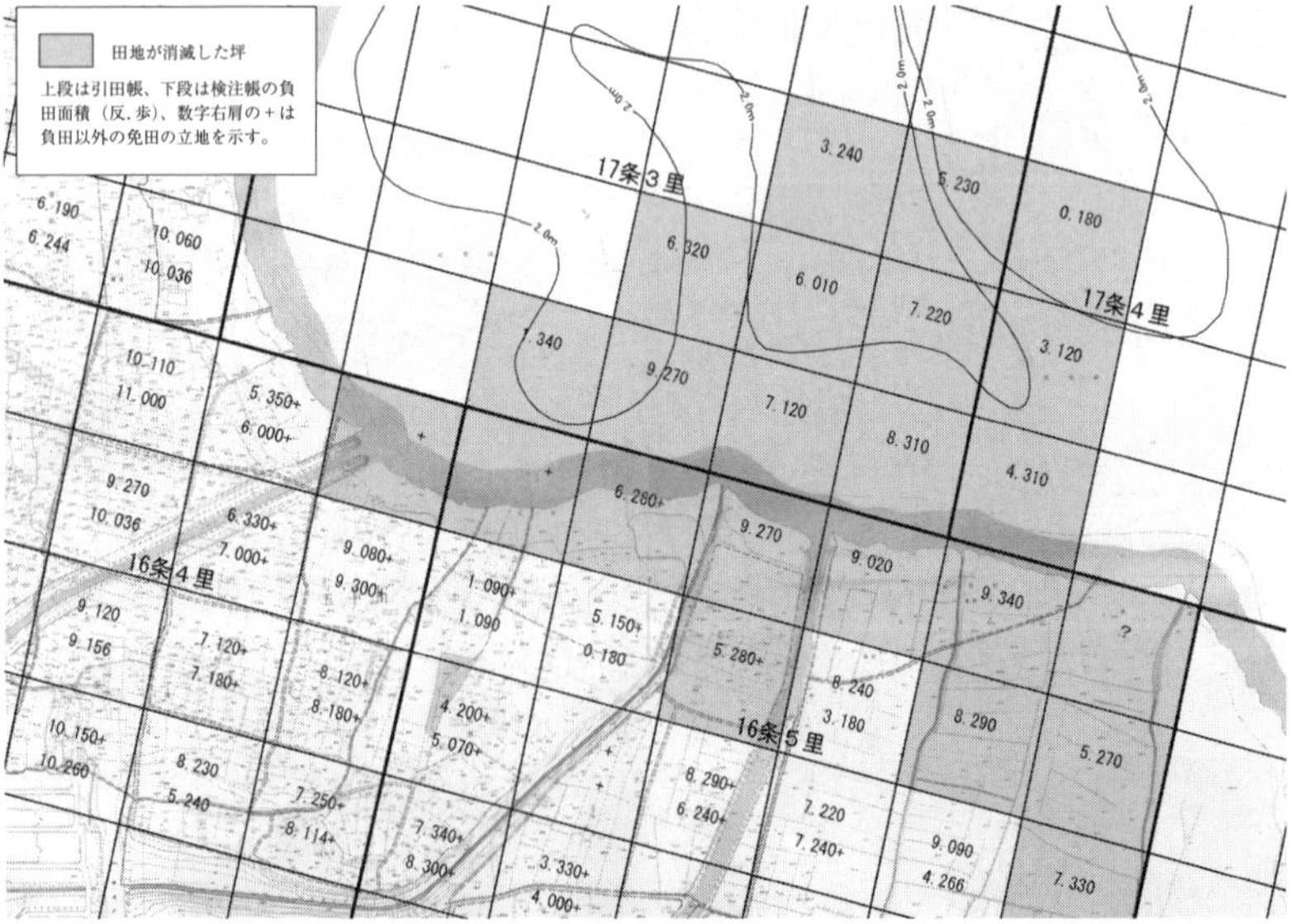

図8　五十川・田井地区沿岸部の田地

消滅している。また、消滅とまではいかないものの、その周辺の坪の負田も軒並み激減していることが分かる。

このような状況は、面的な田地の開発にはいたらぬまでも、着実に田地開発が進められていた西側緩傾斜地の場合と対照的である。応永年間において、木津荘域の東側低地部では、湖岸の耕地の水没や内陸の低地のさらなる低湿地化が陸続と進行していたのである。

そして、応永年間におけるこのような環境変化は、稲作農業を中心とする生業のみならず、そこに暮らす人々が形成した村落にも大きな影響を与えていた。次節では村落と環境という角度から、そのあたりの事情をみてみることにしよう。

二　村落と環境

前述のごとく、木津荘域は東側の安曇川下流域の低地部と、西側の饗庭野台地部から続く緩傾斜地とから構成される。このような地形の多様さに対応して、木津荘域にはさまざまな特質を有する村落が形成され、それらの多くは時代による変化をともないつつも、現代までうけつがれてきた。現在、木津荘故地は、木津、日爪、岡、五十川《いかがわ》、米井、辻沢、田井、森、針江、霜降《しもふり》、山形、以上の一一地区から構成される。各村落に関する具体的な検討にうつるまえに、まずは木津荘故地における村落単位の変遷を簡単にまとめておくことにしよう。

中世の木津荘における村落は、史料上には「村」でなく「郷」という単位であらわれる。引田帳や検注帳で郷とよばれる村落としては、岡、五十川、白雲、米井、田井、森をあげることができる。そして、これらの郷は、いずれも「田井郷湯田」「五十川郷風呂」「森郷如法経田」といったかたちで、風呂施行や如法経供養にかかわる施設や田地を共有していた。木津、日爪、山形については史料上に郷という表現をみいだすことができないものの、郷と表現される村落と同様に湯田の共有が確認できることから、これらも郷であったとみなしうる。

このように、応永年間の段階で、木津、日爪、岡、五十川、白雲、米井、田井、森、山形、以上の九ヶ郷が成立していたことは確実である。それに対し、針江、霜降は引田帳と検注帳に地名としては散見するものの、それらの郷としてのまとまりを示す証左はなく、辻沢にいたっては両史料に地名自体をみいだすことができない。これらの村落の形成は、もう少しのちのことであった可能性もある。

下って近世初頭の天正一一年(一五八三)の杉原家次知行目録には、一四ヶ村の存在を確認することができる。木津、日爪、岡、五十川、白雲、米井、辻沢、田井、森、吉武、針江、小池《おいけ》、霜降、山形、以上の村々である。(15)この段階では、辻沢、針江、霜降の三村も確認することができる。

しかし、このなかには、現在の地区へ引き継がれていない村名がいくつかふくまれている。たとえば、応永・天正年間を通じて確認できる白雲村は現存しない。後述するように、応永年間の引田帳や検注帳に散見する白雲社は現在、大国主神社に合祀されており、おそらくは近世段階で五十川村か米井村に吸収されたものとみられる。そして、明治維新を経て、上野村は五十川村、吉武村は森村、小池村は針江村にそれぞれ編入され、現在の一一地区が構成されることになるのである。

以下、木津荘故地における村落の状況とその変遷について、ここでは集落の立地形態を中心にみていくことにする。

(1)湖岸の村落

古代の木津は、湖北の塩津や湖南の大津などとならんで、都と北陸道とを結ぶ琵琶湖水上交通の重要な港であった。古代における北陸道からの官物の運京は、平安初期には越前国の敦賀から近江国の塩津、大津を経るのを公定経路としたが、平安中期にいたり、若狭国の気山津から木津を経る経路がこれに加わり、複線化する。(16)治暦元年（一〇六五）の史料によると、このころ木津には刀禰が存在し、勝載料や勘過料の徴収にあたっていた。[17]古代の木津には交易のために多くの人々が往来するとともに、港の経済活動を支える人々が刀禰以外にも少なからず居住していたものとみられる。

古代の木津は、湖岸部に浜堤ないし砂嘴によって囲まれた内湖や入江を有し、大規模な港をともなう港津型集落を形成していたことが推定される。ところが、現在の木津地区の集落は、波布谷川河口部に形成された小規模な浜堤上と、河口両岸部分の微高地上に立地している。このような集落立地のありかたは、大規模な港をともなう集落のそれではない。

しかし、木津地区から岡・五十川・田井・森地区の沖あいにかけての湖中には、数条の浅瀬部分がのびている。現在も「殿様の隠れ道」として語りつがれるこの浅瀬部分こそが、古代木津の中心をなした港の痕跡と考えられる。[18]古代段階の港の立地を具体的にどのように想定すべきかについては問題が残るものの、いずれにしても古代木津の港はかなりの規模を有していたことが想定される。

そこで、木津地区における村落形態の時代による推移をたどってみることにしよう。引田帳のこの地域に関する部分は頭注の記載を欠くので、ここでは検注帳にもとづき、応永年間における状況を確認してみることにする。

検注帳の一八条三里一九坪の項の頭注には、「大里ヒツシ申」という坪地名がみえる。この坪地名は検注帳の他の項目とは異なり、中世末期まで下る追筆とみられるが、「大里」とはその呼称から推して、中世段階における木津のもっとも中心的な集落をさすものと考えられる。

検注帳の頭注にみえる坪地名のなかで方角が示される場合には、概してその方角のすぐ隣の坪をさすことが多いので、この場合、「大里」の未申の方角、つまり南西が一九坪にあたるということになる。したがって、「大里」は一九坪の北東の二六坪あたりに立地したと考えることができる。

この二六坪は現況でいうと、波布谷川河口部の小規模な浜堤部分に相当する。この湖岸沿いの部分に「大里」、つまり中世木津の中心的な集落が立地していたということになる。この湖岸部分には大蔵屋敷《おおくらやしき》の通称でよばれる地域があり、近世には小浜藩の蔵がおかれていた。この一帯は少なくとも中世以来、屋敷として利用されてきたことが分かる。

一方、現況でいう波布谷川両岸部分の集落は、一八条三里一四・二〇坪の一帯に相当する。しかし、検注帳の同一四坪の項には負田五反と「日吉田」五反、同二〇坪の項には負田六反二四〇歩と「水田」三反一二〇歩が記載される。検注帳では両坪ともに一町全域が田地となっており、「大里」を除けば、周辺の坪の項に屋敷の記載はみあたらない。現況でいう波布谷川両岸部分の集落は、検注帳の作成された応永年間には存在していないのである。

つまるところ、この集落は近世以後に形成されたものと考えられる。近世以降、湖西における主要街道であった西近江路（北国海道）は、南方から北上して波布谷川につきあたり、そこから川沿いに東へ転じて、大蔵屋敷などが立地する河口部の小規模な浜堤へといたり、さらにそこから湖岸沿いに北上して今津方面へと抜ける経路をとっていた。かつての木津は西近江路を往来する旅人や竹生島への参詣客が宿泊する宿場町で、この地域では住居兼用の家屋に客を宿泊させるために、座敷と居間とを壁で仕切る独特の建築様式が伝えられてきたという。波布谷川両岸部分の集落は、近世以降、西近江路に面する街路型集落として新たに発達してきた集落とみてまちがいなかろう。

検注帳の記載に明らかなように、中世段階における波布谷川河口部には、一面に田地が広がっていた。しかし、おそらく近世までに、波布谷川上流から運ばれてくる土砂の堆積により、河口部両岸に微高地が形成されたのであろう。その過程で西近江路が川沿いの微高地に引き込まれ、中世の「大里」が存在した湖岸部分の集落と組みあわされるかたちで、新たに宿場町が発達したものと考えられる。ちなみに、木津荘故地の西近江路沿いでは、南方の岡・五十川・米井・辻沢地区でもこのような街路型集落の形成がみられ、さらに荘域南隣の今市地区では、木津地区と同様に西近江路を集落内へ引き込む形態がみうけられる。

以上から、木津地区における村落形態の変遷をつぎのようにまとめることができる。古代の木津は、大津や塩津などとならぶ近江国でも有数の港であった。現況でいう琵琶湖の沖合いにかけて、比較的大規模な港をともなう港津型集落を形成していたものとみられる。しかし、その後の湖岸地域の水没という環境変化のなか、中世にいたると、それにかわるかたちで波布谷川河口部の小規模な浜堤が形成され、そのうえに木津の「大里」が立地することになる。

この「大里」は、前代の港津型集落にくらべて小規模なものであった。湖岸環境がしだいに変化するなかで、中世の木津は港としての規模を徐々に縮小しつつあったのである。そして、木津と入れかわるようにして、このちは北方の今津がこの地域の代表的な港として台頭していくことになる。鎌倉期の文献上にはじめて「古津」の表記があらわれることは、その意味において象徴的である[19]。

さらに近世になると、波布谷川河口部に微高地が形成される。そして、それに沿うようにして西近江路の街道が引き込まれ、湖岸の小規模浜堤上に立地した中世以来の「大里」と組みあわされるかたちで、新たに宿場町が形成されることになる。かくして、古代の港津型集落は街路型集落へと変貌を遂げるのである。

⑵傾斜地の村落

つぎに、応永年間の西側緩傾斜地における村落形態とその推移について、ここでは現在の木津地区と日爪地区に相当する地域の状況をみていくことにしよう。これらの地域について引田帳と検注帳が屋敷の立地を記載するのは、一五条二里と一六条三里の一帯、それに一八条二里一坪と同三里三坪である。まずは、このうち木津地区に相当する一八条二里一坪と同三里三坪についてみることにする。

検注帳の一八条二里一坪の頭注には、「□《欠損》堂免畠」一反に続いて「同堂立」三〇〇歩が記される。この坪は、波《は》爾《に》布《う》神社の東側にあたる。引田帳や検注帳には「土生湯田」が散見する。「土生《はぶ》」は現在も波爾布神社の別称として用いられるよび名で、「湯田」はやはり両史料に散見する「室堂」すなわち蒸し風呂を運営するための田地と考えられる。さきの「□堂」は波爾布神社に附属する「室堂」かもしれない。いずれにせよ、何らかの宗教施設とみてまちがいあるまい。

一方、検注帳の一八条三里三坪の項の頭注には「屋敷中寺立」一反がみえる。この坪は、木津地区の共同墓地であるサンマイの一帯に相当する。現在、このあたりに寺院は存在しない。サンマイは中寺の痕跡かもしれない。また、検注帳の同九・一〇・一五坪の頭注に、それぞれ「道場立」「道場イヌイ」「道場東」という坪地名がみえる。九坪に立地した「道場」は、引田帳や検注帳に散見する木津道場であろう。このあたりには、明治初期まで光徳寺という曹洞宗の寺院が立地していた。光徳寺は、木津道場の系譜をひく寺院である可能性もある。

このように、応永年間における木津地区の西側緩傾斜地には、波爾布神社、中寺と木津道場を中核とする二つの地域に寺堂が集中していた。しかし、集落としての性格は希薄で、むしろ宗教色の色濃い空間として理解することができる。中世木津の中核は、やはり湖岸の「大里」にあったとみるべきだろう。

つぎに、応永年間における日爪地区の村落形態について検討することにする。引田帳と検注帳によると、日爪地区の南西部には、かなりの面積の屋敷が存在していた。応永年間の日爪地区の屋敷は現況の集落とくらべると、より広範囲に展開していた状況がうかがわれる（図9）。

まずはじめに注目されるのは、応永年間のこの地域には多くの寺院が立地していた点である。検注帳の頭注によると、応永二九年（一四二二）段階で存在していたのは、一五条二里一一坪の西福寺、同一四・一九坪の普済寺、同二二・二三坪の報恩寺であった。また、検注帳の頭注にみえる坪地名として、同一六坪の「西林房東」、同一七坪の「栄承房東」があり、中世末期にはそれぞれの西側に寺坊が立地していたことが分かる。ちなみに、このうちの西林坊は霜降村の定林坊、五十川村の宝光坊とならび、戦国期に安曇川北岸地域の有力者として登場する、いわゆる饗庭三坊のひとつに数えられる。[20]

現在、西福寺という寺院は存在しないが、西方の日爪城への登り口のあたりに根小屋《ねごや》の通称でよばれる地域があり、そこには現在も何段かの平坦地がみうけられ、墓石が点在している。地元の伝承によると、現在、日爪地区に立地する慈恩寺は、かつてこのあたりにあったともいう。

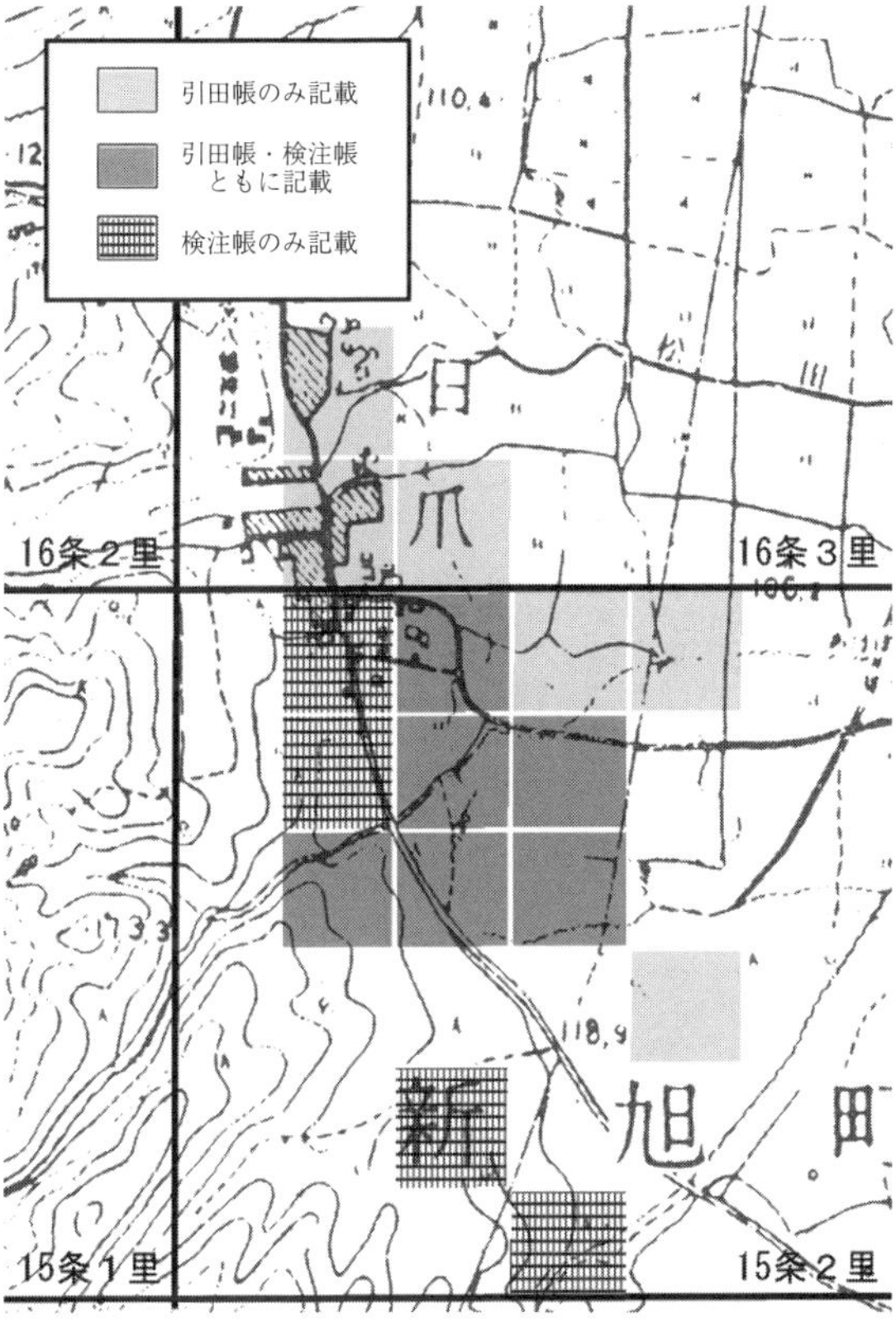

図９　日爪地区の屋敷

普済寺の立地する一四・一九坪は、五十川・米井地区と日爪地区とを結ぶ日爪道と平行するような位置関係にある。現在、日爪道沿いには寺院や集落は立地せず、大半は藪や荒れ地となっているが、そこに分け入るといくつかの平坦地がみうけられる。普済寺は、日爪道に面して立地していたのであろう。

二二・二三坪に記載される報恩寺は、現在では五十川地区内に立地する。寺伝によると、はじめ上野村にあり、のちに日爪村、ついで五十川村へ移転したのだという。検注帳の記載は、応永年間に報恩寺が現在の日爪地区内に立地していたことを示している。現況では、二二・二三坪に相当するあたりに竹ノ腰ないし新屋敷の通称でよばれる地域があり、この高台部分をまわりこむように竹ノ腰井からの用水路が流れている。検注帳によると、二二・二三坪の南隣にあたる二一坪の坪地名は「新堀南」であった。「新堀」は通称新屋敷のことであろう。これが報恩寺の旧跡そのものかどうかは不明だが、かつての屋敷であることはまちがいない。

このように、現在ではおもに田畑、藪、墓地としての土地利用がなされているこの地域には、現況とはまるで異なる景観が展開していた。この地域には日爪道に沿うかたちで、報恩寺、普済寺、西福寺、西林坊、栄承坊といった寺院やそれに附属する屋敷が集中する一大集落が形成されていたのである。

つぎに、引田帳と検注帳に記載される屋敷の分布を比較してみると、もうひとつの興味深い問題が浮き彫りになる。たとえば、引田帳の段階で存在する一五条二里二四・三〇坪と一六条三里一三坪の屋敷は、検注帳では確認することができない。また、一六条三里七・八坪についても、同様の変化がみうけられる。

そのあたりの事情を、一六条三里一三坪の場合でみてみることにしよう。引田帳の段階における同坪の負田は三三〇歩にすぎず、このほかに延寺二反二八〇歩、畠一二〇歩、屋敷一反二〇〇歩があり、残りは「荒川道」である。それに対し、検注帳の段階では、負田七反一〇八歩と救急二反というぐあいに、ほぼ全域を田地が占める一方、屋敷の記載はなくなっている。また、一五条二里二四・三〇坪でも、同様の変化がおこっている。

こうした状況は、応永年間の日爪地区における一定の集村化現象を示すものとして理解することができる。北西の緩傾斜地は現況からも明らかなように、田地として開発可能な環境にある。そのため、引田帳の段階でこの地域に立地した屋敷は、検注帳の段階までに田地化される。このようにして、より田地に適した地域では、屋敷にかわって面的な田地の開発が進められるのである。

その一方で、地区南西の高台部分は必ずしも地形的に田地利用に適した地域とはいいがたい。このため、北西の緩傾斜地における屋敷の田地化にともなって、山ぎわのこの地域へと屋敷が集中するようになる。つまり、応永年間に田地と屋敷それぞれに適した地域へ土地利用の集約化が図られることで、面的な田地開発と集村化が同時並行的に進められていた状況をみてとることができるのである。

もっとも、応永年間のこの地域における坪あたりの屋敷面積の割合は、さほど高くはない。加えて、屋敷の立地する坪のほとんどは、少なからず田畠をふくんでいる。緩傾斜地における面的な田地開発が完全には達成されていなかったのと同様、当該期の同地域における村落が完全な集村の体をなしていない点については、注意しておく必要がある。

応永年間の日爪地区における村落は、散居村とまではいかないまでも、屋敷と屋敷の間に耕地をはさみこむ疎塊村とでもよぶべき形態を有していたとみるのが妥当であろう。また、現況の集落は日爪道の両側に集中して立地しており、街路型集落の要素をも有しているように思われる。緩傾斜地一面に広がる棚田地帯と、それよりやや高台の道沿いに集中して立地する村落形態とに二分された現況のような景観の形成までには、なおかなりの時間を要したのである。

(3)低地の村落

続いて、東側低地部における村落形態についてみることにしよう。

引田帳の記載からは、一四条三里、一五条三里、一六条四里を南北に縦断する「大道」の存在が知られる。この道は、現在の国道一六一号線の道筋とほぼ対応する。この「大道」は、中世段階における西近江路と考えてまちがいあるまい(21)。

引田帳と検注帳によると、現在の岡・五十川・米井・辻沢地区に相当する地域の屋敷は、この西近江路に面するかたちで立地する。応永年間には、このあたりに西近江路に面する街路型集落が形成されつつあったと判断される。

両史料によると、五十川地区に相当する地域の西近江路沿いには、五十川風呂、薬師堂、今宮、白雲社が立地した。今宮は現在の大国主神社で、検注帳にはかつて馬祭りのおこなわれた馬場も記載されている。白雲社は現在、大国主神社に合祀されている。

その南方の米井地区では弥勒寺、広修寺、西方寺が、辻沢地区では毘沙門堂と霊山寺が西近江路沿いに立地していた。このうちの毘沙門堂と霊山寺の寺地は、現在の永正寺と本養寺へとうけつがれている。一方、米井地区西部の稲荷山のふもとには大蔵院、米井寺、観音院、大師寺が林立し、辻沢地区西部には極楽寺があった。現在、米井地区の山ぎわ部分には、元三大師良源を開基とする大泉寺が立地する。

ところで、引田帳には西近江路とは別に、一三・一四条の条界線沿いに木津荘域におけるもうひとつの主要道の存在が記載されている。現在の県道太田・深溝・熊野本線がこれに対応する。そして、引田帳と検注帳によると、木津荘域の東側低地部における屋敷は、前述した西近江路沿いの街路型集落とともに、この東西道沿いの地域一帯に集中的に分布していた。

両史料によると、この東西道が貫通する一帯にも、西側傾斜地や西近江路沿いの村落と同様、数多くの宗教施設の存在が認められる。現在の田井地区に相当する地域には帝釈寺、浄土寺、念仏堂、田井郷風呂、森地区には貞隆寺、三尊寺、釈迦堂、花堂、戎堂、地蔵堂、道祖神、阿弥陀寺、森郷風呂、霜降地区には嶋寺と野神、山形地区には西方寺、針江地区には石津寺などがあった。応永年間の木津荘域における屋敷は、こうした寺社や風呂などの宗教施設を中核として分布することが多い。この点は、木津荘故地における村落形態のひとつの特色といってよいだろう。(22)

つぎに、応永年間における東側低地部一帯の屋敷の分布とその変遷についてみてみることにする（図10）。西側緩傾斜地の場合と同様、この地域における屋敷は現況にくらべて、かなり広範囲に分布している。しかし、西側緩傾斜地と比較すると屋敷面積は多く、このあたりが応永年間の木津荘における一大集住地域であった状況がうかがわれる。

そして、すでに宮本晋平氏が指摘しているように、引田帳と検注帳の記載をくらべると、応永年間における東側低地部の集落立地に関する興味深い問題が浮き彫りとなる。(23) 引田帳の段階における屋敷は、現況の集落部から離れた周縁部の坪にも分布している。しかし、検注帳の段階ではそれらの坪の屋敷はみえなくなり、その一方でそれ以前には屋敷の立地しなかった内側部分の坪に新たに屋敷があらわれる。つまり、現況の出井、森、針江、霜降、山形の集落部のあたりを求心的な核とするかのように、屋敷の分布が密集していくようすをみてとることができるのである。

このあたりの事情をもう少し詳しくみてみることにしよう。たとえば、一四条五里二二坪の場合、引田帳には負田四反一二〇歩、「新屋敷」二反一〇〇歩、「古屋敷」一反二四〇歩、「常荒大川道溝」三反が記載される。しかし、検注帳では負田九反一九六歩が記載されるのみである。屋敷が廃絶し、ほぼ全域が田地化したということになる。また、屋敷の廃絶のみられるこれ以外の坪々においても、やはり田地面積の増加がみられる。

如上の状況は、西側緩傾斜地における状況と同様の動きとして理解することができる。引田帳の段階で屋敷が廃絶した坪の現況の土地利用をみてみると、そのほとんどは一面が田地として利用されており、これらの坪々は

図10　針江・霜降・山形地区の屋敷

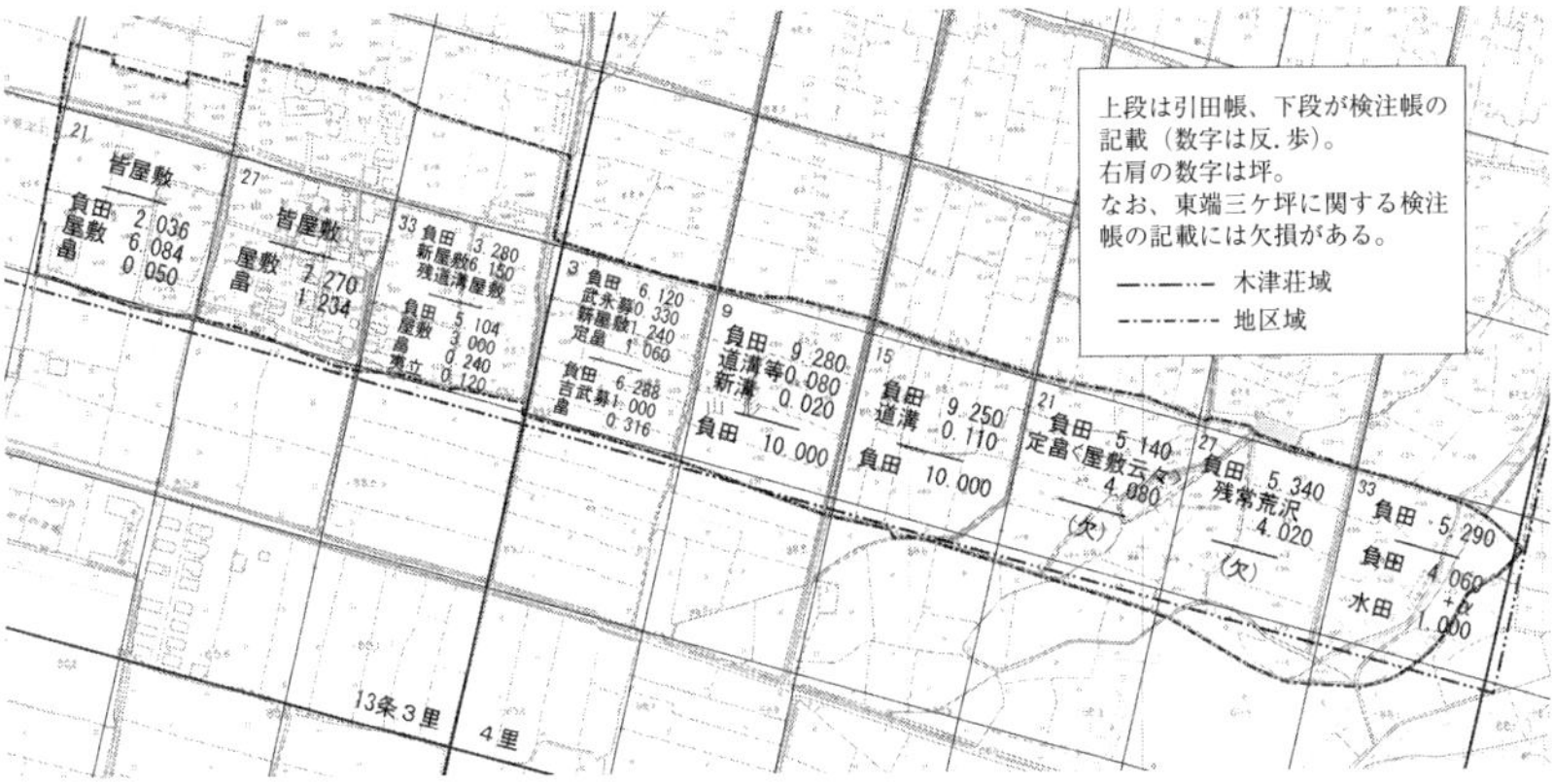

図11　山形地区の土地利用

中世段階においても相対的に低湿な環境にあったとみられる。引田帳と検注帳の屋敷の記載からは、応永年間以前にいたり、そうしたやや低湿な坪に立地した屋敷が徐々に廃絶するとともに、現況で集落が立地する部分やその周辺部の高燥な微高地上に新たに屋敷が集中していく様相が看取されるのである。

このように、応永年間には西側緩傾斜地と同様、東側低地部においても面的な田地開発と集村化が同時並行的に進められ、土地利用の集約化が図られていた。むろん、坪あたりの屋敷面積の割合はさほど高くはなく、それらの坪のほとんどには田畠が立地している。当該期の東側低地部における村落形態も西側緩傾斜地のそれと同様、完全な集村化を遂げておらず、なお疎塊村とでもよぶべき段階にあったみるのが妥当であろう。

とはいえ、東側低地部における村落形態のこのような変化には、西側緩傾斜地の場合とは異なるもうひとつの要因が内在していた。そのあたりの事情を山形地区の事例で詳しくみてみることにしよう（図11）。

山形地区は、一三条三里二一・二七・三三坪、同四里三・九・一五・二一・二七・三三坪の一帯に相当し、東西に長細い区画を有している。現況では概して西部が高燥で、東部ほど低湿な環境にあるが、一三条四里二一坪に相当する地域は高畑の小字名でよばれ、低湿ながら周囲の坪よりもやや高台になっている。

現況の集落は一三条三里二七坪に相当する地域に集中するが、応永年間には他の坪にも少なからず屋敷が存在した。しかし、引田帳から検注帳の段階にかけて屋敷面積は少しずつ減少している。そして、東部の一三条四里二一坪については検注帳に欠損があり、その後の状況は不明なものの、引田帳段階で同三坪に存在した屋敷は、検注帳の段階には廃絶している。

一方、地区東部の一三条四里一五坪に相当する地域一帯では、国道一六一号線のバイパス建設にさきだって発掘調査がおこなわれ、平安中期から鎌倉期にかけての建物遺構と井戸跡が検出されている。(24) この坪は、引田帳の段階で屋敷が立地した同三・二一坪よりも低湿な環境にあり、引田帳と検注帳の段階においても、ほぼ全域が田地となっている。そして、検注帳の段階では、地区内で比較的高燥な環境にある一三条三里二一・二七・三三坪のみに屋敷が立地し、さらに現況では、このうちもっとも高燥な同二七坪を中心とする地域に集落が立地する。

このように、山形地区に相当する地域の中世段階における屋敷は、現況では乾田が広がる地区西部ほど密集して検出される。そして、地区中東部のうちでも低湿な環境にある一三条四里一五坪と、それよりもやや高燥な同三・二一坪の屋敷の廃絶時期には、若干の前後がみられる。山形地区の各地域における屋敷の廃絶は、現況でいう各地域の乾湿と対応しながら、漸次段階的に、しかも中世以来、近代までおよぶ非常に長い期間にわたって進んでいることが分かる。

山形地区における屋敷分布のこのような変化は、前述したような土地利用の集約化や、一般的にいわれるような村落共同体の成熟のみによってもたらされたものではあるまい。また、大地震などの突発的な要因によっておこったわけでもないだろう。この地域一帯に長期にわたって影響を与え続けた、それら以外の要因によってもたらされたことが予想されるのである。

その要因として考えられるのは、やはり琵琶湖湖岸地域の環境変化である。前節で述べたごとく、応永年間の東側低地部では耕地の水没や田地の低湿化が陸続と進行していた。しかし、そのような変化は、応永年間に突発的におこったわけではない。木津荘故地の屋敷の変遷に関する如上の状況は、古代木津の港の水没から、中世における湖岸の水没と低地の沈下、さらには近世を経て琵琶湖湖岸地域にいまなお潜在し続けるそうした要因の存在をふまえることで、はじめて整合的に理解することができるのである。

おわりに

以上、各種史料と現況調査の成果とを相互に対照させる作業を通じて、おもに水利と開発、村落と環境をめぐる問題に検討を加えてきた。

引田帳と検注帳には、応永年間の荘域内に関する膨大な量の情報が記録されており、両史料から導きだされる問題はこれに尽きるわけではない。だが、古代から中世における木津荘故地がいかなる景観を有しており、それが土地の沈下をはじめとする周辺環境のなかでどのような変化を遂げていったのかという点については、ひとまずおさえることができたのではないかと思う。

しかし、このような土地の沈下をはじめとする周辺環境の変化が、木津荘の荘園としてのありかた自体にどのような影響を与えたのかについては、まったく言及することができなかった。この点が、つぎなる課題として浮上することになろう。これについては、稿をあらためて述べることにしたい[25]。

（1）　ともに「饗庭昌威家文書」。両史料については、本書第四～六章を参照。

（2）　福田徹「安曇川下流域における条里制の復原」、同「湖西、安曇川下流域における村落景観」、同『注進木津庄引田帳』に基づく村落景観の復原」（同『近世新田とその源流』、古今書院、一九八六年。初出はそれぞれ一九七四・七八・七八年）。

（3）　水野章二「山門領木津荘に関する基礎的研究」（『琵琶湖博物館開設準備室研究調査報告』二号、一九九四年）、同「近江国木津荘をめぐる諸問題」（近江国木津荘調査団・新旭町教育委員会編『近江国木津荘現況調査報告書Ⅰ』、二〇〇二年）。

（4）　以下、現況調査の成果については、注（3）『近江国木津荘現況調査報告書Ⅰ』、『近江国木津荘現況調査報告書Ⅱ』（二〇〇三年）の各項を参照。

なお、その総括作業の一環として、熊谷隆之・小原嘉記・宮本晋平「調査成果の総括――近江国木津荘の景観とその変遷――」（注4『近江国木津荘現況調査報告書Ⅱ』）により、応永年間における木津荘の景観の概要がまとめられている。このほか、木津荘内の各村落の構造や景観の特質、その位相といった問題については、本書終章でも総括的に論じられている。あわせて参照されたい。

（5）　以下、木津荘域の条里プランについては、本書第四章を参照。

なお、本稿では木津荘故地における条里プランの坪割図を必要に応じていくつか掲載したが、この地域の条里地割は異なる二つの方位を有しており、また条里地割の不明瞭な部分も多いので、とくにその接合部分や湖岸付近の条里プランを厳密に復元することは困難であった。このため、条里プランの細部については、なお検討すべき余地があることをことわっておく。

（6）　『続群書類従』神祇部、巻第五二、元応元年一〇月日、日吉社領注進状写（『鎌倉遺文』三五巻二七二九五号）。ただし、当該部分は前欠で現存史料にはみいだしえず、『高島郡誌』（滋賀県高島郡教育会、一九二七年）、ならびに西岡虎之助「中世における本家・領家の支配組織」（『荘園史の研究　下巻一』、岩波書店、一九五六年。初出は一九四七年）による。

（7）　日爪地区の開発や村落については、本書終章でも詳論されている。

（8）　『日本三代実録』貞観五年四月一一日条（『新訂増補　国史大系』本による）。

（9）　『日本文徳天皇実録』仁寿元年二月二三日条（『新訂増補　国史大系』本による）。

（10）　『一代要記』第五四、仁明天皇の項（『改定　史籍集覧』本による）。救急田については、注（2）福田徹「安曇川下流域における条里制の復原」、同「湖西、安曇川下流域における村落景観」、同「『注進木津庄引田帳』に基づく村落景観の復原」。

（11）　北谷川水系の水利と開発の様相については、注（4）熊谷隆之他「調査成果の総括」の5節・米井地区（宮本晋平執筆）、6節・辻沢地区（小原嘉記執筆）でも論及されている。
(12)「米井区有文書」元禄三年三月日、米井村古絵図（新旭町教育委員会事務局内郷土資料室編『明治の村絵図』、一九八八年）。同史料については、本書第九章を参照。
(13)安曇川中下流域における近世の水利相論を取り扱った論考として、佐伯隆博「近世封建制下における水論の様相——西江州安曇川流域の村落間水論にみる共同体・その規制についての素描——」（『龍谷史壇』七二号、一九七七年）がある。近代の状況については、滋賀県内務部編『滋賀県農業水利及び土地調査書』（滋賀県、一九二四年）、近年までの状況については、船橋和夫「安曇川デルタにおける水と村——水利組織を中心として——」（滋賀県自然環境研究会編『滋賀県の自然　総合学術調査報告』、財団法人滋賀県自然保護財団、一九七九年）、池上甲一「大規模河川灌漑の農業水利——安曇川中下流域を対象として——」（同『日本の水と農業』、学陽書房、一九九一年）を参照。
(14)各里の斗代の集計については、本書第四章を参照。
(15)「浅野家文書」天正一一年八月朔日、杉原家次知行目録（『大日本古文書　家わけ第二　浅野家文書』七号）。
(16)戸田芳実「東西交通」（同『歴史と古道』、人文書院、一九九二年。初出は一九七八年）。
(17)「壬生家文書」治暦元年九月一日、太政官符写（『平安遺文』一一巻補二五七号）。
(18)木津地区沖あいの浅瀬地形については、本書第二章を参照。
(19)「東寺百合文書」京函一四、建治三年七月日、中原氏女申状（『鎌倉遺文』一七巻一二七九〇号）。
(20)「来迎寺文書」永禄九年四月一八日、浅井長政書状（『東浅井郡志　巻四』第三編、滋賀県下採集文書）。
(21)注(2)福田徹「安曇川下流域における条里制の復原」、同「湖西、安曇川下流域における村落景観」、同「『注進木津庄引田帳』に基づく村落景観の復原」。
(22)木津荘内の宗教施設の立地については、本書第九章を参照。
(23)注(4)熊谷隆之他「調査成果の総括」の9節・針江地区（宮本晋平執筆）。
(24)滋賀県教育委員会・財団法人滋賀県文化財保護協会編『一般国道161号線（高島バイパス）建設に伴う新旭町内遺跡発掘調査報告書Ⅰ　正伝寺南遺跡』（一九九〇年）。
(25)本書第八章を参照。

第八章　比叡荘・高島荘・木津荘 ——安曇川下流域の荘園公領——

熊谷隆之

はじめに

近江国木津荘が立地した安曇川下流域は、朽木、葛川、大原を経ると、京都まで歩いても二日とかからぬ距離にあり、中世の最有力寺院であった延暦寺の膝下にもあたる。湖西では唯一、広大な沖積平野を有し、古くから稲作生業の卓越した安曇川下流域は、都や山門の影響を強くうけた、いわば先進地域であり、この一帯には延暦寺領やその院家領をはじめとして、公家領や寺社領など数多くの中世荘園が立地していた。たとえば、木津荘の北方には延勝寺領善積荘、西方の山麓部には尊勝院領北古賀荘が存在し、しばしば木津荘との間で境相論をおこしている。(1)

ところで、木津荘の東方や南方に立地した比叡荘と高島荘については、自治体史をはじめとする既往の研究でも少なからず論及されている。しかし、両荘については後述するように、領有関係や立地などのごく基礎的な点をふくめて、なお多くの問題が残されているのが現状である。

木津荘をふくめたこれらの三荘は、当時、安曇川下流域全体をおおうかたちで進行していた湖水面の上下動や土地の水没、河道の変遷といった環境変化のなかで相互にかかわりあいながら、それぞれの内部構造を変容させていくことになる。本章では、これまでにも議論のある比叡荘と高島荘の領有関係や立地について再検証したうえで、当該期における環境変化と三荘のかかわりに関する問題を中心に検討を加える。これにより、従来とは別の角度から木津荘をめぐる新たな論点を提示することにしたい。

一　比叡荘

はじめに、比叡荘の伝領過程について確認しておくことにする。建暦三年（一二一三）の慈円譲状写によると、「桂林院大僧正門跡譲給領」のなかに「比叡庄」がみえ、同荘は「朝仁親王」へと譲られている[1]。比叡荘に関する初見史料である。桂林院は比叡山東塔北谷にあった院家で、青蓮院門跡初代の行玄から全玄を経て、慈円へとうけつがれた。「桂林院大僧正」は慈円の師全玄、「朝仁親王」は後鳥羽の皇子で慈円弟子の道覚法親王のことである[3]。

しかし、そののち道覚は承久の乱のあおりをうけて西山へ隠棲する。承久の乱の翌年、貞応元年（一二二二）の慈円置文写では、桂林院とともに「比叡庄」が豪円法印へ付属されており、それに際しては「一期之後者、可レ返二付物領之師跡一歟。」という条件が付されている[4]。承久の乱の余波によって道覚への惣領譲与を断念し、そのうちの全玄からうけついだ桂林院と比叡荘を豪円へ一期に限って譲与したのである。

下って天福二年（一二三四）の慈源所領注文写には「双林寺房領」の「比叡庄」がみえ、「所当百二十石。在二雑事一」とある。慈源は九条道家息、九条兼実息で慈円弟子の良快を師とする。慈円、良快、慈源の師弟三代はいずれも青蓮院門跡である。『華頂要略』には「百光院在二東山双林寺一／全玄大僧正御住房也。其後、慈鎮（慈円）和尚御伝領也。北谷桂林院之里房歟。」とある[5]。慈源の有していた「桂林寺房」とは、双林寺にあった桂林寺の里房であろう。

その後、比叡荘は元応元年（一三一九）の日吉社領注進状写に「八箇度御戸開神供料所」としてみえ、「山徒小嶋房」が知行し、「権禰宜隆貞」が「奉行管領」していた。(6)『華頂要略』には「小嶋坊在二江州坂本一。志賀郡大和庄。／慈鎮和尚御住房」とある。(7)この小島房は、慈円入滅の地でもあった。

このように、比叡荘はいったん慈円から道覚へ譲与されるが、承久の乱を経て今度は豪円へ一期譲与される。そして、豪円の死後に師跡へもどされ、その後は九条家出身者を中心とする青蓮院門跡の所領として、全玄と慈円の師弟ゆかりの寺坊とともに伝領されたのである。

下って応安七年（一三七四）の史料には「比叡本庄」と「同新庄」(8)、文明三年（一四七一）の史料には「青蓮院御門跡領」の「比叡本新庄」がみえる。(9)南北朝期以降、比叡荘は本荘と新荘とに分かれていたことが確認される。

以上、比叡荘の伝領過程を確認した。つぎに、比叡荘の立地を検討してみることにしよう。これについては、諸説ある。

昭和二年（一九二七）刊行の『高島郡誌』は、比叡本荘を深溝・藁園・太田村の三ヶ村とする一方、新荘については、井ノ口・川原市・新庄・北畑の四ヶ村、これに平井・安養寺・十八川を加えた七ヶ村、あるいは井ノ口・川原市・安養寺・平井・北畑・新庄・堀川の七ヶ村というぐあいに、三案を併記する。(10)これに対し、昭和五九年（一九八四）刊行の『安曇川町史』は、中世末期以降の作成とみられる『比叡新荘之図』を根拠に、比叡新荘が安曇川南岸にも展開していたとの説を載せる。(11)また、昭和六〇年（一九八五）の『新旭町誌』は、比叡新荘を高島新荘と同一のものと理解する。(12)このように、比叡本荘と新荘の立地をめぐっては諸説が混在するが、木津荘の東側を比叡本荘、南側を比叡新荘とみる点では、いずれの説も一致する。

各説の根拠は必ずしも明確に示されているわけではないが、比叡本荘については、深溝地区に鎮座する日吉二宮神社が荘鎮守と伝えられていること、宝徳三年（一四五一）の比叡本荘二宮神田帳案（以下「神田帳」）(13)に記載される神田が深溝地区に集中することなどが、概してその比定の根拠とされる。また、比叡新荘については、木津荘引田帳（以下「引田帳」）の一三条三里一三・一四坪の項に「他領新庄」とあることや、天正一一年（一五八三）の杉原家次知行目録[14]に、井ノ口・安養寺・平井・川原市・北畑・堀川・新庄・太田・藁園村等が「新庄十郷」として記載されることが、この地域を比叡新荘に比定するおもな根拠となっている。

しかし、結局のところ、こうした比叡本荘と新荘の比定には再考の余地がある。そこで、まずは神田帳をもとに、比叡本荘の立地について検討することにしよう。

比叡之本庄二宮神田帳

右神田帳并目録証文、悉定林坊へ被レ召レ之候。然間、
其後村人致二談合一、如レ此作置候也。

十四条六里一坪　壱町　妙観院ヨリ寄進

（三一行略）

同　七里廿六坪　弐反九十歩　本庄兵庫頭寄進

比叡之新開
十五条七里二坪　弐反灯明田　下瑠璃坊寄進

（七行略）

十四条三里廿五坪　参反二宮修理田　末長名寄進

二宮之供米

拾参石三斗六升　妙観院之寄進

（一〇行略）

参石弐斗六升　神宮寺寄進

以上

引米之次第

参石六斗　　　　　　　　　　神主給

（一一行略）

八石伍斗　　　　　　　　　　清水寺八講米

以上

宝徳三年霜月廿六日　誌焉

神田帳には、高島郡条里にのっとって日吉二宮神社の神田の坪付と面積、寄進者が列挙されたのち、供米や引米などが記載されている。このうちの神田は、冒頭部分に続いて記載される三三筆の神田群と、「比叡之新開」と注記される九筆の神田群とに区分される（図1）。

「比叡之新開」とされる九筆の神田群は、概して条里地割の乱れた安曇川末流の旧乱流地域に分布している。呼称からもうかがわれるように、これらについては比較的新しい開発田とみることができよう。それに対して、前半部分に記載される三三筆の神田群は条里地割が整然と残る一四条六・七里のみに集中し、古くから存在した田地と考えることができる。

一方、これまでみのがされてきたものの、引田帳の一三条四里二四坪の頭注には、「比叡本庄溝」が記載されている。この溝は、饗庭井水系の末流を比叡本荘へと流す基幹用水路であろう。

さて、以上の材料をもとに、比叡本荘の立地を再検証してみることにしよう。神田帳に記載される田地は、たとえば「比叡之新開」の一部が木津荘域に立地することからも分かるように、あくまで二宮社の神田であり、比叡荘に属する田地そのものというわけではない。しかし、二宮社は比叡荘の荘鎮守と伝えられ、その旧来の神田

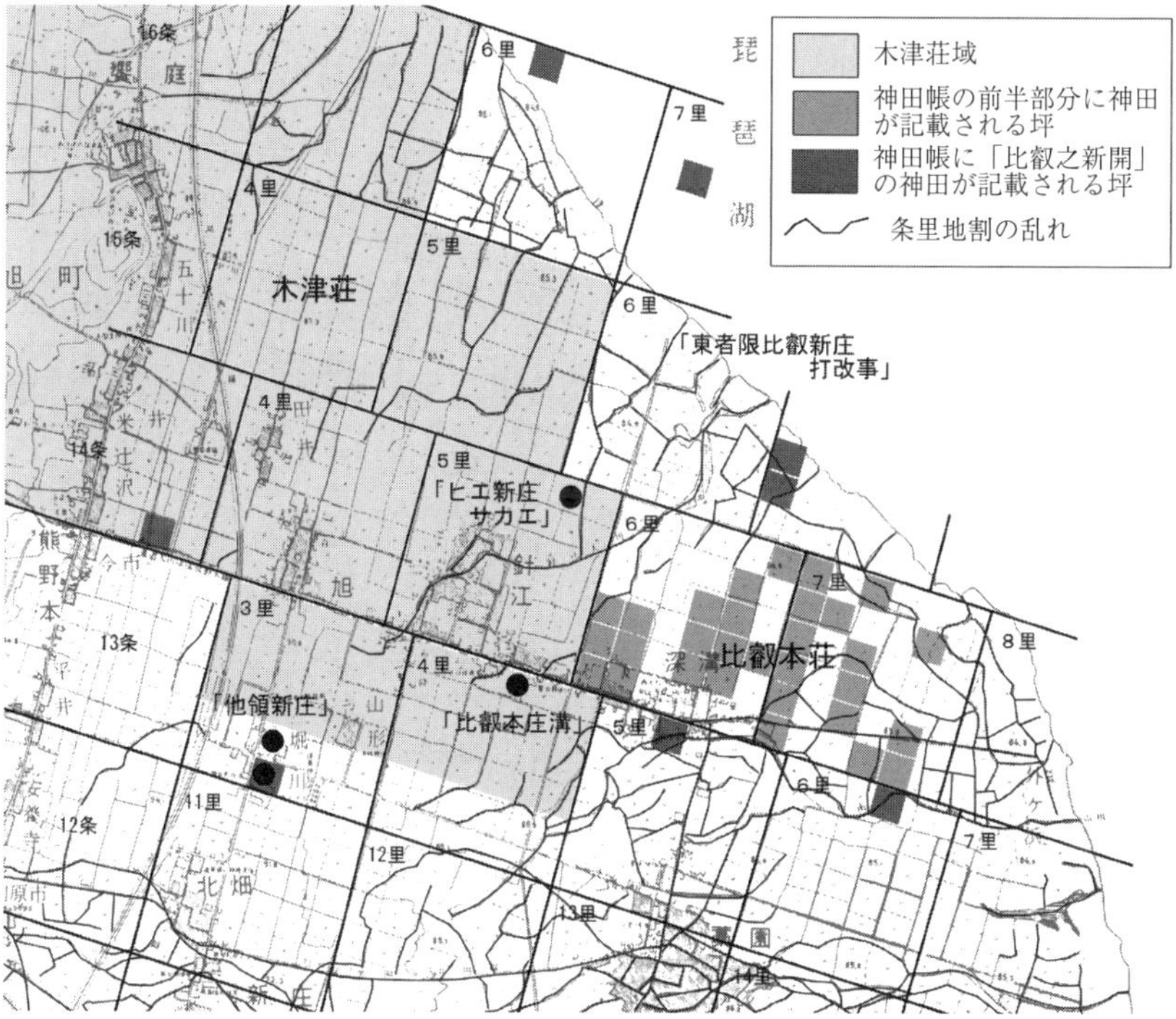

図１　木津荘と比叡荘

は条里地割が整然と残存する一四条六・七里に集中し、なおかつそれらは木津荘域にはみいだされない。加えて、「比叡本庄溝」はその立地から、旧来の神田が集中する一四条六・七里一帯に水を送る用水路であったと想定される。

これらの点を勘案するに、古来の比叡荘すなわち後代の比叡本荘は、二宮社の古来の神田が集中する地域、つまり一四条六・七里一帯を荘域としていたと考えてよいだろう。ただし残念ながら、比叡本荘が南方の藁園地区や太田地区方面にも展開していたか否かについては、いまのところこれを確かめるすべはない。

つぎに、比叡新荘の立地についてみる。これまで比叡新荘は、木津荘域の南側に立地したと考えられてきた。しかし、従来はみのがされてきたものの、木津荘検注帳（以下「検注帳」）の一四条五里三〇坪の項の頭注には「ヒエ新庄サカエ」という坪地名が記されている。この坪地名の存在は、木津荘東側の湖岸地域に比叡新荘が展開していたことを示唆する。

さらに、永正四年（一五〇七）の西塔院執行代祐憲書下案は、木津荘の荘域をつぎのように記している。(15)

江州高嶋郡木津庄、為二三千聖供料所一、保延年中山門御寄附以来、当知行四至傍尓（牓示）領知堺事

一、東者限二比叡新庄一打改事

一、南者限二十三条南堺、西佐々尾、南小坂一事

一、西者限二若狭路追分一事

一、北者限二十八条北堺、坂倉山、南字小野一事

右、建保四年四至傍尓（牓示）被二定置一、于レ今当知行、堺一書注レ之。若隣郷輩令二違犯一者、可レ被レ処二罪科一之状如レ件。

山門西塔院執行代

祐憲在判

永正二二年丁卯九月日

比叡新荘は木津荘の東方に立地したこと、その境については「打改」とあり、いずれかの段階で新たに設定しなおされたものであることが分かる。そして、さきの坪地名の存在をふまえると、従来いわれるように、比叡新荘が木津荘の南側に立地したか否かについてはひとまず保留するとしても、少なくとも比叡新荘が木津荘東側の湖岸近くの地域に展開していたことは確実である。

となると、つぎに問題になるのは、これまで比叡新荘を木津荘南側に比定する根拠となってきた、引田帳にみえる「他領新庄」の解釈である。あらためてこの注記をみてみると、引田帳は単に「新庄」と記すのみであるこ

とに気づく。つまり、この「新庄」が比叡新荘をさすか否かは、そもそも吟味を要する問題だといわねばならない。杉原家次知行目録にみえる「新庄十郷」の「新庄」についても同様である。

そこで注目されるのが、天正一〇年（一五八二）に丹羽長秀が石崎源丞にあてがった「高嶋新庄安養寺」の存在である。[16]「安養寺」は、安曇川北岸の新旭町安養寺地区にあたる。高島新荘とよばれる荘園が、現況でいう安曇川北岸地域に立地していたことが分かる。そして、この「高嶋新庄安養寺」の存在は、「他領新庄」や「新庄十郷」という場合の「新庄」が比叡新荘ではなく、これとはまったく別の高島新荘のことである可能性を浮上させるのである。そこで、次節では高島荘の領有関係を確認したうえで、その立地について検討を加えることにしよう。

二　高島荘

「高島庄」という荘名の初見史料は、寛治四年（一〇九〇）の賀茂御祖社申状写である。このなかでは、賀茂別雷（上賀茂）社が安曇川への御厨の設置を申請したのをうけ、賀茂御祖（下鴨）社が「近江国高島庄南郡安曇河半分」を「当社御厨」として相折するよう、朝廷へ申請している。[17]

下って、南北朝期ごろの作成とみられる賀茂御祖社日供料荘園御厨目録写には「寛治四年七月十三日、賀茂御祖社被﹂奉﹂不輸田七百四十五町﹁為﹂御供田﹂」とあり、そのなかに「近江国高島庄　五十町」がみえる。[18]安曇川下流域に、賀茂社領の「高島庄」が存在していたことが分かる。

しかし、貞永元年（一二三二）の官宣旨写によると、賀茂社は寛治年間（一〇八七〜九四）、神人五二人で人別に公田三町を募るかわりに、ここから賀茂社に贄を調進することとなり、天永・永久年間（一一一〇〜一一一八）と大治年間（一一二六〜三一）にも寄人五二人と神田一五六町の免状をうけたという。賀茂社領の安曇川御厨である。[19]

この史料にみえる寛治年間という成立時期は、さきの賀茂社領「高島庄」のそれと一致する。ゆえに、賀茂社領「高島庄」は安曇川御厨のことをさすものと考えられる。加えて、前述の目録を除けば、鎌倉期以降の史料上で安曇川御厨を「高島庄」と称した事例は確認することができない。さきの「高嶋新庄安養寺」のもととなった「高島庄」は、賀茂社領「高島庄」とはまったく別の荘園なのである。

ところで、元亨二年（一三二二）、西園寺実兼が子息らに所領を譲った処分状にも「近江国高島庄」がみえる。[20] 西園寺家領の高島荘である。このなかで実兼は、高島荘の伝領の経緯をつぎのように記している。

処分

右大臣(兼季)

一　近江国高島庄当時、東御方沙一汰二送年貢内一歟。一期ハ不二相違一。其外、観照寺故宰相入道入道実顕追善。日来沙汰分、不レ可レ有二相違一。件庄年貢五万疋云加二成菩提院役一。不レ知レ之。故常入道(実氏)殿御時、年貢一円、為二故俊証之御恩一。宰相中将入道(実顕)管領之時、可レ勤二仕杲(ママ)役一之由、依レ被レ懸レ之、俊証辞二退当庄預所職一畢。仍観証知二行之一。宰相中将入道他界以後、観証(照カ)寺聖等欲レ令二知行一之間、此条不レ可レ然。当家殊有二子細一之家領也。輒被レ下二綸旨一、可レ致二沙汰一之由、就レ令レ奏聞二亀山院于レ時御在位一、被レ下二綸旨頼親卿。時蔵人頭于レ一、至二当時一、無二相違一者也。

（後略）

この高島荘は少なくとも実兼の祖父実氏の代以降、西園寺家領であったことが分かる。預所として俊証と観証の名がみえるが、このうちの観証はしばしば実兼の発給文書に奉者として署判を加えている。[21] 両人は、西園寺家の家司であろう。西園寺家は、家司を預所に補任する高島荘の領家としての立場にあったことが分かる。

実兼処分状には、高島荘の年貢が五万疋であることに加え、「当家殊有二子細一之家領也。」と記されている。処分状の冒頭に記されており、高島荘が当時、鎌倉幕府との連携のなかで権勢を誇った西園寺家の最たる家領のひとつであったことがうかがわれる。そして以後、西園寺家領の高島荘は、兼季子孫の菊亭家へと伝領されていくことになる。文明年間（一四六九～八七）には、菊亭家雑掌が「家領江州高嶋郡本新両庄領家職」の件で幕府へたびたび出訴している。[22]

一方、「内閣文庫所蔵朽木家古文書」にも高島荘の関係史料が散見する。永仁二年（一二九四）の史料に「高嶋本庄付地内案主名并後一条地頭職」[23]、嘉元二年（一三〇四）の史料に「高嶋の本庄内付地の内□ノ案主名」「後一条地頭職」[24]、元徳三年（一三三一）の史料に「本庄安元名」[25]、建武元年（一三三四）の史料に「高嶋本庄安元名」とみえる。[26]

これらの史料から、少なくとも鎌倉後期以降、高島荘は本荘と新荘とに分かれていたこと、高島本荘には別納とみられる案主名と後一条があり、佐々木氏の高島流がその地頭職を領有していたことが分かる。本荘と新荘とに分かれていることからみて、「朽木家古文書」に散見する高島荘は、石崎源丞にあてがわれた「高嶋新庄安養寺」の高島荘や、西園寺家領の高島荘と同一のものと断じてよいだろう。[27]

つぎに、高島荘の立地を検討するのにさきだち、その研究史を確認しておくことにする。しかし、高島荘の立地をめぐる既往の理解は比叡荘と同様、かなり錯綜している。

まず注意を要するのは、『高島郡誌』の記述である。実は、『高島郡誌』では比叡荘と高島荘が完全に混同されており、両者はともに比叡荘として取り扱われているのである。たとえば、前掲の元徳三年（一三三一）の史料に「本庄安元名」、文明年間の史料に「高嶋郡本新両庄」とあるように、当該期の史料には高島荘のことを単に「本庄」「新庄」とのみ記すものが散見する。ところが、『高島郡誌』はこれらをすべて比叡本荘や比叡新荘のことと理解しているのである。そして、そうした認識をうけてか、『安曇川町史』では比叡新荘は取りあげられるものの、高島荘に関する論及はない。また、『新旭町誌』では、比叡新荘と高島新荘が同一のものとして理解されている。

しかし、さきの元徳三年（一三三一）の「本庄安元名」は、建武元年（一三三四）の史料では「高嶋本庄安元名」といいかえられている。この事例からも明らかなように、「朽木家古文書」をはじめとする安曇川下流域に関する中世の史料上において、単に「本庄」と表現されるのは、高島本荘のことである。郡名と同じ荘号をもつために、このような呼称法が用いられたのであろう。

同様に、文亀三年（一五〇三）の史料には「高嶋郡新庄」という表現もみえる。(28) 前掲の文明年間の史料に「高嶋郡本新両庄」とあることからも分かるように、これは高島新荘のことである。先行研究に混乱が生じた原因は、このあたりにあったといえよう。

ところで、こうした状況の一方、昭和五八年（一九八三）刊行の『高島町史』(29) では高島荘の立地について、他の研究とは異なる注目すべき指摘がなされている。『高島町史』は、福田徹氏による高島郡の条里比定(30) でも利用された「朽木家古文書」の土地証文類を手がかりに、高島荘の立地をつぎのように理解する。すなわち、高島本荘は現況でいう安曇川南岸部、高島新荘は安曇川北岸部を中心とする荘園であり、さらに鴨川以南にも散在所領が存在したことが推測されることから、両荘は現在の安曇川町と新旭町を中心に、高島町の一部をふくむ荘域を有していたと指摘する。

そこで、『高島町史』の指摘をふまえつつ、高島荘の立地について再度確認してみることにしよう。さきにもふれたように「朽木家古文書」には多数の土地証文類が残り、そのなかには各田畠の荘園公領への帰属を「公方〇〇」というかたちで記したものが散見する。それらの売券にみえる安曇川下流域の荘園公領としては、高島本荘のほか、宮野郷、武曽郷、横山郷、鴨荘、田中郷、穴太園、西万木郷、三重生郷などをあげることができる（表1）。

つぎに、それらを各証文に記される高島郡条里の坪付にもとづいて地図上に落としてみると、いずれの荘郷に

表１　安曇川下流域の荘園公領

荘　郷	条 里 坪	面　積	出　　　典
宮野郷	4条3里21坪	1反	永享4年(1432)3月11日、祥見売券(50)
		1反	寛正2年(1461)11月5日、盛満売券(50)
	4里32坪	240歩	文明10年(1478)12月18日、横井河正泉売券(51)
武曽郷	5条1里20坪	1畝	宝徳3年(1451)9月5日、明智禅尼譲状(50)
横山郷	5条1里20坪		康正元年(1455)7月25日、六郎女譲状(50)
	2里1坪	240歩	文安元年(1444)12月21日、八田兵部売券(50)
	17坪	3反	寛正7年(1466)2月10日、八田教次売券(50)
	36坪	2反	享徳4年(1455)2月8日、祐舜売券(50)
	6条2里17坪	1反	延文2年(1357)6月9日、平氏女譲状(50)
	18坪	2反	寛正4年(1463)□月18日、信近売券(50)
	3里2坪	1反	寛正7年(1466)2月10日、八田教次売券(50)
	6坪	2石7斗	文明11年(1479)7月　日、暹恩売券(51)
	7条2里8坪	2反	永仁2年(1294)□月11日、平為光売券(50)
鴨　荘	5条5里11坪	180歩	年月日未詳、買得田地書立(49)
	20坪	240歩	文明10年(1478)4月8日、鴨宗政売券(51)
		204歩	年月日未詳、買得田地書立(49)
	23坪	2反180歩	同前
	31坪	1反174歩	応永33年(1426)12月17日、覚祐売券(50)
		1反180歩	宝徳元年(1449)11月20日、慶鎮売券(50)
		1反180歩	文明11年(1479)3月24日、定胤売券(51)
	6里9坪	1反216歩	同前
	10坪	100歩	年月日未詳、買得田地書立(49)
	13坪	300歩	同前
	7里1坪	216歩	永享8年(1436)2月10日、覚祐譲状(50)
		216歩	文明13年(1481)5月13日、あちや売券(51)
		216歩	永享8年(1436)2月10日、覚祐売券(51)
		216歩	年月日未詳、買得田地書立(49)
	9坪	1反216歩	応永23年(1416)12月3日、兼祐売券(50)
	6条□里□坪	2反	享徳3年12月26日、春有売券(50)
田中郷	7条2里8坪	180歩	天文16年(1548)7月11日、朽木晴綱売券案(36)
	24坪	1反	同前
	8条4里30坪	1反	文明5年(1473)12月日、中屋大夫売券(50)
三尾里	7条5里22坪	1反	文明11年(1479)8月28日、善波石売券(51)
	7条5里22坪	1反	年月日未詳、買得田地書立(49)
穴太園	7条8里12坪	3反	文永元年(1264)10月　日、下野武秋寄進状(13)
		3反	応永2年(1395)3月　日、祐勲契約状(50)
	8条6里23坪	1反	応永27年(1420)8月　日、暹源売券(50)
		1反	文明14年(1482)7月11日、顕全売券(51)
		1反	年月日未詳、買得田地書立(49)

	7里1坪	1反	応永27年(1420)8月　日、暹源売券(50)
		1反	文明10年(1478)11月14日、快盛売券(51)
		1反	文明15年4月29日、顕全売券(51)
		1反	年月日未詳、買得田地書立(49)
		1反	同前
	6坪	1反	応永27年(1420)8月　日、暹源売券(50)
西万木郷	8条4里30坪	1反	正長2年(1429)4月　日、覚祐売券(50)
	10条8里16坪	1反	建武2年(1335)5月22日、道観寄進状(13)
		1反	年月日未詳、買得田地書立(49)
本　荘	8条5里25坪	180歩	文明10年(1478)3月　日、永秀売券(51)
		180歩	文明13年(1481)4月23日、快祐売券(51)
		180歩	年月日未詳、買得田地書立(49)
	9条3里1坪	1反	永正15年(1518)12月　日、朽木稙広売券案(36)
		2反	文明14年(1482)11月28日、蒲生持正売券(51)
	7里7坪	1反	文明14年(1482)9月18日、蒲生持正売券(51)
	10条11里16坪	1反	永享3年(1431)12月　日、兼運売券(50)
三重生郷	9条2里12坪	2畝	天文11年(1543)12月25日、某書状案(36)
	3里36坪	1反	文明5年(1473)10月　日、惣領番頭中連署契約状(50)
		1反	文明7年(1475)3月　日、江田清安売券(50)
		1反	年月日未詳、買得田地書立(49)
	10条7里11坪	1反	文明11年(1479)4月5日、祖仲売券(51)
		1反	年月日未詳、買得田地書立(49)
	17坪	1反	元弘3年(1333)2月15日、行豪寄進状(13)
		1反	応仁2年(1468)12月　日、高勝売券(50)
		1反	年月日未詳、買得田地書立(49)
	24坪	1反	元弘3年(1333)2月15日、行豪寄進状(13)
		1反	応仁2年(1468)12月　日、高勝売券(50)
		1反	年月日未詳、買得田地書立(49)
	25坪	180歩	応永31年(1424)11月7日、正源売券(50)
	8里5坪	1反	文明5年(1473)10月　日、惣領番頭中連署契約状(50)
		1反	文明6年(1474)2月　日、江田清安田地売券(51)
		1反	年月日未詳、買得田地書立(49)
	16坪	1反	応仁2年(1468)12月　日、高勝売券(50)
後一条	9条7里6坪	5反	年月日未詳、高島郡北後一条半済分注文(38)
	13坪	5反	同前
	8里4坪	5反	同前
	15坪	5反	同前
	16坪	5反	同前
	26坪	5反	同前
	35坪	5反	同前
	10条12里1坪	5反	同前

	4坪	5反	同前
	6坪	5反	同前
	24坪	5反	同前
	13里6坪	5反	同前
	18坪	5反	同前
	20坪	5反	同前
	11条7里13坪	5反	同前
	20坪	5反	同前
	18里3坪	5反	同前
	32坪	5反	同前
	34坪	5反	同前
	19里3坪	5反	同前
案主名	10条11里13坪	1反	長禄4年(1460)3月　日、仁□等連署売券(50)

注：いずれも出典は「内閣文庫所蔵朽木家古文書」(出典末尾の数字は冊番号)

ついても、田地がある程度のまとまりをもって分布していることが分かる(図2)。こうした田地の分布は、それぞれの荘郷の立地をおおよそ反映するものと考えてさしつかえなかろう。

なお、「朽木家古文書」の証文類には、このほかに条里坪付表記で記されない荘園として拝戸荘と北古賀上荘の名前が散見する。いずれもその荘名から、条里制の施行されていない山あいの谷部一帯に比定することができる。

つぎに、「朽木家古文書」に残る証文類をもとに高島本荘に属する田地の立地を調べてみると、それらは高島郡条里の八・九・一〇条、現況でいう安曇川南岸部のみに検出することができる。加えて、応永一四年(一四〇七)のある史料の冒頭には「本御庄　応永十四年横江道場御米散用状」とあり、現在の安曇川町大字横江のあたりにも高島本荘が展開していたことが分かる(31)。

一方、高島本荘後一条の田地は、現況でいう安曇川中流域の一一条七里に若干検出されるほか、安曇川河口近くの両岸に数多くみいだすことができる。案主名の田地も、安曇川下流域の南岸部に確認することができる。高島本荘の田地は、いずれも現況でいう安曇川下流部の両岸一帯を中心に検出されるのである。

これはある種、意外な結果だといわざるをえない。「朽木家古文書」

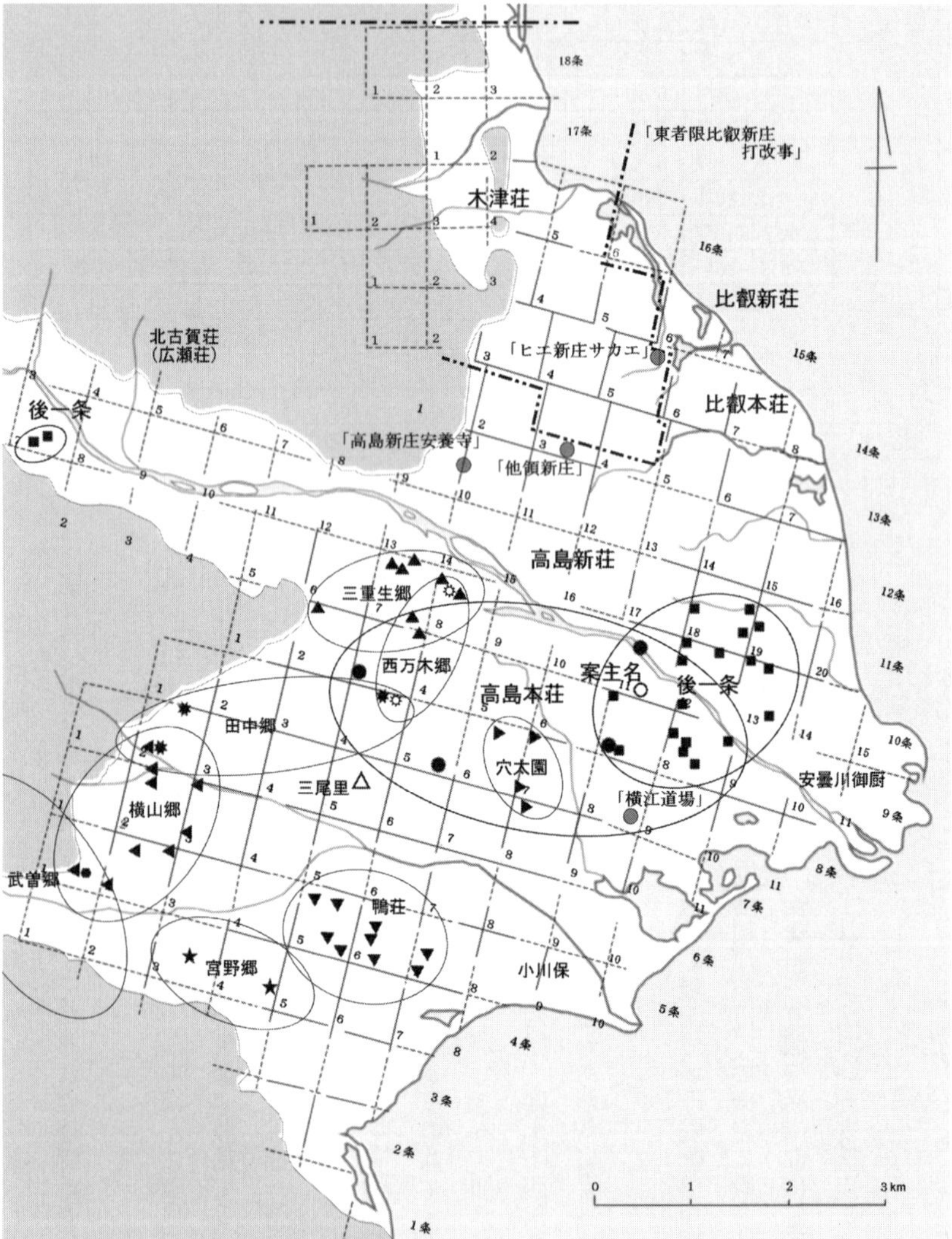

図２　安曇川下流域の荘園公領

による限り、高島本荘の田地は南方の鴨川以南の地域にみいだすことができない。つまり、現在の高島町域にはいっさい検出されないのである。むろん、これは断片的に伝来した証文類からの復元結果であり、史料残存の偏りという問題も残る。また、『高島町史』が推測するように、史料こそ現存しないものの、現在の高島町域に散在所領が存在した可能性も完全に否定することはできない。

しかしながら、この問題については、まったく別の角度から解決することができそうである。旧来の高島という地名がどのあたりをさしたのかという問題自体、実はなお吟味を要するからである。

現在の高島町は、明治一九年（一八八六）に拝戸・高島・鹿ヶ瀬・黒谷・畑村が合併して高島村となり、昭和二八年（一九五三）に大溝・水尾・高島村が合併して成立したものである。しかしその実、明治段階の高島村は、同一二年（一八七九）に伊黒村が改称して生じた村名なのである。古く『高島郡誌』は「此地は往古の高島郷の地なりとして改称したるなるべしと雖も、其高島郷たりし証左なし」と記している。

このようにみてみると、現在の高島町域に高島荘が展開していたと一概に考える必要はなさそうである。高島が本来どの地域をさす地名であったかについては留保するとしても、「朽木家古文書」の土地証文から検出される田地の分布が示すように、高島本荘は現況でいう安曇川下流域の南岸部や河口両岸部の一帯を中心に立地した荘園であったと考えてまちがいなかろう。

ちなみに、『安曇川町史』は、同町大字青柳に小字本庄の地名が残り、古くから「本庄の藪」とよばれてきたこと、大字川島の阿志都弥神社には「本荘宮」が合祀されていることを記している。大字青柳・川島は、水系でいうと本庄井がかりの地域に相当するが、高島本荘の田地はこの両大字の一帯に集中的に検出される。これらの「本庄」は、高島本荘の遺称と考えてよかろう。

つぎに、一方の高島新荘の立地について検討してみることにする。しかし、「朽木家古文書」の土地証文のなかに、その立地を示すものは存在しない。とはいえ、さきにもふれたように、天正一〇年（一五八二）の丹羽長秀宛行状には「高嶋新庄安養寺」とあり、応永年間前期の引田帳では、木津荘南隣の坪の注記に「他領新庄」と記され、さらに天正一一年（一五八三）の杉原家次知行目録では、木津荘南側の村々が「新庄十郷」とよばれている。

これまで、このうちの「他領新庄」と「新庄十郷」については、現況でいう安曇川北岸部一帯に比叡新荘が立地したことの根拠とされてきた。しかし、「高嶋新庄安養寺」の存在は、高島新荘の田地が安曇川北岸にも展開していたことの明証となる。加えて、安曇川下流域に関する中世史料のなかで単に「本庄」「新庄」といった場合、それらが高島本荘・新荘をさす場合が多いことは、既述したとおりである。また、『新旭町誌』が記すように、「新庄十郷」にふくまれる旧太田村の太田神社には天文三年（一五三四）の銘をもつ鰐口が伝来し、その銘には「江州高島郡新御庄太田郷天神御宝前鰐口也。」と記されている。

前節で述べたように、比叡新荘が少なくとも木津荘東側の地域に展開していたことに疑いはない。そして、引田帳の「他領新庄」や「新庄十郷」の存在を除けば、比叡新荘が木津荘の東側のほか、南側にも展開していたという積極的根拠はない。さらに、これらの「新庄」を必ずしも比叡新荘のことと解釈すべき必然性はないのに対し、むしろ高島新荘が安曇川北岸部にも展開していた積極的根拠として、さきの「高嶋新庄安養寺」の存在をあげることができる。

以上から、「他領新庄」「新庄十郷」「高島郡新御庄」などという場合の「新庄」は、鎌倉期以降の史料に散見する高島新荘のことだと考えられる。つまり、木津荘の東側には一四条六・七里一帯に立地した比叡本荘と、その北側の沿岸部に立地した比叡新荘があった。そして、現況でいう安曇川南岸部には高島本荘、木津荘の南側の安曇川北岸部には高島本荘から展開して成立した高島新荘が立地していたと考えられるのである。

三　木津荘

以上、比叡荘と高島荘の立地について再検討を加えた。これにより、木津荘をとりまく構図は、従来のそれとかなり異なるものになったといえよう。そこで、木津荘、比叡荘、高島荘の立地とその推移について、中世を通じてこの地域で進行していた環境変化の問題をあわせながら、さらに踏み込んで検討していくことにする。

さきにも述べたように、比叡本荘は一四条六・七里一帯の条里地割が比較的整然と残存する地域に立地した。それに対し、比叡新荘は川の氾濫や湖水面の上下の影響をうけやすい湖岸近くの地域に立地していた。前者の荘域は古くから安定的に田地開発が進められたのに対し、後者は遅れて開発が進められるなかで荘園化したものとみられる。

そして、高島本荘と新荘の立地についても、ほぼ同様のことがいえる。「朽木家古文書」の売券類によると、高島本荘の田地は現況でいう安曇川南岸の比較的広い地域、たとえば八条五里や九条三・七里などに広くわたって検出される。しかし、分布域中央の九条五・六里や一〇条九・一〇里一帯に田地は検出されない。現存史料によると、高島本荘の田地は東西に分かれるようなかたちで検出されるのである。

この地域の条里地割の残存をみてみると、高島本荘の田地を検出しうる東西部分は条里地割が比較的顕著に残存する地域である。それに対し、中央の九条五・六里や一〇条九・一〇里付近には、条里地割があまり残っていない。高島本荘の田地が立地する分布域東西端では、比較的早くから安定的に田地開発が進められてきたことが想定されるのに対し、分布域中央は安曇川旧流路の一部に相当し、安定的な田地開発には不向きな地域であったと考えられるのである。

そして、同様の状況は、高島新荘が立地したと想定される木津荘南側の安曇川北岸地域についても妥当する。

この地域のうち、一一条一五・一六里や一二条一一～一三里、それに一三条四・五里付近は、条里地割がさほど顕著に残存していない地域である。その原因としては、やはり安曇川の河流の問題を想定することができよう。

そこで注目されるのが、賀茂社領安曇川御厨と比叡荘の相論に関する貞永元年（一二三二）の官宣旨写の記事である。このなかには、「件河、建保之比、流二比叡庄一之条、僅十余年云々。」とある[32]。建保年間（一二一三～一九）ごろの一〇数年間、安曇川は比叡荘内を流れていたのである。

したがって、鎌倉初期のある時期には、安曇川の少なくとも一部の河流が、比叡本荘の立地した一四条六・七里方面にむかって流れていたということになる。一一条一五・一六里や一二条一一～一三里、それに一三条四・五里に条里地割の残存が顕著にみられないのは、この一帯がかつて安曇川の河流となっていたためであろう。そして、おそらくこの河道は鎌倉初期に突如あらわれたわけではなく、安曇川はそれ以前にも断続的に、この河道を通じて琵琶湖へと注いでいたことが推測される。

そこで、以上から高島新荘の成立過程をつぎのように理解することができるかと思う。木津荘南側の高島新荘に想定される地域は、鎌倉初期以前にはしばしば安曇川の河道域となっていた。おそらく当時の安曇川本流は現在よりも北方を流れ、木津荘の南端部をかすめるようにして比叡荘方面へと流れていたのではないかと思われる。

この鎌倉初期以前の河道は、高島本荘や後一条、案主名の田地が検出される地域の北側にあたる。現在の安曇川本流は後一条の田地が検出される地域を貫流するが、もともと後一条は安曇川の両岸にではなく、南岸のみに立地していたことが想定されるのである。本来、木津荘は安曇川北岸、高島荘は安曇川南岸に成立した荘園であったといえよう。

しかし、さきの官宣旨写が記すように、その後、安曇川本流は比叡荘方面から南方へと流路を変じ、高島荘のなかを貫流するようになる。その過程で、かつて安曇川の旧流路であった一一条一五・一六里や一二条一一～一三里、一三条四・五里付近において安定的な土地利用が可能となり、新たに田地の開発が進められるようになる。そして、この地域がやがて高島新荘という新たな支配領域として取り込まれることになるのである。

「高島本庄」が史料上にあらわれるのは鎌倉後期以降で、すなわちこれは、「高島新庄」が少なくともこれ以前に成立していたことを示している。そして、このような鎌倉初期における安曇川河道の南下、鎌倉中期以降の旧流路の開発という一連の過程は、史料上における高島新荘の登場時期とまさに照応する。安曇川河流の南下や河道の安定化といった周辺環境の変化のなかで、高島新荘という新たな荘園が誕生するのである。

そして、このような環境の変化は、おそらく木津荘にも影響を与えていた。建保四年（一二一六）の延暦寺政所下文案は、木津荘の四至をつぎのように記している(33)。

政所下文案　木津庄進レ之　順徳院御代

延暦寺政所(ママ)

可下早停二止古賀・善積自由濫妨一、任二旧例一、令上レ打二定牓示一事

右、当庄者、鳥羽院御時、保延年中之比、被レ寄二附山門領一(之脱)刻、為二後代一、被レ定二置四至一畢。南十三条、西追分、北十八条、多年之間、敢。(無)二違乱一之処、近来自二南古賀・北善積庄一、後山雖レ令二押領一、白然送二年月一之間、彼両庄住人等、件四至内不レ入二当庄民一(等脱)、奪二取鎌斧一之上、剰令二蹸(蹂)躙一云。所行之旨、甚以不当也。且以二庄民解状一、触二廻三塔一之処、早任二旧跡一、可レ令レ打二定牓示一之由、大衆□(僉カ)議已畢。凡一天下甲乙之輩等、恐二伊(早脱)王・山王御威一、於二末寺庄園一、敢不レ令二着点(ママ)一之処、近年。(立)二妨庄民一、触レ事現二奇怪(之脱)一条、不レ知二其子細一歟。任二旧例一、且(依脱)先規、可レ令レ打二定牓示一之状如レ件。□(依カ)レ解、以下。

小寺主法師応俊

建保四年八月三日　寺主大法師在判

修理別当法橋上人位奉レ之　　都維那大法師

上座法橋上人位　奉レ之　元和四戊午九月四日、写レ之。

これによると、木津荘の四至は「南十三条、西追分、北十八条」であるという。しかし、なぜかこのなかには東側の境が記されていない。

さきにも述べたように、鎌倉初期以前の安曇川河流の一部は木津荘の南東をかすめ、比叡荘方面への河道をとっていた。そして、安曇川が木津荘の近くを流れるこの時期には、史料上にその名がみえないことからも分かるように、木津荘東側の湖岸近くに比叡新荘は成立していない。おそらくこの地域は、古来継続的に進行していた土地の沈降や、現在よりも北方にかけて流れていた安曇川の影響をうけ、その分流か湖中となっていたのであろう。さきの政所下文に東側の四至がみえない理由は、そのあたりに求めることができよう。

そして、そののち鎌倉中期以降の安曇川河道の南下を経て、湖岸近くの地域にも開発の手がおよび、やがてこの地域は比叡新荘という支配領域として取り込まれることになる。さらに、南北朝期以降、はじめて史料上に比叡新荘の名前が登場することになる。この史料上における比叡新荘の登場時期は、高島新荘の場合と同様、安曇川河道の南下、旧河道一帯の開発の進展、新荘の成立という一連の流れのなかで整合的に理解することができる。そして、第一節に掲げた永正四年（一五〇七）の祐憲書下案は、当時の木津荘の東限を「限二比叡新庄一打改事」と記している。河道の変動と開発の進展によって比叡新荘が成立したことで、それ以前は設定されていなかった木津荘の東の四至が「打改」められたのである。

また、これとは別に木津荘の南限についても同様、荘域の変更がおこなわれた可能性がある。結局のところ、現段階でこの問題を全面的に解決することはできないが、今後の検討に資する意味もこめ、最後に若干この問題に言及しておく。

応永年間前期の引田帳では、一三条三・四里のみが木津荘域で、しかも両里の南側各二坪分については「他領」と記されている。応永二九年（一四二二）の検注帳においても同様である。これは、かなり不自然な荘域のありかたといわざるをえない。

しかし、前掲の建保四年（一二一六）の政所下文案には、単に「南十三条」とある。また、北古賀荘との境相論に際して発給された応永一三年（一四〇六）の室町幕府管領斯波義教の奉書は、木津荘の南限に関してつぎのように記している。(34)

山門雑掌与㆓尊勝院雑掌㆒相論、近江国木津庄与㆓北古賀㆒堺事、請文披見訖。如㆘執㆓進代官高久状并佐々木大膳大夫入道高通代状㆒者、彼論所十三条之通、為㆓木津庄内㆒山門領之段、無㆓子細㆒云々。此上者、止㆓尊勝院競望㆒、可㆑全㆓山門雑掌所務㆒之由、所㆑被㆓仰下㆒也。仍執達如㆑件。

応永十三年四月二日沙弥（道孝、斯波義教）（花押）

佐々木備中入道（六角満高）殿

このようにみてみると、引田帳や検注帳段階における木津荘の南限は、周囲の荘園とのかねあいで後代にいたり、新たに変更されたものである可能性が浮上する。現在よりも北方を比叡荘方面へと流れていた鎌倉初期以前の安曇川は、条里地割の乱れから判断するに、いずれかの段階で少なくともその一部が一二条付近を流れていたことが推定される。この点をふまえると、木津荘の本来の南限は一三条どころか、さらに南方の安曇川だった可能性さえある。

木津荘は保延四年（一一三八）、鳥羽院の施入により山門領として成立した。しかし、これは施入というにすぎず、木津荘自体はそれ以前から成立していた可能性もある。その場合、木津荘はもともと王家領荘園として立荘されたということになろう。院政期に特徴的な王家主導による立荘がしばしば大規模な領域型立荘の形態をとったことは、これまでにも知られるとおりである。

このような状況を勘案するに、やはり木津荘立荘時の南限が安曇川だった可能性は捨てきれない。その場合、保延四年（一一三八）に木津荘が延暦寺へ施入されたのち、安曇川の河道の南下や高島新荘の成立などの要因により、木津荘の南限は安曇川から一三条、さらには引田帳と検注帳にみえる荘域へと徐々に縮小されたということになる。応永年間における木津荘が少々入り組んだ不自然な荘域を有しているのは、そうした周辺環境の変化や近隣荘園とのかねあいのなかで荘域が二次的に設定されたためと考えることで、より整合的に理解できるのではないかと思う。だが、この推定の是非は後考にゆだねなければなるまい。

おわりに

以上、比叡荘、高島荘、木津荘を取りあげ、環境変化による各荘園の変容過程について論じてきた。従来、荘園の内部構造の変容は、政治的ないし社会的要因から説明されることが多い。しかし、これら三つの荘園の変容過程は、そうした要因からのみでは、とうてい説明することができない。現存史料には必ずしも恵まれないものの、比叡荘、高島荘、木津荘の事例からは、河道の変遷や土地の沈下、水没といった時代による環境変化が荘園のありかた自体を変貌させる様相を、荘園どうしのかかわりかたをふくめて具体的に把握することができる。本稿でこれらの荘園を取りあげたゆえんである。

近年、中世成立期や中世後期の荘園制に関する議論が活発化しつつある。しかし、各荘園がそれぞれの地域環境に制約をうけながらも、それをいかにして克服し立荘がなされたのか、あるいは、時代を経るにつれて周辺環境が変化するなかで、各荘園のありかたがいかに変容し、どのように再編されたのか、といった問題に着目することで、近年までの議論を別の角度から再構成していくことが可能になるであろう。

荘園と環境のかかわりかたは、おそらく一様ではあるまい。今後、継続的に個別研究を蓄積していくことの必要性を記し、小稿を閉じたいと思う。

（1）「饗庭昌威家文書」建保四年八月三日、延暦寺政所下文案（『鎌倉遺文』三巻二二五四号）、「饗庭村役場所蔵文書」応永一三年四月二日、管領道孝斯波義教奉書（京都大学大学院文学研究科日本史古文書室架蔵の影写本による）。

（2）『華頂要略』巻第五五上、古証文集、建暦三年二月日、慈円譲状写（『鎌倉遺文』四巻一九七四号）。

（3）『天台座主記』巻二、四八世行玄の項。同前、巻四、八〇世無品道覚親王の項（『校訂増補　天台座主記』本による）。以下、青蓮院門跡歴代については、『天台座主記』と『華頂要略』（以下『天台宗全書』『大日本仏教全書』本）の各項を参照。

（4）『華頂要略』巻第五五上、古証文集、貞応元年六月、慈円置文写（『鎌倉遺文』五巻二九七〇号）。

（5）同前、巻第三上、山下御本坊并御管領所、百光院の項。

（6）『続群書類従　神祇部』所収、元応元年一〇月日、日吉社領注進状写（『鎌倉遺文』三五巻二七二九五号）。前欠部分は、西岡虎之助「中世における本家・領家の支配組織」（同『荘園史の研究　下巻一』、岩波書店、一九五六年。初出は一九四七年）による。

（7）『華頂要略』巻第三上、山下御本坊并御管領所、小嶋坊の項。

（8）「葛川明王院文書」応安七年九月日、諸御領役御仏事用途廻文（『葛川明王院史料』五七〇号）。

（9）同前、文明三年九月日、青蓮院門跡領近江国目録案（同前、五五九号）。

（10）『高島郡誌』（滋賀県高島郡教育会、一九二七年）。

（11）『安曇川町史』（安曇川町役場、一九八四年）。『比叡新荘之図』については、同書口絵に写真が掲載されている。

（12）『新旭町誌』（新旭町役場、一九八五年）。なお、比叡本荘・新荘の立地については、熊谷隆之・小原嘉記・宮本晋平「調査成果の総括――近江国木津荘の景観とその変遷――」（近江国木津荘調査団・新旭町教育委員会『近江国木津荘現況調査報告書Ⅱ』、二〇〇三年）の12節・深溝地区（宮本晋平執筆）にも指摘があるが、比定結果は若干異なる。

（13）「饗庭昌威家文書」宝徳三年一一月一六日、比叡本荘二宮神田帳案。

(14)「浅野家文書」天正一一年八月朔日、杉原家次知行目録（『大日本古文書　家わけ第二　浅野家文書』七号）。

(15)「饗庭村役場所蔵文書」永正四年九月日、山門西塔院執行代祐憲書下案（京都大学大学院文学研究科日本史古文書室架蔵の影写本による）。

(16)「中川文書」天正一〇年一〇月六日、丹羽長秀宛行状（『大日本史料　第十一編之二』同日条）。

(17)『賀茂社諸国神戸記』寛治四年三月二四日、鴨御祖社申状写（『平安遺文』四巻一二八七号）。

(18)『賀茂御祖皇太神宮諸国庄園』年月日未詳、賀茂御祖社日供料荘園御厨目録写（『神道大系　神社編八　賀茂』による）。

(19)「賀茂別雷神社文書」貞永元年六月三〇日、官宣旨写（『鎌倉遺文』六巻四三三七号）。

(20)「雨森善四郎氏所蔵文書」元亨二年八月一六日、空性西園寺実兼処分状（『鎌倉遺文』三六巻二八一四〇号）。

(21)「東南院文書」第六櫃第六巻、（年未詳）一一月九日、西園寺実兼御教書案（『鎌倉遺文』一九巻一四七三五号）。『公衡公記』弘安六年八月二二日条、同日、西園寺実兼御教書写（『史料纂集』本による）。

(22)『政所賦銘引付』文明五年一一月二九日条・文明九年四月一七日条・文明一〇年六月六日条（『室町幕府引付史料集成』本による）。

(23)「内閣文庫所蔵朽木家古文書」第六軸、永仁二年二月五日、関東下知状（『鎌倉遺文』二四巻一八四七三号）。

(24)同前、第一一軸、嘉元二年八月五日、佐々木頼信譲状（『鎌倉遺文』二九巻二一九三五号）。

(25)同前、第六軸、元徳三年五月二〇日、高島本庄代官某書下（『内閣文庫影印叢刊　朽木家古文書　上』四一号）。

(26)同前、第六軸、建武元年四月五日、世尊寺行忠書下（同前、四二号）。

(27)このほか、「三千院文書」正中二年一一月二五日、承鎮法親王付属状（京都大学大学院文学研究科日本史古文書室架蔵の謄写本による）には、梶井門跡管領の文殊楼領として「高島庄」がみえる。これについては他に関連史料もなく、賀茂社領や西園寺家領の高島荘との関係は、いまのところ不詳とせざるをえない。

(28)「内閣文庫所蔵朽木家古文書」第八軸、（文亀三年）三月一三日、飯尾清房書状（『内閣文庫影印叢刊　朽木家古文書上』八二号）。

(29)『高島町史』（高島町役場、一九八三年）。なお、『高島町史』は後一条を高島郡条里の一一条のことと解する。しかし、後一条の田地は一一条以外にも検出され、後一条天皇（長和五年～長元九年（一〇一六～三六）在位）の勅旨田の系譜をひく田地と考えられる。

(30) 福田徹「安曇川下流域における条里制の復原」（同『近世新田とその源流』、古今書院、一九八六年。初出は一九七四年）。

(31)「内閣文庫所蔵朽木家古文書」第四八軸、応永一四年、高島本庄横江道場御米算用状（『内閣文庫影印叢刊　朽木家古文書　下』七六三号）。

(32) 注(19)「賀茂別雷神社文書」貞永元年六月三〇日、官宣旨写。

(33) 注(1)「饗庭昌威家文書」建保四年八月三日、延暦寺政所下文案。なお、「饗庭村役場所蔵文書」同文書案により校訂を加えた（京都大学大学院文学研究科日本史古文書室架蔵の影写本による）。

(34) 注(1)「饗庭村役場所蔵文書」応永一三年四月二日、管領道孝斯波義教奉書。

第九章　木津荘の宗教景観

宮本晋平

はじめに

木津荘は、比叡山延暦寺（以下「山門」）膝下の千僧供料荘園として、山門領荘園の中でもとりわけ重要度の高い荘園であった(1)。それゆえ、様々なアプローチによって木津荘を研究することは、単なる個別荘園の研究にとどまらず、いまだ実態の明らかでない山門領の研究にも大きく寄与すると考える。

ところで、宗教領主の荘園らしく木津荘には大小様々な寺社が存在した。福田徹氏は、引田帳・検注帳を素材とした一連の景観復元研究において、寺社の立地などにも注目している(2)。しかし、木津荘内に存在した寺社を全面的に検討した研究はない。

そこで本章では木津荘の宗教景観を明らかにしたい。宗教景観とは、木津荘内に存在する個々の寺院や神社、庵、祠などの宗教施設を諸要素として構成される、木津荘全体の宗教的な風景のことを指す。

もちろん史料的な制約もあるため、木津荘の成立から消滅までを通して叙述することは不可能である。そこで、応永年間前期の作成とされる木津荘引田帳（以下「引田帳」）及び応永二九年（一四二二）作成の木津荘検注帳（以下「検注帳」）の検討・比較を中心に、まず一五世紀前半（中世後期）の宗教景観を描き出したい[3]。その際、①負田や免田の所有状況から分かる寺社の勢力の様相、②寺社の立地から判明する空間の様相、③荘内で行われた仏事・法会や神事などの宗教行事から窺い知ることのできる信仰の様相の三つの視点から考察する。

また、検注帳の追記部分の検討により、検注帳作成以降の変化についても知ることが可能である。検注帳は中世末の一六世紀半ば頃まで使用されており、中世後期から末期にかけての変容を知ることができる[4]。最後に、木津荘の中でも特に寺院密度の濃かった米井地区をフィールドに、近世以降の変化を展望したい。

なお、本稿で引用する聞き取り調査の結果は、全て近江国木津荘調査団・新旭町教育委員会編『近江国木津荘現況調査報告書Ⅰ』『近江国木津荘現況調査報告書Ⅱ』による。また、各寺社に関する基礎的な分析の多くは、『近江国木津荘現況調査報告書Ⅱ』の「Ⅳ　調査成果の総括」（熊谷隆之・小原嘉記・宮本晋平で分担執筆）によっている。本文中では煩雑になるためいちいち引用しないが、適宜参照されたい。

一　木津荘の宗教景観

(1)勢力の様相

表1では、本書第四章の熊谷論文所収の表2・3（一三一〜五頁）をベースに一部修正を加えて、引田帳と検注帳に見える寺社の負田、及び検注帳の追記部分から判明する負田の増減を比較した。また、表2では、検注帳の頭注に記載された寺社の免田や料足田を集計した[5]。これらの表を参考にして、応永年間における寺社の勢力構造を見ていきたい。

表1によると、引田帳に見える寺社の負田の総計は約二九町で、うち一町以上の負田を所有する寺院は米井寺・大谷寺・清水寺・慈尊寺・木津道場・宗秀院の六つである。一方、検注帳に見える寺社の負田の総計は約四

表1　引田帳・検注帳及び検注帳追記に見える寺社の負田の比較

No.	寺社名	引田帳(反.歩)	検注帳(反.歩)	検注帳追記(反.歩)
1	米井寺	65.173	67.028	−7.322
2	大谷寺	35.228	50.146	−4.220
3	清水寺	33.075	31.310	−24.078
4	慈尊寺	22.060	40.343	−9.184
5	木津道場	20.115	25.336	−18.216
6	宗秀院	15.103	9.128	−9.128
7	貞隆寺	9.110	15.132	2.000
8	石津成願寺	9.010	—	—
9	建徳庵	7.078	5.146	−1.216
10	石津寺	6.301	7.107	−2.240
11	花岳庵	6.308	7.354	−0.090
12	円通寺	6.160	8.000	−7.000
13	若宮	6.145	0.252	1.000
14	疋壇庵	6.120	—	—
15	白雲室堂	4.010	1.180	−1.180
16	土生社	3.245	5.292	−1.120
17	普済寺	3.240	14.332	−5.024
18	岡念仏堂	3.140	1.138	−0.180
19	妙雲庵	3.004	3.210	−2.078
20	観音堂	2.350	2.180	−2.180
21	法喜庵	2.315	1.000	−0.240
22	極楽寺	2.150	7.060	−1.000
23	五十川薬師堂	2.123	3.279	−3.279
24	光明寺	1.250	1.000	−1.000
25	阿弥陀寺	1.160	1.072	−0.252
26	今宮	1.135	0.040	±0
27	宗昌寺	1.106	—	—
28	霊山寺	1.060	7.110	−0.216
29	地蔵院	0.340	—	—
30	日爪法喜寺	0.210	—	—
31	正目庵	0.180	—	—
32	本庄道場	0.180	—	—
33	永興庵	0.080	0.224	−0.224
34	太尾庵	0.070	—	—
35	法花寺	0.032	—	—

36	西方寺	—	40.305	−40.125
37	森成願寺	—	32.222	−24.330
38	観音院	—	20.096	−11.180
39	報恩寺	—	18.046	−1.000
40	不退寺	—	13.037	−13.037
41	大師寺	—	6.024	−2.144
42	竹雲庵	—	4.348	1.000
43	西福寺	—	4.312	−0.120
44	光林寺	—	4.130	−4.130
45	五十川室堂	—	3.130	−1.250
46	禅林寺	—	2.000	−2.000
47	妙師寺	—	2.000	−2.000
48	実相寺	—	1.000	−1.000
49	中寺	—	1.000	±0
50	聚慶庵	—	1.000	−1.000
51	針江庵	—	0.180	±0
52	南光院	—	0.180	−0.180
53	道祖神如法経田	—	0.127	±0
54	石津庵室	—	0.072	2.324
55	木津念仏堂	—	0.072	± 0
56	八王子田	—	0.040	−0.040
	計	288.326	479.240	−206.199

注：引田帳・検注帳の項は、それぞれ作成当初の記載に見える負田数、検注帳追記の項は検注帳作成当初の記載と検注帳追記の部分における負田数の増減を示す。

八町で、一町以上の負田を所有する寺社も一二へと倍増している。引田帳から検注帳にかけて、多くの寺社の負田が増加しており、応永年間に各寺社が急速に負田を集積したことが分かる。

引田帳・検注帳に見える五〇以上の寺社のうち、両帳を通じて最多の六町を越える負田を所有したのは、一四条二里三四坪に存在する「高島七カ寺」の一つ米井寺である。荘内で最も勢力を持つ米井寺は、木津荘を代表する寺院であったと言えよう。次いで、二番目に多くの負田を所有したのは大谷寺である。大谷寺の負田は引田帳では三町五反余りであったが、検注帳では五町余りの負田を所有しており、応永年間に急速に成長したことが分かる。大谷寺もまた「高島七カ寺」の一つと言われ、それに相応しい負田の所有数で

表2　検注帳に見える免田

No.	寺社名	反.歩
1	土生社	10.240
2	毘沙門堂	10.000
3	大師寺	5.156
4	貞隆寺	1.000
5	今宮	3.336
6	大谷寺	6.180
7	地蔵堂	1.000
8	若宮	5.060
9	五処宮	4.170
10	石津寺	2.000
11	成願寺	2.240
12	慈尊寺	1.000
13	帝尺寺	0.072
14	栗毛社	2.000
15	中寺	1.000
16	日爪寺	1.180
17	弥勒寺	1.300
18	釈迦堂	1.000
19	二宮社	0.120
20	比室堂	0.072

ある。三位以下の負田所有面積については引田帳と検注帳とで相違があるが、総じて引田帳で上位を占めた寺院はその勢力を保っている。

　また、引田帳作成以降、急速に勢力を拡大させた寺院も存在する。例えば、引田帳では二町二反余りの負田を所有した慈尊寺は、検注帳では四町余りを所有している。普済寺（約三反→約一町四反）、極楽寺（約二反→約七反）、霊山寺（約一反→約七反）なども同様に成長著しい。

　一方、引田帳作成当初の記載部分に名前は見えず、追記部分で初めて確認され、検注帳では多くの負田を所有する寺社も存在する。検注帳で四町余りの負田を所有する西方寺は、引田帳作成当初の記載にはなく、負田の所有権の移動を示す追記部分にのみ確認され、追記で西方寺の寺名が付された田地のほとんどは検注帳でも西方寺の負田として記載される。西方寺は、引田帳作成以後、急速に負田を集積して応永二九年に至ったことが分かる。同様なパターンで負田を増加させた寺院には、不退寺や森成願寺、大師寺などがある。これらの寺院もまた、引田帳作成当初にはまだ負田を所有しておらず、引田帳作成以後に負田を集積していったのである。

　さらに引田帳には全く寺名が見えず、検注帳で初めて存在が確認される寺社もある。報恩寺は、検注帳一五条二里二二・二三坪の頭注に「報恩寺屋敷」「報恩寺立」として見え、これは現況の日爪地区小字中山に相当する。(6)引田帳には報恩寺の負田はおろか寺名も全く確認できないが、検注帳では一町八反余りの負田を所有している。報恩寺は、引田帳に追記が付されて以降急激に寺田を集積したのである。なお、このような寺社には他に観音院や光林寺などがある。

そして、木津荘内には荘域外の寺社の負田も存在していた。清水寺は、引田帳・検注帳ともに三町以上の負田を所有する、相当の規模を有した寺院である。その立地場所は未だ確定していないが、おおよそ木津荘の荘域外、現在の平井地区にある清水山（日枝谷山、比叡谷山）周辺と考えられている。(7)木津荘内に負田を所有した寺社で荘域外に存在したのが確実なのは、この清水寺のみだが、例えば引田帳の一五条五里一七坪には「本庄道場」の負田が見える。この「本庄道場」とは、木津荘の東隣に存在する比叡本荘内の道場であろう。これらの事例以外にも、荘域外の寺社が木津荘内に負田を所有した可能性がある。

ところで、木津荘内には比較的小規模な堂や庵、祠も存在していた。これらの施設は、わずかではあるが負田や免田を所有し、おそらく各村落や名主などがその維持に努めていた。引田帳・検注帳で二～三反の負田を所有する五十川薬師堂、三反余りの立免を持つ地蔵堂、立免二反と免田七二歩を所有するが負田は持たない帝尺寺、三〇〇歩の敷地を持つ弥勒寺、負田と免田を一反ずつ所有した中寺などである。

また、検注帳一三条三里三四坪や四里一二坪の頭注には、「野神立免」「野神立」がそれぞれ一八歩ずつ見える。野神は、集落から少し離れた水路や池の脇、山麓などに祀られ、農耕（とりわけ稲作）との関係から水の信仰と深い関わりがあるとされる。(8)聞き取りでは野神に関する情報は特に得られなかったが、中世後期に野神に関わる施設があり、それを中心に何らかの信仰が存在したのは確かである。二つの野神は、いずれも集落の周縁部、田地との境界付近に立地しており、屋敷と田地との境界を分かつ機能があった可能性もある。

一方、一四条三里七坪に存在した毘沙門堂は、引田帳・検注帳を通じて一町規模の免田を所有している。この免田は一五条三里三三坪に存在し、現況の五十川地区小字馬上免、通称三反田の東半分に相当する。こうした一町規模の免田は、両帳を通じて他に例がない。

ここで、木津荘内に免田を設定された寺社について確認しておく（表2）。まず、土生社、今宮、若宮、五処宮、石津寺（石津十禅師）、道祖神、栗毛社、夷社などの神社に免田が設定されている（各神社についての詳細は後述）。これらの神社では、例えば土生社・若宮では如法経が、今宮では流鏑馬が行われるなど、様々な宗教行事が実施されており、荘全体や各村落の祭祀に関わる重要な宗教施設であったと考えられる。また、大谷寺、大師寺、慈尊寺などの寺院でも、如法経・施餓鬼会の実施や風呂の設置など、様々なレベルでの宗教行事が実施され、釈迦堂、薬師堂、野神、念仏堂などは、村堂や祠など各村落レベルでの祭祀に関連する施設であろう。

以上から、免田が設定されるのは、各レベルの祭祀・仏事に関わる神社や寺院、村落に付属する宗教施設などであったと考えられる。一町規模の免田を設定された毘沙門堂は、負田を全く所有しておらず、領主としての規模は小さい。しかし、土生社に比肩するその免田の規模から察するに、一荘全体規模の宗教行事を実施する施設として、山門から手厚く保護されたのであろう。

荘園内の様々な安穏を保障する寺社は、円滑な荘園支配を進める上で、領主山門にとっても好ましい存在であり、それゆえ山門は年貢免除などの特権をそれらの寺社に付与して保護を加えたのである。もちろん、その中にはもともと在地に存在した寺社もあれば、山門主導で荘内に設置されたものもあったことだろう。

(2)空間の様相

表3では引田帳・検注帳から判明する寺社の立地をまとめ、図1では検注帳に見える寺社の立地を条里上に落とした。これらは立地の判明する寺社のみをまとめており、立地が判明しない寺社も荘内には存在する。しかし、そのような寺社の中には「石津庵室」「針江庵」「岡念仏堂」「木津念仏堂」などのように村落名を冠するものも少なくない。よって、検注帳段階で確認される寺社の大部分については、おおよその立地が分かる。

表3　引田帳・検注帳に見える寺社の立地

場所		引田帳	検注帳	現況	備考
13条	3里22坪	なし(屋敷あり)	西方寺	なし	
	33坪	なし(屋敷あり)	夷	西宮神社	
	34坪	なし(屋敷あり)	野神	なし	
	4里12坪	なし	野神	なし	
	18坪	嶋寺	坪の記載なし	正伝寺	
14条	2里31坪	なし(屋敷あり)	極楽寺	なし	
	33坪	坪の記載なし	観音院・大師寺	大泉寺	
	34坪	坪の記載なし	大蔵院・米井寺	なし	
	3里3坪	広修寺	(広修寺)	なし	
	4坪	広修寺	(広修寺)	なし	
	7坪	霊山寺・毘沙門堂	霊山寺・毘沙門堂	本養寺	
	8坪	なし(屋敷あり)	霊山寺	永正寺	
	11坪	なし(屋敷あり)	西方寺	なし	
	16坪	弥勒寺	弥勒寺	なし	
	4里1坪	帝尺寺	帝見寺	なし	
	11坪	なし(屋敷あり)	念仏堂	なし	
	13坪	貞隆寺・戈堂	貞隆寺・道祖神	森神社	
	15坪	なし(屋敷あり)	地蔵堂	なし	
	19坪	釈迦堂・花堂	なし(屋敷あり)	釈迦堂	現在森神社の境内にあり
	21坪	三尊寺	慈尊寺	なし	
	25坪	なし(屋敷あり)	小森阿弥陀寺	なし	
	31坪	なし	地蔵堂	なし	現在は墓地が立地
	5里9坪	堂敷地	石津寺	石津寺	
15条	2里11坪	坪の記載なし	西福寺	なし	
	14坪	坪の記載なし	普済寺	なし	
	19坪	なし	普済寺	なし	
	22坪	なし(屋敷あり)	報恩寺	報恩寺	現在五十川地区にあり
	23坪	なし(屋敷あり)	報恩寺	報恩寺	
	3里21坪	なし	今宮	大国主神社	
	28坪	なし	薬師堂	金剛寺	金剛寺は明治5年に廃寺
16条	3里1坪	(若宮)	(若宮)	若宮八幡社	
	2坪	(若宮)	(若宮)	若宮八幡社	
	4里13坪	なし	(シヲ神)	塩竈神社	現在若宮八幡社にあり
17条	2里12坪	頭注なし	(栗毛)	健速神社	
18条	2里1坪	頭注なし	□堂	なし	
	3里3坪	頭注なし	中寺	なし	
	9坪	頭注なし	(道場)	なし	

注：カッコ内の寺社は、引田帳・検注帳の頭注・追記によって存在を確認できる寺社である。

図１　木津荘検注帳に見える寺社の立地

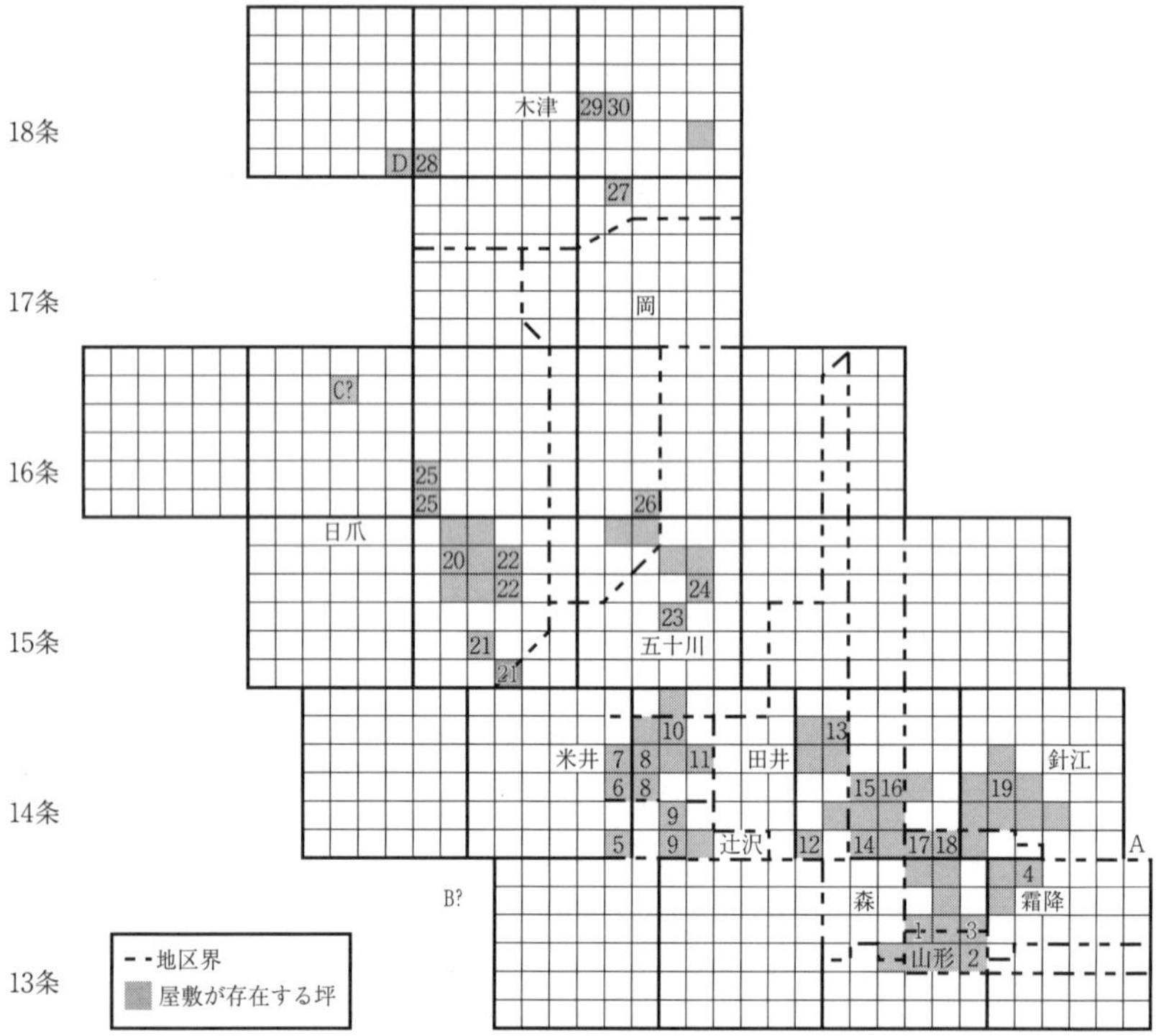

寺社名：１西方寺　２夷社　３野神　４野神　５極楽寺　６観音院・大師寺　７大蔵院・米井寺　８広修寺　９霊山寺・毘沙門堂　10西方寺　11弥勒寺　12帝見寺　13念仏堂　14貞隆寺・道祖神　15地蔵堂　16慈尊寺　17小森阿弥陀寺　18地蔵堂　19石津寺　20西福寺　21普済寺　22報恩寺　23今宮　24薬師堂　25若宮　26シヲ神　27栗毛社　28□堂　29中寺　30道場　Ａ日吉二宮社　Ｂ清水寺　Ｃ大谷寺　Ｄ土生社

具体的な立地場所が不明な寺社名：石津庵室・針江庵(針江)　成願寺(森)　岡念仏堂(岡)　五十川室堂(五十川)　白雲室堂(白雲)　木津念仏堂(木津)

図1を見ると、木津荘北部（一六条以北）における寺社の密度は、南部に比べて極めて低い。そうしたなか寺社がまとまって立地するのが、木津の中心集落「大里」（一八条三里二六坪）付近の地域である。ここには木津道場、中寺、粟毛社などに加えて、木津念仏堂なども立地しており、荘域北部の宗教的中核と言えよう(9)。なかでも二町を越す負田を所有した木津道場は、検注帳段階では荘内唯一の如法経道場であり、木津荘如法経の中心だったのだろう。

一方、「大里」から少し離れた山間（一八条一里三二坪）に立地する土生社周辺には、また別の宗教空間が存在した。土生社のすぐ東には寺堂が存在し、また同社の近辺には現在、日吉十禅師社の立地を思わせる「十禅師」という小字名も残っており、土生社周辺にいくつかの寺院や神社が存在したことが分かる。土生社では荘内の寺社で最も多様な宗教行事が実施されており、周辺の寺社とともに極めて宗教色の濃密な空間が存在した。土生社と木津道場は、いずれも木津荘全体に関わる宗教施設と考えられ、木津荘成立当初はこの北部地域が宗教的中心となっていたに違いない。

日爪地区に相当する地域においても、寺社の立地は散在的である。現況では鎮守の若宮八幡社を中心に集落が形成されるが、中世後期には西福寺・報恩寺を中核とする集落配置になっており、若宮八幡は集落の周縁部に位置する。北谷に存在したと考えられる大谷寺についても、周辺には集落が存在せず、奥深い渓谷に建つ寺院といった感がある(10)。

一方、木津荘南部（一五条以南）では、特に一四条に寺社が密集し、多くは集落に隣接して立地する。荘鎮守土生社が北部に存在するにもかかわらず、中世後期の木津荘の宗教的中心は一三条から一五条の荘域南部にあり、それはさらにいくつかの地域に分けられる。

現在の五十川・岡地区の集落部に相当する地域には、今宮、シヲ神などの神社とともに五十川薬師堂・室堂、白雲室堂など村落名を冠した堂が立地する。このような堂は村落が管理する村堂の可能性が高く、この地域が村落祭祀の場であったことを窺わせる。

また、現在の米井・辻沢地区に相当する地域は、木津荘内で最も寺院密度の高い地域であった。西近江路（現在の国道一六一号線旧道）以西の太山山麓の丘陵地帯には、わずか二〇町余りの地域に極楽寺、観音院、大蔵院、米井寺、広修寺、霊山寺、毘沙門堂、西方寺の寺堂が建ち並んでいた。まさに「聖地」とでも呼ぶべき景観であり、近隣の住民や街道を行き交う旅人達に領主山門の宗教的権威を強く印象づけたことだろう。この地域の寺社の負田を総合するとざっと一〇町を超え、なかでも斜面の一番奥に立地する米井寺は、先述の通り木津荘でも有数の領主であった。その米井寺の膝下に大小様々な寺院が建ち並ぶ宗教空間、かつての米井・辻沢の地をこのように位置付けることもできよう。

そして、現在の田井・森・霜降・山形などの地区に相当する一四条四里から五里、及びその南の一三条三里から四里の一帯にも多数の寺社が存在した。このうち貞隆寺、慈尊寺、成願寺、西方寺などは、いずれも検注帳段階で負田を一町以上所有しており、かなりの勢力を持つ寺院であった。これら以外はいずれも小規模な寺社で、集落近くに立地しており、村落レベルの信仰を集める宗教施設であった可能性が高い。また、集落の周縁には、野神や道祖神などの境界を象徴する宗教施設が設置されていた。

この他、この地域内には「針江庵」「石津庵室」などの庵も存在していた（立地場所は不明である）。隣の比叡本荘内に鎮座する日吉二宮神社の神田等を書き上げた、宝徳三年（一四五一）一一月二六日の日付を持つ二宮神田帳[11]には、「庵室之聖」との表現が見える。木津荘の庵にも聖と呼ばれる民間の宗教者が住み、近隣の住民への教化を行っていたのだろう。

(3) 信仰の様相

ここでは、まず応永年間に確認できる神社の検討から始めよう。

土　生　現在木津地区の小字阿波ケ谷に鎮座する波爾布神社は、もと土生大明神と称し、『高島郡誌』によれば旧饗庭村の鎮守である。(12) 土生社の負田自体は、他の寺社と比べて特に多いというわけではない。しかし、検注帳の頭注に見える土生社関係の免田や各種法会の料足田などは、合計で一町余り設定されており、荘鎮守土生社に対する山門の保護の手厚さを窺い知ることができる。

栗　毛　検注帳一七条二里一一・一七・一八坪の頭注には、「栗毛南」「栗毛辰巳」「栗毛東」との坪地名が付されている。現在、一七条二里一二坪とその北隣一八条三里七坪にかけて、木津地区の鎮守である健速神社が鎮座する。『高島郡誌』によると、健速神社は近世まで祇園社あるいは栗毛牛頭天王と称された。ここから、中世末期にも同地に栗毛牛頭天王が存在したことが判明し、また検注帳頭注に「栗毛免」が二反見えることから、応永年間にはすでに栗毛社が存在したことが分かる。

若宮・塩竃　日爪・岡地区の鎮守社である若宮八幡社は、社伝では正平年間（一三四六〜七〇）の勧請とされる。引田帳・検注帳には「若宮如法」「日爪若宮」の負田が見え、少なくとも応永年間には日爪地区に若宮八幡社は存在した。現在の若宮八幡社の境内は一六条三里一・二坪に相当するものの、引田帳・検注帳の該当箇所には特に関連する記載はない。ところが、東側の一六条三里八坪の項に、引田帳は「若宮免」二反を、検注帳は「若宮免田」一反六〇歩を記載する。木津荘では寺社の近隣に免田が設定される事例が確認でき、若宮八幡社の免田も同社の近くに設定されたと見られる。若宮八幡は、応永年間にも現在の位置に鎮座していたのであろう。なお現在、若宮八幡社の境内には塩竃神社が摂社として祀られる。検注帳一六条三里三一坪の頭注坪地名には「シヲ神西三丁メ川ヨリ南」とあり、聞き取り調査によると、一六条四里一三・一四坪に相当する地域にはことが分かる。

「ショウガミ」という通称地名が残っている。ここから、中世には塩竈神社が岡地区の集落付近に立地していた

今宮・白雲天神

検注帳の一五条三里二一坪の頭注には「今宮立」とある。同坪は現在の五十川・米井・辻沢・田井地区の鎮守大国主神社付近に相当し、社伝によれば大国主神社は明治初期まで今宮山王と称した。検注帳に見える今宮は、大国主神社と考えるのが妥当だろう。両帳から判明する今宮の負田はそれほど多くないが、免田は三反を越える規模で設定されていた。なお現在、大国主神社の摂社に白雲天神社がある。聞き取り調査によると、白雲天神社の旧社地は、一五条三里二五坪（現況の小字馬上免通称中ノ町一帯）に相当する。検注帳一五条三里三一坪の頭注には、「白雲東」との地名が見えることから、この旧社地は中世以来のものと考えられる。引田帳・検注帳には、「白雲郷」「白雲室堂」「白雲湯田」と見え、中世後期には白雲郷と呼ばれる村落が存在しており、白雲天神社はこの白雲郷の鎮守だったのだろう。

五処宮

引田帳・検注帳の頭注には「五処宮免」「五所免」などと見える。五処宮の負田は両帳には見えず、免田が設定されるのみであった。現在、米井地区にあるサンマイの辺りは「御所ノ森」（ゴショノモリ）と呼ばれ、この五処宮との関連も想定できるが、詳細は不明である。

道祖神

検注帳の一四条四里一三坪には、貞隆寺と道祖神の屋敷が見える。現在、この場所には森地区の村社である森神社が鎮座する。慶応四年（一八六八）四月の神祇事務局達に基づき、大津裁判役所・大溝寺社奉行所へと提出された「神社御調ニ付キ書上ノ事」[13]には、「森神社　式内社　神号　道祖神」とあり、森神社がかつて道祖神と呼ばれたことが分かる。

石津十禅師

引田帳・検注帳の一四条五里九坪には石津寺が見える。現在、同坪には針江地区の鎮守である日吉神社が建っている。その棟札には、「石津十禅師宮天正元年（一五七三）癸酉二月大吉日御宝前十剣内

重康」とあり、中世末期の段階で日吉神社が石津十禅師宮と呼ばれていたことが分かる。『高島郡誌』が記載する伝承によると、石津寺の鎮守石津権現が石津十禅師と改められた。これによると日吉神社の前身は石津寺ということになる。(14)

夷

検注帳一三条三里三三坪の頭注には「夷立」が記載され、夷社が立地したことが分かる。現在同坪には山形地区の鎮守西宮神社が立地する。西宮神社は、前掲の二宮神田帳に「山形ノ西宮」と見え、室町期にはすでに山形地区内に存在したことが分かる。現在、西宮神社の周囲には、「蛭子（エビス）」「蛭子前（エビスマエ）」などの地名が残っている。また定林坊田畠帳（後述）にも「エヒス前」という地名が見え、これらの地名は少なくとも戦国期から使用されている。西宮神社は、かつての夷社の後継神社と考えるのが妥当だろう。

さて以上、中世後期に確認できる神社について検討してきた。その結果、旧木津荘域に相当する各地区の鎮守の大半が、中世後期の段階で既に存在することが明らかになった（針江地区の小池集落、霜降地区、山形地区が氏子となっている日吉二宮神社も中世後期には存在する）。また、現在の地区名とおなじ地名を冠する村落も、そのほとんどが中世後期に確認されている。(15) これらの事実から、今日の氏子圏は中世後期の氏子圏の枠組みをほぼ受け継いでいると考えられる。現在、旧木津荘域には地区の鎮守と波爾布神社、二重の氏子圏が形成されている。そのような枠組みの母胎は、すでに中世後期の段階で成立していたのである。

次に木津荘内で行われた様々な宗教行事を見てみよう。(16) 荘内で最も多様な宗教行事を行ったことが確認できるのは、荘鎮守の土生社である。両帳には「土生法花講田」「土生如法（経）田」「土生彼岸田」「土生大般若田」「土生鐘槌田」などが見える。「土生如法田」「土生如法経田」から同社で如法経が行われたことが分かり、(17) また「土生大般若田」は同社における大般若経の書写、転読の実施を示す。「土生神楽田」「土牛彼岸田」「土生法花講田」からは神楽、彼岸会、法華八講などの存在が知られ、「土生鐘槌田」「土生湯田」は、同社に寺院や風呂が付属していたことを窺わせる。引田帳・検注帳に見る限り、土生社ほど多様な仏神事を行っている寺社はなく、土生社が木津荘の宗教的な中核であったことは明らかである。

土生社のように一つの寺社で様々な仏神事が行われていたことが判明するケースは稀だが、荘内の他の寺社でもそれぞれ多様な仏神事が実施されていた。「大谷如法田」「若宮如法」「今宮如法経田」の記載から、大谷寺、若宮八幡社、今宮においても如法経が実施されたことが分かる。また「大谷護摩堂」とあることから、大谷寺には護摩堂が付属しており、加持祈禱が行われる密教的な色彩の濃い寺院であったことが窺い知られる。「今宮夏田」「西福寺安居田」「五十川室堂夏田」「大師寺施餓鬼田」からは、夏安居に関わる各種法会や施餓鬼会の実施が分かり、「今宮行田」「石津寺八講田」「西福寺八講田」などの記載を見ると、これらの寺社における修正会・法華八講などの仏事の存在が知られる。さらに、検注帳には「今宮馬場免」「道祖神立免三反　馬場加定」が見え、両社における流鏑馬神事の存在も想定できる。荘民に対する施行の意味も持つ風呂は、小森阿弥陀寺に設置されていたことが確認され、その風呂に関連する「湯田」は、五十川室堂、米井下寺、慈尊寺、土生社などに設定されていた(18)。

ここで見た多種多様な宗教行事の実施及び宗教施設の設置は、神仏に護られているという精神的安定を荘民達にもたらしたことだろう。領主の山門もまた、荘園支配の円滑化のために、免田等の設定というバックアップを行った。各種宗教行事の遂行は、荘民達の信仰心をさらに高め、宗教領主である山門の権威を上昇させる役割も果たしたことだろう。

最後に、木津荘の枠組みを超えた信仰圏について触れておきたい。検注帳の一三条四里四坪の頭注には、「二宮八講免小」との記載がある。この「二宮」とは、木津荘の東隣にある比叡本荘の鎮守、日吉二宮神社のことを指す。荘域外の神社で実施される法会の免田を領主山門が認定しており、その背後に荘域を超えた信仰圏の広がりを想定できる。

これについて、前掲の二宮神田帳には、日吉二宮神社の神田とその寄進主、及び二宮の供米とその施入主、供米の用途が順に書き上げられている。注目すべきは供米の用途の項で、そこには「八石五斗　大谷寺八講米」「八石五斗　清水寺八講米」とある。これは、日吉二宮神社の供米が、比叡本荘の荘域外にある大谷寺と清水寺の八講（法華八講）に用いられたことを示している。

なぜ、荘域外寺院の法会用途を二宮社の供米から捻出せねばならなかったのか。荘域を越えた信仰圏（宗教圏）の広がりを想定しなければ解けない疑問である。ここで注意したいのは、日吉二宮神社・大谷寺・清水寺の存在した地域が、後世のいわゆる「饗庭荘」の範囲とほぼ重なる点である。先述の通り旧饗庭荘は、土生社の氏子圏という共通の信仰圏を持つ。近世饗庭荘は、中世後期に存在したこのような広域にわたる信仰圏を土台にして成立したのだろう。

(4)宗教景観の変容

さて、ここまで引田帳と検注帳の分析を中心に、中世後期の宗教景観について見てきた。次に、負田所有者の移転を示すために付された検注帳の追記部分を主な素材として、宗教景観の「その後」を考察したい。「はじめに」でも述べたように、検注帳は少なくとも中世末（戦国時代）の一六世紀前半までは確実に使用されていた。追記部分から中世末期の宗教景観を復元し、前段階からの変化を見ることとする。[19]

再び表1を見て頂きたい。表1の「検注帳追記」の項は、検注帳に見える寺社の負田のその後を追跡してまとめたものであり、これは検注帳が最終的に使用されていた中世末期における寺社の負田所有状況を示す。まず一覧して、ほとんどの寺院で負田の所有数が減少し、全体でも約二〇町の負田が減少したことが分かる。これには、新たに台頭した勢力による田地集積や、環境の変化による耕作地自体の減少など、様々な理由が考えられる。

次に、著しくその田数を減少させた寺院について触れておきたい。所有する負田を全て失った寺院は、宗秀院、白雲室堂、観音堂、五十川薬師堂、光明寺、永興庵、不退寺、光林寺、禅林寺、妙師寺、実相寺、聚慶庵、南光院などである。このうち、検注帳では九反余りあった宗秀院の負田のほとんどは、「加昇」という人物に集積されている。検注帳追記部分にのみ見えること、また普済寺の田地も集積していることなどから、検注帳作成以後に木津荘内で勢力を伸ばした人物であろう。全般的には、引田帳作成当初には負田を所有せず、その後、検注帳作成までに急速に負田を集積して台頭した寺社の多くが、負田を喪失する傾向にある。ここから、応永年間の負田集積バブルの中で成長した寺院の没落を見て取ることができる。

負田のうち五〇％以上を喪失した寺院は、清水寺、木津道場、成願寺、円通寺、妙雲庵、法喜庵、阿弥陀寺、西方寺、観音院などである。特に目を引くのは、清水寺の凋落である。引田帳・検注帳を通じて三町以上もの田地を所有していたにもかかわらず、八〇％以上の負田を喪失している。さらに喪失した負田の大半は、おそらく一四七七年と考えられる「丁酉」以降、宝山寺という寺院に所有が移転している。清水寺の跡地を利用した可能性のある清水山城郭群は、応仁年間（一四六七〜六九）以降整備されたと考えられており、検注帳追記に見える清水寺の負田減少は、この清水山城郭群の整備とリンクする一連の出来事とも考えられる。

また、検注帳では四町以上もの負田を持つ西方寺も、ほとんどの負田を失っている。西方寺の負田の移転先には特に傾向は見られない。但し、所有権移転の年は、「申」「午」など干支ではなく一二支のものが多く、検注帳作成以後さほど時間を経過しない時期に負田を喪失したことが分かる。引田帳作成以後、急速に負田を集積した西方寺は、その没落もまた速かったのである。

森成願寺は、検注帳段階では三町二反余りの田地を所有していた。しかし、追記によれば二町四反余りの負田を喪失している。これら負田の大半は、「巳」「未」「申」など、検注帳作成以後それほど経過していない時期に所有が移転しており、またそれらは「安居田」「神楽田」「八講田」「如法経田」などに充てられている。検注帳で請人の箇所に人名ではなく「料所」と記載された負田もまた、この「安居田」などに充てられている。料所とは、比叡山全体の仏事等の財源に充てられる田地のことを指し[20]、森成願寺の田地がこれらの田地と同じ用途に充てられている以上、検注帳作成以後、森成願寺の田地の多くは領主比叡山に没収され、比叡山全体の仏神事の料足に充てられたと考えるのが妥当であろう。

このように応永年間以降、その勢力を縮小させる寺社が多かった一方で、米井寺、大谷寺、慈尊寺の、検注帳における負田所有数上位三寺院は、それぞれ負田を減らしつつも、その大半を維持したまま中世末期に至っている。また、検注帳作成以後に台頭した寺社もいくつか見られる。例えば、「庚寅」に西方寺や円通寺の負田を集積した玉泉院や、「丁酉」に西方寺の負田や他の請人の負田を集積した長泉寺などである。

なかでも一際目立つのは宝山寺である。玉泉院や長泉寺の集積した負田はどれも一町未満であるのに対し、宝山寺は清水寺の負田を中心に、三町以上の負田を集積している。宝山寺の寺名は引田帳・検注帳を通して見られず、検注帳の追記の部分にのみ見られる。ここから、検注帳作成以後に負田を集積して、急速に台頭した寺院だったことが分かる。天文二年（一五三三）一二月一六日付けの六角義賢奉行人連署奉書[21]には、「五十川、白雲、米内、辻沢、田井、岡内宝山寺大工所」とある。宝山寺修理のために、田地が六つの郷内に設定されていたことが分かる。当時の宝山寺の勢力の大きさを窺い知ることができよう。

さて以上で検討したように、検注帳作成以後、清水寺や西方寺のようにかつては隆盛を誇りつつも没落する寺院が存在する一方で、宝山寺のように新たに台頭する寺院も荘内には存在した。総じて見ると、米井寺、大谷寺などのように、若干規模を縮小させつつも中世末期まで存続したものが多く、木津荘の宗教景観の大枠は、中世末期まで維持されていたと考えられる。

このような状況を一変させたのが、元亀年間の兵乱であろう。元亀二年（一五七一）、織田信長は山門を焼き討ちにし、近江国内の天台宗寺院も多く焼かれた。この兵乱は、木津荘内にも及んだと伝えられる。

これについて、元亀の兵乱ののち、定林坊が所領の安堵を求めて作成したとされる、饗庭定林坊引分并家中田畠帳[22]（以下「定林坊田畠帳」）には、岡地区の覚伝寺や霜降地区の正伝寺など、現在も存在する寺院の名が見える。一方、引田帳や検注帳に見える寺院で確認されるのは、大師寺や霊山寺などごくわずかで[23]、大半はこの史料が初見の寺院である。

このような状況に加えて、次のような事実も存在する。まず、かつては荘内で最も寺院の密度が高かった米井では、すでに近世前期の段階で多くの寺院が衰退している（後述）。また、引田帳・検注帳に見えた寺院のほとんどは現存せず、現在の旧木津荘域には天台宗寺院は一つしかない。

以上から、元亀年間の兵乱を契機に、木津荘内の寺院の多くが没落し、宗教景観は大きく変容していったと考えられるのである[24]。

二　近世の宗教景観——米井の地を素材に——

本節では、前節で検討した宗教景観が、近世以降どのように変容したかについて考察する。旧木津荘域に関わる近世以降の文書は、現在も各地区の区有文書として少なからず残存しており、それらの文書を用いることで近世以降の宗教景観をより豊かに描くことが可能である[25]。従って、本来ならば各地区の近世文書を全面的に検討すべきであるが、ここでは一つの事例研究として、中世後期に木津荘内でも最も濃密な宗教空間であった、現在の米井地区に相当する地域を素材に、近世以降の変容を展望したい。

米井地区は、木津荘の南部、高島郡条里一四条二里から三里に相当する。地区の西側には、天道山を頂点として太山と呼ばれる山があり、地区の大半がこの太山山麓のなだらかな傾斜地に当たる。地区の中を西近江路（現国道一六一号線旧道）が南北に縦断しており、先述のように中世後期にはこの西近江路以西の緩斜面、わずか二〇町余りの地域に、木津荘最大の寺院米井寺を筆頭として複数の寺院が建ち並んでいた。検注帳追記の検討によれば、この地に存在した寺院は、ある程度の減少は見られるものの、中世末期においても依然として多くの負田を所有しており、景観にさほど変化はなかったと考えられる。

しかし、木津の地を襲った元亀年間の兵乱の際に、（伝承によれば）米井寺もまた焼き討ちにあい、米井の地は大きな被害を被った模様である。元亀の兵乱直後に作成された定林坊田畠帳には、定林坊勢力下の寺院として大師寺、円光院、春香院などが見え、このうち大師寺以外はいずれもこの帳簿が初見である。米井の地を襲った兵乱は、米井寺以外の寺院にも影響を与え、少なからざる寺院が没落し、米井の地は大きく変化したのである。

ところで現在、米井地区には区有文書として、元禄三年（一六九〇）三月作成の米井村古絵図（以下「古絵図」）が保管されている（写真１）[26]。この古絵図には、当時の大まかな耕地の利用状況などの他に、寺院も描かれており、近世の米井村の景観を復元する上で貴重な情報を得ることができる。ところが、古絵図については、『新旭町誌』が若干言及しているものの、全面的な検討は未だなされていない。そこでまず、古絵図利用の前提作業として、描かれた内容の検討を行い、作成意図なども含めて古絵図の性格を確定し、そののち描かれた景観を復元して、当時の宗教景観を考察することとする。

⑴古絵図の性格

絵図の中央上部には三つの山が描かれる。中央の山には「御公儀御小物成山」と書かれ、中腹部に「奥院」、山

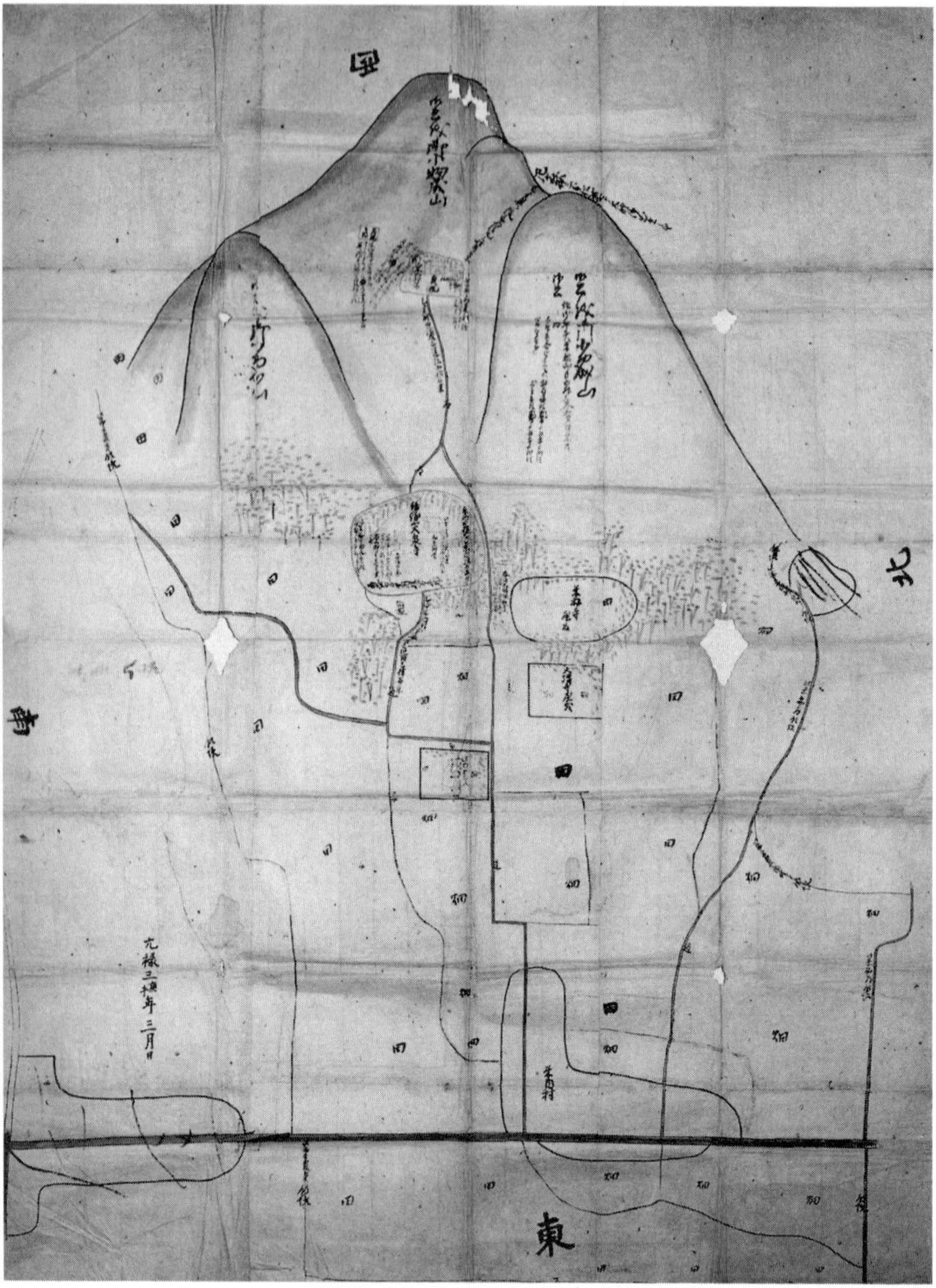

写真1　元禄3年米井村古絵図(『明治の村絵図』より転載)

麓に「大泉寺」が描かれている。左右の山にも同様に「御公儀御小物成山」と記される。このうち向かって右の山には、年貢に関する詳細な記述が施され、その記述の上には一旦「御公」と書いて抹消した跡がある。山頂部には「厄ケ嶽三本松此所ニテ大師御出生之由」とあり、この山が厄ケ嶽と呼ばれ、その三本松という場所で元三大師良源が生まれたことが分かる。現在も米井の地が元三大師良源生誕の地であるという伝承が存在しており、古絵図によって近世前期の段階における同様の伝承の存在を確認できる。

この絵図では、道は赤線、他領との境は黒線で（一部、道が境界となる場合には赤線で）描かれる。また、絵図左下の西近江路沿いや「北」と書かれた部分のすぐ左には、線で抹消された黒線の囲みがある。この囲みは、それぞれ旧辻沢村の集落と旧上野村の集落に相当する（抹消の理由については後述）。次に個別の記載を見ていこう。

大泉寺　絵図の中央部分に描かれるのは、結縁山大泉寺である。大泉寺は、現在も太山の麓に存在する米井地区唯一の寺院である。地元では、康保二年（九六五）に比叡山再興の祖、元三大師良源が誕生の地縁をもって開基し、良源の産湯を大泉寺の井戸で汲んだという故事にちなんで、大泉寺という寺号がつけられたと伝える。(27)

大泉寺の敷地は赤線で囲まれている。東西二五間余（うち一〇間余は平地）、南北一七間余（うち一八間余は平地）の広さがあり、この敷地内にかつて元三大師良源の屋敷があったと記載されている。敷地右側に描かれている粗末な建物は、「元三大師堂」と呼ばれており、大泉寺の本堂であった。その大きさは「三尺ニ四尺」で、葭の屋根を持ち、葭で囲まれていた。敷地左側、元三大師堂から七間余りの場所に、宝塔らしき石塔が描かれる。古絵図の注記によると、これは元三大師の母親の墓で、高さは五尺余り、「胴石」の四方に仏らしき彫付がある。(28)

奥　院　奥院は、中央の山の中腹に描かれ、南北二間四尺・東西四間の敷地が赤線で囲まれる。注記によれば、奥院から「大師御屋敷」、すなわち大泉寺本堂までは五〇間余りの距離があった。奥院の簡素な建物の中には、高さ二尺余りの石塔が見える。聞き取り調査では、天道山の中に一〇体の石造物が存在するとの情報が得られており、あるいはこの石塔と関係するかもしれない。別の部分の注記には、「但、出産石之上ニ凮キ石御座候」とある。どうやら奥院には、良源の出産石と伝える石が存在したようである（この石の上で良源が生まれたということであろうか）。奥院の左側、一〇間ばかり行った場所に、「産湯之池」として赤線で囲まれた部分がある。広さは二間四方ばかりで、注記には「今ハうまり申候、併水ハ少宛に」とある。絵図作成の段階ではほとんど埋まっており、わずかに水が湧いていたようである。

春日大明神

大泉寺の敷地と米井寺の屋敷との間に、春日大明神の祠が描かれている。この祠は三尺四方で、葭屋根・葭囲いであった。聞き取り調査では、かつて大泉寺の境内に春日神社があったとの情報が得られた。それは、この春日大明神の祠のことであろう。

米井寺・大増寺

大泉寺の右下には、「米井寺屋敷」と「大増寺屋敷」が記載されている。米井寺屋敷は、黒線で囲まれ、その周りを藪が取り囲み、敷地内には田地がある。また大増寺屋敷は、同じく黒線で囲まれ、西側に藪が描かれ、敷地内には畑があった。大増寺とは、検注帳に見える「大蔵院」のことであろう。近世前期の段階にも、なお米井寺・大蔵院が存在したことが分かる。先の大泉寺と異なり、この二つの寺院に関しては、特に詳しい注記等は施されていない。

その他

大泉寺の東、大増寺屋敷の東南に黒線で囲まれた土地がある。注記には「此内……」とあるが、磨耗のため内容を判読できない。古絵図の記載によれば、北よりの土地が「畑」、南よりの土地が「田」として利用されている。古絵図では、黒線で囲まれた部分は基本的に屋敷を示していると考えられるが、この部分には屋敷の記載がない。この付近は一四条三里三坪の一帯に相当する。引田帳は同坪に田地・畠以外に広修寺敷地三反を記載し、検注帳は田地の他に屋敷五反余りを記載する。現況では、小字胡珍海道（コチンカイドウ）に相当し、聞き取り調査では、通称御殿（ゴテン）や土取場（ツットリバ）と呼ばれる、周囲よりも高い土地が存在したことが確認されている（後掲図3参照）。以上から、かつて広修寺屋敷などの存在した区画が、古絵図作成当時には田地や畑として利用されていたと考えられる。

さて、以上の検討をもとに、古絵図の性格を規定したい。まず、米井村の集落や隣接する村との境界線に関しては、必要最低限の記載しかされておらず、上野村・辻沢村の集落は一旦書かれた後で抹消されている。よってこの絵図は、他領との堺相論などに際して、村境や集落の位置を示すために作成されたものではない。

また、絵図の中央に大泉寺及び奥院が描かれ、これらは赤線で囲まれて、詳細な注釈が施されている。一方、同じく寺院である米井寺・大増寺については、敷地を黒線で囲んだだけの極めて簡素な描き方しかされていない。つまり、この絵図では大泉寺が強調して描かれているのである。

更に、向かって右の山には「厄ケ嶽三本松此所ニテ大師御出生之由」との注釈が施されていること、良源の産湯を汲んだ池もまた赤線で囲まれていること、大泉寺は良源の屋敷跡に立地するとの注記や、良源母の墓と伝えられる石塔などが記載されている事実を考え合わせれば、ここ米井の地で元三大師良源が生まれたという伝承（信仰）を背景に、古絵図が描かれたのは明白である。

一方、良源に関する注記が記されない米井寺や大増寺は、古絵図作成当時の人々に、良源とは関係のない寺院と認識されたことが分かる。元禄三年の古絵図は、良源は米井の地で生まれたという元三大師信仰を背景に、米井の地に建つ良源ゆかりの寺院、大泉寺の位置・現状等を示すことを主眼として作成されたのである。

では、この古絵図は、誰が、一体何の目的で、誰に提出したのか。『新旭町誌』は、元禄七年（一六九四）七月一八日、越前鞠山藩主が大泉寺の本堂・庫裏を再建し、毎年四石八斗の供米を寄付して寺の維持に努めたという伝承を載せ、この絵図は鞠山藩に提出されたとする。(29)

『高島郡誌』もまた類似した伝承を取り上げている。元亀の兵乱により大泉寺が焼亡した際、本尊は行方不明になっていたが、天正二年（一五七四）正月、米井村民の夢に良源が現れ、本尊の所在を示した。この奇瑞を聞き米井の地がその旧地であることを知った、米井領主の鞠山藩主は、元禄七年七月、新たに本堂・厨子・台所を建立し、毎年供米一石六斗を寄進した。その後、良源の父母の墓堂や良源産湯池の石垣が酒井氏の臣下により再建されるなど、江戸時代を通じて大泉寺と酒井氏は深いつながりを持っていた。しかし、廃藩置県により酒井氏との関係が断絶したため、大泉寺は無檀無縁となった（聞き取り調査で、大泉寺には檀家がないとの情報が得られたのは、このような事情によるのであろう）。

『新旭町誌』と『高島郡誌』の記述には相違点があるものの、元禄七年に越前鞠山藩主によって大泉寺の本堂などが建設されたという点では一致する。古絵図作成の年代から考えても、この伝承には真実味があり、古絵図は鞠山藩主に提出されたとする『新旭町誌』の推定は妥当だろう。

それでは、古絵図を提出した目的は何か。古絵図では元三大師信仰を背景に大泉寺を強調して描いていること、また絵図作成からほどなく大泉寺再建が実現したことなどから、古絵図は大泉寺の復興を目的として作成されたと考えられる。

最後に、この古絵図を作成し提出した主体は誰か。断言はできないが、古絵図が米井地区に伝えられることから、米井村民が作成したものと考える他ない。これについては、辻沢村と上野村の集落が一旦書かれた後に抹消されたことも傍証となる。辻沢村と上野村が絵図作成に関与したのであれば、それぞれの集落を消すはずがないからである。

では、鞠山藩に提出された絵図が、なぜ藩側ではなく現地に残されたのか。これに関しては、例えば向かって右の山に記載された「御公」や上野村・辻沢村の集落が一旦書かれてから抹消されていることから、この古絵図は提出用絵図の下書き、もしくは、一旦作成されたが修正版の絵図が作成されたため、控えとして現地に残されたものと考える。

近世前期、元三大師ゆかりの寺院大泉寺の衰微は甚だしかった。そこで、良源出生の地を自負する米井村民は、領主酒井氏に自分達の精神的拠り所である大泉寺の再建を陳情するため、元三大師信仰を前面に押し出した元禄三年の米井村古絵図を作成した。村民達の願いを込めた絵図は領主の心を動かし、元禄七年、大泉寺の再建は実現したのである。

⑵古絵図に描かれた景観

それでは、絵図に描かれた景観を復元していこう。これについては、金田章裕氏の先行研究があるので、それを検討する作業も同時に進めたい[30]。金田論文に掲載される明治六年の地籍図のトレース図を転載したものが図２、聞き取り調査によって作成された米井地区の現況図が図３である[31]。

まず、古絵図に描かれた道を現況と対照する作業から始めよう。古絵図中「米内村」の少し南にある道を、以下「道ア」とする。道アは集落を西へ向って抜け、一旦南へ左折して少し進んだ後、再び西へと進み、四角の線に囲まれた畑の北西角で二つに分かれる。この内、南に折れた道はそのまま辻沢との境に向かっていき、西へと進む道は大泉寺と米井寺との間を通って山中の奥院へと向う。

道アは図２のＰ―Ｑ―Ｒを通る道に相当し、図３では以下のようになる。すなわち、小字北海道と阿弥陀堂・馬場との小字界を通るニシデ道、そして小字辻・寺海道と小字胡珍海道との字界を通り、通称テラノカイドウと呼ばれる道となって、そのまま辻沢との境へと向う道である。途中本来ならば、小字胡珍海道の北西角（図２・３のＲ）で西へと向う道は、現況では確認できない。

もう一本の道は、絵図中の「米内村」の少し北にある道で、この道を「道イ」とする。道イは穏やかなカーブ

図2　明治6年の地籍図に見える土地利用(金田論文より転載)

を描いて北西の方向に延び、山の麓でなくなっており、図2ではちょうど北端の線に相当し、図3では通称キタデ川沿いに西に進み、小字辻・溜ノ下と小字宮尻との字界沿いを進み、天道山の麓に至る道がこれに当たる。

次に各寺院の場所比定を行う。先述の通り、絵図には大泉寺・米井寺・大増寺が記載される。金田氏は、図2のアが米井寺、ウが大増寺にそれぞれ相当するとし、これは図3では小字寺海道と辻に相当する。しかし、古絵図では、道アが南へと大きく曲がる地点よりも北西に、大増寺と米井寺が建っているのに対し、金田説の場合にはどちらも曲がり角よりも北東側に建っていたことになり、古絵図

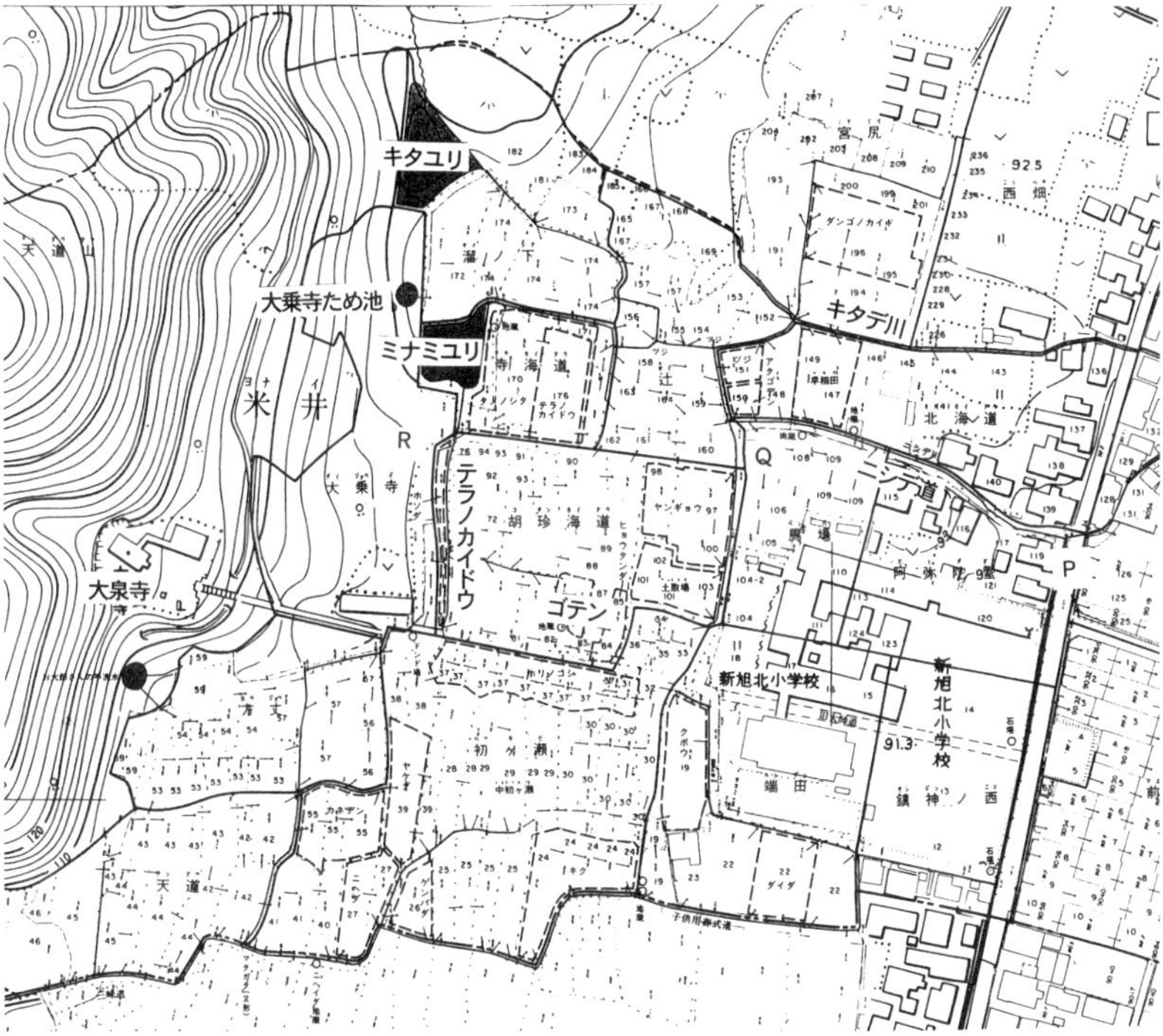

図3　米井地区現況図

の記載と矛盾をきたす。確かに古絵図が当時の寺院の位置を寸分違わず記載しているとは限らないが、図2のウは寺院が立地するにはあまりにも狭すぎる。寺院の場所比定に関する私案は、以下の通りである。

まず、道アの曲がり角との位置関係から考えると、図2のア、図3では小字寺海道と呼ばれる地域に大増寺があり、図2の曲がり角Rの北西の荒地、図3では小字大乗寺の通称「大乗寺ため池」の辺りに米井寺があったと推定する。図2ではよく分からないが、実際の地籍図では曲がり角Rから北西方向に道が延び、南ユリの西の荒地までつながっている。この道は、絵図に描かれる大泉寺奥院へとつながる道であり、その道の行き着く先である荒地こそ米井寺の跡地であろう(32)。先述の通り、この場所は図3では通称

「大乗寺ため池」の近辺に相当し、周囲には林が存在するなど、絵図の表現と矛盾しない。大泉寺との位置関係も、金田説よりも絵図に近いだろう。

ところで、検注帳の一四条二里三四坪には「大蔵院米井寺立免」が見え、その南の同三三坪には「観音院大師寺立免」が見える。一方、先に検討した寺社の場所比定によると、米井寺・大増寺の南に大泉寺が立地している。中世後期に観音院と大師寺が立地した地域に、近世前期には大泉寺が存在したことになり、ここから両者に何らかの連関が想定できる。

大泉寺の寺名は、中世後期の引田帳・検注帳はもとより、中世末期作成の定林坊田畠帳にすら確認できず、この古絵図が初見の史料である。一方、観音院と大師寺は、中世後期には存在し、中世末期にも計一町余りの負田を所有しており、健在であった。また、定林坊田畠帳には「米内大師寺」とあるため、一五七四年まで大師寺が存続したのは確実である。定林坊田畠帳に観音院は見えないが、観音院と大師寺は、検注帳において「観音院大師寺立免」として、敷地が一緒に記載されることからも分かるように、極めて関係の深い寺院であった。以上から、中世末期の時点では観音院・大師寺はともに存在しており、大泉寺は中世末期以降に新たに登場したと考えられる。

ここで想起したいのは、大泉寺の本尊は観音菩薩であり、また創建は比叡山中興の祖の元三大師良源と伝えられることである。観音と良源の関係については、応仁三年（一四六九）に著された「慈恵大師伝」に良源の母が観音に祈願したところ良源を授かったため、幼名を「観音」としたとのエピソードが収められており、室町時代にはすでに、良源は観音の申し子との伝承が存在したことが分かる。ここから観音信仰と元三大師信仰の結び付きを読みとることが可能で、良源開基とされる大泉寺の本尊が観音菩薩であることも、この伝承と関係があるにちがいない。

一方、中世末期まで存在した観音院の寺名は本尊の観音菩薩に由来し、大師寺という寺名は元三大師良源にちなんだものであろう。とすれば、大泉寺が観音院と大師寺の後継寺院である可能性は極めて高い。すなわち中世後期、米井の地には観音院と大師寺が隣接して建っていた。この両者が良源信仰と観音信仰の結びつきを背景に中世末以降に融合した結果、近世前期には大泉寺として絵図に見えるようになったと考えられるのである。

さて以上では、元禄三年の古絵図を素材に、近世前期の米井地区における宗教的な景観や元三大師信仰の存在、観音院・大師寺と大泉寺との系譜関係などについて見てきた。中世後期には寺院が建ち並ぶ宗教空間であった米井の地は、規模を縮小させつつ中世末期に至った。寺院のいくつかは（おそらく元亀の兵乱を最大の要因に）中世末期以降廃絶し、近世前期にはわずかに大泉寺・大蔵院・米井寺のみが立地する状況であった。また残存した三つの寺院の衰微も著しく、かつては木津荘最大の寺院であった、米井寺の敷地ですら田地として利用される有り様であった。中世後期に木津荘随一の宗教空間として栄えた米井の地は、大きく変容したのである。

そして、元禄の古絵図作成から下ること約二〇〇年、地租改正に際し作成された明治六年の地籍図には、大泉寺以外の寺院は全く見えず、古絵図で米井寺・大増寺が描かれた地域は、荒地や田地となっている。近世前期に何とかその命脈を保っていた両寺も、元禄以降に完全に消滅した。両寺の寺跡からは礎石すら発見されておらず、木津荘一の勢力を誇った米井寺と（その子院と考えられる）大増寺（大蔵院）は、米井の地の衰退とともに歴史上から姿を消したのである。

一方、米井村民の訴えにより、領主酒井氏によって再興された大泉寺は、江戸時代を通じて酒井氏の保護を受け続け、近代に至った。大泉寺は、中世後期に存在した大師寺と観音院の系譜を引く。荘内における両寺の規模は中程度で、米井寺や大谷寺などには及びもしなかった。近世前期以降、米井寺・大蔵院と大泉寺との命運を決したのは、酒井氏による保護の有無であった。そして、その原動力となったのは、元三大師信仰を持つ米井村の村民達の想いであった。

ここ米井において寺社の存続に必要なのは、負田や免田などに代表される財力などではなかった。いかに民衆の信仰を集めるか、いかに民衆の日々の生活に根を下ろすか。米井寺、大谷寺などかつて木津荘域に勢力を誇った寺院消滅の背景には、中世最末期における山門の没落とそれにともなう保護の途絶とともに、これらの寺院が民衆の中に根付いていなかったという状況が存在したのであろう。

聞き取りによれば、米井地区では圃場整備の際に多くの石造物が出土し、その大半は大泉寺に集められたそうである。現在も境内にひっそりとたたずむこれらの石造物は、大泉寺とともにかつての聖地米井の名残り、逝きし世の面影を今日に伝えている。

おわりに

本章では、中世後期の引田帳・検注帳に見える寺社の検討を中心に、木津荘の宗教景観を考察した。中世後期の木津荘には、米井寺を筆頭に大谷寺・慈尊寺・西方寺など多くの寺院が存在したが、いずれも今日まで存続していない。現存する寺院が確認できるのは、中世末期以降であり、中世末から近世にかけて、当地の宗教景観に大きな変化が訪れた。

山門領の木津荘には、数多くの寺院などが存在し、その多くが山門系であったと考えられる。しかし現在、旧木津荘域の寺院のほとんどは、浄土真宗あるいは曹洞宗などのいわゆる「新仏教」系の寺院であり、山門の系譜を引く天台宗系寺院は、米井地区の大泉寺のみである。荘園領主としての山門の没落は、木津荘の宗教景観にも大きな転換をもたらしたと言えよう。

院政期に立荘されて以来、山門による木津荘支配は四〇〇年以上に及んだ。しかし、山門は木津荘民を物理的に支配することはできたかもしれないが、大泉寺を唯一の例外として、結局その心までを捉えることはできなかったのではなかろうか。山門は、荘内の寺社で様々な法会などを行い、荘民達の精神的な求心力を獲得しようとしたが、結局それは失敗したのである。米井における元三大師信仰のような、それぞれの土地と密着した信仰を他に作り出すことができなかった点に、領主としての山門の限界を見るのである。

一方、中世後期に確認される神社の氏子圏とほぼ同一のものが、今日も残っている。中世木津荘の宗教景観はどのようなもので、何が変わり、何が変わらなかったのか。本稿は、この疑問を解明するための最初の一歩である。今後近世文書の検討等を含めて、より理解を深めていく必要がある。

（1）木津荘の沿革については、本書第二章を参照されたい。
（2）福田徹『近世新田とその源流』（古今書院、一九八六年）第一・二章。
（3）引田帳及び検注帳自体に関する検討は、本書第四章・第五章・終章を参照されたい。
（4）例えば、検注帳一四条三里二三坪の記載によれば、この坪に存在する田地のうち一反は「松寿」という人物の負田であった。そして、追記には辛丑、丁酉、辛亥、丙辰の各年に負田の所有者が移ったことが記載される。検注帳が作成された応永二九年（一四二二）の干支は壬寅であるから、辛丑は少なくとも一四八一年となり、以下、丁酉が一五三七年、辛亥が一五五一年、丙辰が一五五六年となる。以上から、検注帳が一六世紀半ばまでは使用されたことが分かる。
（5）検注帳頭注の記載について若干説明しておく。検注帳頭注には「～免」「～立免」「～立」「～募」「～田」などが記載される。これらは負田と区別されており、負田が年貢・公事を負担するのに対し、雑役免など何らかの免除や優遇措置が荘園領主から施されていたと考えられる。その詳細については今後の検討を待たねばならないが、本稿ではひとまず「～免」のように寺社の免田であることが明らかなもの、及び「～法花講田」などのように寺社の料足田であることが明らかであるものを「免田」と表記することとする。なお、引田帳の頭注にも免田が記載されるが、一七条・一八条の部分には頭注自体の記載はないため、全容は不明である。よって、本稿では全体を知ることのできる検注帳の頭注に見える免田のみを集計し、引田帳頭注の免田については必要な場合に本文中で適宜触れることとする。

(6) 検注帳作成以後、報恩寺は場所を移転し、現在は五十川地区に立地する。

(7) 『高島郡誌』は、清水寺跡を城郭にあらためたものが清水山城であるとする。また現在清水山の山頂に存在する清水山城の主郭は、清水寺の遺構を利用したとの説もあるが、詳細は不明である。なお、近江国木津荘調査団・新旭町教育委員会編『近江国木津荘現況調査報告書Ⅰ』(二〇〇二年)所収「Ⅰ―3 位置と環境」(横井川博之執筆)及び『滋賀県中世城郭分布調査8 高島郡の城』(滋賀県教育委員会、一九九一年、のち、都道府県別日本の中世城館調査報告書集成一四『近畿地方の中世城館3 滋賀3』所収、東洋書林、二〇〇二年)も参照されたい。

(8) 例えば、『日本民俗大辞典』の「野神」項(二〇〇〇年、吉川弘文館)。

(9) 木津荘における村落の存在形態に関しては、第七章を参照されたい。

(10) 引田帳・検注帳には、年貢等の徴収台帳という性格から田地の存在しない坪は記載されないため、大谷寺の立地場所は不明である。しかし、『高島郡誌』は、検注帳の一六条二里二九・三五坪に大谷寺の免田が見えることから、日爪地区内に存在したとする。例えば一四条二里三三坪に立地する大師寺の免田が同三四・三五・三六坪に存在するように、寺社の免田は、寺社の近くに設定される場合が多い。大谷寺の免田の存在する坪は、現況の小字北谷に相当し、また大谷寺という寺名から谷に存在した寺院と推測できる。以上から、大谷寺は現在の北谷付近の山地に存在したと考えられる。

(11) 饗庭昌威家文書。

(12) 旧饗庭村には、現在の木津・日爪・岡・五十川・米井・辻沢・今市・平井・田井・森・霜降・山県・堀川・針江・深溝の各地区が含まれる。これは近世の「饗庭荘」の枠組みを引き継いだものである。

(13) 森区有文書(『新旭町誌』五二五・六頁)。

(14) 近江国木津荘調査団・新旭町教育委員会編『近江国木津荘現況調査報告書Ⅱ』(二〇〇三年)二四〇頁所収の第二六図「針江の家並み 昭和5年ごろ」(海東武弘・田中三五郎・足立捨松調べ)の日吉神社の境内には石津寺が見える。おそらく前近代には神仏習合により一体化していた石津寺と石津十禅師が、近代以降神仏分離によって石津寺と日吉神社に分けられたのであろう。

(15) 本書第八章を参照されたい。

(16) 村落と宗教施設の関係などについては、本書終章を参照されたい。

(17) 天台系地方寺社を拠点とした如法経信仰の広まりは、一五世紀前半をピークとする。特に山門膝下である近江国の荘園では、村人が如法経道場や如法経田畠などを維持管理し、村の年中行事として如法経を営むなど盛んであった。引田帳・検注帳には、土生社の他に、今宮・大谷寺・若宮・道祖神及び森郷の名を冠する如法経田が見え、また木津には如法経道場と見られる木津道場が立地しており、木津荘における如法経信仰の隆盛を窺い知ることができる。如法経専門である木津道場を除けば、土生社の如法経田は突出して面積が大きく、土生社における如法経の重要さが分かる。如法経信仰については、林文理「中世如法経信仰の展開と構造」（寺院史研究会編『中世寺院史研究』上、法蔵館、一九八八年）を参照されたい。なお、本書終章も木津荘における如法経信仰について言及している。

(18)　木津荘内の風呂については、本書終章も参照されたい。

(19)　追記部分の検討方法について説明する。例えば、検注帳作成当初にはAという人物が所有していた負田の項の下に、「辛丑ヨリB」との追記が施されていたとする。これは、検注帳作成後の辛丑年以降、Bという人物に負田の所有権が移転したことを示す。そして、それ以上の追記がないので、Bは中世末期までその田地を所有したと考えられる。また、Cという人物が所有していた負田の追記に、「丁卯ヨリD、丁酉ヨリE」とある場合には、負田の所有がCからD、次いでEへと移転し、中世末期の段階で田地を所有したのはEと考えられる。

(20)　本書第六章を参照されたい。

(21)　饗庭昌威家所蔵文書。

(22)　饗庭昌威家所蔵文書。定林坊田畠帳については、本書第二章を参照されたい。

(23)　「饗庭庄内在之、定林坊家中諸寺庵持」という項目には、定林坊「家中」の諸寺庵として「米内太師寺」や「霊山寺」が見える。

(24)　中世末から近世にかけての変容については、近世文書の調査をふまえて、今後さらに検討する必要がある。

(25)　旧木津荘域各地区の近世文書については、現在、新旭町教育委員会が中心となって調査が進められている。

(26)　『明治の村絵図』（一九八八年、新旭町）には、この古絵図のカラー写真が掲載されている。

(27)　現在の大泉寺は、天台宗比叡山派の末寺で、本尊は如意輪観世音菩薩である（この仏像は良源の自作と伝えられるが、詳しくは不明である）。聞き取り調査によれば、大泉寺には檀家が存在せず、墓も歴代住職のもの以外はない。しかし、米井地区の住民からは、地区の「守護神」的存在として信仰を集めている。

ところで、当地の伝承では良源を米井生まれとするが、良源の伝記として最も成立の早い「慈恵大僧正伝」（長元四年、藤原斉信著）には、「大僧正諱良源、俗姓木津氏、近江国浅井郡人也」とあり、その後に成立した「天台座主記」などの諸史料もこれに従っている（これらの良源関係史料は、『大日本史料』第一編之二一、寛和元年正月三日条に集成されている）。一方、米井を生誕の地とする史料は、伝承の他には元禄三年の古絵図しかなく、積極的史料に乏しい。

ここで注目したいのは、「慈恵大僧正伝」以下の諸史料において、良源の俗姓が木津氏とされる点である。木津氏（木津忌寸）は、大和漢氏の一族で、近江国高島郡木津郷を本拠地とする氏族である（太田亮『姓氏家系大辞典』、姓氏家系大辞典刊行会、一九三四年）。良源が木津氏出身であることから、木津荘内の米井における良源出生伝説が生まれた、とも想定できよう。

真偽はともかく、米井を良源出生の地とする伝承は、近江国に広く分布する元三大師信仰の表れの一つであり、当時の人々の信仰生活を考える上でも非常に興味深い事例である。なお、良源の出生地・出身氏族を含めた事蹟及び元三大師信仰などに関しては、平林盛得『良源』（一九七六年、吉川弘文館）が様々な史料を検討しつつ論じているので参照されたい。

(28) 現在、大泉寺の境内には元三大師母の墓とされるものはなく、代りに父である旧風の墓とされる石塔が存在する。しかし、古絵図に描かれた石塔との関係は不明である。

(29) なお、『新旭町誌』はこの伝承の典拠を明らかにしていないため、直接典拠を確認できなかった。

(30) 金田章裕「近江国高島郡木津荘域の条里プラン――旧湖岸・土地利用復元の一前提――」（琵琶湖歴史環境研究会編『琵琶湖博物館開設準備室研究調査報告2琵琶湖の歴史環境――その変動と生活――』、一九九四年）。

(31) 明治六年（一八七三）四月に作成された米井村地券取調総絵図は、米井区有文書として現在保管されている。なお、米井村総絵図の写真は、注(26)『明治の村絵図』に所収されているので参照されたい。

(32) 「ダイジョウジ」とは、「ダイゾウジ」が転訛した地名ではなかろうか。

第一〇章　環境民俗学からみた木津荘
――とくに水田をめぐる生業複合論的視点から――

岸本誠司

はじめに

環境民俗学は人と環境との有機性、環境をめぐる人と人との関連などに注目し、日本人が自然環境とどのように関わってきたのかを探ることを主たるテーマとしているが、その作業はまず、暮らしや生業と複雑にからむ民俗の生成土壌としての環境構成要素を意識化することから始まる[1]。本章では近江木津荘に比定される各集落の環境民俗学的分析を行うにあたり、『近江木津荘現状調査報告書Ⅰ・Ⅱ』によって明らかにされた荘域の水利・耕地調査の成果を受けて、当地の主要な環境構成要素である「水」「水田」をめぐる民俗を生業複合論的視点から考察することを第一と考えた[2]。

木津荘域は、比良山系を東流する安曇川河口部にひらけた比較的大きな沖積平野の北部に位置しており、荘域西部に広がる饗庭野丘陵地からなだらかに緩傾斜して東部の琵琶湖にいたる。当地の自然環境はわずか数キロの距離でおよそ異なる様相を示している。この山・里・湖の要素が大変近い距離にあるという事実が当地の自然環境のもっとも特徴的なところであり、水田をめぐる民俗に注目してみても環境の違いに適応したさまざまな民俗的な技術や知識が確認できる。

一　環境民俗素描

(1)ふたつの環境認識――カミデとシモデ――

当地では日常会話のなかでカミデ・シモデという言葉がしばしば登場する。カミデとは、木津・日爪・岡・五十川・米井・辻沢・田井など東部丘陵に近い集落をいい、シモデとは森・針江・霜降・山形など琵琶湖に近い低地集落をいう。カミデ・シモデとは土地の高低、すなわち湖からの遠近が基準となる集落や耕地を表現する言葉である。(3)

カミデとシモデの違いを端的にあらわすのが「水」との関わりの度合いである。かつて荘域の耕地の灌漑用水は、①安曇川に設けられた井堰からの灌漑、②比良山系を水源とした小河川からの灌漑、③湧水および①②が湧水によって潤った用水・小河川からの灌漑、④小河川の井関を堰き止めて人為的に逆流湛水させる灌漑、に四分類できる。(4)カミデのムラはおよそ①②の複合型を基本とし、シモデのムラは①②③④の複合型であるが、なかでも③の比重がとくに高く、一部では④のような特徴的な灌漑方法もみられた。ヤマデでは例えば岡地区のようにヒヤケと呼ばれる灌漑用水の不足に悩まされたムラもあり、反対にシモデのムラでは琵琶湖の増水によるミズゴミの被害に遭ってきた。そうした水をめぐる環境と人間の関わりがもっとも集約的に示されるのが水田であった。

(2)生活用水

ヒヤケ、ミズゴミは人間と水との非日常の状態をあらわす言葉であるが、日常に目を向けるときわめて高度な利水・親水の関係が保たれていることがわかる。シモデのムラを歩いてまず驚かされるのは、集落を流れる小河川の水の美しさである。一般的にいって川の水は源流部がもっとも澄み下流にいくほど濁ってくるが、シモデの川のいくつかは下流にいくにつれて清流となりかつ水量の豊かさが増す。これは、安曇川の分流や比良山系を水源とする河川が下流にいくにつれてシモデのあちこちで湧き出る湧水を合流させているからである。

生活用水をめぐる民俗は当地の環境をさぐる指標のひとつである。たとえば針江や深溝では、屋敷近くに竹の筒や鉄管を土中に打ち込み自然に湧いた井戸がいくつもあった。これをイケという。かつては親戚四、五名ほどが集まり、「ドッコンショ、ドッコンショ」とかけ声をかけながら竹を打ち込んでいったので、イケをドッコンショという人もいる。イケのまわりは常にきれいにしておき、汚れ物などを置いたりはせず、もし汚れ物などを置いた場合は必ず塩で清めた。毎年四月上旬、種籾を漬ける前になると集落中の者が出て川掃除をした。川の周辺の草刈りや藻採りを行い、刈った藻は畑の茄子や里芋の根に肥料として施した[5]。

写真1　集落を流れる清流（針江地区）

川の水や湧水を利用する施設として、カバタ（川端）がある。写真2は針江の田中三五郎（大正一〇年生まれ）家のカバタで、屋内につくられていることから、ウチカバタと呼ばれている。ダイドコロの右奥に床面から一尺程度さがったところに一五〇センチ四方、深さ四〇センチほどの水溜めがあり、このうちのおよそ半分が屋内に入る構造となっている。カバタのなかにはコンクリート製の円筒があり、引いてきた水がここに流れ込むようになっている。カバタの奥にはフナズシをつけた桶がいくつか並んでいる。カバタでは、食器洗い・野菜洗い・米とぎ・風呂の水など、洗濯をのぞく家庭の水回りに関わることの一切を行っている。田中三五郎さんはカバタの水は身体のなかをきれいにし健康にするのだといい、毎朝コップ一杯の水を飲むのを習慣としている。イケのなかには、コイが一〇匹ほど飼ってあり、食事の残りや米のとぎ汁を入れてやるときれいに食べてくれる。また、来客などのあるときには、カバタの鯉を振る舞うこともあった。当地では鯉のつくりや鯉のにぎり鮨などがハレの日のごちそうとして喜ばれた料理であった。シモデ集落の人々は、このように日常的に豊かな水の恵みを享受してきたのである。

カミデ集落の熊野本（平井・辻沢・今市の三地区）では、生活用水の利用は、①集落を流れる前川→②鉄管を打ち込んだ掘り抜き井戸→③上水道と変化してきた。前川を利用していた時代は、川沿いの家では向かいの家と共同でカワタ（川端）をつくり、米とぎ・洗濯・風呂の水汲みなどに利用した。飲み水は就寝前か早朝まだ暗いうちに汲んでオクドの脇の水瓶に入れた。夜中には飲料水に適した澄んだ水を汲むことができたのである。雨が降ると川の水が濁って使えないので、瓦屋根の樋からしたたる雨水を受け水瓶に溜め置きしたこともあった。戦前、

写真２　田中三五郎家のウチカバタ

写真３　湧水とカバタ

平井では集落に瓦屋根の家は三軒しかなかったので、草屋根の家では、その三軒から順番に雨水をもらった。当時、つるべ井戸があったのは地主宅一軒だけだった。洗濯のすすぎはカワタでは行わず、水田へ続く「どん川」という溝川で行った。肥桶や死人の着物などもここで洗った。[6] 川は場所・時間を合理的に区別され、使い分けられていたのである。

辻沢の桑原四良（大正一四年生まれ）家では鉄管を四間以上打ち込んだ掘り抜き井戸が親の世代から使われていた。地下水の「筋」がわるいと金気がきつい水が湧き出て飲めないことがあり、桶に砂を入れて鉄分を濾過してから使った家もあった。濾過漕は経一メートルほどの桶に礫と清砂を層にしたもので、北谷川の上流部に祀る山の神の沢あたりの川底から採り、定期的に取り替えた。また、辻沢では川に汚れ物を流さないという区の規約があった。子供が川で小便をしたときなどは、「川の神さんのバチがあたる」といって諌められたものだという。

⑶高床の倉

集落をめぐって目に付いたもののひとつに高床の米倉がある。写真4のように二尺ほど床をあげた構造の倉である。シモデ集落では、高床にする理由をミズゴミの被害から米を守るためだと説明するが、ミズゴミの被害のないカミデ集落でもこのような高床の倉がいくつもあり、カミデでは床を高くすることで米がよく乾燥するのだと説明している。どちらも実用的で納得できる理由である。かつて湖西の滋賀郡志賀町から高島郡今津町にかけては、屋外に種籾を保存する高床の種籾囲いをつくる習慣があった。[7] この種籾囲いの構造はおよそ次の通りである。高さ一・三メートルから一・八メートルほど、四本の柱に板を張ってゴザを敷き、その上に種籾を納め、さらにその上部に藁の屋根をかける。そして四本の杭の上部には鼠除けとして葉先が下に向くようにスギの葉を吊す。こうして種籾を密閉性をもって保存することによって、実用的には鼠の害や害虫から籾を守るわけである。

種籾の保存は、①屋内の梁からつり下げる、②納戸に保管する、③屋外の高床式の穀倉に保存する、などがある。(8)このような種籾囲いを古式の米倉と想定すると、現在の高倉は仮設の種籾囲いが恒常化したとき、その形式を受け継いだものと考えることもできるだろう。また、種籾囲い＝高床の倉は実用性をもちながら、一方では信仰的・象徴的には稲霊の「籠り」の場であったことが当地の田の神祭りからうかがい知れる。以下は針江の田中三五郎家の田の神祭りである。

当家では、毎年一月三〇日と一一月三〇日に田の神を祭った。一一月三〇日の夕方はタナカミ送りといい、砂糖なしの小豆ボタモチと黄粉ボタモチそれぞれ六個ずつを一升枡に入れ、柳の箸二膳、大根二本、御神酒、生き

写真 4　高床の倉（五十川地区）

写真 5　田中三五郎家のタナカミ送りの供え物

たボテジャコやガンゾ（フナの稚魚）をトオシ（箕）に入れて、一斗枡の上に乗せて米倉のなかに供えて祭る。ボテジャコは神祭りが終わると生きているうちに川に放した。一月三〇日朝はタナカミ迎えで、ボテジャコの代わりにゴマメなどの海魚を供えて同様に祭る。山の神は器量のわるい女性神で、タナカミは男前の男性神であるといわれる。その昔、山の神が田の神に求婚したところ、田の神は「そんなめんどくさい（器量の悪い）ものはようもらわん」と断ったが、「求婚を受けないのなら、もう水田に水をやらん」と迫られ、しぶしぶ結婚して夫婦神になったという。——

秋に送られた田の神が春に迎えられるまでの時間が穀霊の「籠もり」の期間である。ここには密閉性の強い高床の倉のなかに稲霊を籠めることによってその力を増強しようとした意図がうかがえる。また、右の伝承にはタノカミの周期的去来、穀霊的性格など注目するべき点が多い。とくに山の神と田の神の夫婦神の関係が、山の神が差配する「水」をキーワードとして語られている点は興味深い。山とは水田にとって欠くことの出来ない水を生み出す母源的空間であるため、山の神が差配する力をもち、田の神に対して優位性を発揮することができるのだろう。秋の田の神祭りにおいては、意識的にボテジャコやガンゾといった淡水魚が神饌のひとつとされている点も、当地の水田漁撈の実体を踏まえると興味深い伝承である。

(4)鯰祭りの両義性

木津地区の二つ石・筑摩田など、当地には社寺と琵琶湖の関係を示す伝説がいくつか伝えられているが、そのひとつを以下にとりあげてみよう(9)。木津荘域の南隣りに位置するシモデ集落の藁園地区には鎮守社として藁園神社が鎮座する。藁園神社の春の例祭は俗に「鯰祭り」と呼ばれており、次のような由来譚が伝えられている。

①南郷洗堰が完成するまでは、数年に一度は琵琶湖の水が増水しミズゴミになることがあった。その昔、大変な

ミズゴミがあった。藁園神社の社殿の床上一尺ばかりまで浸水し、いよいよ社殿が流されそうになったとき、大鯰がやってきて社殿を支えて救ってくれた。したがって、毎年五月一三日に行われる藁園神社の大祭は鯰に感謝して俗に「鯰祭り」と呼んでいる（藁園・大江ちえさん・大正一四年生まれ）。

②正保三年（一六四六）一月以来、降雪が非常に少なく、例年よりは温暖な冬であったが、苗代その他裏作物に害虫が異常発生したため、農民は困窮の余り時の神主に頼んで、三日間害虫駆除の祈願をしたところ、不思議にも諸所になまずが群れをなして来り、害虫を捕り食い尽くしたという。農民は歓喜の余り祭典を行い、神前に舞楽を奉納したという(10)。

③正元元年（一二五九）五月二日から連日降雨があった。そのうえ、毎日のように地震があって、ついに大洪水となり、五月一三日寅の日には、神殿の床の上に一尺余り浸水するに至った。このとき、神殿の床上に一尾の大鯰が現れた。その大きさ五尺余り重さ二〇貫くらいあった。時の神主はたいへん驚いて、持っていた杖で一撃を加えたところ、その鯰はその場で死んでしまった。すると不思議や、連日降り続いていた大雨はたちまちやんで快晴となった。そこでこの大鯰を字六石丸の地中に埋めた。すると、しばしば起こっていた地震もすっかりやんでしまった。神主は踊り上がって喜び、うれしさの余り舞いを舞った。このことから、毎年若狭の国遠敷から能楽師を招いて、神前に翁の舞いを奉納することにした(11)。

①②はミズゴミに瀕した社殿を大鯰が救ったという話、③はその反対に大鯰を打ち殺すことによってミズゴミが引き、また地震もおさまったとする話となっている。さて、この伝説を読解する前に、当地の鯰の生態と民俗についてもう少し触れておこう。以下は大江ちえさんの伝承と体験による。

鯰は六月頃の降雨で水かさが増した夜に琵琶湖から用水路を経て水田に入ってくる。この時期、水路にモウジを仕掛けておくと何匹も鯰が入ることがあった。モウジに入る鯰は必ず二匹はおり、それは雄雌の場合が多かった。また、内湖にたくさんの柴を沈めて人工の漁礁をつくり、これを網で囲って魚を獲るタメ漁が行われており、鯰やフナ、コイなどの淡水魚を獲った。ときおりタメ漁でオオナマズ（ビワコオオナマズ）が獲れることがあり、そんなときは「地震や、地震が入っとる」といったものだ。鯰はぶつ切りにして、蒲焼きにしたり、醤油と砂糖で煮付けて食べた。かつて鯰は梅雨時期のごちそうとして大変喜ばれたものだ。

別節で詳しく述べるが、琵琶湖沿岸ではかつて五、六月期の増水時に多くの魚が琵琶湖から用水路を経て水田に溯上した。鯰もそうした魚の一つであった。右の伝承によると、鯰は水田にあがってくる魚のなかでもよく獲られ、かつ美味とされた魚のひとつであることがわかる。

鯰祭りの由来譚の相反する内容の伝承は、当地の人々のミズゴミに対する両義的な感覚があらわれたものとみることができる。すなわち、ミズゴミにという現象は田畑や建物に被害をもたらす恐怖というマイナス要素である一方、ミズゴミ時には増水に乗って水田や小河川に溯上する多くの魚類を容易に獲得することができる、という経験に裏打ちされるプラス要素である。したがって、琵琶湖の主たるオオナマズが打ち殺される由来譚は水への恐怖というミズゴミのマイナス要素が表面化した伝説で、反対にオオナマズが社殿を救う由来譚は魚類獲得の期待というプラス要素が表面化したもので、オオナマズが魚類獲得という幸の象徴となってあらわれているのである。琵琶湖最大の淡水魚であるビワコオオナマズはムラ人の水に対する意識を象徴するのにふさわしい魚であった。

二　木津荘域の水田をめぐる生業複合

近年、民俗学の分野では、稲作や稲作をともなう低湿地農業の研究が深まりつつある[12]。安室知氏は、日本における稲作・米の執着は、公とは別の次元で日本人が民のレベルで主体的に稲を選択していった理由があるとし、その理由を稲作のもつ生計維持上の潜在力にあるとした。稲作の潜在力とは、「水田用水系」という水田用水を制御する空間で行われるさまざまな生業を稲作の論理のなかに「内部化」する総合力である。水田漁撈・畦畔栽培・裏作・狩猟・採集といった、市場経済ではとるに足らない生業が稲作の論理のなかに取り込まれる。民のレベルでの稲作の魅力とは、こうした稲作がもつ潜在力であるとする。一方、菅豊氏は低湿地や水辺における生活は水害や農業の低生産性という観点だけで否定的に評価できないもので、低湿地や水辺の多様な環境と資源を活かした複合的な生業活動はきわめて高度な生計維持活動であったことを指摘している。

本稿でもこのような研究の流れを受けて、以下に木津荘域の中心とした環境と生業複合の実際を眺めながら諸問題を検討してゆくことにしたい。

(1)ウミと水田

①湖畔の開拓と稲作

近世期に入ると日本各地で幕藩領主、有力農民、町民などの手による水辺環境の大規模開発がはじまり、これと平行して在地農民の手による小規模開発が行われてきた。当地では高度経済成長期以降に内湖や湖畔の大規模な開拓が進められたが、それ以前は地元農民の手による零細的な開拓が断続的に行われてきた。湖畔近くにはヨシ地を開拓した水田がいくつもあり、これをカイデン(開田)といった。開田は湖畔に面する水田のクル(畦)に湖の泥やヨシやマコモなど植物の堆積物を鋤簾で掻きあげて長い年月をかけて拡大してつくられたものである。津田内湖に接する近江八幡市北津田では湖畔を開拓した水田をシンデン(新田)といい、毎年ゴミと称する内湖湖底の堆積物を水田に投下して田床を安定させていた。[13] 針江では湖岸を開拓した強湿田をタイラともいい、耕すと馬糞のようなマコボの根が出てくるのでマグソシンデンともいわれた。[14] ここでいうタイラとは、ヨシやマコボその他の水生植物の堆積層を意味する言葉であろう。

輪中地帯ではこうした堆積物をタワラと呼んでいる。岐阜県大垣市浅草に住む橋本幸英さん（大正一〇年生まれ）は「堀田の耕土の下には、タワラっちゅう黄いない土があって、これはかつてヨシやマコモが堆積・腐敗してできた層でな、これがある田は肥料が少なくていい米が穫れたもんだ」と語り、タワラはどの堀田でも一様にあるのではなく、水田一枚一枚によってその深さや厚みが違った。橋本幸英さんは、「いい田とは、軽い田のことだ」と語る。「軽い田」とはタワラ層が多い水田のことで、タワラは泥や砂地の耕土よりも軽く、有機質を多く含んでいるというのである。(15) こうした水辺を開拓した水田は、冠水の被害さえ免れれば、有機質を多く含んだ耕土によって上田並の収穫ができた。

針江や深溝などシモデの低湿地では、畝田といい低湿地の水田に畝をつくって耕地を高くして稲を栽培するという溝渠農法もみられた。これは幅一間の耕地のうちの四尺分を掘り下げ、その土を残りの六尺分に盛って畝を作り稲を栽培するというもので、作付面積は三分の二になるが冠水さえ免れれば大変収穫の多い田もあった。

こうした溝渠農法は、新潟県蒲原平野のホリアゲ（堀上）、ウネタ（畝田）、ウキタ（浮田）、石川県福野潟のウネタ（畝田）、静岡県沼津市浮島沼のシンオコシ（新起こし）、利根川中流域のホリアゲタ（堀上田）、カキアゲタ（掻上田）ウキタ（浮田）、岐阜県木曽三川の輪中地帯に広がるホリタ（堀田）など、近年まで全国の低湿地帯でかなり広く行われてきた稲作技術であり、この技術の存在は歴史的には少なくとも一四世紀中葉までさかのぼることができる。(16)

耕地拡大を願う農民の稲への志向性がこうした小規模な開発技術を支えたのであるが、右のような開拓水田は人間が水辺を完全にコントロールした結果によって得た完全な陸地ではなく、陸と湖の両属的な水辺環境が維持されていたところに特徴がある。それが稲作と、以下でとりあげるような他の生業との複合経営を可能にしていたといえる。

周囲の山々と平地を集水域とする琵琶湖からの水の流出は、瀬田川のみに頼らなければならない。瀬田川の排水力が劣る時、琵琶湖は一種の湖口閉塞を起こし、琵琶湖周辺集落に増水・冠水の被害をたびたび招く。そうした諸問題に対処するため明治三八年に旧南郷洗堰が完成したが、この堰が完成した後も被害はくり返された。新南郷洗堰は昭和三二年着工、三八年に竣工したが、その前後にも大きな水害が起きている。

②逆流湛水と稲作

琵琶湖周辺では、梅雨期や台風期に琵琶湖の水位が上がり、水田や耕地が冠水する現象をミズゴミと呼んでいる。ミズゴミは梅雨期の豪雨・長雨によるものと、台風シーズンの豪雨によって起きる現象である。例えば近江八幡市北津田の辻清一郎さん（大正三年生まれ）は次のような体験を語る。[17]

くり返すミズゴミによって苗がワタカに食われるため、田植えをやり直さなければならなかった。第一回目の植え直しの苗は自家で用意しておいたオンボ苗（予備苗）でまかない、第二回目の植え直しに際しては、実行組合を通じて岐阜県・京都府などの田植えの遅い地域から苗を分けてもらうことがあった。そして三回目に植え直しが必要になるようなときは、どこを探しても苗はないため、稗の苗を植えたという。梅雨期のワタカは手づかみや釣りで獲り、ナレズシにして盆の御馳走にしたという。

梅雨期の田植え直後のミズゴミは冠水による稲苗の害と、逆流によって遡上するワタカの苗に対する食害があった。当地でも梅雨期のミズゴミに関する伝承はあるが、筆者調査の限りではワタカの食害も認められるものの田植えをやり直すほどではなかったようであり、むしろ台風シーズンのミズゴミの方がより鮮明に記憶されている。台風シーズンのミズゴミは結穂した稲が冠水するので被害がより大きいためである。何日たっても水が引かないときは、冠水した稲を舟の上から長い竹の先に鎌を付けて刈り、浮いてくる稲を舟の上に引き上げて収穫することさえあった。こうした稲刈りを舟刈り（針江）、水田《みずた》刈り（深溝）、舟田刈り（藁園）といった。冠水時間が長いほど米の等級が下がり、発芽した稲は「芽切り米」といって売り物にならなかった。ときには稲が全滅することがあり、こうした状態をカイム（皆無）といった。

針江の美濃部政夫さん（大正一三年生まれ）は、かつては一町五反歩の水田を所有していたが、昭和二八年前後にミズゴミによるカイムが続いたことによって、六反歩の水田を売却し、ナイト製六馬力のエンジン付きの舟を購入し漁をはじめた。美濃部さんは筆者に「毎年のように水がこんで、あほらしてやっとれんなったんや」と当時の心境を語ってくれたが、水田の一部を手放してまで始めた生業が鑑札を受けた漁撈活動であった点は興味深い。シモデの集落では「米」も「魚」も生計を維持するための生業として等価値であったことがわかる。

表1は、針江の田中三五郎さんが伝える昭和一〇年から二〇年代の針江地区の生業暦である。以下、この表にもとづきながら針江の生業複合の一端を見てゆこう。まず、水田で行われる漁撈に注目したい。

③水田漁撈

水田漁撈は琵琶湖に近い水田ほど盛んに行われた生業であり、その頻度はカミデよりシモデで高くなる。水田で行われた漁撈にはモジ・オウギ・ツケシバの三種の方法があり、獲得された魚種はニゴロブナ・マブナ・ギンブナ・ドジョウ・ナマズ・ギギ・ハヤ・ジャコなどである。これらの多くが「サツキの頃」と表現される六、七月の増水時に琵琶湖から用水路を経て水田に侵入してくるのである。

モジ

竹製の筌で漁撈対象によって大小数種類がある。ドジョウ獲りを目的とした小型のモジをドジョウモジという。田中三五郎さんは「菜種の花盛りにドジョウがあがる」という自然暦を語る。田中家では、水田裏作にその乾湿状況によって、「乾田・麦」―「湿田・菜種」を栽培したが、溯上したドジョウはその菜種畑の畝間に敷いた藁の下に潜って産卵するという。ノボリのドジョウを獲るには、モジの筌口を下流にむけて用水路やオトシ（排水側の水口）に仕掛ける。その後、畝をくずし菜種畑を稲作田に転換して田植えを行うが、その期間ドジョウは水田の土の中で孵化し成長する。成長したドジョウは夏の土用頃に水田から用水路へとくだりはじめ

表1　水田をめぐる生業暦(針江地区・昭和10～30年代)

区分	生業	対象・用途(1月～12月)	生業空間	専門性
採取	水藻	肥料	湖岸	—
採取	マコモ	肥料	湖岸	—
採取	ヨシ	屋根材・生活資材／肥料	湖岸	—
狩猟	流しモチ	ハジロ	湖面[キシ]	○
狩猟	トラバサミ	マガモ・ガン	水田	○
狩猟	霞網	マガモ・ガン	水田・湖岸	◎
狩猟	鉄砲	マガモ・ガン・ハジロ	水田・湖岸	◎
漁撈	カワエリ		針江川	◎
漁撈	オイサデ	アユ／モロコ／ハヤ	湖面[キシ]	◎
漁撈	コイト網		湖面[キシ・オク]	◎
漁撈	モンドリ		針江川・湖面[キシ]	◎
漁撈	釣	ハヤ	小河川	○
漁撈	ノゾキ	ナマズ・ライギョ	内湖・湖面[キシ]	○
漁撈	オウギ	フナ・ナマズ	水田	—
漁撈	ツケシバ	フナ・コイ・ナマズ[内湖]／ドジョウ・ジャコ ハヤ・ドマン[水田]	水田・内湖	○
漁撈	ミスクイ	ドジョウ・モロコ ハヤ・ジャコ	灌漑水路	—
漁撈	手づかみ	フナ・コイ	湖岸	—
漁撈	タニシ拾い	タニシ	水田	—
漁撈	ジョリン		湖低[キシ]	—
漁撈	モジ	ドジョウ[ノボリ]／フナ・コイ・ナマズ[サツキ]／ドジョウ[クダリ]	水田・水路	—
農業	菜種		水田[裏作]	—
農業	麦		水田[裏作]	—
農業	稲		水田	—

る。クダリのドジョウを獲るには、夏土用の頃にモジの筌口を水田側にむけて設置する。モジには大小さまざまなドジョウが入るが、一度金フルイの上にあげて、小さいものは水路に放した。この頃同じく、水田で産卵したフナの子が湖にくだりはじめる。フナの子の総称をガンゾといい、網や筌の目にかからないほどの小型の魚をメタレという。クダリの筌漁では、ときにはガンゾやメタレも獲れ、一度煮てから乾燥させ、ダシや鶏の餌にした。湖岸や内湖、小河川で行われる筌漁は鑑札を持った漁業従事者がやや大型のモジを用いて行ったが、比較的多くの人々が自分の所有する水田や灌漑水路で行った漁法である。

オウギ

六～七月にかけて、夜間に水田に入ったフナやナマズを松明で照らし、オウギという竹製の筒状をした漁具で上からかぶせ、上部の穴から手づかみで取り上げる漁法である。田植えの終わった水田を荒らすことになるというので、昭和初め頃から次第に行わなくなっていった。

ツケシバ・タメ

藁園ではタメといって、内湖の比較的水深の浅いところに柴を沈めて魚礁とし、冬季に沈めた柴の周囲を網で囲って中に入った魚を獲る漁法であるが、田中三五郎さんによると森地区や堀川地区では水田に簡易のタメを作っていたという。水田の一坪ほどを内側に掘り込み、さらに底の泥を深さ三尺程度掘りあげて図1のような空間をつくる。ここに柳などの柴を何束も入れて魚礁とし、年末に水の出入口を閉じて水をかき出し、なかに入った魚を獲ったという。獲れる魚はジャコをはじめドマン・ムツ・ハヤ・ドジョウなどであった。これは、適当な内湖をもたない集落で冬季に魚を獲得するための興味深い漁法である。

ミスクイ

藤蔓や細木で経二尺ほどの半円の枠を作り、これに網をつけ、中央に長い柄をつけた漁具を用いて、冬季に用水路の草のなかをしごくように探り、潜んでいるフナ・コイ・ナマズなどを獲る漁法である。藁園ではその所作からシゴキアミという。

これら三つは水田・灌漑水路で行われた漁法で、かつてはシモデ集落のほとんどの人が行った。これらの漁法

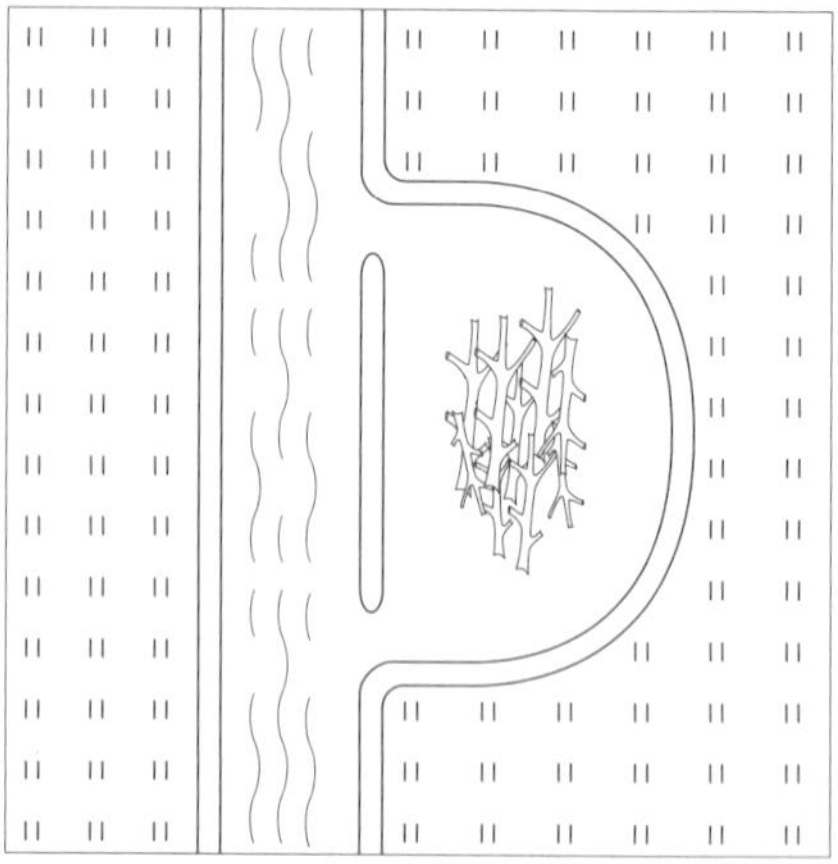

図１　水田につくられたタメ（漬柴）

写真６　ドジョウモジとモンドリを持つ田中三五郎さん

は、比較的単純な構造の漁具を用い、高度な漁撈技術を必要としないという特徴を持っており、人々によって季節や魚の生態活動に応じた漁法がとられていた。このような自家消費が目的の漁撈を総称することばとして、サカナツカミという表現が用いられている。魚類獲得になんらかの道具を用いていても「魚をつかむ」という直接的な身体性もって表現されるところに、水田漁撈の生業としての特徴がよくあらわれている。

④水生植物の利用

針江地区では湖岸に自生するマコモをマコボと称し、昭和二〇年代までは毎年これを刈って水田の肥料とした。字西浦のフケは大正六年に内務省から払い下げられた地で、以来針江地区の共有地となっており、ここに多くのマコボが自生していた。毎年六月一〇日の時の記念日がマコボ刈りの口明けで、正午の鐘を合図に一斉にマコボを刈った。これ以降マコボ刈りが解禁され、翌日からはいくら刈ってもよかったが、あまりよいものは残っていなかった。[18] 刈ったマコボを水田の肥料にする方法には二通りあった。ひとつは裏作に麦や菜種を栽培しない一毛作田の場合で、一番草を取った後、正条に植えられた苗の株間にマコボを入れ、さらに川藻を入れて素足で踏みこんだ。川藻はオトコモ（セキショウモ）とオナゴモ（バイカモ）であるが、オナゴモの方がよい肥料になるといわれた。これらの藻は針江大川の下流部のフケ（低湿地）に多くあり、手鎌などを用いて容易に採ることができた。いまひとつは裏作に麦・菜種を栽培した水田に施肥する方法で、これは麦・菜種の収穫後に畝間に入れて水田に転換した。裏作田の畝間にはマコボの他にやわらかいヨシや藁を入れた。川藻を入れることはなかった。

湖南から湖東の沿岸地域にかけては、浅瀬や内湖に自生する藻や泥が水田の肥料とされ、船上から行った藻採りや泥（ゴミともいう）掻きに大きな労力を費やしたことが知られているが[19]、当地ではこのような藻や泥の採取・利用は確認できなかった。これは、利用に適した堆積物の有無や水生植物の植生分布状況が影響しているもので、湖南・湖東沿岸部の卓越する藻・泥利用に対して、当地では湖底堆積物が欠落する代わりにマコモを利用するという民俗が確認できる。筆者の調査および管見のかぎりではマコモの水田肥料の利用は湖南・湖東ではあまり行われておらず、マコモ利用は湖と水田をつなぐ当地の民俗の特徴のひとつとされるものであろう。また利用された藻の種類に関してみても、湖南・湖東では主にクロモが利用されたのに対して、当地ではセキショウモとバイカモの二種であるという相違点がある。セキショウモ・バイカモは当地ではカワモと称されるように小河川下流部の低湿地に繁殖する種で、波風の強い湖北湖岸にはその分布は少ない。湖南のクロモに代わる水生植物として使用されているのである。

水田稲作の持続性は、豆糟・ニシン・化成肥料といった金肥になるべく頼ることなく、周囲の自然環境から適当な有機質を水田に投下する農民たちの努力によって保たれてきたのであるが、シモデの水田では湖とのつながりを密とすることによって維持されてきたのである。

⑤狩　猟

狩猟も低湿地をめぐる生業のひとつとして見逃せないものである。以下は針江の田中三五郎さんの体験と伝承による。戦前、針江では鑑札を受けて狩猟を行っていたのは二～三人で昭和二〇年代には五、六人の猟師がいた。[20]戦前までは猟銃の規制もゆるやかで、鑑札の有無にかかわらず比較的多くの人間が自家消費目的の狩猟を行ってきた。田中三五郎さんは鉄砲猟を今津町貫川に住む義兄から教わったのだという。当地の狩猟対象獣はマガモ・ガン・ハジロなどの水鳥で、猟法には鉄砲猟・霞網・罠猟（トラバサミ）・流しモチなどがあった。

鉄砲猟

鉄砲猟はマズミ撃ちといって、夕暮れから水田に積まれた稲藁のニュウの陰などに身を潜めて、水鳥が飛来して来るのを待って行われる。最初に飛来するのはチャンチャンという鳴き声が特徴のタカベであるが、これは小型であるため撃たない。マガモが飛来するのは夕暮れ遅くになってからで、ときには何十羽と編隊を組んで飛来してくる。飛来するマガモの羽音に耳を澄ませ、竿でたたけるほどの距離まで充分に引きつけてから、引き金を引く。雌をカモ、雄をアオクビといい、植物性の餌を常食するアオクビの方がうまいとされる。当地ではふるくから水鳥を贈答品とする習慣があった。マガモの場合は雌雄のつがいをひとつとして送るが、マガモより一回り小型のハジロの場合は三羽をひとつとした。ハジロのことをサンバモンというのは、ここに由来している。

霞　網

霞網は、湖岸近くの湖のなかや水田に張った。水田に張る霞網は、かかった水鳥をキツネが食ってしまうため、ニュウに隠れて夜番をしなければならなかった。

流しモチ

流しモチはハジロガモを獲るときの猟である。山から採ってきたフジバイという細い蔓にトリモチをつけ、これを波の強い日に湖面に浮かべて漂わせておく。小魚やシジミを捕食するため湖岸の近くに寄ってきたハジロガモがこれにひっついて身動きができなくなったところを舟で近づいて捕まえるという猟である。

罠　猟　夜行性のカモは夜間に水田などで落ち穂を食べる。事前に足跡の形や数を確かめておき、予測をつけて水田のなかにトラバサミを仕掛ける。仕掛けたトラバサミの上に泥などを被せ、周囲に籾をまいておく。これも罠の近くに潜んで見ておかないとせっかく掛かった獲物をキツネに横取りされてしまうことがある。田中三五郎さんはトラバサミを使ったことはないが、かつてムラにひとりこれが上手な者がいた。猟期、日暮れになると羅紗の黒マントを着て、なかにトラバサミをもって周囲を歩いていたという。

その他　カイラン（カイツブリ）は葦原の比較的目に付きやすい場所に営巣している。少年時代には産卵期の五～七月になるとカイランの卵を一、二個残してとり、ゆで卵などにして食べたりもした。

(2)ヤマと水田――饗庭野入会とホトロの利用――

新旭町の後背山地である饗庭野は、幕藩時代を通じて付近村落の入会地だった。饗庭野は総反別一〇六七町六反九畝の広さをもち、なだらかな傾斜の広い原野に、カヤ・ススキ・ササが生え、ところどころに赤松の叢林がある。饗庭野は熊野山饗庭野といい、鳥羽院から山門に寄付されてから、天正年間に饗庭荘へ下ろされたといわれ、饗庭・新儀・三谷・広瀬の五カ村が元禄期以前から入会に入っていたという。明治初期になると、各村による割山が行われ部落有林として惣有的な形態を維持しつつ、薪炭材・採草地として利用されてきた。その後、明治二二年に旧陸軍の演習地として買収され、戦後は米軍の接収するところとなり、昭和三〇年に自衛隊専用の演習地として現在にいたっている。饗庭野はこのように軍用地として買収された経緯をもっている一方、旧来の入会権は未だ存続している。これは明治以降、国が旧来の入会権を解体・排除の方向ですすめてきた事実があるにもかかわらず、国有地に入会権が存在するきわめて特異な例として注目されている(21)。

新旭町の各ムラにとって、饗庭野は日々の燃料を確保し、田畑の肥料となる山草やホトロの採取場所として重要な意味をもっていた。以下は、辻沢に住む桑原四良さん（大正一五年生まれ）による饗庭野利用の伝承である。

饗庭野へは昭和三〇年頃まで、毎年ホトロ刈りに通った。ホトロとは新芽更新したホソ（コナラ）の幼木のことである。通称ミゾタニ・コジキ・マツオ・シロミダニなどにはホソの叢林があり、父親の代まではカミデのムラを中心としてホトロ刈りに出かけたと聞いている。昭和以降は漸次減少し、最後までホトロ刈りに入ったのは辻沢地区と今市地区の農家だった。毎年五月一二日は大国主神社の例祭があり翌一三日が御宴だった。「祭りがすんだらジゴクやな」といいあったもので、大国主神社の例祭を境として農作業が一段と激しくなった。ホトロ刈りは五月一五日頃から始まった。毎朝四時に起床し、三〜四人が組になって大八車を押して饗庭野に行った。人の腰くらいまで伸びた適当なホトラをホトラカリカマ（木鎌）で刈り、藁のスガイを二つでくくったものを一束としてまとめた。大八車に一台分およそ一五束を午前中いっぱいの仕事として帰宅した。ときには急な斜面をくだるため、大八車の舵取りには男性がつき、女性は車の後部につけた縄を持って車速を抑える役目をした。午後の作業はゲゲナ（レンゲ）刈りや田打ちなどであった。刈ってきたホトロはニュウにして藁屋根を被せて屋外に保存しておく。「昨日うちでは何束のホトロを刈った」とか「昨日はホトロのニュウをいくつつくった」という話題がよくのぼった。ホトロ刈りはこの季節の厳しい労働の代表であり、ホトロをよく刈ったことが自慢にもなったという。

さて、ホトロの耕地への投下は水田裏作と密接に関係してくる。すなわちホトロは水田裏作に麦・菜種を栽培した耕地に投下されることになる。図2はホトロの耕地投下への手順を示したものである。

辻沢では、ホトロは水田裏作として麦や菜種を栽培した畝間に施されるものであり、その面積としては水田全体の三割にも満たない。乾田のうち裏作を行わない田にはゲゲナを播いた。ゲゲナは一一月、稲刈り前の水田に

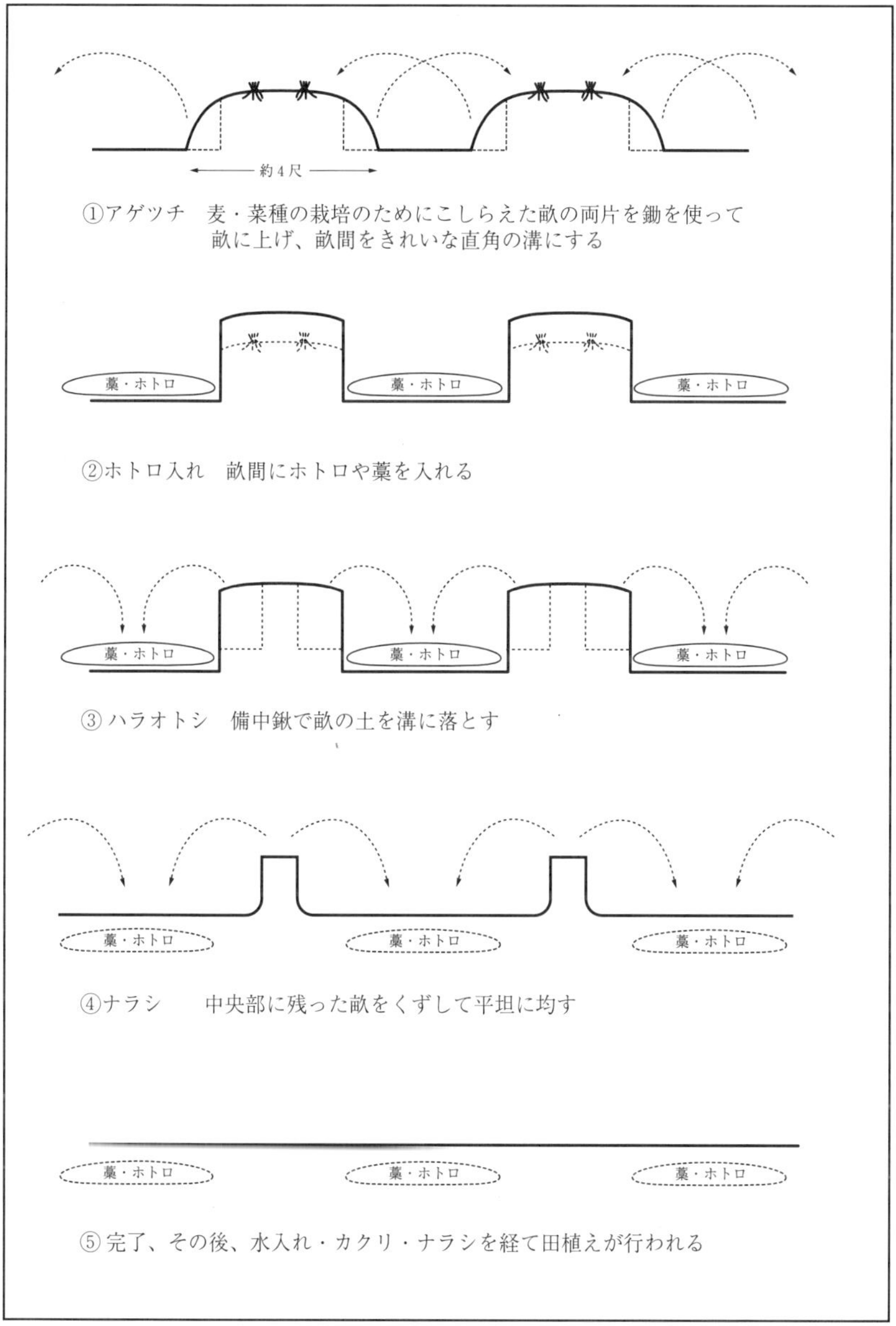
約4尺
①アゲツチ　麦・菜種の栽培のためにこしらえた畝の両片を鋤を使って畝に上げ、畝間をきれいな直角の溝にする
藁・ホトロ
②ホトロ入れ　畝間にホトロや藁を入れる
③ハラオトシ　備中鍬で畝の土を溝に落とす
④ナラシ　中央部に残った畝をくずして平坦に均す
⑤完了、その後、水入れ・カクリ・ナラシを経て田植えが行われる

図2　水田裏作とホトロ

種を蒔き、翌年五月に専用の鎌で刈りとる。家族が水田に並んで二株ずつ打ち、刈ったゲゲナを耕起した溝に散らしていった。一方、湿田の肥料は山草や土手の草だった。湿田にホトロを入れても腐らず、よい肥料にならないという。稲刈り後、二番草を終えてから稲の株間（ダチという）に結種前のやわらかい山草や土手の草を入れた。

筆者が調査した限りでは、昭和初期の段階で饗庭野へのホトロ刈りに入ったのは辻沢・今井などヤマデの一部の集落であった。日爪の三田村孝雄さん（明治四五年生まれ）によると、日爪では後背地に比較的広い山林を有しているため、さらに奥部の饗庭野にホトロ刈りに行く家は少なかったという。当地には共同の草刈り場はなく、かつて饗庭野にホトロ刈りに行ったのは持山を持たない一部の家で、持山を持つ農家は所有する山林からススキ・スゲ・イタドリなどの下草を刈った。これをヤマグサ刈りといい七月に三日ほどかけて行い、刈ったヤマグサを積んで乾燥させておき、翌四月の荒起こしの際に田に入れた。このほか水田に投下する草は耕地周囲の畦畔部分や小河川の河原からも刈った。耕地に地続きに面する畦畔、河原、山の裾部を「地先」といい、地先に生える草は耕作者が刈る権利があった。日爪の耕地はなだらかな棚田状に広がっており、上の水田と下の水田には比較的大きな畦畔ができる。この畦畔部の所有・管理は上部の水田耕作者によるが、草刈りの権利はおよそ畦畔の真ん中で上下の耕作者に分けられた。畦草は四月と七月の二回刈り、これも翌年の荒起こしの際に田に入れた。また、地先の河原にはクヌギ・チシャ・ハンノキを植え、生長すると稲架にして利用し、ときには割木にして売ることもあった。

結局、筆者の現地調査では、昭和一〇年前後において、採草地・薪炭材などの供給源としての饗庭野への依存はヤマデの一部のムラに限られたもので、シモデにいたっては日常的にはほとんど関わりがなかったことがわかった。饗庭野への関わりはおおむね時代がさかのぼるにつれて増すものと思われるが、それは水田の経営規模、所有山林の有無、饗庭野までの距離・交通の便など各集落、各家の諸事情によっても温度差があったようである。

ヤマデの耕地ではホトロや山草を水田に投下するのに対して、シモデの耕地ではヨシ・マコモ・藻・泥などの湖に関わる有機質が投下されるといった違いがみられた。これは、カミデ・シモデの集落が周囲の環境に適応したかたちで耕地の肥料となる資源を選択し、使用してきたことを意味している。シモデの集落はめだった山林を持たないため、日々の燃料をヨシ・藁に対する依存する割合が高かった。針江の場合、山林の多い日爪の山の一区画の伐採権を、毎年数軒が組になって購入し、ここから燃料を調達したという。

(3)肥料利用と環境

当地の調査を進めていくなかで、ひとつ気にかかることがあった。それはカミデ・シモデを問わずおよそ全ての集落で農耕用家畜の飼育が行われていなかったことである。西日本の農耕用家畜の代表は牛であるが、筆者の調査では当地でかつて役牛を飼育していたのは、各集落の地主層のわずか二～三軒にすぎなかった。昭和一〇年頃に有畜農法の奨励によって一般農民層に牛の飼育が普及しはじめるが、それも全ての農家に牛がいたわけではなかった。つまり、当地では水田経営において家畜の役割が欠如しており、それは耕地の地力維持技術や耕作技術に関わってくる問題であった[22]。

高島郡朽木村針畑ではホトラヤマ・カリボシヤマ・オシガイヤマという肥草山があった。ここから刈ったホトラ（コナラの幼木・八月刈）・カリボシ（コナラの幼木・八月刈）・オシガイ（カリヤスという植物・一一月刈）は一旦牛厩に入れられて堆肥とした後、翌年の春に耕地に投下された。肥草→厩→耕地という工程を経ることによって、効果の期待できる肥料が獲得されたのである[23]。

当地のホトロ利用の構造を確認すると、ホトロは牛厩で堆肥にされることなく、調達後それほど時間をおかずに水田裏作に麦・菜種を栽培した耕地に投下された。裏作田にだけホトロが入れられたのは、裏作のために深

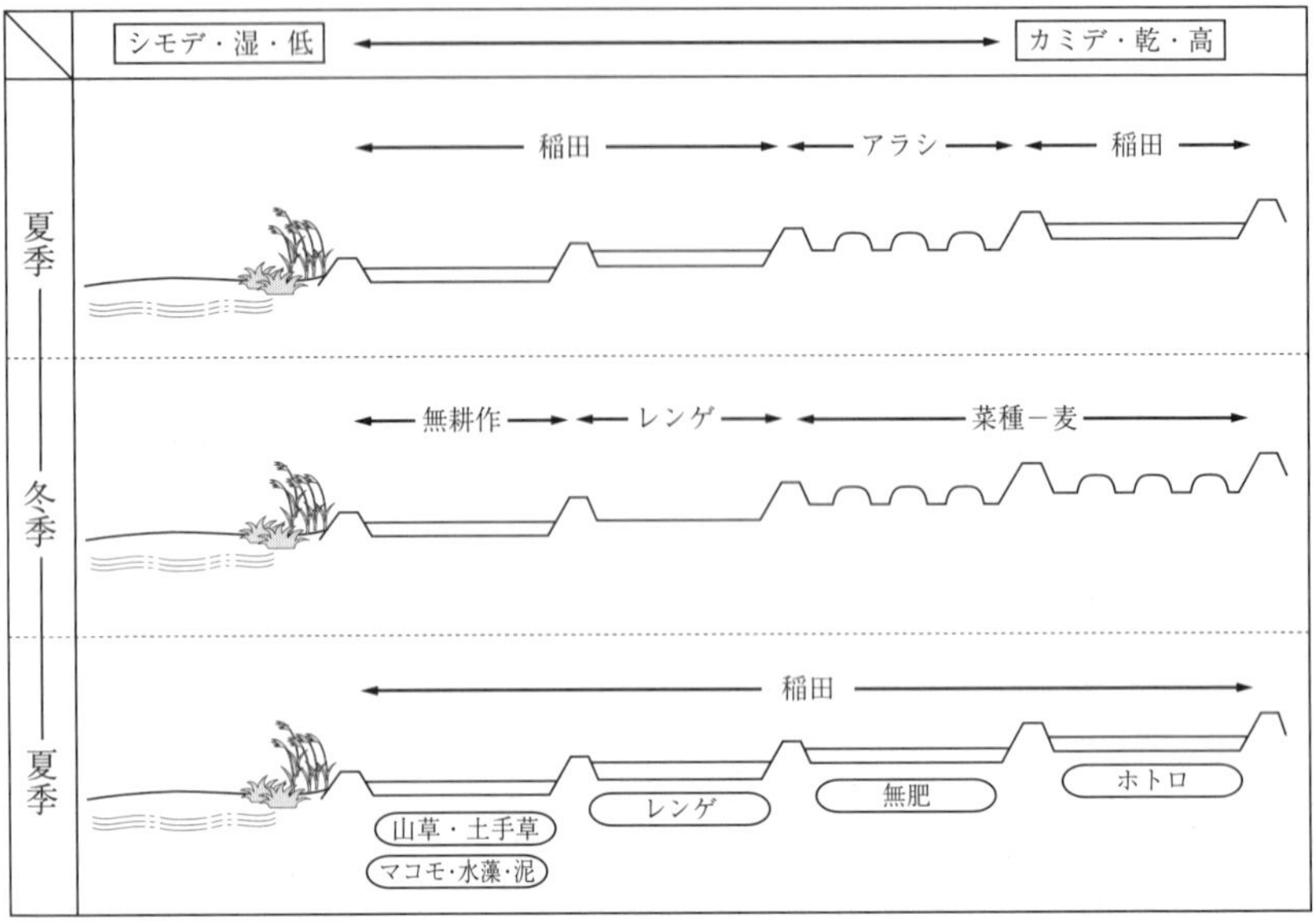

図3　水田環境と施肥の構造

耕・作畝した耕地でないと、ホトロの分解が進まず肥料効果が少ないためである。他の水田の耕作作業が始まる時期はホトロ採取の時期よりも早く、また労働力の上でもホトロを投下することは難しかったのである。

一方、裏作を行わない水田には、広くゲゲナ（レンゲ）が播かれた。ゲゲナは一〇月に稲刈り前の水田に播かれ、翌五月に刈り取られた。刈り取ったゲゲナは耕地に鋤き込まれ緑肥となった。緑肥としてのゲゲナ栽培はカミデ・シモデを問わず行われた。シモデ集落では、マコボ・川藻・泥などの湖に関係する資源が耕地肥料として利用されたことはすでに述べた。

こうした水田環境と施肥の構造を図式化したものが図3である。水田・畑地を問わず、作物を永続的に栽培するためには、耕地外からなんらかの有機質を耕地に投下し地力を維持してゆかなければならず、速効性のある化成肥料や金肥が普及する以前は、周囲の自然環境のなかから肥料に利用できる「資源」を見い出し長年にわたって利用してきた。そうした資源が山林のホトロや山草、土手の草、湖岸のマコモ・水藻・泥といったもので、水田経営では、それぞれの環境にそった多資源適応が見られたのである。

(4) 畑作と水田

①アラシ

　当地ではひとつのカマチの水田を二つに分け、境界に内畦を作って一方に稲を栽培し、いま一方をアラシと称する臨時畑地として里芋・茄子などを栽培するという方法が現在でも行われている。アラシとするのは一年のみで、一年単位でアラシ部分と稲田部分を循環させることになる。以下は岡地区の足立利雄さん（大正一二年生まれ）の体験と伝承によるものである。

　アラシはどこの家でも三畝程度は作っているもので、岡地区の場合、マチなり（面積）の小さい半湿田のような水田をアラシにすることが多かった。鍬や備中鍬でかるく畝起こしをした後、畝間の溝になる部分を鋤を使って両側に掘り上げて、畝幅約一メートル、畝高約七〇センチ、畝間約四〇センチという比較的高い畝をつくる。アラシは水の排出が容易な耕地を利用することが多いが、用水の不足しがちな岡地区では用水の入出によってではなく、比較的湿潤な耕地に高畝をつくることで水を管理したのである。

　アラシで栽培する作物は、エンドウ・里芋・茄子・瓜類などで、なかでもよく栽培したのは里芋・エンドウ・茄子である。里芋にはタイモとトウノイモの二種類があり、それぞれの作付けはタイモが九割、トウノイモは一割程度だった。タイモは青茎のオクテイモで湿気を好み、トウノイモは赤茎のハカテイモでこれは比較的乾燥にも強く定畑でも栽培できた。

　図4は、足立利雄さんの伝承をもとに水田とアラシの利用構造を図化したものである。これによってアラシ利用を眺めてゆくことにしよう。アラシに栽培する最初の作物は冬作のエンドウで、これは一〇月に三尺以上の間隔をとって植え付ける。翌年五月、エンドウの株間に里芋を植え付ける。田の畝にも漸次、茄子・スイカ・マク

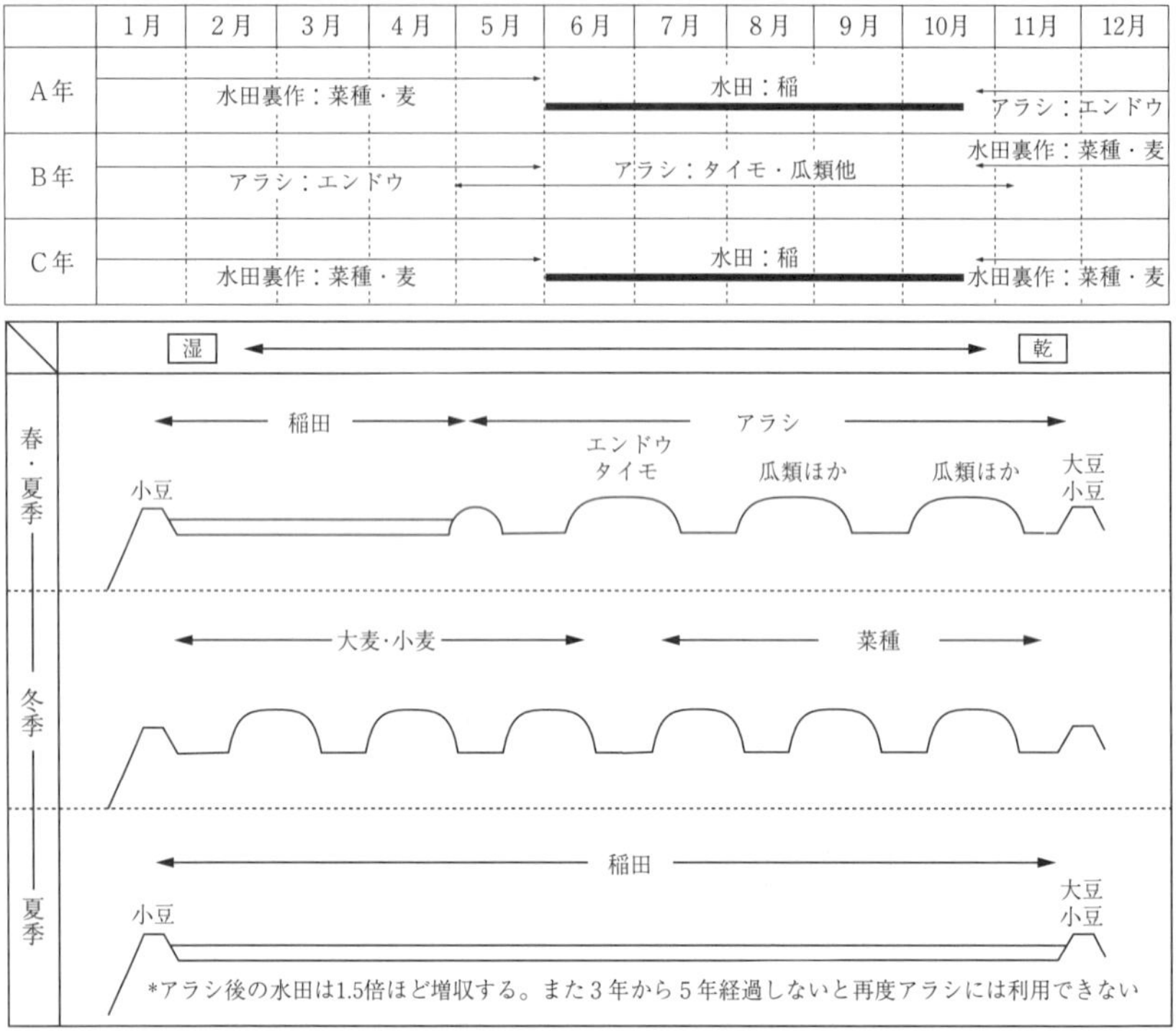

図4　水田とアラシの循環利用概念図

写真7　アラシで栽培されるタイモ(岡地区)

ワウリなどの瓜類、甘藷などを植え付けてゆく。これらの作物は自家消費を目的としたものであるが、かつて茄子は今津から木津へ荷車を引いて野菜を買い付けに回る人に売ったりした。足立さんが青年の頃は、茄子を売ると小遣いになるので、追肥のコエモチに精を出したものだという。アラシで作った茄子は定畑で作ったものよりやわらかく、かつうまかった。

アラシの作物の収穫が終わると、畝部と溝部を入れ替えて畝を立て、菜種を栽培した。翌春、菜種の収穫後には再度水田にもどして稲を栽培する。作畝・深耕によって作土がこなれるため、アラシ後の水田は平時の約一・五倍の増収になった。アラシで栽培する作物はどれも連作を嫌うため、三年から五年を経ないと再びアラシとして利用できなかった。

こうしてみてくると、アラシは平地水田地帯での狭隘な畑地を臨時拡大するための技術ではないことがわかる。連作を嫌う畑作物にとって適した耕作環境を生み、またアラシを経て深耕されることによって稲の増収につながった。アラシは、水田とアラシの作物の双方にとって好結果を生むもので、水田と畑地の循環利用というきわめて合理的・集約的な耕作方法だったのである。

さて、アラシによって作られる作物は地区の耕作環境によって様々であった。針江の田中三五郎さんによると、青年の頃は青年団で各ムラの作物の品評会を行っており、ヤマデのムラはアラシで栽培した作物をよく出品していたという。日爪・木津地区はタイモと小豆、米井地区からは牛蒡が出品された。日爪・木津は粘度質の土壌のため良質のタイモと小豆が穫れた。タイモの畝の脇に小豆を植えると箸で容易につまむことができるほど大粒のよいものができた。また、米井地区では耕土が深く水捌けがよいためアラシで立派な牛蒡が穫れた。

②水田裏作

水田の裏作には麦類・菜種が作られた。土地条件・労働力・経済力その他の条件によって、およそ二反歩から一町歩程度の裏作を行った。例えば針江の田中三五郎家での水田裏作の構造は以下のようなものであった。

最も水辺に近い新田では裏作をすることができない。ムラ・山に近づくほど田床は安定する。湖岸沿いの田からムラの屋敷田にいたるまでの水田利用はおよそ次の通りだった。①稲・裏作なし→②稲・裏作＝菜種→③稲・裏作＝小麦→④稲・裏作＝大麦→⑤苗代・苗代後＝アラシにて里芋。菜種は湿田を高畝にして栽培された。菜種を栽培する耕地はドジョウ繁殖の適地となったのはすでに述べた通りである。

このように水田の環境に応じた作付けが行われていたのである。また、既述したように、ヤマデの集落ではホトロやヤマクサといった山から採取された肥草が水田裏作を行った耕地に投下された。水田裏作という生業は、麦・菜種という作物を得る行為であるとともに、地力維持・水田漁撈を含む全体としての水田経営を成り立たせる歯車のひとつであったと考えることができよう。

③畦畔栽培

明治六年の木津の農産物を表した資料に、「物名・大豆、播種地反別・畦畔または田畔、肥料・絞粕、産額・三三石六斗、消費・三三石六斗」の記載がある。(24) 木津では水田の畦畔を利用して三三石六斗の大豆が生産され、そのすべてが自家消費されたという内容である。ちなみに当時の木津の水田反別は一九四・五町歩である。畦畔栽培は、水田裏作・アラシとともに水田の畑地利用に分類される生業であるが、畦畔栽培は水田稲作の栽培期間と並行して行われる点で区別される。以下は当地における畦畔栽培の民俗の一端である。

① 水田の畦にはアゼマメを栽培した。アゼマメとするのは大豆と小豆で、大豆には早生と晩生があり、小豆はヒトテ（一種類）だったが、のちに大納言小豆も栽培するようになった。大豆は田植後に、小豆は一カ月ほど遅れて七月の下旬に植えた。鳥がついばむのを防ぐため、小豆に限っては畑で苗を育ててから移植する家もあった。山形地区では毎年七月二八日に川裾祭りがあり、周辺のムラから大勢が参詣に集まった。「小豆は川裾祭りの行きに植えても、帰りに植えてはいけない」という口誦が伝えられている。また「アゲグサは川裾祭りまでに

終わらせるものだ」ともいい、この祭りが農事暦の指標となっていた（針江・海東武弘さん・大正一〇年生まれ）。

②日爪地区は比良山系から琵琶湖へ向かってなだらかな棚田状の耕地が広がる。アゼマメは水田の畦にハヤマメ（ワセの大豆）と小豆を、棚田上部水田と下部水田の間の畔部にオクテマメを栽培した。オクテマメはハヤマメ・小豆に比べ大きく生長し、また収穫が稲刈りよりも遅くなるため、水田の畔では邪魔になるのである。また乾田の畦には大豆を湿田の畔には小豆を栽培した。アラシで作るタイモの側に小豆を植えるとよいといった。小豆は湿気を好むのである。一町歩の水田の畦畔で小豆をつくると、およそ一俵の収穫があった。戦前は大豆五斗が一俵、小豆四斗が一俵で、米のかわりに供出できた。戦後の農地解放で水田を手放さなければならないとき、「小豆一升と水田一反歩が同じ値だ」といわれた（日爪・三田村孝雄さん）。

③水田の畦にアゼマメを栽培した。大豆にはワセマメ、オクテマメがあり味噌の原料にするオクテマメを多く作った。田植え後、約二〇センチ間隔でアゼマメを植え、一番草の時に藁灰と泥をかぶせた。アゼマメの管理は主婦の仕事だった。秋になると収穫した小豆を買いに回る仲買人がおり、主婦は小豆を売って自らの小遣いにするのが楽しみだった（岡・足立利雄さん）。

④水田の畦をクルといい、ここにアゼマメを植えた。大豆にはアカヒゲとシロヒゲがあった。アカヒゲは早生種で莢のうぶ毛が赤くて実生りが大きく味がよくなかったが、シロヒゲは丈が短いが実生り・味がともによかった。小豆は一種類だったが後に大納言小豆を栽培するようになった。アゼマメは水田の周囲に植えるが、アカセンミチ（公道沿い）に面する畦には植えないようにした。アゼマメの管理は女性の仕事だった。食糧難の時代には前垂れの袋に他家のアゼマメを少しずつ引いてゆく者もいて、「日暮れしっぽりまで田んぼ仕事をしている女性はくわせもんや」ともいわれた。アゲクサ（三番草）のときに藁灰と泥を被せた。かつて日爪では役牛の飼育率が高く、牛の飼料として藁を与えていたため藁灰が不足していた。針江では、女性が年に一度

春彼岸前に灰小屋にためた藁灰を俵につめて日爪まで運び、タイモと交換したという。日爪や木津の地味が粘度質でモチモチしたうまいタイモができた（針江・田中三五郎さん）。

右の事例によると、①水田の畦畔は豆類の栽培に適した環境を有していた、②豆類の畦畔栽培は女性の仕事とされていた、③水田畦畔の豆類栽培は年貢・小作料の対象にならなかった、④豆類栽培の肥料に藁灰が必要とされ、カミデとシモデとのあいだには藁灰獲得をめぐる民俗連鎖が確認できた、といった特徴がみられる。

畦畔での豆類栽培はおよそ全国的に見られるものである。それは先行する定畑での豆類栽培が水田の畦畔栽培へと移行したとみるのは間違いで、水田の畦畔栽培は定畑とは異なる論理・技術によって栽培されるようになったと考えるべきであろう。全国的にみて畑作が卓越する地域では、豆類栽培は畑作を循環的に維持経営するために輪作大系のなかに組み込まれており、収穫された豆類も正租となる公の性格を持つことが多かった[25]。しかしながら水田畦畔の豆類栽培は、定畑のように地力維持の意味はなく、また年貢とも無縁なものであった。この点から、水田畦畔での豆類栽培はおよそ「民」「私」のレベルで営まれてきた生業であるといえる。しかし経済的・社会的価値は低くとも、総合的にみてその価値は決して低いとはいえないものであり、それは味噌・醬油・豆腐といった大豆製品の食糧価値や、赤飯・小豆飯などを特別な料理として意識した精神的な意味においても理解されるだろう。

このような意味において、水田畦畔の豆類栽培は水田稲作と複合される生業要素として高い文化的意味をもっていたと理解することができるのである。

まとめにかえて

以上、近江木津荘域を中心とした地域における「水」「水田」をめぐる民俗ついて眺めてきた。水田稲作という生業の場を複合論的にみたとき、当地では水田漁撈・狩猟・畦畔栽培・水田裏作・アラシといった生業が水田に内部化される要素として認められた。とくに琵琶湖に接するシモデ集落においては、水田と漁撈が密接な関係をもって営まれていたことが明らかになった。水辺に暮らす人々は、琵琶湖の逆流湛水という現象とつき合いながら稲作を営んできた。湖畔の水田は「陸」と「水」の緩衝空間であり、「陸」「水」の価値観が交錯する空間でもある。そこではときに漁撈活動は稲作と等価値か、それ以上の生業となることもあった。水田稲作は社会的・経済的あるいは文化的な意味において「公」の性格を持つが、水田漁撈・狩猟・畦畔栽培・水田裏作・アラシなどの生業には多分に「私」の要素が含まれる。この場合の「私」とは、いわゆるマイナー・サブシステンスとしての性格や、男性を「公」としたときの「私」としての女性である。(26)

環境の多資源適応という観点からは、水田の地力を維持してゆくため有機物投下の習俗にも目を配った。カミデ集落では、ホトロ採取を通じて山との関わりが密となり、一方、シモデ集落ではマコモ・藻・ドロの採取を通じて湖の関わりが深くなる。役畜としての牛の飼育・牛耕技術の欠如は当地方の特徴のひとつである。牛の飼育は耕作効率の向上とともに厩肥の獲得に意味があるが、当地では厩肥を欠く代わりに、ホトロ・マコモ・藻・ドロといった有機物投下と、水田裏作・アラシ・レンゲ栽培という生業が全体として耕地を維持してゆく機能を持っていたことが明らかになった。環境民俗学的にみた水田の潜在力とは、当地の人々がもつ自然に対する豊かな知識や技術、また精神世界に支えられているものであるといってよいだろう。

本稿で扱った民俗が時代的にどれほどまでさかのぼれるものであるかは今後慎重に検討されるべきである。生業とは決して自己完結的なものではなく、市場経済・貨幣経済と関わりあいながら時代性をもって営まれるものであり、水田経営も例外ではない。しかし、水田経営が有する、周囲の自然と向き合いながらより理想的な生活を営む志向性は普遍性を持つものだろう。この点に即していえば、水田をめぐる民俗を、中世木津荘民の生活を推し量る資料のひとつとして位置づけることは可能ではないかと考えている。

本稿の作業は決してじゅうぶんとはいえない。例えば、ミズゴミと対比されるヒヤケ(旱魃)の伝承、稲作灌漑の技術、水利組織といった問題は、紙幅の関係もあり触れることができなかった。環境と信仰の問題についても不十分である。これらは今後の課題としたい。

(1) 野本寛一「総説　環境の民俗」(野本寛一他編『講座日本の民俗学4　環境の民俗』、雄山閣、一九九六年)
(2) 近江国木津荘調査団・新旭町教育委員会『近江国木津荘現況調査報告書Ⅰ』(二〇〇二年)・同『近江国木津荘現況調査報告書Ⅱ』(二〇〇三年)、なお木津荘域は、現在の新旭町の木津・日爪・岡・五十川・米井・辻沢・田井・森・針江・霜降・山形の一一地区(大字)にまたがる。
(3) 『新旭町誌』(新旭町、一九八五年)一一一二頁。カミデとシモデとは話し言葉や住民の気質も若干異なるといわれ、米その他の作物の出来や味の善し悪しにいたるまで、ムラの個性を表す言葉として浸透している。
(4) 注(2)に同じ。
(5) 琵琶湖博物館『コミュニティ水環境カルテ』深溝地区報告(平成七年調査)および筆者調査による。深溝地区の伝承は横井かよ氏(大正六年生まれ)によるものである。『コニュニティ水環境カルテ』は昭和三〇年代と現在の琵琶湖周辺の生活用水の変化を記録したものであり、集落ごとの生活用水利用の実態がよくわかる。
(6) 琵琶湖博物館『コミュニティ水環境カルテ』熊野本地区報告(平成七年調査)および筆者調査による。
(7) 酒井和男「滋賀県湖西の種籾囲い」(『民具マンスリー』六巻七号、一九七三年)
(8) 種籾の保存には実用性と象徴性が認められる。害獣・害虫・湿気などから種籾を守るという実用性を満たしながら、ときに穀霊・田の神・年神を祀る祭場ともなる。野本寛一は、湖西の種籾囲いは穀霊の籠もり処「穂倉」であり、「ホコラ」との連続性を推察している(野本寛一『稲作民俗文化論』、雄山閣、一九九三年)
(9) 「二つ石」とは木津地区のおよそ五〇メートル沖に位置するふたつの岩盤で、平素は湖中に沈んでいるが、旱魃などで琵琶湖の水位が下がると現れる。木津ではこの二つ石を雨乞いの対象として神聖視しており、湖岸に遙拝所を設け沖に似せた半畳ほどのふたつ石を祀り毎年四月に神主によって雨祈禱が行われている。木津地区の水谷久子さん(大正一〇年生まれ）によると、かつては旱魃が続くと祝詞をあげながら石をこすって降雨を祈願したといい、幼少の頃はふたつ石の上に乗ったりすると「バチがあたる」と厳しく諌められたことがあったという。「筑摩田」については、『新旭町誌』におよそ次のような由来譚が記されている。

――建久年間、木津の浜に大国主神社を祀る神社があり大国堂として親しまれてきた。あるとき大雨が続き大国堂は波にのまれて流され、何日か後に湖東の筑摩（米原）の浜に流着した。それを見つけた筑摩の人々は社に祀っていたが、あるときムラ人の夢枕に大国主命が立ち「西江州に帰りたい」と願った。そこで数名のムラ人が御神体を船に乗せてこぎ出したが、運悪く天候が悪化し、大変な雷雨となった。「危ない、戻れ」とムラ人が今きた筑摩へ引き返そうとしたとき、天から真っ赤な火の雨が降って来た。たまらず船に積んであった鍋をかぶり、これは神様が西江州へ送れというおいつけにちがいないと考え、荒波のなかを西江州へとこぎ出し、苦労したあげく、元の木津浜のお堂へ収めることができた。その後、筑摩の人々は木津に田を買い取り餅を作って供えてもらうことにした。その田を「筑摩田」と呼んだ。現在の筑摩の「鍋かぶり祭り」では「危ない、戻れ」とのかけ声をする。――

また、針江の傳正寺の薬師如来は、比叡山から亀の背中に乗って琵琶湖を渡り、大川（針江川）を登ってきたと伝わる。傳正寺の檀家は亀を捕まえてもどると、大切にムラの池に放すのでここは亀の池と呼ばれている。

(10)　注(3)一〇八七～八八頁。

(11)　同右。

(12)　民俗学では、とくに菅豊の水辺三部作や、安室知の水田をめぐる生業複合論として研究がすすめられてきた。その主な研究を以下にあげておく。菅豊「『水辺』の生活誌――生計活動の複合的展開とその社会的意味――」（『日本民俗学』一八一、一九九〇年）、菅豊「『水辺』の開拓誌――低湿地農耕ははたして否定的な農耕技術か？――」（『国立歴史民俗博物館研究報告』五七、一九九四年）、菅豊「『水辺』の技術誌――水鳥獲得をめぐるマイナー・サブシステンスの民俗知識と社会統合に関する一試論――」（『国立歴史民俗博物館研究報告』六一、一九九五年）、安室知『水田をめぐる民俗学的研究』（慶友社、一九九八年）などである。

(13)　『近江八幡・島学区の民俗』（近畿大学民俗学研究室、二〇〇二年）

(14)　注(2)『近江国木津荘現況調査報告書Ⅱ』一一一頁および筆者調査による。

(15)　岸本誠司「輪中地帯集落における水界利用とその意味について――大垣市浅草地区を事例として――」（近畿大学民

俗学研究所『民俗文化』第一五号、二〇〇三年）

（16）菅豊「川・沼・池の民俗」（注1『講座日本の民俗学4　環境の民俗』）。

（17）注（13）に同じ。

（18）注（2）『近江国木津荘現況調査報告書Ⅱ』一一一頁および筆者調査による。

（19）注（13）。このほか、伊賀敏郎『滋賀県漁業史』（滋賀県漁業共同組合連合会、一九五四年）、『内湖と河川の漁撈』（滋賀県教育委員会、一九八一年）などがあげられる。

（20）いわゆる「猟師」あるいは「漁師」とは、鑑札を受けて専業的な技術と権利を持って生業活動をしている人間である。無論、これらの猟師・猟師は魚や水鳥のみを獲って生計を立てているのではなく、農業その他の生業にも携わっているわけである。また狩猟や漁撈はこうした猟師・漁師たちだけで行われていたのではなく、他のムラ人によっても専業者の利権を侵さない程度の零細的な活動が行われていた。

（21）内田実「饗庭野の土地利用と入会の関係」（『札幌大学紀要・教養部論集』一―一、一九六八年）。

（22）当地では牛耕技術を持たない代わりに、人力の鋤・鍬による耕作技術が発達している。その技術伝承や語彙も豊富であったが、ここでは紙幅の関係もあり割愛する。その一端はホトロ投下の技術（図2）でも確認できる。

（23）向田明弘「里山の生活誌―近江朽木谷のホトラヤマ」（八木透編『フィールドから学ぶ民俗学―関西の地域と伝承』、昭和堂、二〇〇〇年）。

（24）滋賀県編『滋賀県物産誌』（一八八〇年前後に刊行）。

（25）岸本誠司「東北農耕文化とマメ――岩手県北地方を中心に――」（近畿大学民俗学研究所『民俗文化』第一一号、一九九九年）

（26）マイナー・サブシステンスとは、①経済性はないわけではないが、大きくはない、②資源の分散性が高いものについての生業、③擬似的な体験では得られない自然性を備えた生業、④生産のための道具の未発達性などの特徴をもつ、といった定義をもつ生業であり、近年、自然と労働を研究する概念として提出され、研究が深化しつつある。松井健「マイナー・サブシステンスの世界――民俗世界における自然・労働・身体――」（篠原徹編『現代民俗学の視点1　民俗の技術』、朝倉出版、一九九八年）、『国立歴史民俗博物館研究報告第八七集　日本歴史における自然と労働』（国立歴史民俗博物館、二〇〇一年）など。

終章　木津荘の景観と環境

水野章二

本書は木津荘の現況調査にあたったメンバーを中心に、それぞれ文献史学・考古学・地理学・民俗学の立場から木津荘域の分析を行ったものである。終章として、いくつかの問題点について現段階における木津荘研究を総括し、中世における環境変化や中世荘園と村落の実態などについての認識を示しておきたい。

一　木津荘域の湖岸環境変化

(1)環境変化を示す史料

近江は琵琶湖集水域とほとんど一致し、琵琶湖を中央に置いた完結性の高い地理的・歴史的空間であり、京都に近接するという条件もあって、中世においては農・林・漁業や水陸の交通・流通などの社会的分業を高度に発達させた。それにともなう各種の文献史料や発達した村落を母胎とする民俗資料にも恵まれており、また近年まで伝統的な景観・環境がよく保存されていた。このように近江は中世の環境史を考える場合、最も恵まれたフィールドといってよい(1)。

とりわけ木津荘は多様な中世村落の実態や、琵琶湖の水位変動あるいは津の立地変化などの問題を検討できる特色を有している。従来より、木津集落の東南約一・五キロの地点に森浜遺跡の名で知られる湖底遺跡が存在することが知られ、さらにその東南には針江浜湖底遺跡が位置する。(2) 森浜から木津にかけての湖中には、地元の人に「かくれ道」として語り伝えられてきた浜堤（河川によって運ばれた土砂が湖岸に沿って堤状に堆積した自然地形）状の砂堆(3)が延び、遺物や埋没林の存在も確認されて、かつて形成されていた内湖が沈下したことが明らかとなっているのである。琵琶湖に附属する内湖は、前面を浜堤によって閉鎖された小規模なラグーンである場合がほとんどであり、水深はほぼ一～二・五メートルほどと浅く、流入河川・湖岸流・湖水面変動・地殻変動など、多くの諸営力が複合し合って形成される地形である。(4)

　琵琶湖では勝野津や海津・今津・堅田など、内湖を船だまりとして津が成立している場合が多く、また湖岸集落の大多数は浜堤上に形成されている。琵琶湖岸の浜堤や浜堤型集落の形成過程を分析した横田洋三氏は、現在の木津は浜堤が発達しておらず、集落が河川の自然堤防上に湖岸線に直交するように位置する状況から、津の機能を果たしていたとみることは困難とする。そして沈下した内湖周辺に本来の津は位置し、寛文二年（一六六二）の地震による湖岸の沈下によって、木津は津としての機能を失ったと推定している。(5) ここでは木津荘研究の重要課題の一つである、湖岸環境変化の問題について考えていきたい。

　木津荘研究の基本史料として、新旭町霜降の饗庭昌威家に伝えられた一連の文書群があるが、その中には九冊の室町初期のきわめて情報量の多い帳簿群が含まれている。うち六冊は「応永二十九年壬寅潤（閏）十月廿一日」の日付を持つ検注帳で、一三条から一八条までの各条ごとに、二～四カ里ずつ一冊にまとめられている。各里の坪付順に、坪内の年貢賦課対象田地一筆ごとに、面積・斗代・耕作権所有者（年貢負担者）名が記され、そして地名と各坪内の屋敷・畠・「水田」（年貢対象にならない低湿田）や、さまざまな給免田の種類・面積などを頭注している。しかも長期にわたって使用され、権利が移動した場合はその年の干支や人名などを注記するなど、何度も追筆が加えられており、詳細な土地把握がなされている。

残りの三冊は無年紀の引田帳と呼ばれる帳簿である。引田帳には、各里の坪付順に坪単位で、以前の所有者名や一筆ごとの斗代・面積・耕作権所有者名・公事負担者名が記され(6)、やはり各坪内の屋敷・畠・「水田」・給免田などの種類・面積や、道・溝・川などの位置・面積も頭注されている。同帳にも耕作権所有者などの権利移動が何度か記されている。この二つの帳簿が木津荘研究の中心史料であるが、ここでは二つの帳簿の前後関係について確認しておきたい。

引田帳一四条三里一七坪・一八坪は、以下のように記されている(7)。

十七、(坪)　新末吉　三百卅　六　成延　末永くし(公事)
　　久光　一反三百卅内
　　　一反　六　久光　「寅ヨリ虎松引」「千代菊」　久光くし
　　　三百卅　五　得音　「西方寺」　久光くし
十八、　国安　一反三百卅　六　上宗友　「巳福満」「本末吉引」　上宗友くし　(合点、略)

この両坪に対応する検注帳の箇所は、次のようになっている(8)。

十七、(坪)　一反小　五　西方寺
　　一反　六　千代菊
　　一反　六　虎満
　　　五斗代一反小
　　已上三反小内
　　　六斗代二反

十八、　六斗代
二反　本末吉　（合点・追筆略）

検注帳の耕作権所有者の下には、西方寺を例にとると、「西ヨリ武安引」以下、五度にわたる変動が記されるなど、それぞれ数度の変遷が明記されている。面積は検注帳の方が若干増加しているものの、両帳とも筆数・斗代は同じである。引田帳三里一七坪内の久光分であった田地のうち、久光が耕作権を維持していた六斗代の耕地一反は、虎松から千代菊へと権利が引き継がれたが、検注帳では当初より千代菊の名が記され、その後の変遷が追記されていたのである。同じく得音の耕作権は西方寺へ引き継がれたが、検注帳では西方寺から始まる。引田帳三里一八坪の国安分であった田地でも、上宗友から福満・本末吉へと変化していたが、検注帳では本末吉以降が現れている。なお一七坪内の新末吉分であった田地は、成延の耕作権は引田帳が生きていた範囲での変化はなかったらしく、検注帳作成段階で虎満に代わったと思われるのである。

次は一四条五里二七坪の場合である。引田帳には次のようにある。

廿七（坪）、重久	八反大卅	四 三	六反 二反大卅 内	
	一反三百廿	三	恒末松 「寅 姫松引」	南藤松（公事）くし
	一反大卅	四	乙法師	末永くし
	三百十五ト	四	法喜庵	得久くし
	三百十五ト	四	米井寺	南重久くし
	一反	四	成武 「西ヨリ 虎満引」	末光くし
	三百十ト	四 三	小十 半 延寿	延寿くし
	大卅	四	北常得	北武永くし

検注帳では次のようになっている。

廿七(坪)、
三百十ト　四　万木左近　末光くし　(合点、略)
一反内不七十二ト　四　貞隆寺
一反内不百八ト　四　米井寺
二反内不百八ト　四　乙法師
二反内不七十二ト　三　姫松
一反　四　北常得
一反　四　虎満
一反　四　万木左近
一反半半　三四　延寿
已上九反内　三二反百八ト　四六反大十二ト　(合点・追筆略)

検注帳の姫松・北常得・虎満の下には、やはりそれぞれ数度の権利者の変遷が明記されている。引田帳一四条五里二七坪には重久分であった八反大卅歩の田地が存在したが、検注帳では九反とごくわずか面積が増加しているものの、筆数や斗代は全く同じである。引田帳では恒末松から姫松へ、成武から虎満への権利の移動が追記されていたが、検注帳では姫松・虎満が名請人として最初に記載され、それ以後の権利移動が追記されていくのである。乙法師・米井寺・延寿・北常得・万木左近は、引田帳から検注帳作成までの期間内には権利移動はなく、法喜庵は検注帳作成段階になって貞隆寺に権利を引き渡したと考えられる。なお検注帳では合計一反の不作があったことが知られるが、これは引田帳の欄外記載の「北大川常荒道溝一反九十ト」に対応するものである。

このように二つの帳簿の耕作権所有者名の記載からは、同じ人間が引き続いて権利を保持したり、権利移動が一・二回起きたりするほどの期間をはさんで作成されていることが明らかである。両帳簿間に見える人名は例外なく引田帳の方が古いことを示しており、引田帳はおそらくは二〇～三〇年ほど、検注帳より先行して作成されたと推定できる。すなわち帳簿間での耕地面積や土地利用などの差は、数十年という時間の差に起因すると考えられるのであり、開発の進行や荒廃、環境変化による変動などを示している可能性が高いのである。表1は湖岸周辺地域における耕地面積の変化を整理したものである。これによれば二つの帳簿の間で、換言するならば一五

4里1	7.310	なし	耕地消滅・現湖底
2	3.120	なし	耕地消滅・現湖底
3	0.180	なし	耕地消滅・現湖底
7	4.310	なし	耕地消滅・現湖底
16条4里29	6.330(10.000)	7.000(10.000)	
30	5.350(11.000)	6.000(10.000)	現湖岸線
35	9.080(10.000)	9.300(10.120)	
36	0 (10.000)	なし	耕地消滅・現湖岸線
5里5	1.090(10.040)	1.090	
6	0 (10.000)	なし	耕地消滅・現湖岸線
10	0 (10.000)	0 (5.252)	減 少
11	5.150(10.290)	0.180	減 少
12	6.280(11.030)	なし	耕地消滅・現湖岸線
16	8.280(10.000)	7.108(8.108)	減 少
17	5.280(10.040)	なし	耕地消滅
18	9.270(10.000)	なし	耕地消滅・現湖岸線
19	7.230(10.340)	6.300(9.180)	
20	6.000(9.290)	6.180(8.180)	
21	9.160(10.050)	9.050	
22	7.220(10.000)	7.240(9.240)	
23	8.240	3.180	減 少
24	9.020	なし	耕地消滅
25	7.200	7.240(9.260)	
26	8.210	4.120	減 少
27	9.340	0.288	減 少
28	9.090	4.266	減 少
29	8.290	なし	耕地消滅
30	9.340	なし	耕地消滅
31	7.200	8.000(10.000)	
32	8.300	8.068	
33	6.190	0 (0.150)	減 少
34	7.330	なし	耕地消滅
35	5.270	なし	耕地消滅
36	2.330＋ α	なし	耕地消滅

（不作面積も含む）

表1　史料にみえる湖岸線の変動

(　)内は免田などを含めた合計数値

条　里	引田帳面積	検注帳面積	増減・その他
18条３里５	7.000	6.216	
6	なし	なし	
10	10.040	10.180	
11	なし	なし	現内湖
12	なし	なし	現内湖
15	8.240	10.010	増　加
16	なし	なし	現内湖
17	なし	なし	現内湖
18	なし	なし	現内湖
19	4.000	4.000(10.000)	
20	4.000	6.240(10.000)	増　加
21	なし	なし	現湖岸線
22	なし	なし	現湖岸線
23	なし	なし	現湖岸線
24	なし	なし	現湖岸線
25	なし	なし	現湖岸線
26	なし	なし	現湖岸線
17条２里25	6.190	6.244	
26	7.080	5.300	減　少
27	4.050	4.000	
28	8.220	8.060	
29	5.350	6.036(10.036)	
30	なし	なし	
31	10.060	10.036	現湖岸線
32	なし	なし	現湖岸線
33	なし	なし	現湖岸線
34	なし	なし	現湖岸線
35	なし	なし	現湖岸線
36	なし	なし	現湖岸線
３里19	1.340	なし	耕地消滅・現湖底
20	6.320	なし	耕地消滅・現湖底
25	9.270	なし	耕地消滅・現湖底
26	6.010	なし	耕地消滅・現湖底
27	3.240	なし	耕地消滅・現湖底
31	7.120	なし	耕地消滅・現湖底
32	7.220	なし	耕地消滅・現湖底
33	5.230	なし	耕地消滅・現湖底

世紀初頭前後の数十年の間で、一七条三里・四里および一六条五里の耕地が、著しく減少あるいは消滅していることが確認できる。一七条三里・四里の比定地は、[9] 図1の等深線に明らかなように浅い湖底が張り出しており、現在は水没している浜堤状の砂堆が、引田帳段階では水田として利用されていたことが知られるのである。前述したようにこの水没砂堆は、地元では「かくれ道」と呼ばれ、子供でも渡れるほどの浅瀬となっていた。[10]

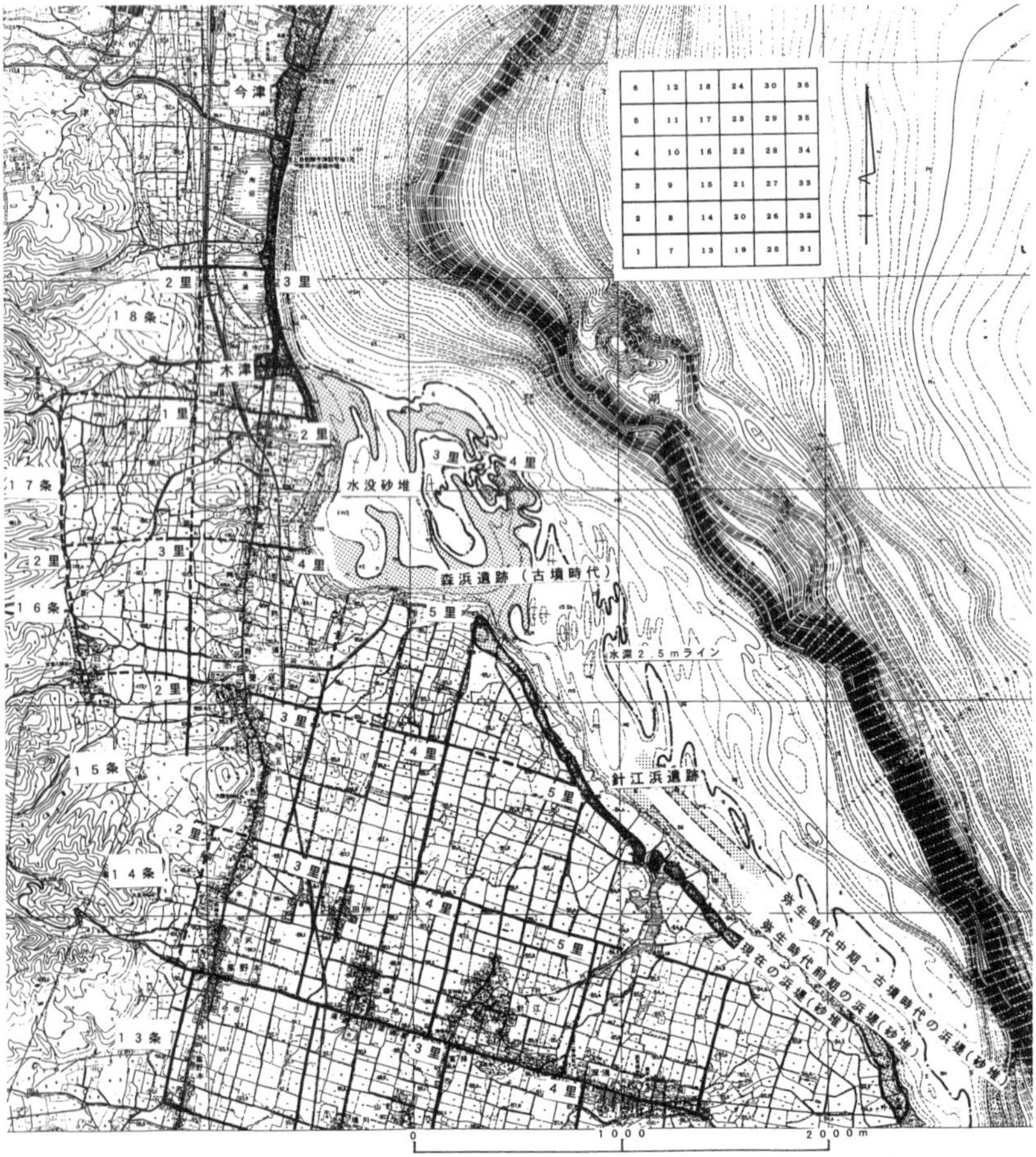

図1　木津荘域の条里と水没砂堆（数詞条里の記載里が木津荘域耕地）

⑵湖岸環境の変化

次に琵琶湖の水位変動の問題について整理しておこう。沿岸域の地形解析やボーリングデータ分析などから、約一万五千年前以降、年平均一ミリ程度の相対的な水位上昇があったことや、全体として北部が沈降し、南部が隆起する地殻の傾動運動が続いており、琵琶湖は南から北へ、年平均一・五センチ程度移動していることが明らかとなっている。また琵琶湖周辺の活断層の運動は、山地側を隆起させ、湖側を沈降させる。このような造盆地運動と地震性沈降運動の複合により、西岸は東岸に比べて二倍以上も沈降速度が大きいという。現在でも一メートル前後は季節的に変動するように、降水量の変化は琵琶湖の水量に直接影響を与えるが、唯一の排水口である瀬田川の流量変化も、水位に大きな影響を持つ。このような琵琶湖全体に関わる運動とともに、地震による局地的な地盤変動や、流入河川による土砂の堆積と沈下などの地域的な変動もあり、全体としてきわめて複雑な運動をみせているのである[11]。

各年代の琵琶湖の水位を具体的に知ることは困難であるが、一つの目安となるのが、琵琶湖に一〇〇カ所あまり存在する湖底遺跡である。その多くは陸上にあった遺跡が水没したものであるが、従来よりその遺構面から当該期の水面を推定するという方法がとられてきた。湖底遺跡はいつまで遺跡が存続するかによって、大まかに①縄文時代後期、②弥生時代中期、③平安時代末期、④安土桃山・近世初期の四時期に分類されているが、とりわけ③の平安時代末期を存続の終期とするものが多いという[12]。図2-a[13]およびb[14]は明瞭な遺構面の確定された湖底遺跡の標高とそこから推定された湖面変化曲線である。aはきわめて明瞭でわかりやすいが、あくまで現時点における標高を示すものであり、琵琶湖全体の構造運動や各地域ごとの運動による影響は考慮されていない。bについても同じであるが、湖南型・湖西北部型・湖北型に分類することによって、地域的な差についてはある程度配慮されている。

図2－a　湖底遺跡からみた琵琶湖の水位変動

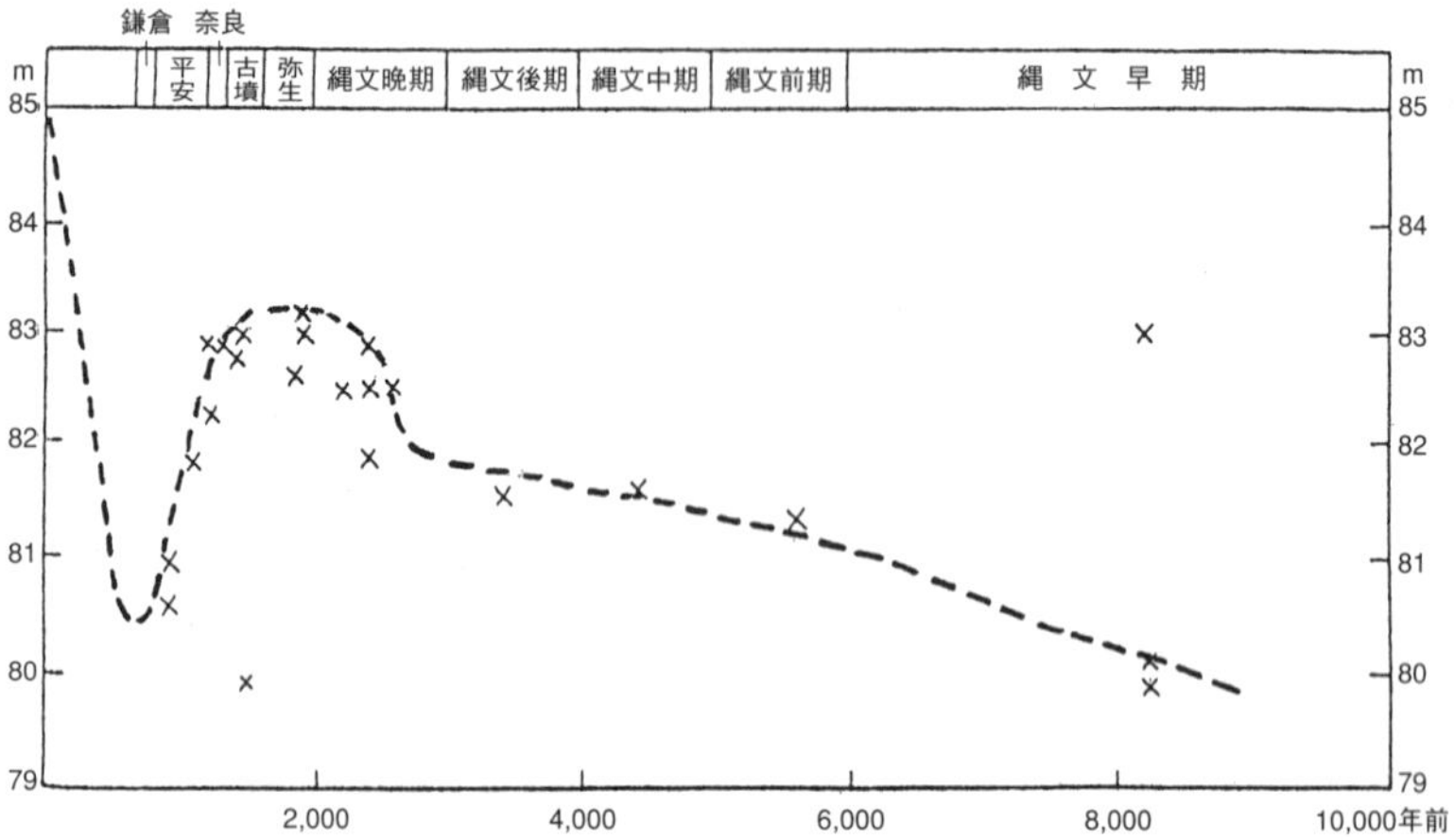

（注13『滋賀県自然誌』掲載図を一部簡略化）

図2－b

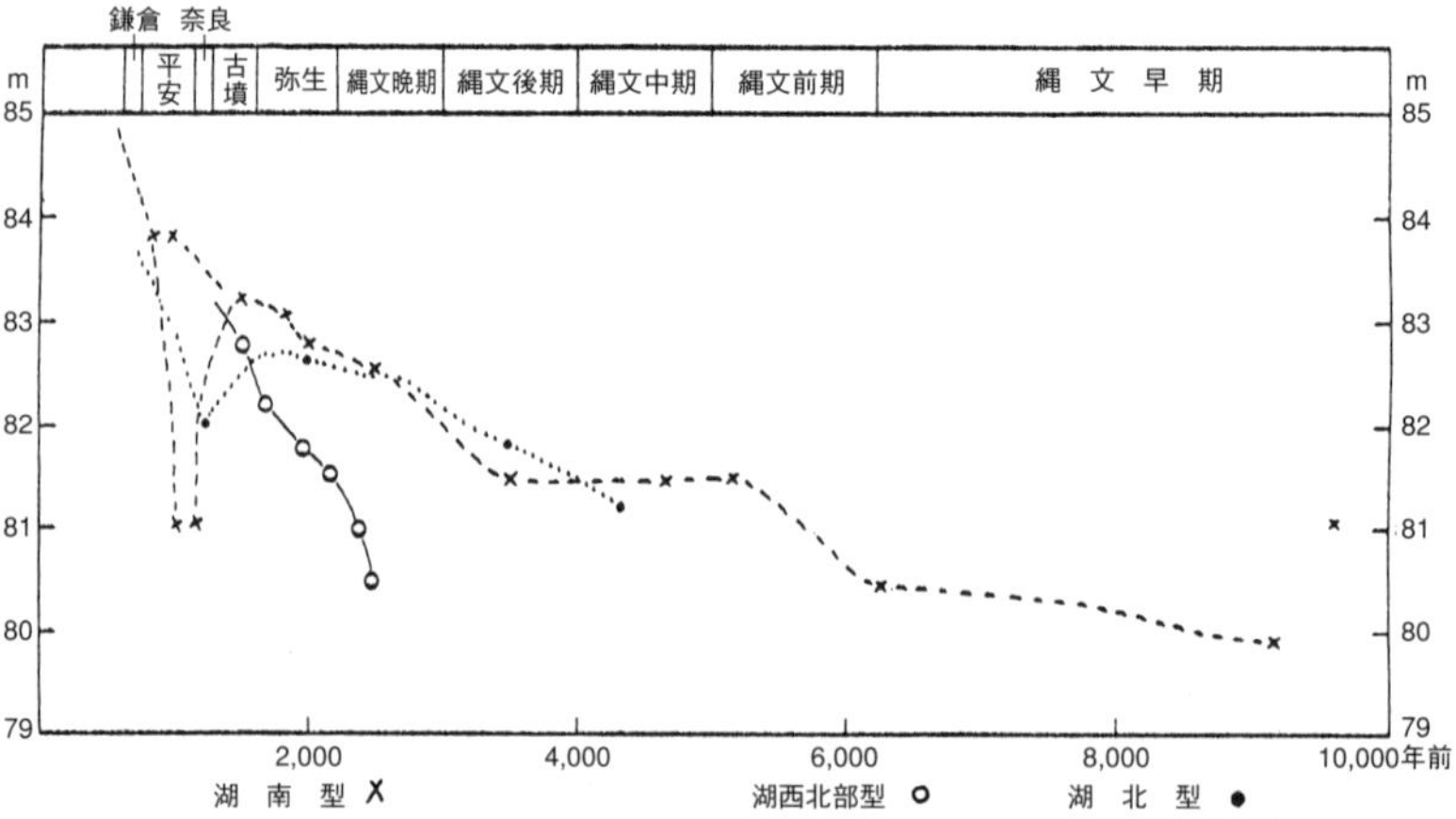

（注14浜論文掲載図を一部簡略化）

これらのグラフには、各遺跡の地形・地質の詳細な検討がないなどの難点があり[15]、実際には複雑な要因が絡み合っているはずであるが、ある程度の琵琶湖水位の変動を知ることはできる。一部例外はあるものの、ここからは平安期頃の琵琶湖の水位が低かったことが想定され、たとえば琵琶湖の南端に位置する唐橋遺跡の橋脚遺構の構造から、七世紀から一二世紀にかけては、瀬田川の川底は安定して、水位が低い状態にあったと考えられるなど、低水位の状況を示す遺跡が確認されているのである[16]。琵琶湖の水位が低ければ、そこへ流れ込む河川の河床も低下するなど、さまざまな影響が想定される[17]。

木津が史料に登場し、木津荘が成立した一一・一二世紀は、このように現在に比べてかなり琵琶湖水位が低下していたと推定されている時期である。図1に示される木津周辺地域の地形的条件は、低水位時には大規模な内湖の存在が想定されるなど、津の立地には適合的であったのであろう。それが平安・鎌倉期に木津が発展する前提条件の一つであった可能性は高い。

引田帳の一七条三里・四里の耕地群に比定された浜堤状の砂堆は、一五世紀初頭前後に水没した。この場合の水没理由は地震などによる急速な地盤沈下とは考えられない。この時期には湖西地域で地盤沈下を起こさせるような大規模な地震の記録はない[18]。一七条三里・四里の耕地群は、引田帳でも二斗代・二斗五升代という最低ランクの斗代であり、多くが「無主定不」と記され、公事負担もない劣悪な地であった。その段階ですでにきわめて不安定な状況に立たされており、応永二九年（一四二二）には検注の対象たりえなくなってしまったのである。

図2-a・bに明らかなように、中世後期には琵琶湖水位の相対的上昇が想定される。その事実はこれまでの研究においても指摘されており、たとえば八世紀に成立した東大寺の古代荘園覇流村の比定地（現彦根市）は、一五世紀頃には沈水して曽根沼となり、同じ頃水茎内湖（現近江八幡市）も成立あるいは拡大する[19]。保延年中（一一三五～四一）に立保された長浜市域の祇園社感神院領坂田保（祇園保）は、坂田郡五条一一里・一二里の二カ里を

領域としたが、現在一二里はその半ば近くを琵琶湖が占めている。当該地域では、湖岸ぎりぎりまで条里地割が遺り、大字祇園の小字六ノ坪・十一ノ坪は面積が一町に満たないまま、琵琶湖岸に至っているなど、条里地割施工後の水没を想定せざるをえないのである。[20] 琵琶湖水位の変化は流入河川の河床高や地下水位の問題ともからんで、水利・灌漑のあり方や水田の乾湿にも大きな影響を与える。

当然ながら、木津荘において平安・鎌倉期に年貢輸送の拠点として機能した津も、発達の前提であった湖岸浜堤（砂堆）の水没によって、大きな影響を受けたと思われる。表1の一八条三里部分に明らかなように、木津北部の内湖（南沼、水深一・五メートル前後）該当地は、引田帳・検注帳ともに土地利用上は全くの空白となっており、すでに内湖化していたと推定できる。その延長上の内湖列を基盤とした今津が、やがて湖西を代表する津として発展していくのである。低水位時の木津の地形的優位性を支えた内湖の位置や浜堤が、水位の上昇などによって次第に不利となり、新しく今津の内湖・浜堤が津の好適地として選ばれたのである。

中世後期以降、木津と今津は併存するが、やがて今津が完全に凌駕する。中世今津の景観を示す史料はないが、元禄八年（一六九五）の熊野山山論裁許絵図（新旭町役場所蔵文書）からは、北沼・中沼・南沼と呼ばれた内湖と琵琶湖の間の浜堤上に細長く集落が延びて、その中を西近江路が通っていたことが確認できる。享保一九年（一七三四）成立の『近江輿地志略』には、「東湖中に出でたる町にして、西の方僅に陸地に続き一島の如し」とされているように、津としての今津の地形的有利さは歴然たるものがあった。[21] 木津と今津の盛衰は、このような湖岸環境変化と密接に関わっていたのである。

引田帳と検注帳との間でもう一カ所耕地が大きく減少したのが、一六条五里である。この地域では湖岸線に沿う地点が水没するとともに、陸地に入り込んだ地点でも耕地が減少している。図3は該当地域の明治六年（一八七三）の地籍図から復原した小字名と土地利用である。大字森の小字城下の湖岸近くには内湖が描かれ、荒地・

図3　吉武城伝承地周辺地籍図

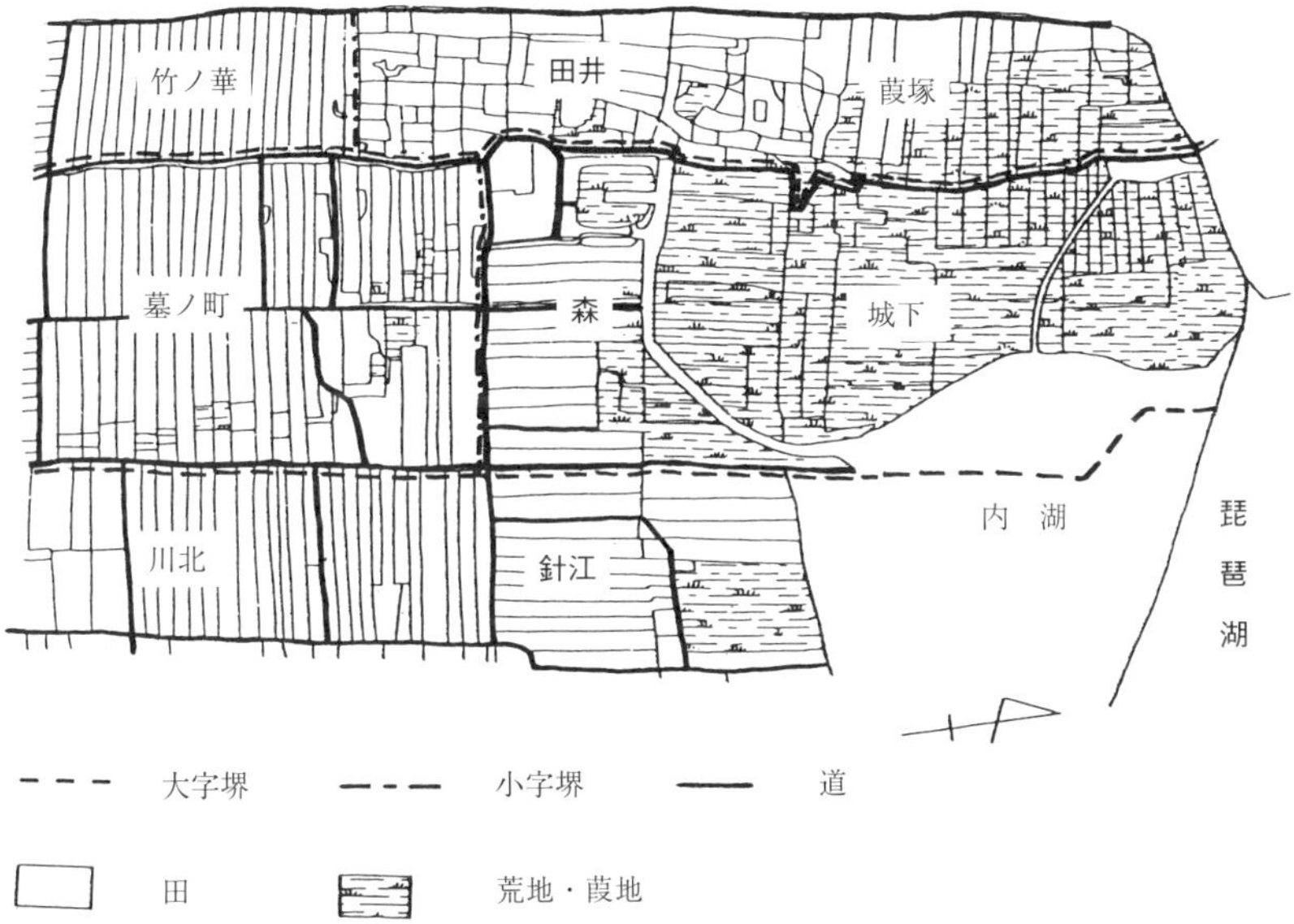

（注22『針江川北Ⅱ遺跡・吉武城遺跡』掲載図を一部変更）

葭地が広がる低湿地となっている。小字城下の西南角は字名の由来となった吉武城伝承地で、水路を引き込んだ地割が確認でき、一〇メートル幅の濠が廻る一六世紀後半の遺跡も検出されている[22]。吉武城伝承地は一六条五里二五坪に相当するが、この地点は表1に明らかなように、耕地減少はみられない。それより北は低湿地が続くが、そこは室町初期に耕地が減少した地域と重なるのである。水位の相対的上昇は、新たな小内湖や低湿地を生みだしたが、戦国末期には安定的な耕地と低湿化した土地との接点に、湖上交通を意識した城館が構えられたのである。

　引田帳・検注帳以外の史料からも、当該地域の水没耕地の存在が知られる。饗庭昌威家所蔵文書中の宝徳三年（一四五一）一一月二六日比叡本荘二宮神田帳案は、比叡本荘の二宮神社が所有する神田の条里坪付と面積・用途・寄進者名などを書き上げたものであるが、「比叡之新開」と分類された中に「十六条六里十八坪二反」および「十六条七里十坪弐反」が記されている。同じく文明一二年（一四八〇）八月某譲状（前欠）の中に、「十五条七リ卅二坪一反半」の記載がみえるが、これらの耕地も図1に明らかなように、現在は湖中となる。聞き取り調査によれば、近年まで当該地域の湖岸域では、ヨシ・マコボ（マコモ）などの水生植物が繁茂している場所に、刈り取ったヨシ

12カハフチ	地名開淵
14鳥カハフチ	少し離れて地名鳥
17ヲアラ田	近接して地名大割田
18ヲアラ田	近接して地名大割田
19中ノ丁	近接して地名ナカノマチ
20トヒノ木	地名飛ノ木
22ヲアラ田（引）	地名大割田
25中ノ丁	地名ナカノマチ
28五てう	少し離れて地名上ノ五条
30ヒエ新庄サカエ	木津荘東境
35タカタ（引）	近接して地名高田
16条２里35坂ノシリ	近接して地名坂ノ尻
3里4小ハヤシ	地名小拍子
5坂ノシリ道ヨリ東	地名坂ノ尻
10大丁井口	近接して地名大町
17ヒロ庭ノ口	近接して小字広場
27ヒツメ領（引）	日爪大字界
31シヲ神西三丁メ川ヨリ南	三町東に地名ショウガミ
32町田	小字松田
4里1町田	地名南松田
6たかうセ	近接して地名タコゼ
30ヒトツヤ領（引）	小字一ツ屋・地名北一ツ屋
34大ヤフ	地名大藪
35丁一	地名丁一
5里1馬アライノ北	
2中島	
3シャウフノ丁	地名北菖蒲ノ町
4大ヤフ	近接して地名大藪
15大森	近接して地名大森
28	地名八ノ坪
17条1里3大ツカ	近接して地名大塚
7坂ノシリ南	少し離れて地名坂ノ尻
15五反田	
16杉サハ	小字杉沢
19新名	地名新明
20新名	地名新明
25川クホ	近接して地名クボタ・今川沿い
26竹丁	
28杉サハ	近接して小字杉沢
33新名	近接して小字新明
34新名	小字新明
35中ハタケ	
2里3カケノ前	地名カケノマエ
4カケノ前	近接して地名カケノマエ
5中ハタケ	
10カケノ□	近接して地名カケノマエ
11中ハタケ	
12栗毛南	栗毛社（健速神社）
17栗毛辰巳	栗毛社（健速神社）
18栗毛東	栗毛社（健速神社）
20山サキ	近接して地名ヤマサキ
18条2里36庄サカエ	木津荘北境・現町界
3里19大里ヒツシ申・定佃	小字佃
20小佃	小字佃

(引)は引田帳の記載

などを敷き、川や湖底から掻き上げた泥土を積み重ねて嵩上げし、新田化したという。[23] 史料に「新開」とされていた水没田は、そのような開発を経たものだったのであろう。水位が上昇し、著しく低湿化が進むという状況の中で、耕作を休止したり、あるいは泥土を掻き上げて開田するなどの対応が繰り返されたのであろうが、[24] やがて

表2　木津荘地名表

応永29年検注帳・引田帳地名表記	現在対応する地名など
13条3里12的庭道(引)	近接して地名的場
23竹ノ町領(引)	小字竹ノ町
33夷立	地名蛭子
4里9	地名九ノ坪
10	地名十ノ坪
30二宮前領(引)	近接して日吉二宮神社
34タカ畠領(引)	少し離れて地名高畠
14条3里6今宮山西坪(引)	今宮神社南西山沿い
32	地名二ノ坪
4里2	地名二ノ坪
25小森阿弥陀堂	近接して地名小森
5里3ホリノ西(引)	
25ヒラサワ領(引)	
34	近接して地名四ノ坪
35針江川末	近接して針江大川
36川末	少し離れて針江大川
15条2里21新堀南	少し離れて地名シンボリ
3里6岡中山道ヨリ□	小字中山
17岡南	小字岡中
18岡東	小字岡中
19今宮馬場	地名馬場
23五十川風呂□	五十川集落
26今宮前	小字宮前
30五反田	地名五反田
31白雲東	白雲天神社の東
32鳥井前	大国主神社（今宮）の正面
36馬アラ井	
4里1中フカ	少し離れて地名中深
6馬アラ井東	
7石田	地名西石田
8中フカ	近接して地名中深
9江かしら	少し離れて地名江頭
10江かしら	近接して地名江頭
14まかセこし	
15まかセこし	
19うなの口南ヨリ、コン田ノマチ(引)	近接して地名ウナノクチ
20うなの口北ヨリ、コン田ノマチ(引)	地名ウナノクチ
21まかセこし	
22はかの丁南	近接して小字墓ノ町
25小ミソ	地名西小溝
26小ミソ北ヨリ	近接して地名西小溝
27はかの丁南ヨリ	小字墓ノ町
28はかの丁	小字墓ノ町
30ミソシリ	
31小ミソ東	地名東小溝
32はかの丁	小字墓ノ町・地名南墓ノ町
34ヲイ川	地名南追川野
5里1イトカシラ	近接して井戸子川・地名井戸子
3エンリャク寺	近接して地名延若寺
5鳥井ミソ	地名鳥
6鳥井ミソ	地名鳥
7イトカシラ	近接して地名井戸子・井戸子川
11カハフチ	地名開淵

限界を越えた段階で、完全に耕地は放棄され、湖中に没していったのである。

最後に中世地名の継続性という問題についてふれておきたい。服部英雄氏は、中世の荘園絵図や条里図に記された地名がかなり高い確率で残存している事実を示し、地名の持つ史料性に注目している[25]。木津荘においてはどうであろうか。

条里坪付にもとづいて表記されている木津荘検注帳の欄外には、免田などの記載とともに、ところどころ地名記載がみられ、同じく引田帳にも一部地名と判断される表記がある。中には「西林房東」「報恩寺ヨリ一丁東」「道場イヌイ」などといった、寺社からの位置関係に由来すると判断できる表記もみえるが、それらはとりあえず除外して、いちおう地名とみなしてよいと思われる一〇七筆をピック・アップし、現地調査で収集された小字名・俗称地名などとの対応を整理したのが表2である。これによれば中世地名の八〇％以上で、現在地名との何らかの連続が確認できるのである[26]。条によって地名表記の密度に差があり、また引田帳の一部には全く地名表記を欠くものもある。何をもって地名とみなすのか若干問題を残すこともあり、さほど厳密な数字とはいえないが、木津荘域においても中世以来の地名がかなりの頻度で残存しており、その継続性をあらためて確認できる[27]。

湖岸環境という点から注目したいのは、一八条三里一九坪の定佃と同二〇坪の小佃である。当該地の小字名も佃であるが、領主直営地を示す佃地名は、一般的には条件のよい場所に検出されることが多く、引田帳・検注帳においても唯一、七斗という最高斗代の地であった。しかし現在の小字佃周辺は、木津集落南東の湖岸の低湿な地で、けっして耕作条件に恵まれてはいない。平安末に木津荘が成立した段階で設定されたと考えられる佃が、室町期まで維持され、琵琶湖水位やそれに連動する地下水位の上昇などによる湖岸環境変化の中で、低湿化してしまった以降も、佃地名だけは長く継承されたと考えられるのである。

二　荘と郷

近年、大山喬平氏は、鎌倉初期の郷・村史料を検討し、荘園と村落の関係をあらためて整理し直した[28]。清水三男氏[29]以来の、いわば一番基本的な視点へ立ち戻っての議論であるが、今回の木津荘研究をまとめるにあたっても、荘園と村落の関係は重要な論点となる。

大山氏は、一三世紀初頭にみられる郷や村が、地域偏差はあるものの、分裂と変容を経ながら、近世村落の母胎として歴史的生成を遂げつつあったとする。郷や村は人々の生活のユニットとして成立し、中世社会の骨格は国—郡—郷—村の系列で形づくられているのに対し、荘—名の系列はそのような社会を所有の契機を媒介に、さまざまに切り取ることによって、形づくられていたという。大山氏は生活のユニットとしての郷・村と、所有の単位としての荘・名を識別し、研究史上の混乱を正そうとしたのである。

大山氏の意図は明解であるが、鈴木哲雄氏[30]は、郷・村に中世的所領としての性格があったとして、国—郡—郷というタテの系列ではなく、公領では「国—郷・村」、荘園では「荘—郷・村」という系列によっていたと批判する。鈴木氏は東国を中心に、徴税・行政単位として組み込まれた郷・村を論じているのであり、大山氏が生活のレベルと所有のレベルとを識別しようとした問題関心とはズレている。

木津荘が広い荘域を持ち、内部に多くの村落が成立していることは間違いないが、問題は生産や生活の場としての村落が、支配・所有のシステムである荘園制にどのように組み込まれているのかということである。本書各章の分析において大きな役割を果たした応永二九年（一四二二）の木津荘検注帳および引田帳は、比叡山延暦寺（座主—寺家）が荘園を支配し、徴税するために作成した帳簿であり、郷・村は支配単位としては帳簿上に位置づけられていない。しかし屋敷地の位置、寺社の名称や配置、あるいは「田井郷風呂立免」などといった免田の存在などから、間接的に村落の存在が浮かび上がるのである。木津荘においては、史料上では村は表れず、郷だけが登場する。この郷が近世・近代の村と対応するのであり、ほとんどが現在の地区（大字）名と一致する。

引田帳に寺社や免田の所在地などとして表れる荘域内の村落名は、森郷・米井郷・白雲郷・田井郷・五十川郷と山方（形）・木津・霜降・日爪・岡である。現木津荘域の一一地区のうち、表れないのは辻沢と針江だけである。なお白雲郷は五十川郷に吸収されたと考えられ、近世村落とはならなかった[31]。また検注帳には、森郷・田井郷・岡郷と山形・木津・米井・五十川・日爪が表れ、霜降・辻沢と針江がみえない。辻沢と針江の名称はどちらにも表れないが、しかし帳簿類には現在の両集落につながる可能性のある屋敷地群が記されており、「針江庵」などの名称もみられる。前述したように、引田帳は検注帳より二〇〜三〇年ほど古いと考えられるが、霜降の名称は引田帳にはあっても、検注帳ではみえない。しかし検注帳にも屋敷地群が確認でき、また後述するように霜降は木津荘南部の重要地点である。この間に村落がいったん消滅したとは考えられない。

検注帳・引田帳は荘—名の系列の土地支配・徴税に関わる台帳であり、村落名が確認できないからといって、存在しないことの証明にはならない。また検注帳などにおける屋敷地記載の基準も不明であり、実際に存在した荘民の全居住地が表現されているとは限らない。帳簿類の記載だけでは村落のおおよその姿が推定できるだけなのである。なお同一帳簿内に、たとえば「岡郷湯田」と「岡湯田」、「森郷湯田」と「森湯田」が混在するように、郷が付くか否かに本質的な差はない。ここで重要なのは、木津荘では史料上で村落を郷と表現していることである。

第二章でふれたように、木津荘は山門の寺務機構寺家が管理・運営する千僧供料荘園として成立し、延暦寺三千大衆全体に関わる重要な経済的基盤として、富永荘（伊香郡）・栗見荘（神崎郡）とともに、三箇荘聖供を備進する特別の役割を担った。栗見荘はほとんど史料が遺されていないが、富永荘[32]については、井口日吉神社文書中[33]

に応永二七年（一四二〇）から同三二年（一四二五）までの六二通の文書を中心に、七〇通を越す中世文書が伝えられている。郷・村の問題について、簡単にみておこう。

富永荘内の村落名として史料上に確認できるのは、宇爾郷・高月郷・尾山郷・雨森郷・井口郷・野村郷・馬上郷・落川・高野・唐川・柏原・保延寺・洞戸・片山・物部・小山などであり、これらは野村郷を除いて近世村となり、現在の高月町・木之本町の地区（大字）名と一致する。やはり史料によって高月郷と高月、雨森郷と雨森などが表れるように、郷が付くか否かに特別な意味はない。唯一「宇爾村人」[34]という、「村人」に固有名を付した表現があるものの、村落の単位が郷であることは、木津荘と全く同一である。[35]このように同時期の山門千僧供料荘園では、史料上には村は登場せず、村落は郷と表現されたことが確認できる。これは今堀郷など、山門領得珍保でも同じである。[36]

木津荘の名については、第五章・第六章によってようやく本格的な研究が開始されたところである。検注帳段階の木津荘では山門膝下であっても、名の規模を何らかの形で整えるといったような、領主側からの強力な編成は行われてはいなかった。しかし木津荘でもかつては均等な公事名が編成されていた可能性が指摘されたのである。また荘園内部の階層差は大きく、耕作権所有者の六割が一町以下の耕地面積にすぎないのに対し、一〇町を越える大規模所有者もみられる。上層の耕作権所有者は一荘レベルで耕地を散在させており、特定村落に土地所有が集中することはないが、中下層においても村落＝郷の領域を越えて耕地所有が展開していた。中世村落は耕地所有の単位としては、とらえきれないのである。

福田徹氏は木津荘検注帳・引田帳の分析から、中世後期にはすでに耕地や居住空間が限界近くまで拡大・充実しており、土地生産性も高位に達していたと推定している。屋敷地の分布からは、現在の集落の多くがすでに形成されて、集村化を遂げており、記載された多数の寺庵・神社は、現在まで存続しているものもかなり確認され、その多くは現在と同じ場所に位置していたという。[37]個別村落の景観変化や寺社の変遷などの具体的な姿は、第七章・第九章を参照していただくとして、福田氏の指摘は、傾向としては認めてよい。しかし引田帳・検注帳は、あくまで荘園領主による土地支配のために作成されたのであり、村落自体を把握するためのものではなかった。帳簿から村落の実態を把握するのは、やはり限界がある。

第三章で整理されているように、木津荘周辺においても中世村落に関わるいくつかの遺跡が検出されている。その中でも最も注目されるのが、山形の正伝寺南遺跡である。同遺跡は、①古墳時代初期、②古墳時代前期から奈良時代、③一〇世紀後半、④一二世紀後半から一三世紀中葉までの四時期に遺構が分類される。一〇世紀後半の建物の方位は、現存条里と方向が一致し、この頃までには条里地割の施工が推測されている。一一世紀に一時集落は廃絶するが、一二世紀には画期的な変化を見せ、集落が再構築されて拡大し、条里とその中に営まれた集落の景観が完成されるという。そして一三世紀に集落遺構は廃絶し、集村化して、現在の集落と重なっていくのである。また土器組成は、一〇世紀段階では北陸・東海・京都・近江湖東などの土器によって形成されていたのが、一一世紀の空白期を越えると一変し、一二世紀には京都の影響が強くなり、京都を中心とする経済圏の中に吸収されたと推測されるのである。[38]

近江などの畿内およびその周辺地域では、①現存する条里地割と建物方向が一致し始める一〇世紀、②多くの集落遺跡が成立する一一世紀後半・一二世紀、③それまでの集落遺跡が消滅し、集村化が進行して、現在の集落の原型が形造られる一三・四世紀に、集落史上の画期が見出される。条里開発についても、条里地割の淵源は七・八世紀まで遡るものの、広く展開していくのはかなり時期が下り、発掘される条里地割からは、一二世紀前後に普及した可能性を示す例が多いことなどが明確になりつつある。[39]安曇川左岸下流域の低地は、山麓面・完新世段丘面（Ⅰ面・Ⅱ面）・現氾濫原面に分類されるが、条里地割の明瞭に遺る木津荘域の耕地の多くは、完新世段丘面Ⅰ面に乗ることになる。[40] 当該地域の完新世段丘面Ⅰ面上の条里地割は、九～一〇世紀に施工されたようであるが、[41] 他の地域では多くみられる完新世段丘面Ⅱ面上の条里地割はあまり確認できない。

木津荘は保延四年（一一三八）に中世荘園の基本である領域型荘園として成立したが、それは広範に成立しつつある中世村落を基礎に、新しく土地と人を支配するために構築された支配システムであった。[42] 一二世紀頃に顕著に増加する集落遺跡などに示される開発の動きが、その基底をなしていたのである。検注帳などから知られる郷は、このような村落が一三・四世紀に進行する集村化の動きの中で顕在化したものであることは、いうまでもない。

開発が自然的条件などによって一定レベルで飽和状況に達すると、微地形条件などによって開発が遅れていた地域を含めて、領域全体で質的な再編成が行われる。集村化は、それまで屋敷であった場所を削平・耕地化し、用水系統を付け替えるなど、耕地全体の安定度と集約度を高めていく動きと連動し、共同体規制を強化しながら、村落全体を再編・高度化していく運動であるが、開発密度や地形条件、あるいは人口圧などによって、時期やプロセスに差が生じるし、短期間に進行する場合と長い時間をかけて進行する場合とがある。[43]

木津荘でも、応永期にいくつもの郷で現在の村落と近い景観がうかがわれたのであるが、人口規模は現在とは全く異なり、また地形条件や開発密度などは、一荘内においても大きな差があるため、応永以後によりいっそうの集中が進むケースも多く想定できる。荘域南部の霜降には、饗庭定林坊の饗庭館と伝承される居館跡が現存する。明治六年（一八七三）作成の地籍図霜降村地券取調総絵図からは、約一町四方の敷地の南と東に水流が走り、北側と西側から南角付近には藪などが描かれて、土塁が廻っていたと推測されている。[44] 条里の一四条五里一坪にあたり、引田帳では吉貞ら三名の屋敷地二段七〇歩が位置し、検注帳段階では荘内各地に一〇町あまりの耕地を有する有力者吉永の屋敷地三段三五〇歩となっていたが、のちに定林坊の本拠となったのである。引田帳では、

図４　饗庭館周辺地籍図

（注44『滋賀県中世城郭分布調査８』掲載図を一部変更）

古代北陸道と重なる南北に走る幹線道路（西近江路）とともに、霜降を通って東西に走る道（現県道）が「大道」と表現されている。この地は「大道」に面し、小森阿弥陀寺および同風呂、地蔵堂などが並んだ霜降集落の中心的な位置を占めた。第二章でふれたように、在地土豪定林坊は、戦国期には木津荘や周辺荘園の田畠屋敷・文書などを集積して、強い影響力を持つようになる。霜降では、応永段階では一部にまだ屋敷地が散在していたが、饗庭館を核にいっそうの村落機能の強化・再編が図られていった。応永期の郷はけっして固定的なものではなく、さらなる集中と変化を見せながら、近世・近代の村へと引き継がれていくのである。

三　村落立地と環境

木津荘域は湖岸低湿地から丘陵まで、多様な地域を含み込んでおり、中世村落のさまざまな実態や環境を問うことのできるフィールドである。引田帳・検注帳からは多くの村落＝郷が検出できたが、ここでは特徴的な三タイプの村落を見ておこう。

(1)山麓緩傾斜地の村落

日爪は荘域の西部、饗庭野丘陵の山麓緩傾斜地（扇状地）を占め、いくつかの小水系に分かれる。木津荘内でも完新世段丘Ⅰ面上の低地では条里地割が発達していたが、山麓面に立地する日爪では地割も不鮮明である。室町初期の村落景観も、他の村落とはやや異なった状況が読みとれる。

この地域は序章に掲載した空中写真に明らかなように、斜面に階段状に開かれ、耕地一筆面積が小規模で、段差の大きい棚田的な水田景観が卓越しており、田越し（アゼゴシ・アテコシ）の灌漑が主流をなし、湿田・半湿田が多数を占める。[45] 棚田は傾斜地に位置するため、労働生産性が低く、また土地生産性も一般的には高くないため、廃棄されやすい水田であるが、現在では土壌流失防止や保水・洪水調整機能などの環境保全や文化的景観としての観点から、再評価と保存運動が進められている。(46) 河川に沿う傾斜地の水田開発は、かなり古くまで遡ると考えられるが、史料上に棚田の語が現れるのは、現在のところ紀伊国荒川荘に関する応永一三年（一四〇六）三月僧快全高野山学道衆竪義料田地注進状(47)の「今ハ山田ニテ棚ニ似タル故ニ、タナ田ト云」が最も古い事例とされており、瀬町などと表現される山間傾斜地の小区画の水田開発が展開していくのも、鎌倉末以降と推定されている。(48) 条件のあまりよくない傾斜地の水田が広範に開かれていくのは、やはり相対的に遅れるのである。

検注帳などには棚田に関連する地名は表れないが、慶長七年（一六〇二）の日爪村検地帳（日爪区有文書）には「たなた」という地名が見られ、現在でも小字山口には上ノタナダ・下ノタナダと呼ばれる田地やハシゴ田と呼称される田地が存在している。(49) 水田立地は急なところで傾斜二〇分の一程度であり、典型的な棚田とはいいがたいが、(50) 中世後期における棚田的景観の展開過程をある程度跡づけることができるのである。

帳簿類に記された日爪の斗代は、山寄りの傾斜地では三・四斗が多く、条里地割が明瞭に遺存する東部低地に多い五・六斗と比べるならば、明らかに低い。また土地利用も東部低地が一町につき七～九反に対し、日爪では五反以下のケースが多くみられ、開田率もさほど高くない。検注帳で日爪地区に属すると推定される水田面積は二三町程度であるが、慶長の検地帳では、畠・屋敷・荒を除く水田の面積は四〇町ほどへと大幅に増加している。応永段階の木津荘域においては、日爪は他の村々に比べるならば、開発密度が低いといわねばならない。(51)

しかし背後に水源地をひかえ、用水に恵まれた日爪では、耕地開発の開始そのものはけっして遅れていたわけではない。第七章がふれるように、中央部を東へ流れる今川の南側を中心に、引田帳に「延寺」、検注帳に「救急」と注記された田地が多くみられるが、「延寺」「救急」は貞観五年（八六三）に仁明天皇皇子常康親王の家田を救急料として、延暦寺に施入した田地に由来する。(52) これらの地点は河川からの用水が得やすい条件下にあり、九世紀半ばには一定程度の水田開発が進められていたことは間違いない。しかし開発が面的に拡充していくには、傾斜地の複雑な地形条件の地まで含み込んで労働を投下して、地形的制約を克服していかねばならない。傾斜地では、畦畔の耕地面積に対する比率は平地部に比べてかなり高く、その造成や維持・管理に大きな労力を要する。低斗代が示すように生産力的にも劣っていたが、今川の上流にあたる一六条二里三四坪には、引田帳に「巳ヨリ井入下地引」と注記され、検注帳では「大　上有時　新井成了」「大　石見　新井成了」という記述が見られる。「大」は面積を示し、「上有時」「石見」は耕作権所有者を表すが、「井入」「新井成」とあるように、新しい用水開削が進められていたのである。日爪の棚田的景観は、これ以降近世初頭にかけて、二倍近く水田面積を増加させて、傾斜地一帯を充填していったのである。

検注帳などから知られる屋敷地分布は、若宮八幡を核とする現在の集村とは必ずしも一致せず、より広い範囲に屋敷地がみられた。また現集落の周辺には、現在は存在しない西福寺・報恩寺・栄承坊などの多くの寺坊が立地していた。たとえば引田帳一五条二里二一坪の頭注には「残山畠」とあり、同里二二坪の頭注では、「北三反切南、延寺一反小卅　三郎丸、畠一反　三郎丸、残屋敷荒道溝山白川七反半卅」とあるように、人名や面積などが明記される定畠・畠と比べ、人名が記されないなどの異なった扱いをうける山畠（山白）がみられるのも、この地域の特徴である。そこでは焼畑的な粗放な土地利用がなされていたと推測され、山畠・定畠・水田（棚田）という土地利用の質的序列が想定できる。開発密度が低かった日爪では、屋敷地は間に畠地・空閑地をはさんで、疎に広がっていたと推定され、耕作域と集落域を分離・再編する集村化は、他の荘内村落よりも遅れていた。用水システムや耕地利用の高度化、宗教施設の改廃などをともなう村落空間の再編成を通じて、現在の村落景観が現出していくのである。

なお日爪の西部一帯には、のちに熊野山と呼ばれる広大な山野が拡がっていた。饗庭昌威家所蔵文書建保四年

（一二二六）八月三日延暦寺政所下文写[53]に「年来自南古賀北善積庄、後山雖令押領、自然送年月之間、彼両庄住人等、件四至内不入当庄民、奪取鎌斧之上、剰令蹂躙」とあるように、鎌倉初期には後山をめぐる紛争が古賀荘・善積荘との間で起こる。

　中世村落の領域構成は、①集落、②田畠、③日常生活に不可欠な薪炭や肥料の獲得、狩猟・採取などが行われる近隣山、④日常的には関わることのない奥山の四つの要素から構成される。この四要素は多様な村落の実態を論理的に示したものであるが、③は村落全体の関与の下にあって、さまざまな用益が実現される空間、④は村落成員が存在については認識しているものの、普段は用益することのない空間である[54]。

　鎌倉期の近江では、近隣山に当たる村落空間は後山と表現されることが多く、集落背後の山という意味を有した[55]。饗庭野丘陵の山野には周辺諸荘から人々が入り込み、用益関係を深めていたが、村落の多くが開発の進んだ条里地割地帯に立地する木津荘域では、各村落が単独で内部にまとまった山野を有することはできず、荘全体で後山を確保していた。第二章でふれたように、木津荘の後山は荘域内各村落の共有の山野として、中・近世を通じて、周辺地域との山論（熊野山相論）が断続的に続けられ、村々には中世以来の関係文書の写しが伝えられたのである。

　近隣山・後山は、他荘との紛争や公事などの賦課をめぐる相論がなければ、具体的な形では史料に表れず、中世村落における日常的な生活空間の一部としての実態はとらえることが困難であるが、木津荘では周辺諸荘との山論が長く続いたため、部分的に後山の実態が知られるのである。建保相論の時には、「奪取鎌斧」という山論の作法[56]が確認できるが、これは鎌・斧を使用しての山林用益、おそらくは薪炭など燃料や肥料・秣などが獲得されていたことを推測させる。旧饗庭村役場所蔵文書慶長四年（一五九九）一一月一五日伊勢半左裁許状には、「太閤様御代、前田筑前殿を善積庄より頼、饗庭の草山をけいはう《競望》やから有之候時」とあり、相論となっていた饗庭野

（熊野山）はその植生景観から「草山」と表現されている[57]。同じく旧饗庭村役場文書永正一二年（一五一五）三月善積荘南浜太郎左衛門・北浜四郎右衛門等連署礼状案には、「木津庄山の北の堺ハ若狭道也、不思議仁躰候て善積庄之内今津之千与云仁、鍛冶か尾之北の原戌亥の方ニ火ヲ放候て、山ヲやきはらい候」とあり、これも草場を維持・管理するための火入れと思われる。戦国期には饗庭野の一部は、長年にわたる人為的な圧力により、植生が後退し、「草山」化していたのである。

(2)湖岸低湿地の村落

木津は荘域の北部を占め、西は饗庭野丘陵から、東は琵琶湖岸に及ぶ。山寄りには日爪に連なる棚田的な耕地景観が広がっていたが、湖岸にはかつて湖西を代表する津が位置し、木津荘の中核部分を形成していた。検注帳には、現木津集落の東南部分の琵琶湖浜堤（砂堆）上に比定される「大里」という地名が表れ、この付近に中世の集落が立地したと考えられる[58]。

中世後期には琵琶湖水位の上昇が想定され、木津の盛衰に大きな影響を与えた。琵琶湖の水位や汀線は、多様な要因によって変化し、一年間でも一メートル程度の季節的変動はごく普通に見られる。異常渇水などによる一時的変動は現在でもみられるが、『太平記』巻三八や『大乗院日記目録』によれば、康安二年（一三六二）には、六月から一一月まで旱魃が続いて琵琶湖の水位が三丈六尺下がり、「白髭ノ明神ノ前ニテ、奥ニ二人シテ抱許ナル檜木ノ柱ヲ、アハヒ一丈八尺ヅツ、立双ベテ、二町余ニ渡セル橋見ヘタリ」、あるいは「竹生島ヨリ箕浦マデ水ノ上三里、如瑪瑙ナル切石ヲ広サ二丈許ニ平ニ畳連ネテ、二河白道モ角ヤト覚タル道一通顕出タリ」とあるように、湖底から檜の巨木を並べた二町あまりの橋や切石を連ねた道が出現するなどの「様々ノ不思議」が人々を驚かせたという。この数字には多分に誇張があろうが、琵琶湖唯一の出口である瀬田川の洗堰によって、水位の調整が可能となった近代以降に比べ、はるかに大きな変動があったことは間違いない。

琵琶湖岸一帯には、近年に堤防・道路工事によって完全に遮断・分離されてしまうまで、水界と陸界を繰り返す移行帯（エコトーン）の領域が広がっていた。湖東の薬師寺領豊浦荘では、「年ノ損否ハ、海ノ水ノ引様ニ依テ申入之、其分済ハ水キワニ在之、無其隠事也、毎事一庄ノ成敗、公文帳ニ可見也」[59]とされており、琵琶湖の水位を見ながら、公文によって毎年の損否が決定されていたのである。このような地帯には、きわめて低湿で収穫量もさほど期待されない水田が営まれる。木津荘域でも近年まで田舟や田下駄などが使用され、「ソウバリ（総張）」「ユハリ（井張）」などと表現される、川や水路をせき止めて水位を上げて溢流させ、畦畔を越えて直接水田に入れる灌漑方法がみられた[60]。

湖岸一帯は水生植物群落が繁茂し、多種多様な生物が生息する空間である。そこは「魚入葦原」[61]と呼ばれ、「草刈菅菰魚捕」[62]など、肥料や屋根材としてヨシなどの植物が採集され、集まる魚をめぐって漁撈が行われる場であった。琵琶湖の魚は多くが、春から夏にかけての増水期に、水辺エコトーンで産卵するのである[63]。前述したように、そこではまた独特の低湿地開発が行われたのである。

木津荘域南部山形地区の正伝寺南遺跡からは、漁網の土錘が多数検出されている[64]。近江における土錘出土遺跡数は、古墳時代を通じてやや増加し、八世紀頃に一つのピークを迎えてその後減少するものの、一三世紀前後には爆発的に増加するように、中世に網漁が著しく発達したことが明らかである。弥生時代から、魚道に漁具を設置し、魚が入るのを待つエリ（魞）・ウケ（筌）やヤナ（簗）代表される漁法が行われていたが、それに網漁が加わっていっそうの発展をみせたのである。水源を山中に持ち、比較的流程が長く、流れの早い、礫底質の川にはアユがのぼり、ヤナでの漁獲が効果的である一方、水源を山裾や水田に持ち、流程の短い、流れの遅い、泥底質の川には、コイ・フナがのぼり、エリやウケなどの漁具が使用されるが、コイ・フナは水田の中にまで入り込む[65]。

特に梅雨時の産卵期には、湖岸近くの水田・水路には、大量のコイ・フナなどが押し寄せる。中世においても水辺では、稲作に漁撈が内部化された生業複合が広く展開していたと考えられるのである(66)。

木津荘に接する青蓮院領比叡荘では、貞永元年（一二三二）に安曇川尻での「漁簗」をめぐって安曇川御厨との紛争が起き(67)、湖東の奥島荘でも仁治二年（一二四一）に「新江利《（魞）》」の相論が発生しているように(68)、一三世紀は琵琶湖漁業の一つの画期であったと考えられている(69)。

中小河川や内湖に仕掛けられ、産卵期の遡上する魚を捕獲する小型で単純なエリに対し、琵琶湖の沖に長く張り出し、回遊する魚も捕獲できる大型化・複雑化したエリへの技術的発展の画期も、一三世紀に想定される。流通面の制約から、中世社会においては、蛋白源としての淡水魚の需要はきわめて大きいものがあった。高度な技術を要する専業的な漁業と水田周辺で行われる農民的・自給的な漁撈とが併存しながら展開していくが、安曇川や野洲川など、いくつもの荘域を貫流する流路の長い河川や、琵琶湖の沖合いで行われる専業的な漁業には、王家や寺社などの権威を背景とした特権的秩序が結びつくのである。

(3)主要交通路に沿う村落

五十川は荘域のほぼ中央部に位置し、西はせり出した饗庭野丘陵の東縁部から、東は湖岸に至り、耕地面積も広い。丘陵の縁に沿って、南北に国道一一六号線（西近江路・古代北陸道）が貫通する。引田帳には「大道」という頭注が随所に見られるが、それによれば現在国道沿いに集落が延びる岡・五十川・米井・辻沢地区においては、「大道」は国道と同じルートを走っていた。屋敷地の分布状況からは、その後の拡大・変遷はうかがえるものの、現集落と重なる街村的な集落が形成されていたことが推定できるのである。

検注帳から、一五条三里二〇・二一坪付近に今宮が位置し、その南には今宮馬場が延びて、向かい側が今宮前と呼ばれていたことが明らかであるが、それは五十川・米井・辻沢・田井の鎮守である大国主神社（今宮をのちに改称）をめぐる現況と完全に一致する。大国主神社の南は春の例祭（馬祭）に流鏑馬が行われた小字馬場で、神社前面の国道をはさむ地点が小字宮前である。社伝によれば、天授六年（一三八〇）に湖岸近くから遷座したとするが、今宮という表現からも社地の移動は想定してよいであろう。(70)

帳簿類からは、免田が認定されているものや、耕作権を集積しているものなど、多くの寺社の存在が確認できるが、頭注で「○○立」などと明記され、立地場所が確定できるケースはさほど多くはない。当該地域周辺では、街道に沿って、シヲ神・薬師堂・白雲天神社・西方寺・弥勒寺・霊山寺などが位置したことが推定できる。また検注帳の一五条三里二三坪の「五十川風呂□（立カ）」の記載から、五十川集落の風呂も街道近くに建てられていたと判断されるのである。寺社や風呂が集落の中核に位置するのは、木津荘内の村々ではごく一般的に認められるが、それが街道に引き寄せられて配置されていたのである。

今宮の南、街道に沿う一四条三里一一坪は「西方寺立免半」と注記され、西方寺という面積一八〇歩の堂が立地していたことが確認できるが、そこには「旦過　西方寺」と登録された一一〇歩の田地がみられる。また今宮と街道をはさんだすぐ近くにも「旦過」と頭注された田地が存在するなど、帳簿類には旦過関連の田地が何カ所か表れる。旦過とは旅僧の宿泊施設や、平等の供養が行われ、人が多く集まる場所をいうことが多く、聖と俗の境界域に関わる施設で、乞食とも関連するとされる。(71) 遍歴商人の秘伝を記した「連釈之大事」の市立図には、入口の門の横に「タンクワ（旦過）屋」と「風呂屋」が描かれている。(72)

木津荘内には宿や市関連の地名は表れないが、地域の中核施設ともいうべき今宮の近くに立つ小さな辻堂西方寺は、街道に関わる宿泊施設としての役割を果たしていたのであろう。(73) 木津・今津の北、西近江路に沿う海津は、中世後期には琵琶湖北部の重要な津として発展を遂げたが、ここにも旦過地名が確認できる。(74)

四　荘園・村落と宗教施設

木津荘の帳簿類には、荘家・政所などの荘園支配に関わる施設の立地は表現されていないが、規模や性格の異なる多くの宗教施設や行事・儀礼関連の田地などが記され、本書第九章でもふれられているように、中世村落が濃密な宗教的色彩を帯びていたことがうかがえる。これらの寺社ではさまざまな法会・行事が行われ、各レベルの平和と安穏が祈禱されるとともに、集会が催され、構成員の共通意志の形成が図られた。日爪では、日爪寺・西福寺など多くの寺坊が立地していたが、現在の鎮守若宮八幡社（日爪若宮）も確認でき、若宮免田を与えられ、如法経に関わる行事（若宮如法）が行われていた。木津でも、鎮守健速神社（栗毛牛頭天王）や中寺・木津念仏堂などが位置し、集落近くの街道沿いには木津道場が建てられて多くの田地が寄せられており、如法経信仰の場となっていた。如法経信仰は天台系顕密寺社を拠点に広がったもので、近江の山門領荘園では如法経道場や如法経田畠が維持・管理され、聖を介して如法経会が村落の年中行事として営まれることが多いのである[75]。

木津の西、饗庭野丘陵の入口には、旧郷社で式内社に比定される土生社（現波爾布神社）が鎮座し、現在も荘域内の村々はすべて氏子圏に含まれる。検注帳などからは、土生大般若経田・土生神楽田・土生彼岸田・土生法花講田などの多くの免田を荘全域に保有していたことが知られるが、一八条三里四坪には「鐘槌田」がみえる[76]。この鐘は荘内の日常の時を告げるとともに、大事の際には打ち鳴らされ、荘民が召集されたのであろう。土生社は木津荘園鎮守として、村落規模の寺社とは異なる広域的な信仰圏を持ち、さまざまな儀式・祭礼などを通じて、木津荘内の村々を結び、秩序づける役割を果たしていた。

また一三条三里三四坪の「野神立」や同四里一一坪の「野神立免」、一四条四里一三坪の「道祖神立免」などから知られる野神や道祖神のように、村落空間や境界に関わる神仏も確認でき、天神講・法花講などの講や、大般若信仰・流鏑馬などのさまざまな行事の存在も認められる。今宮では一五条三里二五坪に「行田」が設置されていた(76)。オコナイとは、年頭に寺院・神社などで行われる祖霊祭祀や豊作・天下太平の祈願などを目的とした村落祭儀で、本来は修正会・修二会などの仏教の正月行事が民間に浸透したものである。修正会は一一世紀初には正月の国家儀礼となるが、中世には御願寺から村落寺院に至るまで重層的に行われ、天皇から百姓まで全員の安穏快楽の祈禱がなされた(77)。村落の境界儀礼も正月行事の中で行われることが多いのである(78)。

　村落の施設として注目されるのは風呂であろう。東大寺などの中世寺院の湯屋・風呂についてはこれまでにも議論があり、湯屋が①湯浴・施浴の場、②集会・会議の場、③一味神水の場、④宿泊施設、⑤湯起請や法湯などの拷問の行われる場であったことなどが指摘されている(79)。検注帳などには「五十川風呂立」「田井郷風呂立免」「小森阿弥陀堂風呂立免」のように、明らかに風呂が建てられていたことを示す頭注がみられるほか、木津・日爪・岡・五十川・田井などの郷の名称や土生・米井寺下寺・慈尊寺などの寺社名を冠した湯田が多く表れる。引田帳三冊のうち、二冊目と三冊目とで一五条五里のごく一部分の記載が重複しているが、そのうちの二二坪では一方が「田井郷湯田」、もう一方が「田井郷フロ」とあるように、風呂と湯は蒸気浴・湯浴の区別なく使用されている。これらの湯田は、寺院や村落の風呂の経費を捻出するために設定されていたと思われる。

　村落の風呂の実態については不明な点が多いが、木津荘域では一種の平和領域・公共施設としての性格を持つ風呂が、村落に不可欠な設備として維持されていた。湯屋・風呂は寺院の宗教的機能に関わる施設として、施浴の普及などにともなって拡がっていった可能性が高いが(80)、木津荘内の風呂分布密度の高さは比叡山延暦寺の膝下という宗教的な背景を前提としていたのであろう。

　下司と百姓が激しく闘った南北朝期の高野山領紀伊国鞆淵荘では、「ダウジヤ《（堂舎）》・ブツカク《（仏閣）》・シヨダウ《（諸堂）》・ザイケ《（在家）》・ユヤ《（湯屋）》ニイ《（タか）》ルマテヤキ《（焼）》、ユヤカマ《（湯屋釜）》ヲウチワリ《（打割）》モチトラレ候(81)」とあり、湯屋が寺社などとともに下司側の攻撃目標となっているように、村落の重要施設と認識されていたのである。(82)東寺領播磨国矢野荘・備中国新見荘・丹波国大山荘をはじめとする多くの荘園帳簿類などにも、湯屋・風呂に関わる地名はよく見られる。(83)文明一〇年（一四七八）の東寺領山城国上久世荘では、三原跡屋敷を風呂屋の敷地にしたいという申請が出されているが、これも村落の共同風呂と考えられている。(84)近江菅浦においても、惣が運営する風呂が確認できるのである。(85)

中世荘園の基礎には間違いなく中世村落が存在していたが、その村落は空間的にも人的にも大きく変化しつつあった。応永二九年（一四二二）の検注帳や引田帳では、一筆レベルの土地とその耕作権所有者の把握に主眼が置かれており、村落＝郷は帳簿上には明確な位置を持たない。しかし各郷は村落固有の寺社や風呂などを有しており、免田などを記載するためにも、郷名の記載は不可欠であった。またさまざまな行事・儀礼の主体であったことも、帳簿からとらえられる。中世村落と現在の村落との系譜はかなり明瞭にたどることができるのである。荘域の水系はいくつにも分かれ、水系が荘域と一致して荘園に強固な基礎を与えるといった関係にはないが、各村落は荘園全体の鎮守神としての土生社（波爾布神社）や、共通の後山である熊野山の存在などによって結びつけられていた。それは戦国期以降の饗庭荘という枠組の中に継承され、強く生き続けていく。

近江湖西における荘園公領制の確立は、同時に山門の強い影響下に入ることを意味しており、木津荘内には多くの天台系の宗教施設が配置され、濃密な宗教的色彩に彩られていた。交通・流通などの面においても、山門の影響は絶大なものがあった。しかし現在につながる天台宗寺院はわずかで、この地域がかつて山門領荘園であった痕跡は意外に少ない。村落の連続性とは対照的といってよいであろう。中世という時代がこの地域に刻印したものを解明する作業は、まだこれからである。

（1）　水野章二「人と自然の関係史素描——中世前期の環琵琶湖地域を中心に——」（西川幸治・村井康彦編『環琵琶湖地域

論』、思文閣出版、二〇〇三年）および「人と自然の関係史素描――中世後期の環琵琶湖地域を中心に――」（『民衆史研究』六一、二〇〇一年）は、環琵琶湖地域の中世をめぐる人と自然の関係史を、①国郡制的秩序など、長期間持続する枠組み、②開発や水利・集落立地など、ある程度長く維持された上で集中的に変化する枠組み、③災害など、短期間で急速に変化する枠組み、の三つのレベルに分類しながら、論点を整理したものである。

（2）滋賀県教育委員会・財団法人滋賀県文化財保護協会『森浜遺跡発掘調査報告書』（一九七八年）、横田洋三「考古資料から見た琵琶湖湖岸の地形的歴史環境」（琵琶湖歴史環境研究会編『琵琶湖博物館開設準備室研究調査報告2琵琶湖の歴史環境　その変動と生活』、一九九四年）など。

（3）本書第一章によれば、当該地点の水没砂堆は琵琶湖の水位変動のみならず、河川活動の影響によってもたらされた可能性が高いという。

（4）北沢武夫「湖岸部の地形――内湖・内湾の地形特性――」（『湖岸における土地条件』、総合計画機構、一八八九年）。

（5）注（2）「考古資料から見た琵琶湖湖岸の地形的歴史環境」。現段階では、木津集落地先の湖岸が本来の津であった可能性を完全に否定しきることはできないが、その場合、中世前期に木津が大きく発展し、のちに今津が逆転していく理由などは明確ではなくなる。『今津町史』第一巻（一九九七年）が、かつての木津を現在の今津まで含む地域と推定したのもそのためであろうが、他の津の事例に比べてきわめて広範囲となり、木津荘域からもはみ出す。

（6）検注帳・引田帳の性格については、本書第四章および第五章が検討を加えている。

（7）引田帳の欄外記載によれば、一七坪には大道三〇〇歩、定畠六反小二〇歩が、一八坪には屋敷小一〇歩、定畠六反大、大道溝一反三〇歩が存在していた。

（8）検注帳の欄外記載によれば、一七坪には畠六反一〇歩が、一八坪には畠四反大二四歩が存在していた。

（9）木津荘条里については、本書第四章が福田徹「安曇川下流域における条里制の復原」（『人文地理』二六―三、一九七四年、のち『近世新田とその源流』所収、古今書院、一九八六年）の復原案の正しさを確認している。福田氏は一五世紀後半から一七世紀前半に、水深二～二・五メートル以内の耕地の水没を推定している。

（10）饗庭昌威「湖中の道と三矢千軒」（『近江郷土史研究』三、一九七三年）、近江国木津荘調査団・新旭町教育委員会『近江国木津荘現況調査報告書Ⅰ』（二〇〇二年）第三章「調査成果の概要木津地区」参照。

（11）最近の研究状況については、植村善博「近江盆地と琵琶湖湖底の地殻変動」（『比較変動地形論――プレート境界域の地形と第四紀地殻変動——』、古今書院、二〇〇一年)、宮本真二・福沢仁之「最終氷期以降の琵琶湖の湖水位・汀線変動」(『月刊地球』二六四、二〇〇一年)、宮本真二・牧野厚史「琵琶湖の水位・汀線変動と人間活動——過去と現在をつなぐ視点——」(『地球環境』一七—一、二〇〇二年)など参照。

(12) 秋田裕毅『びわ湖湖底遺跡の謎』(創元社、一九九七年)。秋田氏はそれぞれの時期に対応する四度の大規模地震の発生によって、その度ごとに瀬田川河床が隆起して、琵琶湖水位が一～一・五メートルほど上昇し、湖底遺跡が成立したとする。③平安時代末期では、京都で大きな被害を出し、琵琶湖の北部が沈降した可能性がある元暦二年(一一八五)地震を、④安土桃山・近世初期では、伏見城を大破させ、京都や奈良を中心に畿内に大被害をもたらした文禄五年(一五九六)地震を成立要因とするが、元暦地震の詳細な余震記事まで記す『山槐記』には琵琶湖水位上昇などの記述は全くない。文禄地震についての史料発掘・研究蓄積はかなり進んでいるが、琵琶湖の地殻変動や水位上昇、当然それにともなうはずの湖岸耕地・集落の水没、年貢減免や物資輸送の混乱などを伝える史料は確認されておらず、秋田説が成立する可能性は乏しい。注(1)「人と自然の関係史素描——中世後期の環琵琶湖地域を中心に——」参照。

(13) 『滋賀県自然誌』(滋賀県自然保護財団、一九九一年)。

(14) 浜修「湖底の遺跡と集落分布」(注2『琵琶湖博物館開設準備室研究調査報告2』)。

(15) 伊庭功「粟津湖底遺跡の地形環境」(『滋賀県文化財保護協会紀要』五、一九九二年)、注(11)宮本・牧野「琵琶湖の水位・汀線変動と人間活動」など。

(16) 松村博「古代の橋の構造」(小笠原好彦編『勢多唐橋』、六興出版、一九九〇年)、注(14)浜「湖底の遺跡と集落分布」など。なお大橋信弥「琵琶湖に生きる——水位変動と古代人の生活環境——」(橋本政良編『環境歴史学の視座』、岩田書院、二〇〇二年)は、「縄文時代以来しだいに水位が上昇傾向にあること、さらに平安末から鎌倉初頭、かなり水位の上昇があったこと」を想定する。

(17) 高橋学氏は、一〇世紀末～一二世紀初頭に段丘化(完新世段丘Ⅱ面)が進むという地形環境上の画期を見いだしているが、近江などの内陸部にも段丘が認められることから、降雨量の増大に起因する河川の浸食力増加に形成の原因を求めている。琵琶湖の低水位は、流れ込む河川の浸食力増加という点から、段丘化の問題とも関連するであろう。段丘化は用水施設の改修など、中世の開発や農業技術などにさまざまな影響を与えた可能性が指摘されている。高橋学「古代末以降における地形環境の変貌と土地開発」(『日本史研究』三八〇、一九九四年)「琵琶湖沿岸平野の地形環境分析」

（注2『琵琶湖博物館開設準備室研究調査報告2』）など。年代データが少なく、時期確定までには至っていないが、木津荘周辺においても完新世段丘Ⅰ面・Ⅱ面の存在が確認できる。本書第一章参照。

(18) 宇佐美龍夫『新編日本地震被害総覧』（東京大学出版会、一九八七年）。

(19) 谷岡武雄「琵琶湖の付属湖、曽根沼の形成に関する諸問題」（『平野の開発』、古今書院、一九六四年）。

(20) 注(1)水野「人と自然の関係史素描――中世後期の環琵琶湖地域を中心に――」。

(21) 今津の景観については、注(5)『今津町史』第一巻が詳しい。

(22) 滋賀県教育委員会・滋賀県文化財保護協会『針江川北Ⅱ遺跡・吉武城遺跡』（一九九三年）。吉武城については、『新旭町誌』（一九八五年）、丸山竜平「江州高島郡における中世城館址の諸問題」（『立命館文学』五二一、一九九一年）、近江国木津荘調査団・新旭町教育委員会『近江国木津荘現況調査報告書Ⅱ』（二〇〇三年）第三章「調査成果の概要森地区」および第四章「調査成果の総括森地区」参照。聞き取り調査によれば、吉武城以北は新田と呼ばれ、琵琶湖が増水すれば吉武城の所まで水に浸かったという。

(23) 土中のヨシやマコモの色が馬糞に似ていることから、馬糞（マグソ・ウマクソ）新田と呼ばれていたという。それとは別に、低地で水のつきやすい田の一部を掘り下げ、その土を盛り上げて畝を作って稲を植える畝田（ウネダ）と呼ばれる農法も存在した。本書第一〇章および(注22)『近江国木津荘現況調査報告書Ⅱ』第三章「調査成果の概要森地区・針江地区・深溝地区」参照。

(24) 低湿地開発については、菅豊氏の一連の研究が注目される。「川・沼・池の民俗」（福田アジオ他編『講座日本の民俗4環境の民俗』、雄山閣、一九九六年）「『水辺』の開拓史　近世中期における掘り上げ水田工法の発展とその要因」（『国立歴史民俗博物館研究報告』五七、一九九四年）「『水辺』の開拓誌――低湿地農耕は、はたして否定的な農耕技術か？――」（『国立歴史民俗博物館研究報告』一〇五、二〇〇三年）など。琵琶湖については、佐野静代「琵琶湖岸内湖周辺地域における伝統的環境利用システムとその崩壊」（『地理学評論』七六―一、二〇〇三年）など。

(25) 服部英雄『景観にさぐる中世――変貌する村の姿と荘園史研究――』（新人物往来社、一九九五年）『地名の歴史学』（二〇〇〇年、角川書店）など。

(26) 全く対応関係のなかったのは一五筆であるが、その中には「馬アライ」関係三筆・「まかせこし」三筆・「中ハタケ」三筆が含まれており、実数はより少なくなる。

（27）荘域外ではあるが、一四条六里九坪と俗称地名九ノ坪、同一〇坪（十ノ坪）・同一七坪（十七）、一四条七里三坪（三ノ坪）・同四坪（四ノ坪）・同五坪（五ノ坪）・同一三坪（十三）・同一九坪（十九）、一五条六里一坪（イチノツボ）・同六坪（六ノ坪）などの条里関連地名の多くも一致する。
（28）大山喬平「鎌倉初期の郷と村（1）――文治元年（一一八五）から建暦元年（一二一一）――」「鎌倉初期の郷と村（2）――文治元年（一一八五）から建暦元年（一二一一）――」（『鎌倉遺文研究』四・五、一九九九・二〇〇〇年）。
（29）清水三男『日本中世の村落』（日本評論社、一九四二年、のち『清水三男著作集』第二巻所収、校倉書房、一九七四年、岩波文庫版、一九九六年）。
（30）鈴木哲雄「荘園公領制と東国の村郷」（『歴史評論』六二二、二〇〇二年）。
（31）白雲郷については、本書第七章参照。
（32）富永荘については、福田栄次郎「山門領近江国富永荘の研究――中世後期における荘園の支配とその様相――」（『駿台史学』三六、一九七五年）「富永荘」（網野善彦他編『講座日本荘園史6北陸地方の荘園近畿地方の荘園Ⅰ』、吉川弘文館、一九九三年）、下坂守「延暦寺千僧供領の研究――室町時代における近江国富永庄の支配機構――」（『賀茂文化研究』二、一九九三年、のち『中世寺院社会の研究』所収、思文閣出版、二〇〇一年）など参照。
（33）井口日吉神社文書については、福田栄次郎「山門領近江国富永荘史料――『近江井口日吉神社文書』について――」（『駿台史学』五八、一九八三年）「続山門領近江国富永荘史料――『近江井口日吉神社文書』紙背文書について――」（『駿台史学』六一、一九八四年）参照。
（34）応永二八年（一四二一）九月二日山門使節連署状案。
（35）用水系などによる村落の連合を、「下郷」「下三郷」「上郷」などと表現することはあった。応永二八年（一四二一）八月一五日生源寺集会事書・九月三日山門使節連署状案・五月七日山門使節連署状案・応永三二年（一四二五）一〇月五日山門使節連署状案など。
（36）得珍保は東部の田方と西部の野方とに区分されるが、野方は中世後期には今堀郷など七郷があり、これがのちの近世村落と一致する。田方四郷では、三郷が近世村に対応し、一郷は三カ村に分かれて、それぞれが近世村に対応する。『八日市市史』第二巻（一九八三年）、吉田敏弘「得珍保」（注32『講座日本荘園史6北陸地方の荘園・近畿地方の荘園Ⅰ』）など。

(37)福田徹「中世後期における村落景観――山門領木津庄を中心として――」(藤岡謙二郎先生退官記念事業会『歴史地理研究と都市研究』上、大明堂、一九七八年、のち「湖西、安曇川下流域における村落景観」と改題の上、注9『近世新田とその源流』所収)「中世後期における村落景観の復原――近江国『注進木津庄引田帳』を中心として」(『龍谷史壇』七三・七四、一九七八年、のち「『注進木津庄引田帳』に基づく村落景観の復原」と改題の上、同書所収)。

(38)滋賀県教育委員会・滋賀県文化財保護協会『一般国道一六一号線(高島バイパス)建設に伴う新旭町内遺跡発掘調査報告書I　正伝寺南遺跡』(一九九〇年)。

(39)水野章二「中世の開発と村落――近江湖東の一地域から――」(『歴史学研究』六五九、一九九四年、のち『日本中世の村落と荘園制』所収、校倉書房、二〇〇〇年)。

(40)本書第一章。

(41)本書第三章。

(42)領域型荘園については、小山靖憲「古代荘園から中世荘園へ」(『歴史地理教育』三二九、一九八一年、のち『中世寺社と荘園制』所収、塙書房、一九九八年)、水野章二「中世村落と領域構成」(『日本史研究』二七一、一九八五年、のち注39『日本中世の村落と荘園制』所収)参照。

(43)(注39)水野「中世の開発と村落」。

(44)饗庭館については、滋賀県教育委員会『滋賀県中世城郭分布調査八』(一九九一年)参照。

(45)(注10)『近江国木津荘現況調査報告書I』第三章「調査成果の概要日爪地区」参照。

(46)近年のまとまった研究としては、中島峰広『日本の棚田　保全への取組み』(古今書院、一九九九年)など。

(47)『大日本古文書高野山文書』五三一。

(48)宝月圭吾「中世の産業と技術」(『岩波講座日本歴史八』、岩波書店、一九六三年、のち『中世日本の売券と徳政』所収、吉川弘文館、一九九九年)。紀伊国荒川荘の棚田については、棚田学会第二回シンポジウム「すばらしきもの・棚田」(『日本の原風景・棚田』二、二〇〇一年)で海老沢衷氏がふれている。

(49)(注10)『近江国木津荘現況調査報告書I』第三章「調査成果の概要日爪地区」参照。

(50)傾斜二〇分の一以上の土地にある水田が棚田の目安とされる。中島峰広「棚田の起源とその用語」(注46『日本の棚田』)参照。

(51)　木津や米井・辻沢の山麓面（扇状地）においても、やはり開発が遅れていた。本書第七章参照。
(52)　『高島郡誌』（一九二七年）、（注37）福田「湖西、安曇川下流域における村落景観」。救急料については、亀田隆之「救急料に関する一考察」（青木和夫先生還暦記念会編『日本古代の政治と文化』、吉川弘文館、一九八七年、のち「救急料の考察」と改題の上、『日本古代治水史の研究』所収、吉川弘文館、二〇〇〇年）など参照。
(53)　『鎌倉遺文』二三五四号文書、以下「鎌」二三五四のように略記する。この史料については、本書第二章参照。
(54)　（注42）水野「中世村落と領域構成」。
(55)　建保六年（一二一八）一一月の葛川常住僧賢秀陳状案（葛川明王院文書、「鎌」二四一三）によれば、比良山系の東部に広がる青蓮院領伊香立荘では、青蓮院に「日次炭木」などを負担していたが、「伊香立御庄後山盡テ」しまったため、聖地葛川に入り込み、伐木・炭焼を繰り返した。そのため葛川との紛争が続くが、この「後山」も木津荘と同じく、住人らが日常的に関わる山林を意味している。水野章二「原『里山』の光景」（足利健亮先生追悼記念論文集編纂委員会編『地図と歴史空間――足利健亮先生追悼記念論文集』、大明堂、二〇〇〇年）参照。
(56)　酒井紀美「村落間相論の作法」（日本村落史講座編集委員会編『日本村落史講座4政治Ⅰ原始・古代・中世』、雄山閣出版、一九九一年、のち『日本中世の在地社会』所収、吉川弘文館、一九九九年）。
(57)　近世の草山に関しては、水本邦彦『草山の語る近世』（山川出版社、二〇〇三年）がわかりやすく整理している。
(58)　本書第七章。引田帳三冊のうち、「大里」が該当する一冊には全く欄外記載がなく、屋敷地立地は確認不可能である。検注帳では、当該地域の屋敷地記載はごく一部しかみられない。湖岸環境変化などによって、帳簿上に屋敷地立地が十分には反映されなかったのであろうか。
(59)　『大乗院寺社雑事記』長享元年（一四八七）一〇月二四日条。
(60)　（注22）『近江国木津荘現況調査報告書Ⅱ』第四章「調査成果の概要深溝地区・森地区」など。
(61)　進仕文書応永一九年（一四一二）八月二九日永昌請文。
(62)　大安神社文書貞永二年（一二三三）四月明法勘文（「鎌」四四七五）。
(63)　中島拓男「湖岸域の重要性」・前畑政善「琵琶湖と水辺エコトーン」（琵琶湖百科編集委員会編『知っていますかこの湖を　びわ湖を語る五〇章』、サンライズ出版、二〇〇一年）。
(64)　（注38）『一般国道一六一号線（高島バイパス）建設に伴う新旭町内遺跡発掘調査報告書Ⅰ　正伝寺南遺跡』。

(65) 渡辺誠「琵琶湖に生きる」・大沼芳幸「魚にみる古代人の食生活」(『湖の国の歴史を読む』、新人物往来社、一九九二年)、大沼「人はそれでもタンパクシツを欲した――土錘出土量から見た近江における網漁の展開・特に中世――」(『滋賀県文化財保護協会紀要』五、一九九二年)など。
(66) 水田漁業については、安室知『水田をめぐる民俗学的研究』(慶友社、一九九八年)「『水田漁業』の提唱」(『国立歴史民俗博物館研究報告』八七、二〇〇一年)など。なお本書第一〇章参照。
(67) 賀茂別雷神社文書貞永元年(一二三二)六月三〇日官宣旨写(『鎌』四三三七)。
(68) 大島奥津島神社文書仁治二年(一二四一)九月奥島荘預所法眼某下文(『鎌』五九三〇)・永仁六年(一二九八)六月四日大島奥津島社村人等起請文(『鎌』一九七〇二)・同年大島社供祭所裁許状(『鎌』一九九二二)など。
(69) 橋本道範「中世における琵琶湖漁撈の実態とその歴史的意義」(『月刊地球』二六四、二〇〇一年)「魚と人の一万年――琵琶湖漁撈史――」(注63『びわ湖を語る五〇章』)、嘉田由紀子・橋本道範「漁撈と環境保全――琵琶湖の殺生禁断と漁業権をめぐる心性の歴史から探る――」(鳥越皓之編『講座環境社会学第三巻自然環境と環境文化』、有斐閣、二〇〇一年)など。
(70) 大国主神社については、(注10)『近江国木津荘現況調査報告書I』第三章「調査成果の概要五十川地区」参照。
(71) 旦過については、新城常三『社寺参詣の社会経済史的研究』第二章(塙書房、一九六四年)、大久保俊昭「駿河の『旦過堂』について」(『駿河の今川氏』六、一九八二年)、伊藤正敏「紀州の接待所と旦過」(『日本歴史』五三九、一九九三年)、服部英雄「地名を歩く」(『地名の歴史学』、角川書店、二〇〇〇年)、榎原雅治「今津・姪浜――中世の都市計画(『別冊歴史読本四一　日本歴史の原風景』、二〇〇〇年)など参照。
(72) 国立歴史民俗博物館編『中世商人の世界　市をめぐる伝説と実像』(日本エディタースクール出版部、一九九八年)所収。
(73) 西方寺のすぐ東の山寄り、一四条三里五坪の屋敷地は、引田帳には「屋敷　大四十ト又十ト　松　一反　乞食」とあり、この乞食屋敷も西方寺と関係があると思われる。
(74) 小林博・木村至宏編『近江の街道』(サンブライト出版、一九八二年)。
(75) 近江における如法経信仰については、林文理「中世如法経信仰の展開と構造」(寺院史研究会編『中世寺院史研究』上、法蔵館、一九八八年)参照。帳簿類からは、他に霜降道場・本庄道場の存在が知られる。

(76)　饗庭昌威家所蔵文書宝徳三年（一四五一）一一月二六日比叡本荘二宮神田帳案にも、「正月七日之行之神田」が確認できる。湖北坂田郡の大原観音寺においても、貞治三年（一三六四）一一月一八日四役神事注文（滋賀県教育委員会『大原観音寺文書』、一九七五年）などによって、正月七日の「行」が確認できる。大原観音寺のオコナイについては、宮島敬一「戦国期地方寺社の機能と役割――近江国の寺社と地域社会――」（『佐賀大学教養部研究紀要』二二、一九九〇年、のち「戦国期地方寺社と地域社会」と改題の上、『戦国期社会の形成と展開』所収、吉川弘文館、一九九六年）がふれている。

(77)　井原今朝男「中世国家の儀礼と国役・公事」（『歴史学研究』五六〇、一九八六年、のち『日本中世の国政と家政』所収、校倉書房、一九九五年）。

(78)　水野章二「中世村落と村境」（日本村落史講座編集委員会編『日本村落史講座2景観Ⅰ原始・古代・中世』、雄山閣出版、一九九〇年、のち注39『日本中世の村落と荘園制』所収）。

(79)　網野善彦「市と宿」（『無縁・公界・楽――日本中世の自由と平和――』、平凡社、一九七八年）、黒田日出男「中世民衆の皮膚感覚と恐怖」（『歴史学研究別冊特集　民衆の生活・文化と変革主体』、一九八二年、のち『境界の中世　象徴の中世』所収、東京大学出版会、一九八六年）、松尾恒一「中世寺院の浴室――饗応・語らい、芸能」（一遍研究会編『一遍聖絵と中世の光景』、ありな書房、一九九三年）、松永勝巳「湯屋の集会」（『歴史学研究』七三二、二〇〇〇年）など。

(80)　武田勝蔵『風呂と湯の話』（塙書房、一九六七年）、『公衆浴場史』（全国浴場業環境衛生同業組合連合会、一九七二年）、大場修『物語ものの建築史　風呂のはなし』（鹿島出版会、一九八六年）、阿部泰郎「湯屋の皇后――光明皇后湯施行の物語をめぐりて」（『文学』五四―一一・五五―一、一九八六・八七年、のち『湯屋の皇后　中世の性と聖なるもの』所収、名古屋大学出版会、一九九八年）、安田次郎「にぎわう都市寺院――奈良の新浄土寺――」（五味文彦編『中世を考える　都市の中世』、吉川弘文堂、一九九二年）、高橋康夫「『町屋』と『銭湯』と人々」（村井康彦編『京の歴史と文化4絢　天下人の登場』、講談社、一九九四年）など。

(81)　鞆淵八幡神社文書年欠鞆淵惣荘置文（『粉河町史』第二巻、一九八六年）。同文書鞆淵荘下村歩付帳・妙法寺村歩付帳・本河村歩付帳・上村歩付帳などの帳簿類にも、それぞれ「ユヤノムカイ」「ユヤノウエ」「フロモト」「ユヤモト」などの、湯屋・風呂関係地名が表れている。鞆淵荘の湯屋・風呂については、服部英雄「湯屋・橋寺・井料」（『日本歴史』六六八、二〇〇四年）が詳しい。

(82) (注79)黒田「中世民衆の皮膚感覚と恐怖」。
(83) 東寺百合文書テ函永仁六年(一二九八)矢野荘例名実検取帳案・同み函正安元年(一二九九)矢野荘例名東方地頭分下地中分々帳案などの「ユヤノ前」、同ク函文永八年(一二七一)新見荘領家方奥村分作畠正検取帳案・同正中二年(一三二五)新見荘東方地頭方山里畠実検取帳などの「ユヤ谷」「湯屋谷」「湯屋サコ」、同ノ函明徳元年(一三九〇)一二月大山荘守護役人夫目録・同に函宝徳元年(一四四九)一二月大山荘一院谷公事足地下半分立用算用状などの「湯屋谷」「ゆや上」など。そのほか、湯田に関する中世史料は多くみられる。
(84) 東寺百合文書を函文明一〇年(一四七八)一一月八日上久世荘利倉忠俊等連署請文。京都府山城郷土資料館『城州一心講とオンマカブロ――村のくらしと風呂――』(一九九三年)参照。
(85) 石田善人「都鄙民衆の生活と宗教」(『岩波講座日本歴史六中世二』、岩波書店、一九七五年、のち『中世村落と仏教』所収、思文閣出版、一九九六年)

あとがき

担当した章の執筆が終わってから、このあとがきを書くまでの半年ほどの間にも、環境史がらみのいくつもの著書・論文を目にした。考古学や文献史学などにおいても、環境への関心の深まりが強く感じられる。序章でもふれたように、本書は一九九九年度から三カ年間実施され、二冊の報告書を出して終了した木津荘の現況調査を前提としたもので、八〇年代後半以降展開した現況調査をふまえた荘園・村落研究が、環境史的性格を帯びていく状況を示している。それは対象とした木津荘域が、丘陵から琵琶湖岸まで、多様な地形条件に対応した村落を包摂しており、また琵琶湖の水位変動によって、土地利用や津の立地に大きな影響を受けざるをえない地域であったことが大きく、最初から中世荘園の歴史的環境の検討を目的に取り組んだわけではない。環境問題に関する認識が全く不十分であるという批判があろうが、しかし環境史研究はまだ基礎的な事実認識を積み上げていく段階であると考えている。

三年間の調査において一番苦労したのは資金の問題であった。たまたま編者に村落研究の科研費があたり、その一部が使用できたこと、多額の経費がかかる三色刷の現況図作成に勤務先の共同研究費（リサーチコンプレックス）からの支出が認められたことなど、幸運も重なった。調査の際、定宿にしていた旅館がある。運動部の学生たちの合宿などにも利用される施設であったが、正直にいって、食事はけっしてよくはなかった。調査はいつも二泊三日で実施していたが、それは夜の聞き取り調査（およびその後の宴会）に起因する体力的な理由が大きいものの、定宿の食事に飽きてしまうということもあったと思う。木津荘調査が終わってすぐ、また別の調査で同じ旅館に泊まった。驚いたことに、その時の食事はこれまでとは全く別の美味なるものであった。「いつもの○○○じゃない」、一斉に声が上がったが、よく考えてみれば、木津荘調査の時は予算的に苦しく、宿泊代を値切り倒していたのであった。それを忘れ、食事の不味い旅館と思い込んでいたことを○○○にお詫びせねばならないとともに、三年間付き合わせた調査団のメンバーにあらためて感謝したく思った。

現況調査において最も大切なのが、地元の理解と協力である。その課題を一人で背負ってくれたのが、新旭町教育委員会郷土資料室の石田弘子氏である。石田氏の熱意がなければ、このような調査は全く不可能であった。また別の事情で論文掲載という形にはならなかったが、滋賀県立琵琶湖博物館の橋本道範氏と滋賀県立大学の東幸代氏の存在も忘れられない。橋本氏の真面目さ、東氏の豪快さは、調査団を大いに活性化してくれた。そして何よりも、調査に参加してくれた二〇〇人あまりの地元の皆さん、および調査を支え、ともに進めてくれた新旭町教育委員会の方々に、お礼をいわねばならない。饗庭和雄氏には、文書の写真掲載にあたって御配慮をいただいた。

調査において地元の皆さんが語ってくれたのは、自らが生きてきた地域への思いであった。自らが生まれ育ち、さまざまな形で関わってきた地域への関心、現在となっては、なつかしい思い出とともに語るしかない地域の歴史への愛着であった。地域の歴史は地域の人々にしか描けない部分が多い。二冊の報告書および本書が、少しでも地元に還元できれば幸いである。

二〇〇四年四月二四日

水野章二

■執筆者一覧■

水野章二（みずの　しょうじ）……………………………序章・第2章・終章・あとがき
1954年生．京都大学大学院文学研究科博士課程修了．滋賀県立大学人間文化学部助教授．

宮本真二（みやもと　しんじ）…………………………………………………………第1章
1971年生．東京都立大学大学院理学研究科博士課程中退．滋賀県立琵琶湖博物館学芸員．

宮﨑雅充（みやざき　まさみち）……………………………………………………第3章
1976年生．帝塚山大学大学院人文科学研究科博士前期課程修了．新旭町教育委員会．

熊谷隆之（くまがい　たかゆき）…………………………………………第4・7・8章
1973年生．京都大学大学院文学研究科博士後期課程修了．日本学術振興会特別研究員．

小原嘉記（こはら　よしき）…………………………………………………………第5・6章
1977年生．京都大学大学院文学研究科博士後期課程在学中．

宮本晋平（みやもと　しんぺい）……………………………………………………第9章
1976年生．京都大学大学院文学研究科博士後期課程研究指導認定退学．京都大学研修員．

岸本誠司（きしもと　せいじ）…………………………………………………………第10章
1971年生．近畿大学大学院文芸学研究科修士課程修了．近畿大学民俗学研究所嘱託研究員・近畿大学文芸学部非常勤講師．

中世村落《ちゅうせいそんらく》の景観《けいかん》と環境《かんきょう》——山門領《さんもんりょう》近江国《おうみのくに》木津荘《こづのしょう》——

2004（平成16）年10月1日発行

定価：本体6,800円（税別）

編　者　水野章二

発行者　田中周二

発行所　株式会社　思文閣出版

〒606-8203　京都市左京区田中関田町2-7

電話 075-751-1781（代表）

印　刷
製　本　株式会社図書印刷同朋舎

ISBN4-7842-1198-5　C1020